中华译学馆

莫言题

中华译学佑立信字与

以中华为根 译与学并重
弘扬优秀文化 促进中外交流
拓展精神疆域 驱动思想创新

丁酉年冬月许钧撰 罗卫东书

中華譯學館·中华翻译家代表性译文库

许 钧　郭国良／总主编

傅　雷 卷

宋学智　许 钧／编

ZHEJIANG UNIVERSITY PRESS
浙江大学出版社

总　序

考察中华文化发展与演变的历史,我们会清楚地看到翻译所起到的特殊作用。梁启超在谈及佛经翻译时曾有过一段很深刻的论述:"凡一民族之文化,其容纳性愈富者,其增展力愈强,此定理也。我民族对于外来文化之容纳性,惟佛学输入时代最能发挥。故不惟思想界生莫大之变化,即文学界亦然。"[①]

今年是五四运动一百周年,以梁启超的这一观点去审视五四运动前后的翻译,我们会有更多的发现。五四运动前后,通过翻译这条开放之路,中国的有识之士得以了解域外的新思潮、新观念,使走出封闭的自我有了可能。在中国,无论是在五四运动这一思想运动中,还是自1978年改革开放以来,翻译活动都显示出了独特的活力。其最重要的意义之一,就在于通过敞开自身,以他者为明镜,进一步解放自己,认识自己,改造自己,丰富自己,恰如周桂笙所言,经由翻译,取人之长,补己之短,收"相互发明之效"[②]。如果打开视野,以历史发展的眼光,

---

① 梁启超.翻译文学与佛典//罗新璋.翻译论集.北京:商务印书馆,1984:63.
② 陈福康.中国译学理论史稿.上海:上海外语教育出版社,1992:162.

从精神深处去探寻五四运动前后的翻译,我们会看到,翻译不是盲目的,而是在自觉地、不断地拓展思想的疆界。根据目前所掌握的资料,我们发现,在 20 世纪初,中国对社会主义思潮有着持续不断的译介,而这种译介活动,对社会主义学说、马克思主义思想在中国的传播及其与中国实践的结合具有重要的意义。在我看来,从社会主义思想的翻译,到马克思主义的译介,再到结合中国的社会和革命实践之后中国共产党的诞生,这是一条思想疆域的拓展之路,更是一条马克思主义与中国革命相结合的创造之路。

开放的精神与创造的力量,构成了我们认识翻译、理解翻译的两个基点。在这个意义上,我们可以说,中国的翻译史,就是一部中外文化交流、互学互鉴的历史,也是一部中外思想不断拓展、不断创新、不断丰富的历史。而在这一历史进程中,一位位伟大的翻译家,不仅仅以他们精心阐释、用心传译的文本为国人打开异域的世界,引入新思想、新观念,更以他们的开放性与先锋性,在中外思想、文化、文学交流史上立下了一个个具有引领价值的精神坐标。

对于翻译之功,我们都知道季羡林先生有过精辟的论述。确实如他所言,中华文化之所以能永葆青春,"翻译之为用大矣哉"。中国历史上的每一次翻译高潮,都会生发社会、文化、思想之变。佛经翻译,深刻影响了国人的精神生活,丰富了中国的语言,也拓宽了中国的文学创作之路,在这方面,鸠摩罗什、玄奘功不可没。西学东渐,开辟了新的思想之路;五四运动前后的翻译,更是在思想、语言、文学、文化各个层面产生了革命性的影响。严复的翻译之于思想、林纾的翻译之于文学的作用无须赘言,而鲁迅作为新文化运动的旗手,其翻译动机、翻译立场、翻译选择和翻译方法,与其文学主张、文化革新思想别无二致,其翻译起着先锋性的作用,引导着广大民众掌握新语言、接受新思想、表达自己的精神诉求。这条道路,是通向民主的道路,也是人民大众借助掌握的新语言创造新文化、新思想的道路。

回望中国的翻译历史,陈望道的《共产党宣言》的翻译,傅雷的文学翻译,朱生豪的莎士比亚戏剧翻译……一位位伟大的翻译家创造了经典,更创造了永恒的精神价值。基于这样的认识,浙江大学中华译学馆为弘扬翻译精神,促进中外文明互学互鉴,郑重推出"中华译学馆·中华翻译家代表性译文库"。以我之见,向伟大的翻译家致敬的最好方式莫过于(重)读他们的经典译文,而弘扬翻译家精神的最好方式也莫过于对其进行研究,通过他们的代表性译文进入其精神世界。鉴于此,"中华译学馆·中华翻译家代表性译文库"有着明确的追求:展现中华翻译家的经典译文,塑造中华翻译家的精神形象,深化翻译之本质的认识。该文库为开放性文库,入选对象系为中外文化交流做出了杰出贡献的翻译家,每位翻译家独立成卷。每卷的内容主要分三大部分:一为学术性导言,梳理翻译家的翻译历程,聚焦其翻译思想、译事特点与翻译贡献,并扼要说明译文遴选的原则;二为代表性译文选编,篇幅较长的摘选其中的部分译文;三为翻译家的译事年表。

需要说明的是,为了更加真实地再现翻译家的翻译历程和语言的发展轨迹,我们选编代表性译文时会尽可能保持其历史风貌,原本译文中有些字词的书写、词语的搭配、语句的表达,也许与今日的要求不尽相同,但保留原貌更有助于读者了解彼时的文化,对于历史文献的存留也有特殊的意义。相信读者朋友能理解我们的用心,乐于读到兼具历史价值与新时代意义的翻译珍本。

许　钧

2019 年夏于浙江大学紫金港校区

目　录

第四部分　赤子之心　艺术情怀

导　言

一、生平介绍

　　傅雷,字怒安,1908 年 4 月 7 日出生于上海市郊县南汇。1922 年,他以同等学力考入上海教会学校徐汇公学读初中,开始了每天两节课的法语学习,为后来留学法国和从事法国文学翻译活动打下了基础。1925 年,17 岁的傅雷还是上海大同大学附中的学生,就已经在很有影响的《北新周刊》和《小说世界》上发表了《梦中》和《回忆的一幕》等短篇小说,让我们见识了日后一代翻译大家的文学才华。1926 年 9 月,18 岁的傅雷以同等学力考入上海持志大学,入校不久,因这所大学的教学状况和学习环境令他失望,加之"四一二"白色恐怖,时局动荡,傅雷决定赴法留学。1927 年 12 月 31 日,傅雷在黄浦江畔登上了开往法国的邮轮。

　　傅雷乘邮轮于一个多月后抵达马赛,乘火车到巴黎,在郑振铎的帮助下,在伏尔泰旅馆安顿下来。机缘巧合的是,后来他还翻译了《伏尔泰传》(即《服尔德传》)。经过半年的法语巩固,傅雷考入巴黎大学,主修文艺理论,也去校外兼听美术史课程和艺术讲座。后来因受罗曼·罗兰影响,他又爱上了音乐。在法期间,一方面,他与日后在国内外文坛艺海的知名人士刘海粟、刘抗、庞薰琹、梁宗岱、朱光潜等交往谈艺;另一方面,他又常与好友集伴,饱览法国与西欧名胜,凭吊先贤,浸淫于大大小小的博物馆和艺术馆,尤其在卢浮宫流连忘返,观赏研析。在法期间,傅雷还与后来在南京中央大学和北京大学教授法语、任北平中法大学文学系系主任的曾觉之,著名散文家孙福熙,著名文学编辑孙伏园等交往。他曾两度前往法瑞交界景色优美的莱芒湖休养、度假,与好友结伴在此游览、畅谈。有评论认为,莱芒湖成了"他灵魂栖息的圣地……长久浸润着他的艺术之魂和创作之灵。他任何不朽的译作、创作和评论,都弥漫着莱芒湖水的仙气……它打开了潜藏在他身上的艺术之灵,成了他绵绵不绝、取之不尽的文思源泉"①。

1931 年 8 月,在法留学已近四年的傅雷,与刘海粟结伴回国。抵沪之日适逢"九一八"事变。回国后,23 岁的傅雷即被刘海粟聘任为上海美术专科学校办公室主任,同时教授西方美术史和法语。1932 年 1 月,傅雷与朱梅馥完婚,从此两人一道,历经风雨,走完坎坷多难的人生。1933 年 9 月,傅雷因看不惯刘海粟"商店作风"的办学方式,辞去了上海美专的教职。是年,他的第一部译著《夏洛外传》以"自己出版社"名义自费出版。他下定决心,从此闭门译书,"以他自己的方式"开始未来的生命旅程。

这一时期,他主要翻译了罗曼·罗兰的《巨人三传》。1934 年 3 月,他致函罗曼·罗兰,信中有道:"偶读尊作《贝多芬传》,读罢不禁嚎啕大哭,如受神光烛照,顿获新生之力,自此奇迹般突然振作。此实余性灵生活中之大事。尔后,又得拜读《弥盖朗琪罗传》与《托尔斯泰传》,受益良多。鉴于此番经历,愚曾发愿欲译此三传,期对陷于苦恼中之年轻朋友有所助益。"②罗曼·罗兰回信中就傅雷提到的"英雄主义"给予答复:"为公众服务而成为伟大。"应当说,这话对傅雷选择翻译服务民众和致身社会,有着重要影响。抗日战争期间,傅雷几乎"闭门不出,东不至黄浦江,北不至白渡桥,避免向日本宪兵行礼"③。也正是隐遁于这般境域,傅雷于 1936 年至 1941 年间翻译出版了《约翰·克利斯朵夫》,给黑暗年代的读者送来精

---

① 谢天振,李小均. 傅雷　那远逝的雷火灵魂. 北京:文津出版社,2004:11-12.
② 傅雷. 傅雷文集·书信卷. 合肥:安徽文艺出版社,1998:3.
③ 傅雷. 傅雷文集·文学卷. 合肥:安徽文艺出版社,1998:5.

神支柱,也因此"迎来了其翻译生涯中的第一个高峰"①。

在那个年代,傅雷也会和一些志同道合的友人定期聚会,论文艺,谈时局,也会和像钱锺书这样的学人串门谈艺。他大力推介黄宾虹,1942年,傅雷倡议筹办了"黄宾虹八秩诞辰书画展览会"。他和黄宾虹之间的忘年友情在中国美术发展史上被传为佳话。1944年,傅雷发表了《论张爱玲的小说》,对这位风头正健的女作家的创作倾向提出中肯的批评,该文至今仍然是张爱玲文学研究中的重要论文。1949年12月,傅雷经天津到北京,清华大学吴晗有意请傅雷去教授法语,傅雷宁愿教美术史,而不愿教法语,故未应。他决计仍回上海干他的本行,与法国文学大师们"朝夕与共"。之后,傅雷热心投身社会文化政治活动,撰写有关知识分子、文艺界、出版界问题及整风问题的各种文稿,认真履行上海市政协委员的职责。但自1957年夏至1958年春,傅雷受到错误批判,被打成"右派"。1961年9月,有关部门才摘掉其"右派"的帽子,但傅雷面对报纸没有笑容:"当初给我戴帽,本来就是错的。"

以后的四五年间,傅雷深居简出。1966年,"文革"的无情风暴波及傅雷家门。9月3日,因惨遭批斗、折磨和凌辱,傅雷夫妇愤而弃世。

二、翻译活动

傅雷的翻译活动始于1929年赴法求学之时,终于"文革"之初,共计译著三十四部,五百多万言。罗新璋曾以1949年为界,把傅雷的翻译活动分为前后两个时期。前期翻译用傅雷自谦的话说,"还没有脱离学徒阶段";而以1949年6月出版的《欧也妮·葛朗台》为标志,"傅雷的翻译进入成熟时期,达到新的水平,形成独自的翻译风格"②。

1937年至1941年间出版的译作《约翰·克利斯朵夫》和1946年出版的译作《贝多芬传》,奠定了傅雷翻译名家的形象。傅雷在法期间就读到

① 谢天振,李小均.傅雷 那远逝的雷火灵魂.北京:文津出版社,2004:20.
② 详见:傅敏.傅雷谈翻译.北京:当代世界出版社,2005:代序1.

《贝多芬传》，发现"贝多芬以其庄严之面目，不可摇撼之意志，无穷无竭之勇气，出现于世人面前，实予我辈以莫大启发"①。回国后，他与罗曼·罗兰又书信来往，表达了与罗兰"十分契合"的英雄主义观。《约翰·克利斯朵夫》出版于抗战时期，一方面，我们要用"顽强的意志"去追求崭新的天地；另一方面，"在你要战胜外来的敌人之前，先得战胜你内在的敌人"②，所以要坚持、要忍耐，"但愿克利斯朵夫在此大难未已的混乱时代能成为一个坚强而忠实的朋友"（罗曼·罗兰）③。而《贝多芬传》无论其重译于抗日战争时期的 1942 年，还是出版于解放战争时期的 1946 年，都是"阴霾遮蔽了整个天空"的危急时代，"我们比任何时候都更需要精神的支持，比任何时候都更需要坚忍、奋斗，敢于向神明挑战的大勇主义"④。傅雷选择这两部著作翻译，一是要把他曾经所受的罗兰的恩泽转赠年轻的一代，另一方面也反映出，一个伟大的翻译家总是把自己的翻译工作与国家、民族的利益结合起来的，他要用文化武器武装公众，激励进步青年，服务于民族伟业。所以傅雷的翻译生涯因其契合时代脉搏的文本选择和饱含激情的转化迻译而熠熠生辉。傅雷曾经说过："我回头看看过去的译文，自问最能传神的是罗曼·罗兰，第一是同时代，第二是个人气质相近。"⑤

如果说，傅雷前期译事活动以翻译罗曼·罗兰为主，那么后期译事活动就是以翻译巴尔扎克为主；罗曼·罗兰的作品汉译如《约翰·克利斯朵夫》《贝多芬传》等为傅雷赢得了广大读者，而其汉译巴尔扎克的《人间喜剧》则确立了傅雷是巴尔扎克在中国的代言人。傅雷一生翻译了巴尔扎克十五部作品，累计约二百五十万字。完全可以说，巴尔扎克的著作构成了傅雷后半期翻译的重心。而且，由于傅雷的倾力，不少作品脍炙人口，深受读者喜爱，如《高老头》。为何傅雷在后半期主要选择了巴尔扎克？

① 傅雷. 傅雷文集·书信卷. 合肥：安徽文艺出版社，1998：4.
② 傅雷. 傅雷文集·文学卷. 合肥：安徽文艺出版社，1998：254.
③ 详见：傅雷. 傅雷全集·第 7 卷. 沈阳：辽宁教育出版社，2002：8.
④ 傅雷. 傅雷文集·文学卷. 合肥：安徽文艺出版社，1998：265.
⑤ 傅雷. 傅雷文集·书信卷. 合肥：安徽文艺出版社，1998：155.

傅敏对此做过解释："他翻巴尔扎克主要是考虑到政治问题,当时国内的情况,翻译巴尔扎克最安全,如果不是在这种情况之下,他不一定会翻巴尔扎克,但是他翻了,也很喜欢。"①马克思和恩格斯对巴尔扎克和《人间喜剧》都给予过肯定性的评价,这在我国无产阶级对资产阶级进行专政的时期里,如同意识形态领域内特设的通行灯,给译者的翻译活动提供了政治上的安全保障②。对此,谢天振、李小均借助当代翻译理论中的"操纵学派"的研究成果,从"意识形态、诗学、赞助人"三个维度把傅雷翻译转向背后的权力制约关系放在历史的宏大语境中进行了考察和分析,首次把傅雷翻译活动与当代译论结合起来,打开了傅雷翻译活动的现代阐释空间。

傅雷选择巴尔扎克,也不完全出于政治考虑。早在 1938 年,他就开始打巴尔扎克的主意③。或许因为巴尔扎克的浩瀚博大,傅雷需要假以时日,准备酝酿。金圣华做过"傅雷与巴尔扎克"的专题研究,她认为,"剖开巴尔扎克表面的浪漫与不羁,正是文学巨人无比的意志、毅力、自律与执著;而透过傅雷表面的冷静与含蓄,却满是艺术家的激情与狂热。傅雷个性外冷内热,正适合翻译巴尔扎克这位写实派大师气势磅礴,但又细致入微的作品"④。而且,《人间喜剧》描绘了 19 世纪上半叶法国社会方方面面的风貌,十分对应傅雷的文学观,即"文学既以整个社会整个人为对象,自然牵涉到政治、经济、哲学、科学、历史、绘画、雕塑、建筑、音乐,以至天文地理,医卜星相,无所不包"⑤。此外,除了作者与译者性情相近,对文学的看法一致,两人的工作习惯也不谋而合,虽跨越时空,却依然心心相印。傅雷也确实把翻译巴尔扎克作为后来的主要工作。他在 1954 年说过:"大概以后每年至少要译一部巴尔扎克,'人文'决定合起来冠以《巴尔扎

---

① 金圣华. 傅雷与他的世界. 北京:生活・读书・新知三联书店,1997:77.
② 许钧,宋学智. 走进傅雷的翻译世界. 北京:高等教育出版社,2008:157-158.
③ 详见:傅敏. 傅雷谈翻译. 北京:当代世界出版社,2005:8.
④ 详见:傅敏. 傅雷谈翻译. 北京:当代世界出版社,2005:79.
⑤ 详见:傅敏. 傅雷谈翻译. 北京:当代世界出版社,2005:9.

克选集》的总名,种数不拘,由我定。我想把顶好的译过来,大概在十余种。"①重要的是,傅雷在翻译巴尔扎克的过程中,确实表现出作者与译者的灵犀相通。还在 1951 年,他就说过:"我的经验,译巴尔扎克虽不注意原作风格,结果仍与巴尔扎克面目相去不远。只要笔锋常带情感,文章有气势,就可说尽了一大半巴氏的文体能事。"②

在后期翻译活动中,傅雷除了主攻巴尔扎克外,还翻译了梅里美、伏尔泰和丹纳的作品,这些翻译不仅显示出傅雷高雅的艺术品位,也显示出傅雷在翻译风格上具有不止一枚印章的大译家的才华。一方面,傅雷的翻译一步一步地突破艺术的难关,一次次达到艺术的高峰;另一方面,由于"左"倾政治运动无端而又无情的打击,傅雷被戴上"右派"的帽子,几部译稿均不能出版。出版社建议他,如果用笔名当可以印行,但被他拒绝,"要嘛还是署名傅雷,要嘛不印我的译本"③。这表现出仅靠稿费维持全家生计的傅雷刚执的骨气,当然,同时也显示了政治意识形态对翻译活动的影响,在特殊时期是很不利于翻译家的翻译活动的。不久后的"文革"刚爆发,就把一个渡过了"艺术大难关"的翻译巨匠推进了死亡的深渊。

三、翻译思想

1. 傅雷"神似说"的提出

傅雷由于长期从事法国文学翻译,他深刻认识到,"民族的 mentality 相差太远。外文都是分析的、散文的,中文都是综合的、诗的。这两个不同的美学原则使双方的词汇不容易凑合";"中国人的思想方式和西方人的距离多么远。他们喜欢抽象,长于分析;我们喜欢具体,长于综合。要不在精神上彻底融化,光是硬生生的照字面搬过来,不但原文完全丧失了美感,连意义都晦涩难懂,使读者莫名其妙"。他还深切地体会到,"译本

---

① 傅雷. 傅雷文集·书信卷. 合肥:安徽文艺出版社,1998:165.
② 傅雷. 傅雷文集·书信卷. 合肥:安徽文艺出版社,1998:156.
③ 金梅. 傅雷传. 长沙:湖南文艺出版社,1997:291.

与原作,文字既不侔,规则又大异。各种文字各有特色,各有无可模仿的优点,各有无法补救的缺陷,同时又各有不能侵犯的戒律"。此外,他还具体地发现,出发语民族与译入语民族之间存在"两国文字词类的不同,句法构造的不同,文法与习惯的不同,修辞格律的不同,俗语的不同,即反映民族思想方式的不同,感觉深浅的不同,观点角度的不同,风俗传统信仰的不同,社会背景的不同,表现方法的不同"等种种差异。基于上述体会和认识,经过二十多年的翻译实践,傅雷在 1951 年出版的《高老头》的《重译本序》中开篇明义,提出了"以效果而论,翻译应当像临画一样,所求的不在形似而在神似"的鲜明观念。十二年后,他在致罗新璋的信中再次明确了自己对译事的看法——"重神似不重形似",同时把"行文流畅,用字丰富,色彩变化"作为自己的预定目标,也把"理想的译文仿佛是原作者的中文写作"作为一个翻译追求,鼓励翻译工作者"假定你是原作者,用中文写作"①。

2. 主流评论

我国最早研究傅雷的专家罗新璋认为,傅雷"从临画的方法推导出翻译的原理,而以传神立论,则把翻译从字句的推敲提高到艺术的锤炼"。罗新璋对傅雷"神似说"做了这样的解读:"所谓'重神似不重形似',是指神似形似不可得兼的情况下,倚重倚轻,孰取孰弃的问题。这个提法,意在强调神似,不是说可以置形似于不顾,更不是主张不要形似。"②这符合傅雷的思想,因为傅雷在同时期致宋奇(林以亮)的信中就强调过:"我并不说原文的句法绝对可以不管,在最大限度内我们是要保持原文句法的。"③罗新璋进一步指出,"神似"与"案本""求信""化境"这四个概念"当为我国翻译理论体系里的重要组成部分";是"傅雷把我国传统美学中这

---

① 详见:傅敏. 傅雷谈翻译. 北京:当代世界出版社,2005:23,10,3,56,28.
② 罗新璋. 我国自成体系的翻译理论(续). 中国翻译,1983(8):8.
③ 详见:傅敏. 傅雷谈翻译. 北京:当代世界出版社,2005:23.

个重要论点,引到翻译方面,把翻译提高到美学范畴和艺术领域"①。深信中国翻译理论未来的刘宓庆认为,傅雷以自己深厚的艺术素养和翻译功力推出新说,将翻译理论与美学理论结合了起来,是对严复的"三难"之说的重要补充。② 时任香港翻译学会会长的刘靖之认为,傅雷推出的"神似说""这种'格言'式的句子总结了从严复提出'译事三难'以来五十年在翻译上所取得的经验,包括了较'信、达、雅'和'翻译的三重标准——忠实、通顺、美'更多的内涵,把翻译纳入了文艺美学的范畴"③。张柏然则认为,傅雷的"神似说""一方面反映了我国传统文论画论中以神为'君'为美的美学思想,另一方面,他把这种思想引入翻译领域,使翻译艺术融汇于我国传统的文论画论的沃流之中"④。当然,"神似说"也遇到一些质疑的声音,学术界有不同的观点很正常。

3.傅雷"神似说"的影响

傅雷"神似说"的影响首先表现在翻译领域内。当代我国译学界的"形神"之辩,无不直接或间接地与傅雷的"神似说"有关,可以说,都是傅雷"神似说"影响下出现的学海波澜。许钧的《"形"与"神"辨》梳理了傅雷之前的陈西滢与曾虚白的讨论和傅雷之后的许渊冲与江枫的争论。他认为,傅雷"以临画来比翻译,说明翻译之难,并以'神似'为克服困难的基本途径,这是很有见地的"⑤。实际上,傅雷"神似说"的影响不仅仅局限于法国文学翻译领域,它早已引起我国整个外国文学翻译界的关注。21世纪初出版的两本学术专著《中国传统译论经典诠释——从道安到傅雷》⑥和

① 罗新璋.我国自成体系的翻译理论(续).中国翻译,1983(8):12,9.
② 刘宓庆.当代翻译理论.北京:中国对外翻译出版公司,1999:203.
③ 刘靖之.神似与形似——刘靖之论翻译.台北:书林出版有限公司,1996:9-11.
④ 张柏然,张思洁.中国传统译论的美学辨.现代外语,1997(2):26.
⑤ 许钧."形"与"神"辨.外国语,2003(2):63.
⑥ 王宏印.中国传统译论经典诠释——从道安到傅雷.武汉:湖北教育出版社,2003.

《20世纪中国翻译思想史》①均有评析。而专著《神似翻译学》②的出版,可以说是傅雷"神似说"在译学领域产生影响的一个例证。

其次,傅雷"神似说"的影响也波及文学翻译领域之外。这一方面是由于"神似"原本就是中国古典文论、传统美学中的概念,另一方面也由于傅雷多艺兼通,其由绘画要旨论及翻译要旨而引来的"神似",颇能引起译界外学人共鸣。傅雷"神似"特色的翻译作品在我国现当代文学史上的地位是不可忽视的。陈思和在比较了其他老一辈的法国文学翻译家的作品后指出,"傅雷的译文更好读,耐读,似乎在文字中传达出一种东方人消化了西方文化后而生的精神气韵";"优秀翻译家的华语作品……在创造和丰富华文文学的历史上,其贡献与创作相同"③。

四、译作分析

柳鸣九曾经说过:"傅雷是一两个世纪也难得出现一两个的那种大翻译家。"二十年后,他又补充道,今天看来,"在一两个世纪以内已经完全没有可能再产生出傅雷这样卓绝的翻译大师了"④。柳鸣九对傅雷的历史评价是建立在傅雷"不仅译得多而且译得好"的业绩上的。上文已述,傅雷对于罗曼·罗兰和巴尔扎克作品的成功翻译,有过自己的表达。傅雷自己还对《贝多芬传》《嘉尔曼》《老实人》等译品的质量间接表示过肯定,例如他说,重译的《贝多芬传》"把少年时代幼稚的翻译习作一笔勾销"⑤;到1951年6月为止,"自己看了还不讨厌的,只有《文明》与《葛朗台》";《老实人》"原文修辞造句最讲究,译者当时亦煞费苦心,或可对足下略有帮助"⑥。尽管傅雷自谦自己的成绩只能算"清顺",也表达过"对自己的译文

① 王秉钦. 20世纪中国翻译思想史. 天津:南开大学出版社,2004.
② 冯建文. 神似翻译学. 兰州:敦煌出版社,2001.
③ 详见:金梅. 傅雷传. 长沙:湖南文艺出版社,1997:序1-2.
④ 柳鸣九. 纪念翻译巨匠傅雷. 中国翻译,2008(4):21.
⑤ 傅雷. 傅雷文集·文学卷. 合肥:安徽文艺出版社,1998:266.
⑥ 详见:傅敏. 傅雷谈翻译. 北京:当代世界出版社,2005:25,57.

从未满意",但凡比较过傅雷与其他译者的作品,一般都会认为,傅雷的译本总体达到了翻译文学作品的理想境界,即"原文的意义与精神"和"译文的流畅与完整"的"兼筹并顾"①,译文风格与原文风格的相对统一。

罗新璋读傅雷译品后说:"傅雷不仅译作宏富,尤以译文传神取胜。拿傅雷译文与法文原文对照,读到精彩处,原著字里行间的含义和意趣,在译者笔下颇能曲尽其妙,令人击节赞赏!"②傅译《约翰·克利斯朵夫》之所以能成为翻译文学经典,是因为傅雷与罗兰相近的气质、知音的缘分;是因为两人有着同样高的艺术修养、同样高的精神品格;是因为傅雷把自己的心血和激情融入其出神入化的译笔中。我们就以《约翰·克利斯朵夫》开篇第一句的翻译"江声浩荡"为例,许钧的《作者、译者和读者的共鸣与视界融合》从上下文、文化语境、作者意图、本文意图及译者追求等方面说明,在具体的翻译过程中,傅雷充分考虑到了文本的局部意义与整体意义、语言层面与审美、文化层面的辩证关系。许钧指出,"傅雷先生对贯穿了约翰·克利斯朵夫整个生命的莱茵河,对在约翰·克利斯朵夫生命中永不停息的浩荡江声,有着自己深刻的理解。……他译的这四个字,并没有仅仅限于原文的字面意义,也没有限于与该句紧密相连的第一段,而是基于他对原作整体的理解与把握,基于他对原作者意图和本文意图的辩证关系与内在联系的领悟,达成了他与原作者视野与思想的沟通与融合,加上他在译文字句上所追求的音乐感及力度,使他的译文得到了广大中国读者的认可,在译者与读者的共鸣中,前后呼应"③。可以说,"'江声浩荡'已经成为傅雷翻译的《约翰·克利斯朵夫》的一个重要符号,穿越了历史与永恒,浓缩了洋洋百万余言所表现的激情与活力、气势与气度、精神

①　详见:傅敏.傅雷谈翻译.北京:当代世界出版社,2005:4.
②　详见:傅敏.傅雷谈翻译.北京:当代世界出版社,2005:1.
③　许钧:作者、译者和读者的共鸣与视界融合——文本再创造的个案批评.中国翻译,2002(3):26-27.

与灵魂、艺术与风骚"①。

我们对傅雷译文的分析,一方面,似应展露它的精确和精彩,解说其神似原作的妙笔,揭示译者独到的艺术匠心;另一方面,似应对傅雷的翻译实践取得成就的因素、环节和步骤进行分析,以探寻他登上翻译文学艺术高峰的路径。

由于傅雷的翻译活动量大质优,我们可以宏观地加以考察:

从文本的选择与准备阶段看,傅雷的翻译活动有两点值得我们注意:第一,选择原作坚持有所不为。傅雷对即便在中国很受读者欢迎的斯丹达尔的《红与黑》,也"不想接受",因为"没有多大缘分";对莫泊桑则"觉得不对劲",觉得有点"怪腻儿"。他所选择的是与自己一见如故的作家,如罗曼·罗兰,因为他和罗兰"气质相近";他也选择相见恨晚的作家,如巴尔扎克,因为他译巴尔扎克,风格与巴氏"面目相去不远"。选取适于自己的作者,放弃不适于自己的作者,应是傅雷的翻译实践取得成就的首要因素。第二,傅雷下笔之前必经过认真准备,绝不率尔操觚。他强调指出,"事先熟读原著,不厌求详,尤为要著",对喜欢的作品不精读四遍五遍,对原作意义没有百分之百的把握,决不动笔。因为只有"将原作(连同思想,感情,气氛,情调等等)化为我有,方能谈到迻译"②。

从文本再创造的阶段看,在具体动笔的过程中,傅雷有三点值得我们注意:第一,他对文字总是从艺术的高度再三推敲、百般锤炼。"无奈一本书上了手,简直寝食不安,有时连打中觉也在梦中推敲字句"③。第二,作为一位成就卓著的翻译家,傅雷的翻译速度并不是我们想象中的那样迅速。每日平均也不过译一千二百到一千五百字。第三,翻译文学精品是一遍一遍地修改出来的。《约翰·克利斯朵夫》在新中国成立后又重译出版;《高老头》初译于1946年,重译于1951年,再译于1963年;《老实人》的

---

① 宋学智,许钧.傅雷翻译实践的成功路径及其意义.江苏社会科学,2009(6):156.

② 傅敏.傅雷谈翻译.北京:当代世界出版社,2005:57.

③ 傅敏.傅雷谈翻译.北京:当代世界出版社,2005:21.

译文"前后改过八道"。傅雷的译文就是在不断的修改中呈现出精彩的。

傅雷翻译作品的影响力、艺术力和生命力之所以超过一般的翻译名家,还有着下列一些深层因素:第一,在名译背后,潜藏着傅雷严肃的态度和负责的精神,主要表现就是对"真"的价值坚守,一是从事艺术的态度真,坚守"真诚是第一把艺术的钥匙"①;二是实践过程中对真的追求,为了求"真"和传神,煞费苦心,凝神壹志。第二,在名译背后,潜藏着傅雷热烈的甚至可以说火热的情感。正因为傅雷翻译罗曼·罗兰时"一边译一边感情冲动得很"②,《约翰·克利斯朵夫》才能让今天的读者仍然"见识到文学中的巨大激情,震动人心"③。第三,文学翻译不单单是靠译者的大脑和思维去解决语际符号转换的问题,也不仅仅需要译者的"真"和"情",还需要译者的匠心。文学语言不但是艺术化的语言,还是心灵化的语言,不经过心灵的语言很难触动读者的心灵。只有与作者进行跨越时空的心灵的交流,用心去感受和领会原作,才能创造出译者与作者视界融合的美妙意境。所以,译者的双语水平和文学修养,乃至翻译知识技巧都是形成优秀翻译文学作品的必要条件,但还不能构成充分条件,它们只是译者应当具有的基本功,而翻译主体的意识自觉,如严肃求真的姿态、热烈的情感和心的倾注同样不可或缺。正因为傅雷在翻译实践中,一能执着于"真",倾心倾力,从不苟且;二能用"情"去深入作品,用热情融化作品;三能用"心"去感应作品,用心灵与作者沟通,他笔下的译文才更具有艺术的感染力、穿透力乃至超越时空的生命力。

从翻译文学史和翻译文化史的角度考察傅雷翻译的核心原则、核心思想、核心动力,我们又发现,促使傅雷登上翻译文学高峰的因素,应该有这样两点:第一,"先为人,次为艺术家,再为音乐家,终为钢琴家"④给我们的启示。这是傅雷给予傅聪的教诲,也暗示着翻译家傅雷成功的一个方

---

① 傅雷. 傅雷文集·书信卷. 合肥:安徽文艺出版社,1998:421.
② 傅雷. 傅雷文集·书信卷. 合肥:安徽文艺出版社,1998:360.
③ 金圣华. 江声浩荡话傅雷. 北京:当代世界出版社,2006:2.
④ 傅雷. 傅雷文集·书信卷. 合肥:安徽文艺出版社,1998:492.

面。治学之前先要做人,人做好了才能踏上治学的正道,傅雷优美的译品中就融合着他优秀的人品。我们再来看艺术家、音乐家、钢琴家三者的关系:艺术是个大范围,音乐是其中的小范围,钢琴是小范围里的小圈圈。这就是说,只有在本专业所在的尽可能最大的范围上面进行思考、领悟,才能把握艺术之道,从而逼近艺术的真谛。傅雷爱艺术,爱文学,但他选择了翻译道路,或许正是遵循了一条类似的成功路径:先为人,次为艺术家,再为文学家,终为翻译家。第二,儒家精神和道家思想在其翻译实践中的完美结合。傅雷"对自己译文从未满意"而"一改再改三四改",执着求"真","一个劲儿死干"的精神姿态,正是儒家精神的实践体现。另一方面,他的"理想的译文仿佛是原作者的中文写作"和"译文必须为纯粹之中文"这样的"译文标准"以及其"神似"的艺术主张,都是为了不露翻译腔,指向"浑然天成"这一深层次的审美追求。这正是道家思想在他美学观上的反映。重要的就在于,傅雷在翻译实践中,把儒家精神中的执着进取与道家思想中的推崇天然之美完好地结合起来。也就是说,一方面,他有着很高的艺术理想和境界,追求天然灵动和自然无伪的韵致,追求译文尽善尽美,最大可能地逼"真",最大可能地接近艺术的"浑成";另一方面,他又有脚踏实地的努力,能够做实实践中的具体环节,对译文字斟句酌,呕心沥血,又因很难满意而始终向着更高标准不懈追求,一再进取。两点的结合也是他的翻译作品能在一代代读者中产生广泛、深刻和持久影响的重要原因。①

五、新的视野

我国的傅雷翻译研究主要始于改革开放,经历了由浅而深、由随感而理论、由现象接近本质的变化,经历了从文艺美学到文化社会学和回归文本几个阶段,见证了中国文学翻译理论的发展,成为中国翻译研究领域不

---

① 以上宏观分析部分详见:宋学智,许钧. 傅雷翻译实践的成功路径及其意义. 江苏社会科学,2009(6):154-157.

可忽视的一个重点。随着傅雷诞辰百年纪念系列活动的展开,傅雷翻译研究有了进一步的发展,研究的视角得到了拓展,研究的内容也更丰富。2016 年出版的《傅雷翻译研究》①,着力于目前国内有关傅雷翻译研究的学术空白处,尽可能拓展研究的视野,对傅雷的翻译世界进行了较为系统的研究。基于对傅雷翻译活动长期的关注、思考和研究,我们在此又有三点新认识。

1. 傅译经典的长久魅力

翻译活动过程是解构与重构的过程。解构如同庖丁解牛,游刃于语言符号形式和艺术表现形式之间,理解原作内容与精神,把握原作艺术生命。重构就是用译入语形式重构原作字里行间的含义,还原原作表现手法的艺术生命,其中的关卡是寻找与原语言所指和能指贴切相宜的转换符号。文学翻译的创造性主要表现在这里,傅雷的翻译艺术也体现在这里。他一方面精准把握法汉两种语言之间的差异,常年琢磨;另一方面用出神入化的翻译突破了两种语言转换的屏障,化解了内容与形式这对翻译中难以调和的矛盾,保持了原作的生命力。

文学作品能够真正打动读者的并不是内容和形式,而是作品中的人文精神和人性的真善美。文学作品的内容与形式都是作者用来表现思想和精神的工具。一件艺术作品若没有灵魂,其形式再完美也只是一具空壳。从这个角度来说,翻译如果仅着眼于内容与形式这对矛盾的解决,会落入工具理性至上的陷阱,而傅雷译作早已超越这对矛盾,更重视作品中的人文精神和人性之光。他在翻译过程中超越形式与内容的简单对立,突破"技"的层面的种种藩篱,精准抓住并成功再现原作的精神风貌,这使得傅雷译作成为经典。作为翻译经典,他的作品一方面通过外域民族不同的审美视角和审美范式,给我们带来具有异国情调的审美享受,拓展了我们的文学天地和文化视界;另一方面为我国翻译质量的提高树立了典范,在理解和表达原作内涵的深度与精度、领悟和再现原作风韵的形式与

---

① 许钧,宋学智,胡安江. 傅雷翻译研究. 南京:译林出版社,2016.

方法上,为后来的译者提供了可以学习和效法的范本,在实践上具有极高的指导价值。

2. 通过翻译建构世界文学

20世纪50年代末,傅雷表示,自己的翻译活动是在为"世界文化"做贡献。翻译文学兼容了两个民族的文学元素和文化元素,是源语民族文学内容和译语民族语言形式两大主块的有机化合,是两个民族文学性和文化性融合及交叉融合而演化出的新样态,这种新样态构成了世界文学的本质内涵。世界文学展示了世界多元文化的相汇相容、调适整合和交融出新,也是更多民族元素的融合。世界文学在一定程度上体现着翻译活动的建构性力量。世界文学视角不同于翻译文学视角,它的立足点在外国文学和翻译文学之上,超越了民族文学(无论出发语民族文学还是译入语民族文学),可以摆脱民族目光的局限,打开一个兼顾双边的更为广阔的视界,让我们能够看到两个民族相同的价值观念和各自的特色之处,探索人类共存的精神家园。傅雷用一生的劳作给我们留下了宝贵的翻译财富,并且经过了时间的检验,他不仅创造了优秀的翻译文学,而且创造了优秀的世界文学。当前,翻译与世界文学的密切关系已成为国际学界的热点话题,"世界文学来源于翻译""翻译构建世界文学"的观点已得到普遍认同,但讨论的话语权基本还在国外学者那里。中国是个翻译大国,我们要重视并不断发展我国的翻译事业,为我国在世界文学领域拥有更大的话语权提供助力。

3. 为中国学派发声

傅雷的翻译精髓不仅体现在"神似说"上,也包含了"化境说"。他在写给友人和家人的书信以及其他评论中,多次提及"化境":1943年,他说黄宾虹"兼采众长,已入化境"[①];1962年,他嫌自己的翻译"化得太少,化得不够,化得不妙"[②]。他提出,将"神似"作为具体目标和美学效果,更作

---

① 傅雷. 傅雷文集·艺术卷. 合肥:安徽文艺出版社,1998:234.
② 傅雷. 傅雷文集·书信卷. 合肥:安徽文艺出版社,1998:578.

为翻译策略和方法,来追求"化境"。"神似"与"化境"作为中国传统文艺美学中的关键词,背后有着我国传统文论丰富的话语资源;作为中国译论发展进程中的重要坐标,有着像傅雷这样的翻译家大量而优美的翻译实践加以印证和支撑。我们要在世界译论中发出中国学派的声音,就需要立足中国文化资源和特色优势进行探索,实现真正独有的理论创新。"神似说""化境说"是中国译论中值得进行现代转换的重要命题。"神似说"与"化境说"虽然只是一种翻译理念,还谈不上翻译理论,但它们是理论的"内核"和"酵母",其中蕴含着可以释放和转化的现代性因素。因此,要建构中国当代翻译理论新形态,在国际学术界发出中国声音,就要厘清"神似"与"化境"在民族审美过程中的发展脉络,运用考察、描述、分析、判断等研究方法,发掘其理论内涵,充实其话语空间,使"神似说"与"化境说"揭去神秘面纱,展露清晰的理性面貌。我们认为,可从传统语文学、现代语言学和当代文化学三个层面进行挖掘,从哲学维度和现代阐释学角度加以审视,通过中西理论形态的比较,大胆借鉴,小心求证,让"神似说"与"化境说"在解决外译中和中译外特有问题的过程中,演绎成具有说服力的理论依据。总之,以"神似说"与"化境说"为核心,开发出具有中国特色、能发出中国声音的中国译论现代话语机制,是傅雷翻译活动留下的重要潜在价值。

六、编选说明

本书选取傅雷最具代表性的十五部法文译作,包括传记、文学、艺术哲学、人生哲学等四个方面。第一部分[①]选择罗曼·罗兰的作品,因为傅雷"回头看看过去的译文,自问最能传神的是罗曼·罗兰,第一是同时代,第二是个人气质相近"[②]。第二部分选择巴尔扎克的作品,因为傅雷说过,

---

[①] "中华译学馆·中华翻译家代表性译文库"的一级标题格式均为"第×编"。本卷为了和所选译文《艺术哲学》中的"第×编"进行区分,将一级标题统一改为"第×部分",特此说明。——编者注

[②] 傅雷. 傅雷文集·书信卷. 合肥:安徽文艺出版社,1998:155.

"我的经验,译巴尔扎克虽不注意原作风格,结果仍与巴尔扎克面目相去不远。只要笔锋常带情感,文章有气势,就可说尽了一大半巴氏的文体能事"①。第三部分中的《老实人》"原文修辞造句最讲究,译者当时亦煞费苦心"②;关于《文明》,傅雷"自问对原作各篇不同的气息还能传达"③;《嘉尔曼》是傅雷1953年第三次翻译出版的译著,三次迻译说明了译者对作品的喜爱,"既深爱好,领悟自可深入一层"④,因而对原作"风格的精炼"⑤确有传神的体现。在第四部分中,《人生五大问题》通过对"二十世纪道德论"之诉求,让我们看到"译者所费之心力"⑥;《罗丹艺术论》让我们看到了仅仅"为自学一遍"而迻译的纯洁的艺术情怀;而傅雷在被打成"右派"期间,能够"耐性埋头"翻译这部"使人兴趣盎然、获益良多"⑦的《艺术哲学》,其活动本身既反映了傅雷的赤子之心,也反映了他的艺术情怀。这样的编选,目的是为读者呈现一个真实可感的傅雷形象与独特的傅译风格。

在社会发展的历史进程中,语言文字的使用也在不断演变。傅雷所处时代语言文字的许多使用习惯到如今也有了不少变化。较为明显的如当年的"的"和"地"没有明显的区别,修饰动词普遍都用"的";"做"和"作"的区别也不明显,"装作""叫作"在当时一般写成"装做""叫做"。又如"稀罕"写作"希罕","佣人"写作"用人","那么"写作"那末","绝不"写作"决不","鼎鼎大名"写作"顶顶大名","奇大无比"写作"其大无比",等等。一些表述现如今也不常使用了,如"张大其辞""才具"等。还有一些地名和人名的翻译都与现如今通行的译法有出入,如"梵谛冈"(即"梵蒂冈")、"斯丹达尔"(即"司汤达")、"莫利哀"(即"莫里哀")、"惠灵吞"(即"惠灵顿")、"服尔德"(即"伏尔泰")等。还有一些表述不符合如今通行的语法

---

① 傅雷. 傅雷文集・书信卷. 合肥:安徽文艺出版社, 1998:156.
② 傅雷. 傅雷文集・书信卷. 合肥:安徽文艺出版社, 1998:292.
③ 傅雷. 傅雷文集・书信卷. 合肥:安徽文艺出版社, 1998:155.
④ 傅雷. 傅雷文集・书信卷. 合肥:安徽文艺出版社, 1998:292.
⑤ 傅雷. 傅雷文集・文学卷. 合肥:安徽文艺出版社, 1998:279.
⑥ 傅雷. 傅雷文集・文学卷. 合肥:安徽文艺出版社, 1998:250.
⑦ 傅雷. 傅雷文集・书信卷. 合肥:安徽文艺出版社, 1998:509.

规范,如"因为……之故""……的动机是由于……所引起的"等。

虽然现在出于语言文字规范化的需要,对这些表述都有了取舍,但在当时,这些词语和句子的使用,正如傅雷所说,是白话文还没有定型的缘故,因此在傅雷的原译文中有一些在当时并不存在问题而与当今的"规范"要求不尽相符的用法。考虑到原来的表述对当今读者的阅读理解并不会造成大的困难,但有助于读者更贴近傅雷所处时代的文化原貌,认识那一段与我们渐行渐远的历史,对于历史文献的留存更有着特殊的意义,所以我们对这些表述基本上都保留了原貌。

本次傅雷代表性译文的编选参阅了《傅雷全集》(辽宁教育出版社,2002年),特此致谢。在引用过程中,根据"中华译学馆·中华翻译家代表性译文库"的体例,编者对排版形式略有调整,如在《约翰·克利斯朵夫》中的转页,在本书中以符号"＊＊＊"替代,特此说明。

第一部分

傅雷和罗曼·罗兰的历史奇遇与灵魂共鸣

我回头看看过去的译文,自问最能传神的是罗曼·罗兰,第一是同时代,第二是个人气质相近。

——摘自傅雷 1951 年 10 月 9 日致宋奇函

约翰·克利斯朵夫
——英雄的诞生

在此大难未已的混乱时代，但愿克利斯朵夫成为一个坚强而忠实的朋友，在人生的考验中成为一个良伴和向导，使大家心中都有一股生与爱的欢乐，使大家能不顾一切的去生活，去爱！

——摘编自罗曼·罗兰《约翰·克利斯朵夫》原序

《约翰·克利斯朵夫》所描绘歌咏的不是人类在物质方面而是在精神方面所经历的艰险，不是征服外界而是征服内界的战迹。它是千万生灵的一面镜子，是古今中外英雄圣哲的一部历险记，是贝多芬式的一阕大交响乐，融和德、法、意三大民族精神的理想，用罗曼·罗兰自己的话说，仿佛是一个时代的"精神的遗嘱"。愿读者以虔诚的心情来打开这部宝典吧！

——摘编自傅雷《约翰·克利斯朵夫》译者献辞和简介

我希望把拙译同大多数译作在品质上、在劳动强度与所费的时间上，在艺术成就上，作一公平合理的纯客观的比较。

——摘自傅雷1956年8月5日致人民文学出版社函

　　《约翰·克利斯朵夫》是一部发散出艺术圣殿气息的书，一部有深广文化内涵的书，一部昂扬着个人强奋精神、人格力量的书，一部洋溢着人道主义精神的作品。这样一部作品，是世世代代的读者所需要的。

——摘编自柳鸣九《永恒的〈约翰·克利斯朵夫〉》

　　傅雷可说是以虔诚的心情来译这本书的，"一边译一边感情冲动得很"，融进了自己的朝气与生命激情，自己的顽强与精神力量。傅译罗曼·罗兰，是欲借天下之大言，以自励兼励人，以自树兼树人。名著复译，改头换面，鼠窃狗偷，不算本领。能译得比"江声浩荡"更加浩荡，后来而确乎居其上，读者自会佩服。

——摘自罗新璋《傅译罗曼·罗兰之我见》

卷一　黎　明
第一部（节选）

濛濛晓雾初开

皓皓旭日方升……

《神曲·炼狱》第十七

江声浩荡，自屋后上升。雨水整天的打在窗上。一层水雾沿着玻璃的裂痕蜿蜒流下。昏黄的天色黑下来了。室内有股闷热之气。

初生的婴儿在摇篮里扭动。老人进来虽然把木靴脱在门外，走路的时候地板还是格格的响：孩子哼啊嗐的哭了。母亲从床上探出身子抚慰他；祖父摸索着点起灯来，免得孩子在黑夜里害怕。灯光照出老约翰·米希尔红红的脸，粗硬的白须，忧郁易怒的表情，炯炯有神的眼睛。他走近摇篮，外套发出股潮气，脚下拖着双大蓝布鞋。鲁意莎做着手势叫他不要走近。她的淡黄色的头发差不多像白的；绵羊般和善的脸都打皱了，颇有些雀斑；没有血色的厚嘴唇不大容易合拢，笑起来非常胆怯；眼睛很蓝，迷迷惘惘的，眼珠只有极小的一点，可是挺温柔；——她不胜怜爱的瞅着孩子。

孩子醒过来，哭了。惊慌的眼睛在那儿乱转。多可怕啊！无边的黑暗，剧烈的灯光，浑沌初凿的头脑里的幻觉，包围着他的那个闷人的、蠕动不已的黑夜，还有那深不可测的阴影中，好似耀眼的光线一般透出来的尖锐的刺激，痛苦，和幽灵——使他莫名其妙的那些巨大的脸正对着他，眼睛瞪着他，直透到他心里去……他没有气力叫喊，吓得不能动弹，睁着眼睛，张着嘴，只在喉咙里喘气。带点虚肿的大胖脸扭做一堆，变成可笑而又可怜的怪样子；脸上与手上的皮肤是棕色的，暗红的，还有些黄黄的斑点。

"天哪！他多丑！"老人语气很肯定的说。

他把灯放在了桌上。

鲁意莎撅着嘴，好似挨了骂的小姑娘，约翰·米希尔觑着她笑道："你总不成要我说他好看吧？说了你也不会信。得了吧，这又不是你的错，小娃娃都是这样的。"

孩子迷迷忽忽的，对着灯光和老人的目光愣住了，这时才醒过来，哭了。或许他觉得母亲眼中有些抚慰的意味，鼓励他诉苦。她把手臂伸过去，对老人说道："递给我吧。"

老人照例先发一套议论："孩子哭就不该迁就。得让他叫去。"

可是他仍旧走来，抱起婴儿，嘀咕着："从来没见过这么难看的。"

鲁意莎双手滚热，接过孩子搂在怀里。她瞅着他，又惭愧又欢喜的笑了笑：

"哦，我的小乖乖，你多难看，多难看，我多疼你！"

约翰·米希尔回到壁炉前面，沉着脸拨了拨火；可是郁闷的脸上透着点笑意：

"好媳妇，得了吧，别难过了，他还会变呢。反正丑也没关系。我们只希望他一件事，就是做个好人。"

婴儿与温暖的母体接触之下，立刻安静了，只忙着唧唧呃呃的吃奶。约翰·米希尔在椅上微微一仰，又张大其辞的说了一遍：

"做个正人君子才是最美的事。"

他停了一会，想着要不要把这意思再申说一番；但他再也找不到话，于是静默了半晌，又很生气的问："怎么你丈夫还不回来？"

"我想他在戏院里吧，"鲁意莎怯生生的回答，"他要参加预奏会。"

"戏院的门都关了，我才走过。他又扯谎了。"

"噢，别老是埋怨他！也许我听错了。他大概在学生家里上课吧。"

"那也该回来啦，"老人不高兴的说。

他踌躇了一会，很不好意思的放低了声音：

"是不是他又？……"

"噢，没有，父亲，他没有。"鲁意莎抢着回答。

老人瞅着她，她把眼睛躲开了。

"哼，你骗我。"

她悄悄的哭了。

"哎哟，天哪！"老人一边嚷一边往壁炉上踢了一脚。拨火棒大声掉在地下，把母子俩都吓了一跳。

"父亲，得了吧，"鲁意莎说，"他要哭了。"

婴儿愣了一愣，不知道是哭好还是照常吃奶好；可是不能又哭又吃奶，他也就吃奶了。

约翰·米希尔沉着嗓子，气冲冲的接着说："我犯了什么天条，生下这个酒鬼的儿子？我这一辈子省吃俭用的，真是够受了！……可是你，你，你难道不能阻止他么？该死！这是你的本分啊。要是你能把他留在家里的话！……"

鲁意莎哭得更厉害了。

"别埋怨我了，我已经这么伤心！我已经尽了我的力了。你真不知道我独个儿在家的时候多害怕！好像老听见他上楼的脚声。我等着他开门，心里想着：天哪！不知他又是什么模样了？……想到这个我就难过死了。"

她抽抽噎噎的在那儿哆嗦。老人看着慌了，走过来把抖散的被单给撩在她抽搐不已的肩膀上，用他的大手摩着她的头："得啦，得啦，别怕，有我在这儿呢。"

为了孩子，她静下来勉强笑着："我不该跟您说那个话的。"

老人望着她，摇了摇头："可怜的小媳妇，是我难为了你。"

"那只能怪我。他不该娶我的。他一定在那里后悔呢。"

"后悔什么？"

"您明白得很。当初您自己也因为我嫁了他很生气。"

"别多说啦。那也是事实。当时我的确有点伤心。像他这样一个男子——我这么说可不是怪你——很有教养,又是优秀的音乐家,真正的艺术家,很可以攀一门体面的亲事,用不着追求像你这样一无所有的人,既不门当户对,也不是音乐界中的人。姓克拉夫脱的一百多年来就没娶过一个不懂音乐的媳妇!——可是你很知道我并没恨你;赶到认识了你,我就喜欢你。而且事情一经决定,也不用再翻什么旧账,只要老老实实的尽自己的本分就完了。"

他回头坐下,停了一会,庄严的补上一句,像他平常说什么格言的时候一样:

"人生第一要尽本分。"

他等对方提异议,往壁炉里吐了一口痰;母子俩都没有什么表示,他想继续说下去——却又咽住了。

*　　　　*　　　　*

他们不再说话了。约翰·米希尔坐在壁炉旁边,鲁意莎坐在床上,都在那里黯然神往。老人嘴里是那么说,心里还想着儿子的婚事非常懊丧。鲁意莎也想着这件事,埋怨自己,虽然她没有什么可埋怨的。

她从前是个帮佣的,嫁给约翰·米希尔的儿子曼希沃·克拉夫脱,大家都觉得奇怪,她自己尤其想不到。克拉夫脱家虽没有什么财产,但在老人住了五十多年的莱茵流域的小城中是很受尊敬的。他们是父子相传的音乐家,从科隆到曼海姆一带,所有的音乐家都知道他们。曼希沃在宫廷剧场当提琴师;约翰·米希尔从前是大公爵的乐队指挥。老人为曼希沃的婚事大受打击;他原来对儿子抱着极大的希望,想要他成为一个他自己没有能做到的名人。不料儿子一时糊涂,把他的雄心给毁了。他先是大发雷霆,把曼希沃与鲁意莎咒骂了一顿。但他骨子里是个好人,所以在认清楚媳妇的品性以后就原谅了她,甚至还对她有些慈父的温情,虽然这温情常常用嘀咕的方式表现。

没有人懂得曼希沃怎么会攀这样一门亲的——曼希沃自己更莫名其

妙。那当然不是为了鲁意莎长得俏。她身上没有一点儿迷人的地方:个子矮小,没有血色,身体又娇,跟曼希沃和约翰·米希尔一比真是好古怪的对照,他们俩都是又高又大,脸色鲜红的巨人,孔武有力,健饭豪饮,喜欢粗声大气的笑着嚷着。她似乎被他们压倒了;人家既不大注意到她,她自己更尽量的躲藏。倘若曼希沃是个心地仁厚的人,还可以说他的看中鲁意莎是认为她的朴实比别的长处更可宝贵;然而他是最虚荣不过的。像他那样的男子,长得相当漂亮,而且知道自己漂亮,喜欢摆架子,也不能说没有才具,大可以攀一门有钱的亲,甚至——谁知道?——可能像他夸口的那样,在他教课的中产之家引诱个把女学生⋯⋯不料他突然之间挑了一个小户人家的女子,又穷,又丑,又无教育,又没追求他⋯⋯倒像是他为了赌气而娶的!

但世界上有些人永远做着出人意料,甚至出于自己意料的事,曼希沃便是这等人物。他们未始没有先见之明:俗语说,一个有先见之明的人抵得两个——他们自命为不受欺骗,把舵把得很稳,向着一定的目标驶去。但他们的计算是把自己除外的,因为根本不认识自己。他们脑筋里常常会变得一片空虚,当时就把舵丢下了;而事情一放手,它们立刻卖弄狡狯跟主人捣乱。无人管束的船会向暗礁直撞过去,而足智多谋的曼希沃居然娶了一个厨娘。和她定终身的那天,他却也非醉非癫,也没有什么热情冲动:那还差得远呢。但或许我们除了头脑、心灵、感官以外,另有一些神秘的力量,在别的力量睡着的时候乘虚而入,做了我们的主宰;那一晚曼希沃在河边碰到鲁意莎,在芦苇丛中坐在她身旁,糊里糊涂跟她订婚的时候,在她怯生生的望着他的苍白的瞳子中间,他也许就是遇到了那些神秘的力量。

才结婚,他就对自己所做的事觉得委屈。这一点,他在可怜的鲁意莎面前毫不隐瞒,而她只是诚惶诚恐的向他道歉。他心并不坏,就慨然原谅了她;但过了一忽儿又悔恨起来,或是在朋友中间,或是在有钱的女学生前面;她们此刻态度变得傲慢了,由他校正指法而碰到他手指的时候也不再发抖了——于是他沉着脸回家,鲁意莎好不辛酸的马上在他眼中看出那股怨气。再不然他待在酒店里,想在那儿忘掉自己,忘掉对人家的怨恨。像这样的晚上,他就嘻嘻哈哈,大笑着回家,使鲁意莎觉得比平时的话中带刺和隐隐约约的怨恨更难受。鲁意莎认为自己对这种放荡的行为多少要负些责任,那不但消耗了家里的钱,还得把他仅有的一点儿理性再减少一点。曼希沃陷到泥淖里去了。以他的年纪,正应当发愤用功,尽量培植他中庸的天资,他却听任自己往下坡路上打滚,给别人把位置占了去。

至于替他拉拢金发女仆的那股无名的力量,自然毫不介意。它已经尽了它的使命;而小约翰·克利斯朵夫便在命运驱使之下下了地。

＊　　　＊　　　＊

天色全黑了。鲁意莎的声音把老约翰·米希尔从迷惘中惊醒,他对着炉火想着过去的和眼前的伤心事,想出了神。

"父亲,时候不早了吧,"少妇恳切的说,"您得回去了,还要走好一程路呢。"

"我等着曼希沃。"老人回答。

"不,我求您,您还是别留在这儿的好。"

"为什么?"

老人抬起头来,仔细瞧着她。

她不回答。

他又道:"你觉得独自个儿害怕,你不要我等着他么?"

"唉! 那不过把事情弄得更糟:您会生气的;我可不愿意。您还是回去吧,我求您!"

老人叹了口气站起来:"好吧,我走啦。"

他过去把刺人的须在她脑门上轻轻拂了一下,问她可要点儿什么不要,然后捻小了灯走了。屋子里暗得很,他和椅子撞了一下。但他没有下楼已想起儿子醉后归来的情景;在楼梯上他走一步停一步,想着他独自回家所能遭遇的种种危险……

床上，孩子在母亲身边又骚动起来。在他内部极深邃的地方，迸出一种无名的痛苦。他尽力抗拒：握着拳头，扭着身子，拧着眉头。痛苦变得愈来愈大，那种沉着的气势，表示它不可一世。他不知道这痛苦是什么，也不知道它要进逼到什么地步，只觉得它巨大无比，永远看不见它的边际。于是他可怜巴巴的哭了。母亲用温软的手摩着他，痛楚马上减轻些了；可是他还在哭，因为觉得它始终在旁边，占领着他的身体——大人的痛苦是可以减轻的，因为知道它从哪儿来，可以在思想上把它限制在身体的一部分，加以医治，必要时还能把它去掉；他可以固定它的范围，把它跟自己分离。婴儿可没有这种自欺欺人的方法。他初次遭遇到的痛苦是更残酷，更真切的。他觉得痛苦无边无岸，像自己的生命一样，觉得它盘踞在他的胸中，压在他的心上，控制着他的皮肉。而这的确是这样的：它直要把肉体侵蚀完了才会离开。

母亲紧紧搂着他，轻轻的说：

"得啦，得啦，别哭了，我的小耶稣，我的小金鱼……"

他老是断断续续的悲啼。仿佛这一堆无意识的尚未成形的肉，对他命中注定的痛苦的生涯已经有了预感。他怎么也静不下来……

黑夜里传来圣·马丁寺的钟声。严肃迟缓的音调，在雨天潮润的空气中进行，有如踏在苔藓上的脚步。婴儿一声嚎啕没有完就突然静默了。奇妙的音乐，像一道乳流在他胸中缓缓流过。黑夜放出光明，空气柔和而温暖。他的痛苦消散了，心笑开了；他轻松的叹了口气，溜进了梦乡。

三口钟庄严肃穆，继续在那里奏鸣，报告明天的节日。鲁意莎听着钟声，也如梦如幻的想着她的过去的苦难，想着睡在身旁的亲爱的婴儿的前程。她在床上已经躺了几小时，困顿不堪。手跟身体都在发烧；连羽毛毯都觉得很重；黑暗压迫她，把她闷死了；可是她不敢动弹。她瞧着婴儿；虽是在夜里，还能看出他憔悴的脸，好似老人的一样。她开始瞌睡了，乱哄哄的形象在她脑中闪过。她以为听到曼希沃开门，心不由得跳了一下。浩荡的江声在静寂中越发宏大，有如野兽的怒嗥。窗上不时还有一声两声的雨点。钟鸣更缓,慢慢的静下来;鲁意莎在婴儿旁边睡熟了。

这时,老约翰·米希尔冒着雨站在屋子前面,胡子上沾着水雾。他等荒唐的儿子回来;胡思乱想的头脑老想着许多酗酒的惨剧,虽然他并不相信,但今晚要没有看到儿子回来,便是回去也是一分钟都睡不着的。钟声使他非常悲伤,因为他回想起幻灭的希望。他又想到此刻冒雨街头是为的什么,不禁羞愧交迸的哭了。

*　　　*　　　*

流光慢慢的消逝。昼夜递嬗,好似汪洋大海中的潮汐。几星期过去了,几个月过去了,周而复始。循环不已的日月仍好似一日。

有了光明与黑暗的均衡的节奏,有了儿童的生命的节奏,才显出无穷无极,莫测高深的岁月——在摇篮中做梦的浑噩的生物,自有他迫切的需要,其中有痛苦的,也有欢乐的;虽然这些需要随着昼夜而起灭,但它们整齐的规律,反像是昼夜随着它们而往复。

生命的钟摆很沉重的在那里移动。整个的生物都湮没在这个缓慢的节奏中间。其余的只是梦境,只是不成形的梦,营营扰扰的断片的梦,盲目飞舞的一片灰尘似的原子,令人发笑令人作恶的眩目的旋风。还有喧闹的声音,骚动的阴影,丑态百出的形状,痛苦,恐怖,欢笑,梦,梦……一切都只是梦……而在这浑沌的梦境中,有友好的目光对他微笑,有欢乐的热流从母体与饱含乳汁的乳房中流遍他全身,有他内部的精力在那里积聚,巨大无比,无知无觉,还有沸腾的海洋在婴儿的微躯中汹汹作响。谁要能看透孩子的生命,就能看到湮埋在阴影中的世界,看到正在组织中的星云,方在酝酿的宇宙。儿童的生命是无限的。它是一切……

*　　　*　　　*

岁月流逝……人生的大河中开始浮起回忆的岛屿。先是一些若有若无的小岛,仅仅在水面上探出头来的岩石。在它们周围,波平浪静,一片汪洋的水在晨光熹微中展布开去。随后又是些新的小岛在阳光中闪耀。

有些形象从灵魂的深处浮起,异乎寻常的清晰。无边无际的日子,在伟大而单调的摆动中轮回不已,永远没有分别,可是慢慢的显出一大串首尾相连的岁月,它们的面貌有些是笑盈盈的,有些是忧郁的。时光的连续常会中断,但种种的往事能超越年月而相接……

江声……钟声……不论你回溯到如何久远——不论你在辽远的时间中想到你一生的哪一刻——永远是它们深沉而熟悉的声音在歌唱……

夜里——半睡半醒的时候……一线苍白的微光照在窗上……江声浩荡。万籁俱寂,水声更宏大了;它统驭万物,时而抚慰着他们的睡眠,连它自己也快要在波涛声中入睡了;时而狂嗥怒吼,好似一头噬人的疯兽。然后,它的咆哮静下来了:那才是无限温柔的细语,银铃的低鸣,清朗的钟声,儿童的欢笑,曼妙的清歌,回旋缭绕的音乐。伟大的母性之声,它是永远不歇的!它催眠着这个孩子,正如千百年来催眠着以前的无数代的人,从出生到老死;它渗透他的思想,浸润他的幻梦,它的滔滔汩汩的音乐,如大氅一般把他裹着,直到他躺在莱茵河畔的小公墓上的时候。

钟声复起……天已黎明! 它们互相应答,带点儿哀怨,带点儿凄凉,那么友好,那么静穆。柔缓的声音起处,化出无数的梦境,往事,欲念,希望,对先人的怀念——儿童虽然不认识他们,但的确是他们的化身,因为他曾经在他们身上逗留,而此刻他们又在他身上再生。几百年的往事在钟声中颤动。多少的悲欢离合! ——他在卧室中听到这音乐的时候,仿佛眼见美丽的音波在轻清的空气中荡漾,看到无挂无碍的飞鸟掠过,和暖的微风吹过。一角青天在窗口微笑。一道阳光穿过帘帷,轻轻的泻在他床上。儿童所熟识的小天地,每天醒来在床上所能见到的一切,所有他为了要支配而费了多少力量才开始认得和叫得出名字的东西,都亮起来了。瞧,那是饭桌,那是他躲在里头玩耍的壁橱,那是他在上面爬来爬去的菱形地砖,那是糊壁纸,扯着鬼脸给他讲许多滑稽的或是可怕的故事,那是时钟,滴滴答答讲着只有他懂得的话。室内的东西何其多! 他不完全认得。每天他去发掘这个属于他的宇宙——一切都是他的——没有一件不相干的东西:不论是一个人还是一个苍蝇,都是一样的价值;什么都一律平等的活在那里:猫,壁炉,桌子,以及在阳光中飞舞的尘埃。一室有如一国;一日有如一生。在这些茫茫的空间怎么能辨得出自己呢? 世界那么大! 真要令人迷失。再加那些面貌,姿态,动作,声音,在他周围简直是一阵永远不散的旋风! 他累了,眼睛闭上了,睡熟了。甜蜜的深沉的瞌睡会突然把他带走,随时,随地,在他母亲的膝上,在他喜欢躲藏的桌子底下……多甜蜜,多舒服……

这些生命初期的日子在他脑中蜂拥浮动,宛如一片微风吹掠,云影掩映的麦田。

*　　　　*　　　　*

阴影消散,朝阳上升。克利斯朵夫在白天的迷宫中又找到了他的路径。

清晨……父母睡着。他仰卧在小床上,望着在天花板上跳舞的光线,真是其味无穷的娱乐。一忽儿,他高声笑了,那是令人开怀的儿童的憨笑。母亲探出身来问:"笑什么呀,小疯子?"于是他笑得更厉害了,也许是因为有人听他笑而强笑。妈妈沉下脸来把手指放在嘴上,叫他别吵醒了爸爸;但她困倦的眼睛也不由自主的跟着笑。他们俩窃窃私语……父亲突然气冲冲的咕噜了一声,把他们都吓了一跳。妈妈赶紧转过背去像做错了事的小姑娘,假装睡着。克利斯朵夫钻进被窝屏着气……死一般的静寂。

过了一会,小小的脸又从被窝里探出来。屋顶上的定风针吱呀吱呀的在那儿打转。水斗在那儿滴滴答答。早祷的钟声响了。吹着东风的时候还有对岸村落里的钟声遥遥呼应。成群的麻雀,蹲在满绕常春藤的墙上聒噪,像一群玩耍的孩子,其中必有三四个声音,而且老是那三四个,吵得比其余的更厉害。一只鸽子在烟突顶上咯咯的叫。孩子听着这种种声音出神了,轻轻的哼着唱着,不知不觉哼的高了一些,更高了一些,终于直着嗓子大叫,惹得父亲气起来,嚷着:"你这驴子老是不肯安静!等着罢,让我来拧你的耳朵!"于是他又躲在被窝里,不知道该笑还是该哭。他吓坏了,受了委屈;同时想到人家把他比做驴子又禁不住要笑出来。他在被窝底下学着驴鸣。这一下可挨了打。他迸出全身的眼泪来哭。他做了些什么事呢?不过是想笑想动!可是不准动。他们怎么能老是睡觉呢?什么时候才能起来呢?

有一天他忍不住了。他听见街上好像有只猫,有条狗,一些奇怪的事。他从床上溜下来,光着小脚摇摇晃晃的在地砖上走过去,想下楼去瞧一下;可是房门关着。他爬上椅子开门,连人带椅的滚了下来,跌得很痛,哇的一声叫起来;结果还挨了一顿打。他老是挨打的!……

*　　　*　　　*

他跟着祖父在教堂里。他闷得慌。他很不自在。人家不准他动。那些人一齐念念有词,不知说些什么,然后又一齐静默了。他们都摆着一副又庄严又沉闷的脸。这可不是他们平时的脸啊。他望着他们,不免有些心虚胆怯。邻居的老列娜坐在他旁边,装着凶恶的神气,有时他连祖父也认不得了。他有点儿怕,后来也惯了,便用种种方法来解闷。他摇摆身子,仰着脖子看天花板,做鬼脸,扯祖父的衣角,研究椅子坐垫上的草秆,想用手指戳一个窟窿。他听着鸟儿叫,他打呵欠,差不多把下巴颏儿都掉下来。

忽然有阵瀑布似的声音:大风琴响了。一个寒噤沿着他的脊梁直流下去。他转过身子,下巴搁在椅背上,变得很安静了。他完全不懂那是什么声音,也不懂它有什么意思:它只是发光,漩涡似的打转,什么都分辨不清。可是听了多舒服!他仿佛不是在一座沉闷的旧屋子里,坐在一点钟以来使他浑身难受的椅子上了。他悬在半空中,像只鸟;长江大河般的音乐在教堂里奔流,充塞着穹窿,冲击着四壁,他就跟着它一齐奋发,振翼翱翔,飘到东,飘到西,只要听其自然就行。自由了,快乐了,到处是阳光……他迷迷忽忽的快睡着了。

祖父对他很不高兴,因为他望弥撒的时候不大安分。

*　　　*　　　*

他在家里,坐在地上,把手抓着脚。他才决定草毯是条船,地砖是条河。他相信走出草毯就得淹死。别人在屋里走过的时候全不留意,使他又诧异又生气。他扯着母亲的裙角说:"你瞧,这不是水吗? 干么不从桥上过?"——所谓桥是红色地砖中间的一道道的沟槽——母亲理也不理,照旧走过了。他很生气,好似一个剧作家在上演他的作品时看见观众在台下聊天。

一忽儿,他又忘了这些。地砖不是海洋了。他整个身子躺在上面,下巴搁在砖头上,哼着他自己编的调子,一本正经的吮着大拇指,流着口水。他全神贯注的瞅着地砖中间的一条裂缝。菱形砖的线条在那儿扯着鬼脸。一个小得看不清的窟窿大起来,变成群峰环绕的山谷。一条蜈蚣在蠕动,跟象一样的大。这时即使天上打雷,孩子也不会听见。

谁也不理他,他也不需要谁。甚至草毯做的船,地砖上的岩穴和怪兽都用不着。他自己的身体已经够了,够他消遣的了! 他瞅着指甲,哈哈大笑,可以瞅上几个钟点。它们的面貌各各不同,像他认识的那些人。他教它们一起谈话,跳舞,或是打架——而且身体上还有其余的部分呢! 他逐件逐件的仔细瞅过来。奇怪的东西真多啊! 有的真是古怪得厉害。他看着它们,出神了。

有时他给人撞见了,就得挨一顿臭骂。

*　　　*　　　*

有些日子,他趁母亲转背的时候溜出屋子。先是人家追他,抓他回去;后来惯了,也让他自个儿出门,只要他不走得太远。他的家已经在城的尽头,过去差不多就是田野。只要他还看得见窗子,他总是不停的向前,一小步一小步的走得很稳,偶尔用一只脚跳着走。等到拐了弯,杂树把人家的视线挡住之后,他马上改变了办法。他停下来,吮着手指,盘算今天讲哪桩故事;他满肚子都是呢。那些故事都很相像,每个故事都有三四种讲法。他便在其中挑选。惯常他讲的是同一件故事,有时从隔天停下的地方接下去,有时从头开始,加一些变化;但只要一件极小的小事,或是偶然听到的一个字,就能使他的思想在新的线索上发展。

随时随地有的是材料。单凭一块木头或是在篱笆上断下来的树枝(要没有现成的,就折一根下来),就能玩出多少花样!那真是根神仙棒。要是又直又长的话,它便是一根矛或一把剑;随手一挥就能变出一队人马。克利斯朵夫是将军,他以身作则,跑在前面,冲上山坡去袭击。要是树枝柔软的话,便可做一条鞭子。克利斯朵夫骑着马跳过危崖绝壁。有时马滑跌了,骑马的人倒在土沟里,垂头丧气的瞧着弄脏了的手和擦破了皮的膝盖。要是那根棒很小,克利斯朵夫就做乐队指挥;他是队长,也是乐队;他指挥,同时也就唱起来;随后他对灌木林行礼:绿的树尖在风中向他点头。

他也是魔术师,大踏步的在田里走,望着天,挥着手臂。他命令云彩:"向右边去。"——但它们偏偏向左。于是他咒骂一阵,重申前令;一面偷偷的瞅着,心在胸中乱跳,看看至少有没有一小块云服从他;但它们还是若无其事的向左。于是他跺脚,用棍子威吓它们,气冲冲的命令它们向左:这一回它们果然听话了。他对自己的威力又高兴又骄傲。他指着花一点,吩咐它们变成金色的四轮车,像童话中所说的一样;虽然这样的事从来没实现过,但他相信只要有耐性,早晚会成功的。他找了一只蟋蟀想叫它变成一匹马:他把棍子轻轻的放在它的背上,嘴里念着咒语。蟋蟀逃了……他挡住它的去路。过了一会,他躺在地下,靠近着虫,对它望着。他忘了魔术师的角色,只把可怜的虫仰天翻着,看它扭来扭去的扯动身子,笑了出来。

他想出把一根旧绳子缚在他的魔术棍上,一本正经的丢在河里,等鱼儿来咬。他明知鱼不会咬没有饵也没有钓钩的绳,但他想它们至少会看他的面子而破一次例;他凭着无穷的自信,甚至拿条鞭子塞进街上阴沟盖的裂缝中去钓鱼。他不时拉起鞭子,非常兴奋,觉得这一回绳子可重了些,要拉起什么宝物来了,像祖父讲的那个故事一样……

玩这些游戏的时候,他常常会懵懵懂懂的出神。周围的一切都隐灭了,他不知道自己在那里做些什么,甚至把自己都忘了。这种情形来的时候总是出其不意的。或是在走路,或是在上楼,他忽然觉得一片空虚……好似什么思想都没有了。等到惊醒过来,他茫然若失,发觉自己还是在老地方,在黑魆魆的楼梯上。在几步踏级之间,他仿佛过了整整的一生。

*　　　*　　　*

祖父在黄昏散步的时候常常带着他一块儿去。孩子拉着老人的手在旁边急急忙忙的搬着小步。他们走着乡下的路,穿过锄松的田,闻到又香又浓的味道。蟋蟀叫着。很大的乌鸦斜蹲在路上远远的望着他们,他们一走近,就笨重的飞走了。

祖父咳了几声。克利斯朵夫很明白这个意思。老人极想讲故事,但要孩子向他请求。克利斯朵夫立刻凑上去。他们俩很投机。老人非常喜欢孙子;有个愿意听他说话的人更使他快乐。他喜欢讲他自己从前的事,或是古今伟人的历史。那时他变得慷慨激昂;发抖的声音表示他像孩子一般的快乐连压也压不下去。他自己听得高兴极了。不幸逢到他要开口,总是找不到字儿。那是他惯有的苦闷;只要他有了高谈阔论的兴致,话就说不上来。但他事过即忘,所以永远不会灰心。

他讲着古罗马执政雷果卢斯,纪元前的日耳曼族首领阿米奴斯,也讲到德国大将吕措的轻骑兵,诗人克尔纳和那个想刺死拿破仑皇帝的斯塔布斯。他眉飞色舞,讲着那些空前绝后的壮烈的事迹。他说出许多历史的名词,声调那么庄严,简直没法了解;他自以为有本领使听的人在惊险关头心痒难熬,他停下来,装做要闭过气去,大声的擤鼻涕;孩子急得嘎着嗓子问:"后来呢,祖父?"那时,老人快活得心都要跳出来了。

后来克利斯朵夫大了一些,懂得了祖父的脾气,就有心装做对故事的下文满不在乎,使老人大为难过——但眼前他是完全给祖父的魔力吸住了。听到激动的地方,他的血跑得很快。他不大了解讲的是谁,那些事发生在什么时候,不知祖父是否认识阿米奴斯,也不知雷果卢斯是否——天知道为什么缘故——上星期日他在教堂里看到的某一个人,但英勇的事迹使他和老人都骄傲得心花怒放,仿佛那些事就是他们自己做的;因为老的小的都是一样的孩子气。

克利斯朵夫不大得劲的时候,就是祖父讲到悲壮的段落,常常要插一段念念不忘的说教。那都是关于道德的教训,劝人为善的老生常谈,例如:"温良胜于强暴"——或是"荣誉比生命更宝贵"——或是"宁善毋恶"——可是在他说来,意义并没有这样清楚。祖父不怕年轻小子的批评,照例张大其辞,颠来倒去说着同样的话,句子也不说完全,或者是说话之间把自己也弄糊涂了,就信口胡诌,来填补思想的空隙;他还用手势加强说话的力量,而手势的意义往往和内容相反。孩子毕恭毕敬的听着,以为祖父很会说话,可是沉闷了一点。

关于那个征服过欧洲的科西嘉人①他的离奇传说,是他们俩都常常喜欢提到的。祖父曾经认识拿破仑,差点儿和他交战。但他是赏识敌人的伟大的,他说过几十遍:他肯牺牲一条手臂,要是这样一个人物能够生在莱茵河的这一边。可是天违人意:拿破仑毕竟是法国人;于是祖父只得佩服他,和他鏖战——就是说差点儿和拿破仑交锋。当时拿破仑离开祖父的阵地只是四十多里,祖父他们是被派去迎击的,可是那一小队人马忽然一阵慌乱,往树林里乱窜,大家一边逃一边喊:"我们上当了!"据祖父说,他徒然想收拾残兵,徒然扑在他们前面,威吓着,哭着;但他们像潮水一般把他簇拥着走,等到明天,离开战场已不知多远了——祖父就是把溃退的

———————————

① 此系指拿破仑,因科西嘉为拿破仑出生地。——译者注

地方叫做战场的——克利斯朵夫可急于要他接讲大英雄的战功；他想着那些在世界上追奔逐北的奇迹出神了。他仿佛眼见拿破仑后面跟着无数的人，喊着爱戴他的口号，只要他举手一挥，他们便旋风似的向前追击，而敌人是永远望风而逃的。这简直是一篇童话。祖父又锦上添花的加了一些，使故事格外生色；拿破仑征服了西班牙，也差不多征服了他最厌恶的英国。

克拉夫脱老人在热烈的叙述中，对大英雄有时不免愤愤的骂几句。原来他是激起了爱国心，而他的爱国热诚，也许在拿破仑败北的时节比着热纳一役普鲁士大败的时节更高昂。他把话打断了，对着莱茵河挥舞老拳，轻蔑的吐一口唾沫，找些高贵的字来骂——他决不有失身份的说下流话——他把拿破仑叫做坏蛋，野兽，没有道德的人。如果祖父这种话是想培养儿童的正义感，那么得承认他并没达到目的；因为幼稚的逻辑很容易以为"如果这样的大人物没有道德，可见道德并不怎么了不起，第一还是做个大人物要紧"。可是老人万万想不到孩子会有这种念头。

他们俩都不说话了，各人凭着自己的一套想法回味那些神奇的故事——除非祖父在路上遇见了他贵族学生的家长出来散步。那时他会老半天的停下来，深深的鞠躬，说着一大串过分的客套话。孩子听着不知怎样的脸红了，但祖父骨子里是尊重当今的权势的，尊重"成功的"人的；他那样敬爱他故事中的英雄，大概也因为他们比旁人更有成就，地位爬得更高。

天气极热的时候，老克拉夫脱坐在一株树底下，一忽儿就睡着了。克利斯朵夫坐在他旁边，挑的地方不是一堆摇摇欲坠的石子，就是一块界石，或是什么高而不方便的古怪的位置；两条小腿荡来荡去，一边哼着，一边胡思乱想。再不然他仰天躺着，看着飞跑的云，觉得它们像牛，像巨人，像帽子，像老婆婆，像广漠无垠的风景。他和它们低声谈话；或者留神那块要被大云吞下去的小云；他怕那些跑得飞快，或是黑得有点儿蓝的云。他觉得它们在生命中占有极重要的地位，怎么祖父跟母亲都不注意呢？它们要凶起来一定是挺可怕的。幸而它们过去了，呆头呆脑的，滑稽可笑的，也不歇歇脚。孩子终于望得眼睛都花了，手脚乱动，好似要从半空中掉下来似的。他睒着眼皮，有点瞌睡了………四下里静悄悄的。树叶在阳光中轻轻颤抖，一层淡薄的水汽在空气中飘过，迷惘的苍蝇旋转飞舞，嗡嗡的闹成一片，像大风琴；蟋蟀最喜欢夏天的炎热，一劲儿的乱叫。慢慢的，一切都静下去了……树巅啄木鸟的叫声有种奇怪的音色。平原上，远远的有个乡下人在呼喝他的牛；马蹄在明晃晃的路上响着。克利斯朵夫的眼睛闭上了。在他旁边，横在沟槽里的枯枝上，有只蚂蚁爬着。他迷糊了……几个世纪过去了。醒过来的时候，蚂蚁还没有爬完那小枝。

有时祖父睡得太久了，他的脸变得死板板的，长鼻子显得更长了，嘴巴张得很大。克利斯朵夫不大放心的望着他，生怕他的头会变成一个怪样子。他高声的唱，或者从石子堆上稀里哗啦的滚下来，想惊醒祖父。有一天，他想出把几支松针扔在他的脸上，告诉他是从树上掉下来的。老人相信了，克利斯朵夫暗里很好笑。他想再一下；不料才举手就看见祖父睁睁的望着他。那真糟糕透啦：老人是讲究威严的，不答应人家跟他开玩笑，对他失敬；他们俩为此竟冷淡了一个多星期。

路愈坏，克利斯朵夫觉得愈美。每块石子的位置对他都有一种意义；而且所有石子的地位他都记得烂熟。车轮的痕迹等于地壳的变动，和陶奴斯山脉①差不多是一类的。屋子周围二公里以内路上的凹凸，在他脑子里清清楚楚有张图形。所以每逢他把那些沟槽改变了一下，总以为自己的重要不下于带着一队工人的工程师；当他用脚跟把一大块干泥的尖顶踩平，把旁边的山填满的时候，便觉得那一天并没有白过。

有时在大路上遇到一个赶着马车的乡下人，他是认识祖父的。他们便上车，坐在他旁边。这才是一步登天呢。马奔得飞快，克利斯朵夫快乐得直笑；要是遇到别的走路人，他就装出一副严肃的，若无其事的神气，好像是坐惯车子的；但他心里骄傲得不得了。祖父和赶车的人谈着话，不理会孩子。他蹲在他们两人的膝盖中间，被他们的大腿夹坏了，只坐着那么

---

① 陶奴斯山脉为德国北部的山脉。——译者注

一点儿位置,往往是完全没坐到,他可已经快活之极,大声说着话,也不在乎有没有人回答。他瞧着马耳的摆动,哎唷,那些耳朵才古怪哟!它们一忽儿甩到左边,一忽儿甩到右边,一下子向前,一下子又掉在侧面,一下子又往后倒,它们四面八方都会动,而且动得那么滑稽,使他禁不住大笑。他拧着祖父要他注意。但祖父没有这种兴致,把克利斯朵夫推开,叫他别闹。克利斯朵夫细细的想了想,原来一个人长大之后,对什么都不以为奇了,那时他神通广大,无所不知,无所不晓。于是他也装做大人,把他的好奇心藏起去,做出漠不关心的神气。

他不做声了。车声隆隆,使他昏昏欲睡。马铃舞动:丁、镗、冬、丁。音乐在空中缭绕,老在银铃四周打转,像一群蜜蜂似的;它按着车轮的节拍,很轻快的在那里飘荡;其中藏着无数的歌曲,一支又一支的总是唱不完。克利斯朵夫觉得妙极了,中间有一支尤其美,他真想引起祖父的注意,便高声唱起来。可是他们没有留意。他便提高一个调门再唱——接着又来一次,简直是大叫了——于是老约翰·米希尔生了气:"喂,住嘴!你喇叭似的声音把人闹昏了!"这一下他可泄了气,满脸通红,直红到鼻尖,抱着一肚子的委屈不做声。他痛恨这两个老糊涂,对他那种上感苍天的歌曲都不懂得高妙!他觉得他们很丑,留着八天不刮的胡子,身上有股好难闻的气味。

他望着马的影子聊以自慰。这又是一个怪现象。黑黑的牲口侧躺着在路旁飞奔。傍晚回家,它把一部分的草地遮掉了,遇到一座草堆,影子的头会爬上去,过后又回到老地方;口环变得很大,像个破皮球;耳朵又大又尖,好比一对蜡烛。难道这真的是影子吗?还是另外一种活的东西?克利斯朵夫真不愿意在一个人的时候碰到它。他决不想跟在它后面跑,像有时追着祖父的影子,立在他的头上踩几脚那样。——斜阳中的树影也是动人深思的对象,简直是横在路上的栅栏,像一些阴沉的,丑恶的幽灵,在那里说着:"别再往前走啦。"轧轧的车轴声和得得的马蹄声,也跟着反复的说:"别再走啦!"

祖父跟赶车的拉拉扯扯的老是谈不完。他们常常提高嗓子,尤其讲起当地的政治,或是妨害公益的事的时候。孩子打断了幻想,提心吊胆的望着他们,以为他们俩是生气了,怕要弄到拔拳相向的地步。其实他们正为了敌忾同仇而谈得挺投机呢。往往他们没有什么怨愤,也没有什么激动的感情,只谈着无关痛痒的事大叫大嚷——因为能够叫嚷就是平民的一种乐趣。但克利斯朵夫不懂他们的谈话,只觉得他们粗声大气的,五官口鼻都扭做一团,不免心里着急,想道:"他的神气多凶啊!一定的,他们互相恨得要死。瞧他那双骨碌碌转着的眼睛!嘴巴张得好大!他气得把口水都唾在我脸上。天哪!他要杀死祖父了……"

车子停下来。乡下人喊道:"哎,你们到了。"两个死冤家握了握手。祖父先下来,乡下人把孩子递给他,加上一鞭,车子去远了。祖孙俩已经在莱茵河旁边低陷的路口上。太阳往田里沉下去。曲曲弯弯的小路差不多和水面一样平。又密又软的草,悉悉索索的在脚下倒去。榛树俯在水面上,一半已经淹在水里。一群小苍蝇在那里打转。一条小船悄悄的驶过,让平静的河流推送着。涟波吮着柳枝,唧唧作响。暮霭苍茫,空气凉爽,河水闪着银灰色的光。回到家里,只听见蟋蟀在叫。一进门便是妈妈可爱的脸庞在微笑……

啊,甜蜜的回忆,亲切的形象,好似和谐的音乐,会终身在心头缭绕!……至于异日的征尘,虽有名城大海,虽有梦中风景,虽有爱人倩影,其刻骨铭心的程度,决比不上这些儿时的散步,或是他每天把小嘴贴在窗上嘘满了水汽所看到的园林一角……

*　　　　*　　　　*

如今是门户掩闭的家里的黄昏了。家……是抵御一切可怕东西的托庇所。阴影,黑夜,恐怖,不可知的,一切都给挡住了。没有一个敌人能跨进大门……炉火融融,金黄色的鹅,软绵绵的在铁串上转侧。满屋的油香与肉香。饱餐的喜悦,无比的幸福,那种对宗教似的热诚,手舞足蹈的快乐!屋内的温暖,白天的疲劳,亲人的声音,使身体懒洋洋的麻痹了。消化食物的工作使他出了神:脸庞,影子,灯罩,在黑魆魆的壁炉中闪烁飞舞的火舌,一切都有一副可喜的神奇的面貌。克利斯朵夫把脸颊搁在盘子上,深深的体味着这些快乐……

他躺在暖和的小床上。怎么会到床上来的呢?浑身松快的疲劳把他压倒了。室内嘈杂的人声和白天的印象在他脑中搅成一片。父亲拉起提琴来了,尖锐而柔和的声音在夜里哀吟。但最甜美的幸福是母亲过来握着半睡半醒的克利斯朵夫的手,俯在他的身上,依着他的要求哼一支歌词没有意义的老调。父亲觉得那种音乐是胡闹;可是克利斯朵夫听不厌。他屏着气,想笑,想哭。他的心飘飘然了。他不知自己在哪儿,只觉得温情洋溢;他把小手臂绕着母亲的脖子,使劲抱着她。她笑道:

"你不要把我勒死吗?"

他把她搂得更紧了。他多爱她!爱一切!一切的人与物!一切都是好的,一切都是美的……他睡熟了。蟋蟀在灶肚里叫。祖父的故事,英雄的面貌,在快乐的夜里飘浮……要像他们那样做一个英雄才好呢!……是的,他将来是个英雄!……他现在已经是了……哦!活着多有意思!……

卷一 黎 明
第三部（节选）

　　音乐会快开场了，座位还空着一半。大公爵没有到。在这种场合自有一位消息灵通的热心朋友来报告，说府里正在开会，大公爵不会来了：这是从极可靠的方面传出来的。曼希沃听了大为丧气，魂不守舍的踱来踱去，靠在窗上东张西望。老约翰·米希尔也着了急，但他是为孙子操心，把嘱咐的话絮絮叨叨的说个不停。克利斯朵夫也给他们刺激得很紧张：他并不把弹的曲子放在心上，只是想到要向大众行礼而着慌，而且他越想心里越急。

　　可是非开场不可了：听众已经表示不耐烦了。乐队奏起《科里奥兰序曲》。孩子既不知道科里奥兰，也不知道贝多芬；他虽然常常听到贝多芬的音乐，可并不知道作者。他从来不关心听的作品是什么题目，却自己造出名字来称呼它们，编些小小的故事，幻想出一些零星的风景。他通常把音乐分做三类：水、火、土，其中当然还有无数细微的区别。莫扎特属于水的一类：他的作品是河畔的一片草原，在江上飘浮的一层透明的薄雾，一场春天的细雨，或是一道五彩的虹。贝多芬却是火：有时像一个洪炉，烈焰飞腾，浓烟缭绕；有时像一个着火的森林，罩着浓厚的乌云，四面八方射出惊心动魄的霹雳；有时满天闪着毫光，在九月的良夜亮起一颗明星，缓缓的流过，缓缓的隐灭了，令人看着心中颤动。这一次，那颗英雄的灵魂，不可一世的热情，照旧使他身心如沸。他被卷进了火海。其余的一切都消灭了，跟他不相干了！垂头丧气的曼希沃，焦灼万状的约翰·米希尔，那些忙乱的人，听众，大公爵，小克利斯朵夫：他和这些人有什么关系？他被那个如醉如狂的意志带走了。他跟着它，气吁吁的，噙着眼泪，两腿麻木，从手掌到脚底都痉挛了，血在那里奔腾，身子在那里发抖……——他正这样的竖起耳朵,掩在布景的支柱后面听着的时候,忽然心上好似挨了一棍:乐队中止了;静默了一忽儿之后,号角和铜鼓奏起军乐来。两种音乐的转变,来得那么突兀,克利斯朵夫不禁咬牙切齿,气得直跺脚,对墙壁抡着拳头。可是曼希沃高兴极了:原来是亲王驾到,所以乐队奏着国歌向他致敬。约翰·米希尔声音颤巍巍的对孩子又把话嘱咐了一遍。

序曲重新开始,这一回可是奏完了。然后就轮到克利斯朵夫。曼希沃把节目排得很巧妙,使他的儿子的技艺能同时表显出来:他们要合奏莫扎特的一阕钢琴与提琴的奏鸣曲。为了增加效果,克利斯朵夫应当先出场。人家把他带到前台进口的地方,指给他看放在台前的钢琴,又把所有的举动教了他一遍,便把他推出后台。

他在戏院里早走惯了,并不怎么害怕。可是独自个儿站在台上,面对着几百只眼睛,他忽然胆小起来,不由自主的往后一退,甚至想退进后台:但他看见父亲直瞪着他,做着手势,只得继续向前。并且台下的人已经看到他了。他一边往前,一边听见四下里乱哄哄的一片好奇声,又继之以笑声,慢慢的传遍全场。不出曼希沃所料,孩子的装束果真发生了他预期的效果。看到这皮色像波希米人般的小孩儿,拖着长头发,穿着绅士式的晚礼服,怯生生的跨着小步:场子里的人都不禁哈哈大笑,有的还站起身来想看个仔细;一忽儿竟变成了哄堂大笑,那虽然毫无恶意,可是连最镇定的演奏家也不免要为之着慌的。笑声,目光,对准着台上的手眼镜,把克利斯朵夫吓得只想赶快走到钢琴那里,在他心目中,那简直是大海中的一座岛屿。他低着头,目不斜视,沿着台边加紧脚步;走到中间,也不按照预先的吩咐对大众行礼,却转过背去扑向钢琴。椅子太高了,没有父亲的帮忙坐不上去:他可并不等待,竟自慌慌张张的屈着膝盖爬上了,教台下的人看着更好笑。但克利斯朵夫是得救了:一到乐器前面他就谁都不怕了。

终于曼希沃也出场了;承蒙群众好意,他得到相当热烈的彩声。奏鸣曲立刻开始。小家伙弹得挺有把握,毫不慌张,他集中精神,抿紧着嘴,眼睛盯住了键盘,两条小腿挂在椅子下面。他越弹下去,越觉得自在,仿佛置身于一些熟朋友中间。一阵喁喁的赞美声一直传到他的耳边;他想到大家不声不响的在那儿听他，欣赏他，心里很得意。但曲子一完，他又怕了；众人的彩声使他只觉得害羞而不觉得快乐。父亲拉着他的手到台边向大众行礼的时候，他更难为情了。他不得不深深的，傻头傻脑的行着礼，面红耳赤，窘到极点，仿佛做了什么可笑而要不得的事。

他又被抱上钢琴，独奏他的《童年遣兴》。那可轰动全场了。奏完一曲，大家热烈叫好，要求他再来一遍；他对自己的成功非常得意，同时对他们带有命令意味的喝彩也差不多生气了。演奏完毕，全场的人站起来向他欢呼；大公爵又传令一致鼓掌。那时只有克利斯朵夫一个人在台上，便坐在椅子里一动也不敢动。掌声越来越热烈，他的头越来越低下去，红着脸，羞得什么似的；他拼命扭转身子，对着后台。曼希沃出来把他抱在手里，要他向台下飞吻，把大公爵的包厢指给他看。克利斯朵夫只是不理。曼希沃抓着他的手臂轻轻的威吓他。于是他无可奈何的做了个手势，可是低着眼睛，对谁都不看，始终把头扭向别处，觉得那个罪真受不了。他非常痛苦，可不知痛苦些什么；他自尊心受了伤害，一点不喜欢台下那些听众。他们对他拍手也不相干，他不能原谅他们笑他，看着他的窘相觉得开心；他也不能原谅他们看到他这副可笑的姿态，悬在半空中送着飞吻；他差不多恨他们喝彩了。曼希沃才把他放下地，他立刻奔向后台；半路上有位太太把一束紫罗兰掷中了他的脸，他吃了一惊，愈加飞奔起来，把一张椅子也给撞倒了。他越跑，人家越笑；人家越笑，他越跑。

终于他到了前台出口的地方，一大堆人挤在那儿看他，他却拼命低着头钻过去，直跑到后台的尽里头躲着。祖父快活极了，对他尽说着好话。乐队里的乐师都笑开了，夸奖他，可是他既不愿意望他们一眼，也不肯跟他们握一握手。曼希沃侧着耳朵听着，因为掌声不绝，想把克利斯朵夫再带上前台。孩子执意不去，死拉着祖父的衣角，谁走过去，他就伸出脚来乱踢，接着又大哭了，人家只得把他放下。

正在这个时候，一个副官进来说，大公爵传唤两位艺术家到包厢里去。孩子这种模样怎么能见人呢？曼希沃气得直骂；他一发怒，克利斯朵夫哭得更凶了。为了止住他那股洪水，祖父答应给他一磅巧克力糖，只要他不哭;贪嘴的克利斯朵夫马上停了,咽着眼泪,让人家带走,可还要人家先赌着顶庄严的咒,决不出其不意的再把他送上台。

到了亲王包厢的客室里,他先见到一位穿着便服的先生,小哈叭狗式的脸,小嘴唇留着一撮翘起的胡子,颔下留着尖尖的短须,身材矮小,脸色通红,有点儿臃肿,半取笑半亲热的大声招呼他,用肥胖的手轻轻的拍着他的腮帮,叫他"再世的莫扎特!"这便是大公爵——接着他被递给公爵夫人,她的女儿,以及别的随从。可是因为他不敢抬起眼睛,对这些漂亮人物的唯一的回忆,只是从腰带到脚那一部分的许多美丽的衣衫和制服。他坐在年轻的公主膝上,既不敢动弹,也不敢呼吸。她向他提出许多问话,都由曼希沃在旁毕恭毕敬的,用着呆板的套语回答;可是她根本不听曼希沃,只顾耍弄着孩子。他觉得脸越来越红,又以为给每个人注意到了,便想找句话来解释,他深深的叹了口气,说道:

"我热得脸都红了。"

公主听了这话大声笑。克利斯朵夫可并不因之像刚才恨大众一样的恨她,因为那笑声很好听;她拥抱他,他也一点不讨厌。

这时候,他瞥见祖父义高兴又不好意思的,站在走廊里包厢进口的地方;他很想进来说几句话,可是不敢,因为人家没招呼他,只能远远的看着孙儿的光柴,暗中得意。克利斯朵夫忽然动了感情,觉得应当为可怜的老人家主持公道,让人家知道他的价值。于是他凑在他新朋友的耳边悄悄的说:

"我要告诉您一桩秘密。"

她笑着问:"什么秘密呀?"

"您知道,我的《小步舞曲》里那一段好听的三声中部,我刚才弹的……您知道吗?(他轻轻的哼着)——嗳!那是祖父作的,不是我的。别的调子都是我的。可是那最美的一支是祖父作的,他不愿意人家说出来。您不会说的吧?(他指着老人)——瞧,祖父就在那边。我真爱他。他对我真好。"

年轻的公主哈哈大笑,说他真是一个好宝贝,拼命的亲他;可是她马上把这件事当众说了出来,使克利斯朵夫跟老祖父都吃了一惊。大家一齐笑了;大公爵向老人道贺,他却慌做一团,想解释又解释不清,说话结结巴巴的,像做了什么错事。但克利斯朵夫再也不对公主说一句话;尽管她逗他惹他,他总是一声不出,沉着脸:他瞧不起她,因为她说了话不算。他对亲王们的印象也为了这件背信的事而大受影响。他气愤之极,以至人家说的话,和亲王笑着称他为:"宫廷钢琴家,宫廷音乐师"等等,一概没有听见。

他和家里的人出来,从戏院的走廊到街上,到处被人包围着,有的夸奖他,有的拥抱他,那是他大不高兴的:因为他不愿意给人拥抱,也受不了人家不得他的同意就随便摆布他。

终于,他们到了家,门一关上,曼希沃立刻骂他:"小混蛋",因为他说出了三声中部不是他作的。孩子明知道他做的是件高尚的行为,应该受称赞而不是受埋怨的,便忍不住反抗起来,说些没规矩的话。曼希沃气恼之下,说要不是刚才弹得不错,他还得挨打呢;可是他做了这桩傻事,把音乐会的效果全给破坏了。克利斯朵夫极有正义感,便坐在一边生气;他对父亲,公主,所有的人,都瞧不起。他觉得不舒服的,还有邻人们来向他的父母道喜,跟他们一起嘻嘻哈哈,好像是他的父母弹的琴,又好像他是他们的,他们大家的一件东西。

这时,爵府里一个仆人奉大公爵的命送来一只金表,年轻的公主送他一匣精美的糖。克利斯朵夫看了两件礼物都很喜欢,不知道更爱哪一件;但他心情那么恶劣,一时还不肯承认自己高兴;他继续在那里怄气,眼睛瞟着糖果,心里想着一个背信的人的礼物该不该收下的问题。他正想让步的时候,父亲要他立刻坐到书桌前面,口授一封道谢的信,教他写下来。那可是太过分了!或许是因为紧张了一天,或许是因为父亲要他写"殿下的贱仆,音乐家某某……"那样差人的字句,他竟哭了。没有办法教他写一个字。仆人嘴里冷一句热一句的,在旁等着。曼希沃只得自己动笔。那当然不会使他对孩子多原谅一些。更糟的是克利斯朵夫把表掉在地下,打破了。咒骂像冰雹似的落在他身上。曼希沃嚷着要罚掉他的饭后点心。克利斯朵夫愤愤的说偏要吃。为了惩罚他,母亲说要没收他的糖果。克利斯朵夫气极了,说她没有这权利,那是他的东西,不是别人的,谁也不能抢他的!他挨了一个嘴巴。大怒之下,他把匣子从母亲手里抢过来,摔在地下乱踩。他给揍了一顿,抱到房里,脱了衣服放在床上。

晚上,他听见父母跟朋友们吃着丰盛的晚餐,那顿为了庆祝音乐会而八天以前就预备起来的晚餐。他对这种不公平的行为,差点儿在床上气死了。他们大声笑着,互相碰杯。父母对客人推说孩子累了;而且谁也没想到他。可是吃过晚饭,大家快告别的时候,有个人拖着沉重的脚步溜到房间:老祖父在他床前弯下身子,非常感动的拥抱他,叫着:"我的好克利斯朵夫!……一边把藏在袋里的几块糖塞给了他,然后,好像很难为情的,他溜走了,再也不说什么。

这一下克利斯朵夫觉得很安慰。但他已经为白天那些紧张的情绪累死了,不想再去碰祖父给的好东西。他疲倦之极,差不多马上睡着了。

他一晚没有睡好。他神经不安,常常突然之间身子抽搐,像触电似的。梦里有种犷野的音乐跟他纠缠不清。他半夜里惊醒过来。白天听到的贝多芬的序曲,在耳边轰轰的响,整个屋子都有它急促的节奏。他在床上坐起,揉了揉眼睛,弄不清自己是不是睡着……不,他并没有睡。他认得这音乐,认得这愤怒的呼号,这疯狂的叫吼,他听到自己的心在胸中忐忑乱跳,血液在那里沸腾,脸上给一阵阵的狂风吹着,它鞭挞一切,扫荡一切,又突然停住,好似有个雷霆万钧的意志把风势镇压了。那巨大的灵魂深深的透入了他的内心,使他的肢体和灵魂尽量的膨胀,变得硕大无朋。他顶天立地的在世界上走着。他是一座山,大雷大雨在胸中吹打。狂怒的大雷雨!痛苦的大雷雨!……哦!多么痛苦!……可是怕什么!他觉得自己那么坚强……好,受苦吧!永远受苦吧!……噢!要能坚强可多好!坚强而能受苦又多好!……

他笑了。静寂的夜里只听见他的一片笑声。父亲醒了,叫道:

"谁啊?"

母亲轻轻的说:

"别嚷！是孩子在那里做梦！"

他们三个都不做声了。周围的一切都不做声了。音乐没有了,只听见屋子里的人均匀的打鼾声——他们都是些患难的同伴,相倚相偎的坐在脆弱的舟中,给一股天旋地转的力量卷进黑夜去了。

卷九　燃烧的荆棘
第一部（节选）

精神安定。一丝风都没有。空气静止……

克利斯朵夫神闲意适，心中一片和平。他因为挣到了和平很得意，暗中又有些懊丧，觉得这种静默很奇怪。情欲睡着了；他一心以为它们不会再醒的了。

他那股偏于暴烈的巨大的力，没有了目的，无所事事，入于朦胧半睡的状态。实际是内心有点儿空虚的感觉，"看破一切"的怅惘，也许是不懂得抓握幸福的遗憾。他对自己，对别人，都不再需要多大的斗争，甚至在工作方面也不再有多大困难。他到了一个阶段的终点，以前的努力都有了收获；要汲取先前开发的水源真是太容易了；他的旧作才被那般天然落后的群众发现而赞赏的时候，他早已把它们置之脑后，可也不知道自己是否还会更向前进。他每次创作都感到同样的愉快。在他一生的这一时期，艺术只是一种他演奏得极巧妙的乐器。他不胜羞愧的觉得自己变了一个以艺术为游戏的人。

易卜生说过："在艺术中应当坚守勿失的，不只是天生的才气，还有充实人生而使人生富有意义的热情与痛苦。否则你就不能创造，只能写些书罢了。"

克利斯朵夫就是在写书。那他可是不习惯的。书固然写得很美；他却宁愿它们减少一些美而多一些生气。好比一个休息时期的运动家，不知怎么对付他的筋骨，只像一头无聊的野兽一般打着呵欠，以为将来的岁月都是平静无事的岁月，可以让他消消停停的工作。加上他那种日耳曼人的乐观脾气，他确信一切都安排得挺好，结局大概就是这么回事；他私自庆幸逃过了大风暴，做了自己的主宰。而这点成绩也不能说少了……

啊！一个人终于把自己的一切控制住了,保住了本来面目……他自以为
到了彼岸。

＊　　　＊　　　＊

两位朋友并不住在一起。雅葛丽纳出走以后,克利斯朵夫以为奥里
维会搬回到他家里来的。可是奥里维不能这样做。虽然他需要接近克利
斯朵夫,却不能跟克利斯朵夫再过从前的生活。和雅葛丽纳同居了几年,
他觉得再把另外一个人引进他的私生活是受不了的,简直是亵渎的——
即使这另一个人比雅葛丽纳更爱他。而他爱这另一个人也甚于爱雅葛丽
纳——那是没有理由可说的。

克利斯朵夫很不了解,老是提到这问题,又惊异,又伤心,又气恼……
随后,比他的智慧更高明的本能把他点醒了,他便突然不做声了,认为奥
里维的办法是对的。

可是他们每天见面,比任何时期都更密切。也许他们谈话之间并不
交换最亲切的思想,同时也没有这个需要。精神的沟通用不着语言,只要
是两颗充满着爱的心就行了。

两人很少说话,一个耽溺在他的艺术里,一个耽溺在他的回忆里。奥
里维的苦恼渐渐减轻了;但他并没为此有所努力,倒还差不多以苦恼为乐
事:有个长久的时期,苦恼竟是他生命的唯一的意义。他爱他的孩子;但
一个只会哭喊的小娃娃不能在他生活中占据多大的地位。世界上有些男
人,对爱人的感情远过于对儿子的感情。我们不必对这种情形大惊小怪。
天性并不是一律的;要把同样的感情的规律加在每个人身上是荒谬的。
固然,谁也没权利把自己的责任为了感情而牺牲。但至少得承认一个人
可以尽了责任而不觉得幸福。奥里维在孩子身上最爱的一点,还是这孩
子的血肉所从来的母亲。

至此为止,他不大关心旁人的疾苦。他是一个与世隔绝的知识分子。
但与世隔绝不是自私,而是爱梦想的病态的习惯。雅葛丽纳把他周围的

空虚更扩大了;她的爱情在奥里维与别人之间划出了一道鸿沟;爱情消灭了,鸿沟依旧存在。而且他气质上是个贵族。从幼年起,他虽然心很温柔,但身体和精神极其敏感,素来是远离大众的。他们的思想和气息都使他厌恶——但自从他亲眼看见了一桩平凡的琐事以后,情形就不同了。

*   *   *

他在蒙罗区的高岗上租着一个很朴素的公寓,离开克利斯朵夫与赛西尔的住处很近。那是个平民区,住在一幢屋子里的不是靠少数存款过活的人,便是雇员和工人的家庭。在别的时期,他对于这个气味不相投的环境一定会感到痛苦;但这时候他完全不以为意;这儿也好,那儿也好:他到处是外人。他不知道,也不愿意知道邻居是些什么人。工作回来——(他在一家出版公司里有一个差事)——他便关在屋里怀念往事,只为了探望孩子和克利斯朵夫出去。他的住处不能算一个家,只是一间充满着过去的形象的黑房,而房间越黑越空,形象就越显得清楚。他不大注意在楼梯上遇到的人。但不知不觉已经有些面貌印入他的心里。有些人对于事物要过后才看得清楚。那时什么都逃不掉了,最微小的枝节也像是用刀子刻下来的。奥里维就是这样:他心中装满了活人的影子,感情一激动,那些影子便浮起来;跟它们素昧平生的奥里维居然认出了它们;有时他伸出手去抓……可是它们已经消灭了!……

有一天出去的时候,他看到屋子前面有一堆人,围着咭咭呱呱的女门房。他素来不管闲事,差不多要不加问讯的走过去了;但那个想多拉一个听众的看门女人把他拦住了,问他有没有知道可怜的罗赛一家出了事。奥里维根本不知道谁是那些"可怜的罗赛",只漫不经意的,有礼的听着。等到知道屋子里有个工人的家庭,夫妇俩和五个孩子一齐自杀了的时候,他像旁人一样一边听着女门房反复不厌的唠叨,一边抬起头来望望墙壁。在她说话的时间,他渐渐的想起那些人是见过的;他问了几句……不错,是他们:男的——(他常常听见他在楼梯上呼哩呼噜的喘气)——是面包师傅,皮色苍白,炉灶的热气把他的血都吸干了,腮帮陷了下去,胡子老是没刮好;他初冬时害了肺炎,没完全好就去上工,变成复病;三星期以来,他又失业又没有一点儿气力。女的永远大着肚子,被关节炎把身子搞坏了,还得拼命忙着家里的事,整天在外边跑,向救济机关求一些姗姗来迟的微薄的资助。而这期间,一个又一个的孩子生下来了:十一岁,七岁,三岁,中间还死过两个;最后又是一对双生儿在上个月下了地,真是挑了一个最好的时期!一个邻居的女人说:

"他们出生那天,五个孩子中最大的一个,十一岁的小姑娘于斯丁纳——可怜的丫头!——哭着说,要她同时抱一对双生兄弟,怎么吃得消呢……"

奥里维听了,脑海中立刻现出那个小姑娘的模样——挺大的额角,毫无光泽的头发往后梳着,一双惊惶不定的灰色眼睛,部位长得很高。人家不是看到她捧着食物,就是看到她抱着小妹子,再不然手里牵着一个七岁的兄弟——那是个娇弱的孩子,相貌很细气,一只眼睛已经瞎了。奥里维在楼梯上碰到她,总是心不在焉的,有礼的说一声:"对不起,小姐。"

她一声不出,只直僵僵的走过,也不闪避一下,但对于奥里维的虚礼暗中很高兴。上一天傍晚六点钟,他下楼还最后看到她一次:提着一桶炭上去,东西似乎很重。但在一般穷苦的孩子,那是极平常的事。奥里维照例招呼了一声,并没瞧她一眼。他往下走了几级,无意中抬起头来,看见她靠在栏杆上,伸着那张小小的抽搐的脸瞧他下楼。接着她转身上去了。她知道不知道自己上哪儿去呢?奥里维认为她是有预感的。他想着这可怜的孩子手里提着炭等于提着死亡,而死亡便是解放。对于可怜的孩子们,不再生存就是不再受罪!想到这儿,他没法再去散步了,便回到房里。但明知道死者就在近旁,只隔着几堵壁,自己就生活在这些惨事旁边:怎么还能安安静静的待在家里呢?

于是他去找克利斯朵夫,心里非常难受,觉得世界上多少人受着千百倍于自己的,可以挽救的苦难,他却为了失恋而成天的自嗟自叹,不是太没有心肝了吗?当时他非常激动,把别人也感染了。克利斯朵夫因之大为动心。他听着奥里维的叙述,把才写的一页乐谱撕了,认为自己搞这些儿童的玩艺简直是自私自利……但过后他又把撕破的纸张捡起来。他完全被音乐抓住了,而且心里感觉到,世界上减少一件艺术品并不能多添一个快乐的人。饥寒交迫的悲剧对他也不是新鲜的事;他从小就在这一类的深渊边上走惯而不让自己掉下去的。甚至他对自杀还抱着严厉的态度,因为他这时期精力充沛,想不到一个人为了某一种痛苦竟会放弃斗争的。痛苦与战斗,不是挺平常的吗?这是宇宙的支柱。

奥里维也经历过相仿的磨难,但从来不肯逆来顺受,为自己为别人都是这样。他一向痛恨贫穷,因为那是把他心爱的安多纳德磨折死的。自从娶了雅葛丽纳,让财富和爱情把他志气消磨完以后,他就急于丢开那些悲惨年代的回忆,把跟姊姊两人每天都得毫无把握的挣取下一天的面包的事赶快忘掉。现在爱情完了,这些形象便重新浮现了。他非但不躲避痛苦,反而去找它。那是不必走多少路就能找到的。以他当时的心境,他觉得痛苦在社会上触目皆是。社会简直是一所医院……遍体鳞伤,活活腐烂的磨折!忧伤侵蚀,摧残心灵的酷刑!没有温情抚慰的孩子,没有前途可望的女儿,遭受欺凌的妇女,在友谊、爱情与信仰中失望的男子,满眼都是被人生斫伤的可怜虫!而最惨的还不是贫穷与疾病,而是人与人间的残忍。奥里维才揭开人间地狱的盖子,所有被压迫的人的呼号已经震动他的耳鼓了:受人剥削的无产阶级,被人虐害的民族,被屠杀的阿尔美尼亚,被窒息的芬兰,四分五裂的波兰,殉道的俄罗斯,被欧洲的群狼争食的非洲,以及所有的受难者。奥里维为之气都喘不过来了;他到处听见他们的哀号,不懂一个人怎么还能想到旁的事。他不住的和克利斯朵夫说着。克利斯朵夫心绪被扰乱了,回答说:“别烦了!让我工作。”但他不容易平静下来,便气恼了,咒着说:“该死!我这一天完全给糟掉了!你算是有进步了,嗯?”于是奥里维赶紧道歉。

“孩子,”克利斯朵夫说,“别老望着窟窿。你要活不下去的。”

“可是我们应当把那些掉在窟窿里的人救出来呀。”

“当然。可是怎么救呢?是不是我们也跟着跳下去?你就是这个办法。你有一种倾向,只看见人生可悲的事。不用说,这种悲观主义是慈悲的;可是教人泄气的。想使人家快活,你自己先得快活!"

"快活!看到这么多的苦难之后,还会有这种心肠吗?只有努力去减少人家的苦难,你才会快活。"

"对。可是乱打乱杀一阵就能帮助不幸的人吗?多一个不中用的兵是无济于事的。我能够用我的艺术去安慰他们,给他们力量,给他们快乐。你知道不知道,一支美丽的歌能够使多少的可怜虫在苦难中得到支持?应当各人干各人的事!你们法国人,真是好心糊涂虫。只知道抢着替一切的不平叫屈,不管是为了西班牙还是为了俄罗斯,也没弄清是怎么回事。我喜欢你们这个脾气。可是你们以为这样就能把事情搞好吗?你们乱哄哄的投入漩涡,结果是成事不足,败事有余……你瞧,你们的艺术家自命为参预着世界上所有的运动,可是你们的艺术从来没有像今天这样的黯淡。奇怪的是,多少玩票的小名家跟坏蛋,居然自称为救世的圣徒!嘿,他们不能少灌一些坏酒给群众喝吗?——我的责任,第一在于做好我的事,替你们制作一种健全的音乐,恢复你们新鲜的血液,让太阳照到你们心里去。"

*   *   *

要散布阳光到别人心里,先得自己心里有阳光。而奥里维就感缺少。像今日一般最优秀的人一样,他不能独自发挥他的力量,只有跟别人联合起来才能够。可是跟谁联合呢?思想是自由的,心可是虔诚的,他被一切的政治党派与宗教党派摒诸门外。他们因为胸襟狭小,不能容忍而互相排挤。一朝有了权力,他们又加以滥用。所以只有被压迫的人才吸引奥里维。在这方面,他至少是和克利斯朵夫同意的,认为在反抗远地方的不平之前,先得反抗近处的不平,反抗那些在我们周围而且是我们多少负有责任的。攻击别人的罪恶而忘掉自己所犯的罪恶的人,真是太多了。

于是他先从帮助穷人入手。亚诺太太因为参加着一个慈善组织,便介绍奥里维入了会。一开始他就遇到好几桩失意的事:他负责照顾的穷人并不都值得关切;或者是他的同情没有得到好的反应,他们提防他,对他深闭固拒。并且一个知识分子根本难于在单纯的慈善事业上面获得满足:在灾祸的国土中,这种办法所灌溉到的园地太小了!它的行动几乎老是支离破碎的,零星的;它似乎毫无计划,发现什么伤口就随时裹扎一下。以一般而论,它的志愿太小,行动太匆忙,不能一针见血的对付病源。而探讨苦难的根源正是奥里维不肯放过的工作。

他开始研究社会的灾难。在这一方面,向导决不愁缺少。当时社会问题已经成为上流社会的一个问题。在交际场中,在小说或剧本中间,大家都谈着。每个人都自命为很熟悉。一部分的青年为此消耗了他们最优秀的力量。

每一代的人都得有一种美妙的理想让他们风魔。即使青年中最自私的一批也有一股洋溢的生命力,充沛的元气,不愿意毫无生产;他们想法要把它消耗在一件行动上面,或者——(更谨慎的)——消耗在一宗理论上面。或是搞航空,或是搞革命;或是做肌肉的活动,或是做思想的活动。一个人年轻的时候需要有个幻象,觉得自己参预着人间伟大的活动,在那里革新世界。他的感官会跟着宇宙间所有的气息而震动,觉得那么自由,那么轻松!他还没有家室之累,一无所有,一无所惧。因为一无所有,所以能非常慷慨的舍弃一切。妙的是能爱,能憎,以为空想一番,呐喊几声,就改造了世界;青年人好比那些窥伺待发的狗,常常捕风捉影的狂吠。只要天涯地角出了一桩违反正义的事,他们就疯起来了……

黑夜里到处是狗叫。在大森林中间,从这一个农庄到那一个农庄,此呼彼应。夜里一切都骚动得很。在这个时代,睡觉是不容易的!空中的风带来多少违反正义的回声!而违反正义的事是没有穷尽的;为了补救一桩不义,你很可能做出另外一些不义。而且什么叫做不义,什么叫做暴行呢?——有的说是可耻的和平,残破的国家。有的说是战争。这个说是旧制度的被毁,君王的被黜。那个说是教会的被掠。另外一个又说是未来的被窒息,自由的受到威胁。对于平民,不平等是不义;对于上层阶级,平等是不义。不义的种类那么多,每个时代都特别挑一个——既要挑一个来加以攻击,又要挑一个来加以庇护。

那时大家正在竭力攻击社会的不公道——同时也在不知不觉的准备新的不公道。

当然,自从工人阶级的数量与力量增高,成为国家的主要机轴以来,社会的不公道特别显得不堪忍受,特别令人注目。但不管工人阶级的政客与讴歌者怎样宣传,工人阶级的现状并没变得更坏,反而比从前改善。今昔的变化并非在于现代的工人们更苦,而是在于更有力量。这种力量是资本家的力量造成的,是经济与工业发展的必然的趋势造成的;因为这种发展把劳动者集合在一起,使他们成为可以作战的军队;工业的机械化使武器落到了劳动者手里,使每个工头都变成支配光、支配电、支配力的主宰。近来一般领袖正想加以组织的、这些原动力中间,有一股烈焰飞腾的热度和无数的电浪,流遍了整个社会。

有头脑的中产阶级所以被平民问题震动,决不是——虽然他们自以为是——为了这个问题的合于正义,也不是为了观念的新奇与力量,而是为了它的生命力。

以平民问题所牵涉的正义而论,社会上千千万万别的正义被蹂躏了,谁也不动心。以观念而论,它只是些零零碎碎的真理,东一处西一处的捡得来,牺牲了旁的阶级而依了一个阶级的身量剪裁过的。那不过是一些跟所有的"原则"同样荒谬的"原则"——例如君权神圣,教皇无误,无产阶级统治,普及选举,人类平等;——倘使你不从鼓动这些原则的力量方面着眼而单看它们的理由,还不是同样的荒谬?但它们的平庸是没有关系的。无论什么思想,都不是靠它本身去征服人心,而是靠它的力量;不是靠思想的内容,乃是靠那道在历史上某些时期放射出来的生命的光辉。仿佛一股浓烈的肉香,连最迟钝的嗅觉也受到它的刺激。以思想本身来说,最崇高的思想也没有什么作用;直到有一天,思想靠了吸收它的人的价值,(不是靠了它自己的价值),靠了他们灌输给它的血液而有了传染性的时候,那枯萎的植物,杰里科的玫瑰①,才突然之间开花,长大,放出浓郁的香味布满空间。——张着鲜明的旗帜,领导工人阶级去突击布尔乔亚堡垒的那些思想,原来是布尔乔亚梦想家想出来的。只要不出他们的书本,那思想就等于死的,不过是博物馆里的东西,放在玻璃柜中的木乃伊,没有人瞧上一眼的。但一朝被群众抓住了,那思想就变了群众的一部分,感染到他们的狂热而变了模样,有了生气;抽象的理由中间也吹进了如醉如狂的希望像穆罕默德开国时代的那阵热风。这种狂热慢慢扩张开去。大家都感染到了,可不知道那热风是谁带来的,怎么带来的。而且人的问题根本不相干。精神的传染病继续蔓延,从头脑狭窄的人物传达给优秀人物。每个人都无意之间做了传布的使者。

这些精神传染病的现象在每个国家每个时代都有的;即使在特权阶级坚壁高垒,竭力撑持的贵族国家也不能免。但在上层阶级与平民之间没有藩篱可守的民主国家,这种现象来势特别猛烈。优秀分子立刻被传染了。他们尽管骄傲,聪明,却抵抗不了疫势;因为他们远没有自己想象的那么强。智慧是一座岛屿,被人间的波涛侵蚀了,淹没了,直要等大潮退落的时候,才能重新浮现。大家佩服法国贵族在八月四日夜里放弃特权的事②。其实他们是不得不这样做。我们不难想象,他们之中一定有不少人回到府里去会对自己说"哎,我干的什么事啊?简直是醉了……"好一个醉字!那酒真是太好了,酿酒的葡萄也太好了!可是酿成美酒来灌醉老法兰西的特权阶级的葡萄藤,并非是特权阶级栽种的。佳酿已成,只待人家去喝。而你一喝便醉。就是那些绝不沾唇而只在旁边闻到酒香的人也不免头晕目眩,这是大革命酿出来的酒!……一七八九年份的酒,如今在家庭酒库中只剩几瓶泄气的了;可是我们的曾孙玄孙还会记忆得他们的祖先曾经喝得酩酊大醉的。

---

① 杰里科玫瑰产于叙利亚与巴勒斯坦,未开花即萎谢,但移植湿地,即能再生。——译者注
② 一七八九年七月十四日法国大革命爆发后,八月四日夜,若干贵族在国民议会中宣布放弃特权。——译者注

使奥里维那一代的布尔乔亚青年头昏脑涨的,是一种同样猛烈而更苦涩的酒。他们把自己的阶级做牺牲,去献给新的上帝,无名的上帝——平民。

*　　*　　*

当然,他们并非每个人都一样的真诚。许多人看不起自己的阶级,为的是要借此显露头角。还有许多是把这种运动作为精神上的消遣,高谈阔论的训练,并不完全当真的。一个人自以为信仰一种主义,为它而奋斗,或者将要奋斗,至少是可能奋斗,的确是愉快的事;甚至觉得冒些危险也不坏,反而有种戏剧意味的刺激。

这种心情的确是无邪的,倘使动机天真而没有利害计算的话——但一批更乖巧的人是胸有成竹的上台的,把平民运动当作猎取权位的手段。好似北欧的海盗一般,他们利用涨潮的时间把船只驶入内地,预备深入上流的大三角洲,等退潮的时候把征略得来的城市久占下去。港口是窄的,潮水是捉摸不定的:非有巧妙的本领不行。但是两三代的愚民政治已经养成了一批精于此道的海盗。他们非常大胆的冲进去,对于一路上覆没的船连瞧都不瞧一眼。

每个党派都有这种恶棍,却不能教任何一个党派负责。然而一部分真诚的与坚信的人,看了那些冒险家以后所感到的厌恶,已经对自己的阶级绝望了。奥里维认识一般有钱而博学的布尔乔亚青年,都觉得布尔乔亚的没落与无用。他对他们极表同情。最初,他们相信优秀分子可能使平民有新生的希望,便创立许多平民大学,花了不少时间与金钱,结果那些努力完全失败了,当初的希望是过分的,现在的灰心也是过分的。民众并没响应他们的号召,或竟避之唯恐不及。便是应召而来的时候,他们又把一切都误会了,只学了布尔乔亚的坏习气。另外还有些危险人物溜进布尔乔亚的使徒队伍,把他们的信用给破坏了,把平民与中产阶级一箭双雕,同时利用。于是一般老实人以为布尔乔亚是完了,它只能腐蚀民众,民众应当不顾一切的摆脱它而自个儿走路。因此,中产阶级只是发起了一个运动,结果非但这运动没有他们的份,并且还反对他们。有的人觉得能够这样舍身,能够用牺牲来对人类表示深切而毫无私心的同情是种快乐。只要能爱,能舍身就行。青年人元气那么充足,用不着在感情上得到酬报,不怕自己会变得贫弱——有的人认为自己的理智和逻辑能够满足便是一种愉快;他们的牺牲不是为了人,而是为了思想。这是最刚强的一批。他们很得意,因为凭着一步一步的推理断定自己的阶级非没落不可。预言不中,要比跟他们的阶级同归于尽使他们更难受。他们为了理想陶醉了,对着外边的人喊道:"打呀,打呀,越重越好! 要把我们收拾得干干净净才好!"他们居然做了暴力的理论家。

而且所提倡的是别人的暴力。因为宣传暴力的使徒差不多永远是一般文弱而高雅的人。有些是声言要推翻政府的公务员,勤勉、认真、驯良的公务员。他们在理论上宣扬暴力,其实是对自己的文弱、遗憾、生活的压迫的报复,尤其是在他们周围怒吼的雷雨的征兆。理论家好比气象学家,他们用科学名词所报告的天气并非是将来的,而是现在的。他们是定风针,指出风从哪儿吹来。他们被风吹动的时候,几乎自以为在操纵风向。

然而风向的确转变了。

思想在一个民主国家里消耗得很快的。特别因为它流行得快。法国多少的共和党人,不到五十年就厌恶共和,厌恶普选,厌恶当年如醉如狂争取得来的自由。以前大家相信"多数"是神圣的,能促进人类的进步,现在可是暴力思想风靡一时了。"多数"的不能自治,贪赃枉法,萎靡不振,妒贤害能,引起了反抗;强有力的"少数"——所有的"少数"——便诉之于武力了。法兰西行动派的保王党和劳工总会的工团主义者居然接近了,这是可笑的,但是必然的。巴尔扎克说他那个时代的人"心里想做贵族,但为了怨望而做了共和党人,唯一的目的是能够在同辈中找到许多不如他的人"……这样的乐趣也可怜透了! 而且要强迫那些低下的人自认低下才行;要做到这一点,只有一个办法,就是建立一种威权,使优秀分子

(不论是工人阶级的或中产阶级的)拿他们的优越把压迫他们的"多数"屈服。年轻的知识阶级,骄傲的小布尔乔亚,是为了自尊心受了伤害,为了痛恨民主政治的平等,才去投入保王党或革命党的。至于无所为而为的理论家,宣扬暴力的哲学家,却高高的站在上面,像准确的定风针似的,发出暴风雨的讯号。

最后还有一批探求灵感的文人——能写作而不知道写什么的,好比困在奥利斯港口的希腊水手[①],因为风平浪静而没法前进,不胜焦灼的等待好风吹满他们的帆。——其中也有些名流,被德雷福斯事件出其不意的从他们字斟句酌的工作中拉了出来,投入公共集会。在先驱者看来,仿效这种榜样的人太多了。现在多数的文人都参加政治,以左右国家大事自命。只要有一点儿借口,他们马上组织联盟,发表宣言,救护宗庙。有前锋的知识分子,有后方的知识分子,都是难兄难弟。但两派都把对方看做唱高调的清客而自命为聪明人。凡是侥幸有些平民血统的人自认为光荣之极,笔下老是提到这一点。——他们全是牢骚满腹的布尔乔亚,竭力想把布尔乔亚因为自私自利而断送完了的权势恢复过来。但很少使徒能够把热心坚持长久的。最初那运动使他们成了名——恐怕还不是得力于他们的口才——大为得意。以后他们继续干着,可没有先前的成功了,暗中又怕自己显得可笑。久而久之,这种顾虑渐渐占了上风,何况他们原是趣味高雅,遇事怀疑的人,自然要觉得他们的角色不容易扮演而感到厌倦了。他们等待风色和跟班们的颜色,以便抽身引退,因为他们受着这双重的束缚。新时代的服尔德与约瑟夫·特·迈斯特尔[②],虽然文字写得大胆,实际是畏首畏尾,非常胆小,唯恐得罪了青年人,竭力要博取他们的欢心,把自己装得很年轻。不管在文学上是革命者或反革命者,他们总是战战兢兢的跟着他们早先倡导的文学潮流亦步亦趋。

---

① 典出希腊神话。——原注
② 特·迈斯特尔(一七五三——一八二一),法国宗教哲学家,提倡教皇至上主义,适与服尔德之排斥神权相反。此处举此二人代表左右两极端。——译者注

卷十　复　旦
序　言

　　生命飞逝。肉体与灵魂像流水似的过去。岁月镌刻在老去的树身上。整个有形的世界都在消耗，更新。不朽的音乐，唯有你常在。你是内在的海洋。你是深邃的灵魂。在你明澈的眼瞳中，人生决不会照出阴沉的面目。成堆的云雾，灼热的、冰冷的、狂乱的日子，纷纷扰扰、无法安定的日子，见了你都逃避了。唯有你常在。你是在世界之外的。你自个儿就是一个完整的天地。你有你的太阳，领导你的行星，你的吸力，你的数，你的律。你跟群星一样的和平恬静，它们在黑夜的天空画出光明的轨迹，仿佛由一头无形的金牛拖曳着的银锄。

　　音乐，你是一个心地清明的朋友，你的月白色的光，对于被尘世的强烈的阳光照得眩晕的眼睛是多么柔和。大家在公共的水槽里喝水，把水都搅浑了；那不愿与世争饮的灵魂却急急扑向你的乳房，寻他的梦境。音乐，你是一个童贞的母亲，你纯洁的身体中积蓄着所有的热情，你的眼睛像冰山上流下来的青白色的水，含有一切的善，一切的恶——不，你是超乎恶，超乎善的。凡是栖息在你身上的人都脱离了时间的洪流；所有的岁月对他不过是一日；吞噬一切的死亡也没有用武之地了。

　　音乐，你抚慰了我痛苦的灵魂；音乐，你恢复了我的安静，坚定，欢乐——恢复了我的爱，恢复了我的财富——音乐，我吻着你纯洁的嘴，我把我的脸埋在你蜜也似的头发里，我把我滚热的眼皮放在你柔和的手掌中。咱们都不做声，闭着眼睛，可是我从你眼里看到了不可思议的光明，从你缄默的嘴里看到了笑容；我蹲在你的心头听着永恒的生命跳动。

卷十 复 旦
第一部（节选）

克利斯朵夫不再计算那些飞逝的年月。生命一点一滴的过去了。但他的生命是在别处。它没有历史，只有它创造的作品。音乐的灵泉滔滔不尽的歌唱着，充塞了灵魂，使它再也感觉不到外界的喧扰。

克利斯朵夫得胜了。声名稳固了；头发也白了，年龄也到了。他却是毫不介意；他的心是永远年轻的；他的力，他的信仰，都保持原状。他又得到了安静，可不是燃烧的荆棘以前的安静。暴风雨的打击和骚动的海洋使他在深渊中看到的景象，始终留在他心灵深处。他知道控制人生的战斗的是上帝；没有得到他的允许，谁也不能自主。那时克利斯朵夫心中有两颗灵魂：一颗是受着风雪吹打的一片高原，另外一颗是威镇着前者的、高耸在阳光中的积雪的峰尖。这种地方当然不能久居；但下界的云雾使你冷得难受的时候，你可认得了上达太阳的路。克利斯朵夫便是在迷雾中也不感到孤独了。壮健的圣女塞西莉娅①睁着巨大的眼睛在他身旁向着天空凝听。他自己也像拉斐尔画上的圣·保禄一样，不声不响的沉思着，靠在剑上，既不恼怒，也不再想战斗，只顾创造他的梦境。

他那个时间的写作偏重于钢琴曲与室内音乐。这些曲体可以使创作更自由更大胆；内容与形式之间比较更直接，而思想也不致有中途衰竭的危险。弗雷斯科巴尔第，库伯兰，舒柏特，肖邦等等的表现方法与风格的

---

① 塞西莉娅为四世纪时殉道之圣女，今被奉为保护音乐家之神。——译者注

大胆①比配器方面的革命早五十年。如今由克利斯朵夫那双有力的手像捅土似的捅出来的音响,簇新的和声,令人头昏目眩的和弦,跟当时的人所能接受的声音距离太远了;它们对于精神的影响等于一些神奇的咒语——凡是大艺术家在深入海底的旅行中带回来的果实,群众必须过了相当的时间才能领会。所以很少人能了解克利斯朵夫大胆的晚年作品。他的荣名完全是靠他早期的成绩。但有了声名而不被了解比没有声名更难堪,因为那是无法可想的。在他唯一的朋友死了以后,这种难堪的情绪使克利斯朵夫更偏向于逃避社会了。

德国的旧案已经撤销。法国那桩流血的事也早已被忘了。现在他爱上哪儿都可以。但他怕到巴黎去勾起伤心的往事。至于德国,虽则他回去过几个月,虽则还不时去指挥自己的作品,可并不久住。使他看不上眼的事太多了。固然那些情形不是德国独有而是到处一样的。但我们对本国总比对别国更苛求,对本国的弱点也觉得更痛苦。何况欧洲的罪恶大部分是应当由德国负责的。一个人胜利之后就得负胜利的责任,好似对战败的人欠了一笔债;你无形中有走在他们前面带路的义务。路易十四在他称霸的时代,把法兰西理性的光彩照遍了欧洲。但色当战役的胜利者②——德国——给世界带了些什么光明来呢?难道就是刀剑的闪光吗?没有翅膀的思想,没有豪侠心肠的行动,粗暴的、甚至也不能说是健康的理想主义;只有武力与利益,竟然是个捐客式的战神。四十年来,欧罗巴惴惴不安的在黑暗中摸索。胜利者的钢盔把太阳遮掉了。无力抵抗的降卒固然只能使人轻视,使人可怕;但你看到头戴钢盔的人又作何感想!

最近太阳又出来了;云端里开始透出一些光明。为了要成为第一批

---

① 弗雷斯科巴尔第(一五八三—一六四三),意大利作曲家,历史上有名的管风琴师。此处所称弗氏及库伯兰,舒柏特,肖邦诸人的表现方法与风格的大胆,均指各人在管风琴、洋琴、钢琴及其他室内音乐(如二重奏、三重奏、四重奏等)方面的作品。——译者注

② 一八七〇年普法之役,法军大败于色当,降卒十万,为法国战败的关键。——译者注

看到日出的人,克利斯朵夫从钢盔的影子底下走出来,自愿回到他从前亡命的瑞士。那些互相敌对的国家,使当时多少渴慕自由的心灵感到窒息,无法生存;克利斯朵夫和他们一样要找一个中立的,可以让人呼吸的地方。在歌德的时代,开明的教皇治下的罗马,曾经被各个民族的思想家像躲避风雨的鸟一样作为栖息的岛屿。但现代的避难所又在哪儿呢? 岛屿被海水淹没了。罗马不是当年的罗马了。群鸟已经离开了七星岗①——只有阿尔卑斯依然如旧。在你争我夺的欧罗巴的中心,仅有(不知还能维持多久?)这个二十四郡的小岛巍然独存②。这儿当然没有千年古都的诗情梦境,也呼吸不到史诗中的神明与英雄的气息;可是这块光秃的土地有它气势宏伟的音乐,山脉的线条有它雄壮的节奏,而且比任何地方都更能够使你感觉到原始力量。克利斯朵夫不是来求满足怀古的幽情的。只要有一片田野,几株树木,一条小溪,一望无极的天空,他就够了。不消说,他本乡那种安静宜人的景色,比着阿尔卑斯山中巨神式的战斗对他更亲切;可是他不能忘他是在这儿找到新生的力量的,是在这儿看到上帝在燃烧的荆棘中出现的。他每次回到瑞士,心中必有点儿感激与信仰的情绪,并且像他这样的人决不只他一个。被人生伤害的战士,在这块土地上重新找到了毅力来继续斗争,保持他们对于斗争的信仰的,不知有多多少少!

因为住在这个国家,他慢慢的对它认识清楚了。多少过路的旅客只看见它的疮疤:大麻疯似的旅馆把国内最美的景色给糟蹋了;外国人麇集的城市,让世界上肥头胖耳的人来赎回他们的健康;那些承包客饭的马槽;那种酒池肉林的浪费;那些游戏场中的音乐,加上意大利戏子的可厌的叫嚣,使一般烦闷而有钱的混蛋眉开眼笑;还有铺子里无聊的陈列品:什么木熊,木屋,胡闹的小玩艺,老是那一套,毫无新鲜的发明:老实的书

---

① 罗马城建立在七个山岗之上,今人常以七星岗为罗马的代名词。——译者注
② 瑞士东南部及中部偏东均有阿尔卑斯山脉。又瑞士全国分为二十四郡。——译者注

商卖着专讲黑幕秘史的小册子——到处充满着下流无耻的气息。而每年到这儿来的成千成万的有闲阶级,除了市井小人的娱乐之外不知道还有什么高尚的娱乐,甚至也不知道还有什么同样富于刺激性的娱乐。

至于当地民族的生活,外来的游客连一点儿观念都没有。他们万万想不到,这里还有积聚了几百年的、道德的力量与公民的自由,想不到加尔文与茨温利①的薪炭还在灰烬下面燃烧,想不到还有拿破仑式的共和国永远不能梦见的、那种强毅的民主精神,想不到他们政治制度的简单与社会事业的广大,想不到这三个西方主要民族联合起来的国家②所给予世界的榜样等于未来的欧罗巴的缩影。他们更其想不到粗糙的外表之下还藏着文化的精华;例如布克林的犷野的、电光四射的梦境,贺德勒的声音嘶嗄的英雄精神,格特弗里德·凯勒的清明淳朴与率直的性格,史比德雷的巨型的史诗与天国的光明,通俗节会的传统,在粗糙而古老的树上酝酿的春天的活力。所有这些年轻的艺术有时会刺激你的舌头,像那些野梨树上的生硬的果实,有时也像又青又黑的苔桃一般淡而无味,但它们至少有股泥土味,是一般独学自修的人的作品;而他们的老派的修养并没使他们跟民众分离,他们所读的仍旧和大家一样是人生那部大书。

克利斯朵夫爱好那般不求炫耀而但求生存的人。虽则他们最近也受到德美两国的工业化的影响,但质朴温厚的古欧洲的一部分特点,使人精神安定的特点,依旧由他们保存着。他交了两三个这样的朋友,都是严肃的,忠实的,过着孤独的生活,想念着以往的时代,抱着无可奈何的心情和加尔文式的悲观主义,眼看古老的瑞士一天天的消灭。克利斯朵夫难得和他们相见。表面上他的旧创已经结疤,可是伤口太深了,不能完全平复:他怕跟人家重新发生关系,怕再受情爱与苦恼的纠缠。他觉得住在瑞士挺舒服,一部分就为这个缘故,因为在这里比较容易过离群索居的生活,在陌生人中做一个陌生人。并且他也不在同一个地方住久。仿佛一

---

① 茨温利(一四八四——一五三一),瑞士宗教改革家。——译者注
② 瑞士包括德、法、意三种民族。——译者注

头流浪的老鸟,他需要空间,他的王国是在天上……

*　　　*　　　*

夏季有一天傍晚的时候,他在村子那头的山上漫步:手里拿着帽子,走着一条曲曲折折向上的路。有一处拐弯的地方,小路转入两个斜坡中间,两旁都是矮矮的胡桃树和松树,俨然是个与世隔绝的小天地。到拐角儿上,仿佛路尽了,只看见一片空间。前面是淡蓝的远景,明晃晃的天空。黄昏静穆的气氛一点一滴的蔓延开去,像藓苔下面的一条琤琮的流水……

在第二个拐角上,她出现了:穿着黑衣,背后给明亮的天空衬托得格外显著:后面跟着两个六岁到八岁的孩子,一男一女,采着花玩儿。他们一走近便彼此认出来了,眼神都表示很激动,可是没有惊讶的声音,只微微做了一个诧异的手势。他非常骚动,她嘴唇也有点儿颤抖。双方停住了脚步,同时轻轻的说:

"葛拉齐亚!"

"你原来在这里!"

他们握着手,一言不发。结果还是葛拉齐亚打起精神先开口。她说出自己住的地方,又问他的地址。那些机械的问答,当场差不多谁也没有留神,直到分别以后才听见。他们彼此打量着。孩子们从后面跟上来;她教他们见过了克利斯朵夫。克利斯朵夫一声不出,对他们瞧了一眼,不但毫无好感,而且还带些恶意。他心中只有她一个人,全神贯注的研究她那张痛苦,衰老,而风韵犹存的脸。她被他瞧得不好意思了,便道:"你晚上来看我行吗?"

她把旅馆的名字告诉了他。

他问她丈夫在哪儿,她把身上戴的孝指给他看。他心里太激动了,没法再谈下去,便和她匆匆告别。走了两步,他又回到正在采摘杨梅的孩子旁边,突然搂着他们亲了一下,赶紧溜了。

晚上他到旅馆去。她在玻璃阳台下等着。两人离得远远的坐下。周围并没多少人，只有两三个上了年纪的。克利斯朵夫因为有外人在场觉得很气恼。葛拉齐亚望着他。他也望着葛拉齐亚，嘴里轻轻念着她的名字。

"我改变了很多，是不是?"她问。

他不禁大为感动的回答："噢，你受过很多痛苦了。"

"你也是的，"她瞧着他被痛苦与热情鞭挞过的脸，非常同情。

然后，双方没有话说了。

过了一会，他问："我们不能找个没人的地方谈谈吗?"

"不，朋友，还是待在这儿罢，咱们不是很好吗? 又没有谁注意我们。"

"我可不能痛痛快快的说话。"

"这样倒是更好。"

他当时不懂为什么。过后他回想起这一段话，以为她不信任他。其实她是怕感情冲动，特意要找个安全的地方，使彼此不至于有什么心血来潮的表现，所以她宁愿在旅馆的客厅里受点拘束，好遮盖自己的慌乱。

他们把各人过去的事说了一个大概，声音很轻，话也是断断续续的。裴莱尼伯爵几个月以前在决斗中送了命。克利斯朵夫才明白她的夫妇生活不十分幸福。最大的一个孩子也死了。但她言语之间没有怨叹的口气，自动的把话搁过一边，探问克利斯朵夫的情形，听到他痛苦的经历非常同情。

教堂里的钟声响了。那天是星期日。大家的生命都告了一个小段落……

她约他过两天再去。这种并不急于跟他再见的表示使他心里很难过。他又是快乐又是悲伤。

第二天她推说有事，写了个字条要他去。他一看那几句泛泛的话高兴极了。这次她在自己的客室里接见他，和两个孩子在一起。他望着他们，心里还有点儿惶惑，同时也对他们非常怜爱。他觉得大的一个——那女孩子——相貌像母亲，可不考虑那男孩子像谁。他们嘴里谈着当地的风土,天气,在桌上打开着的书本——眼睛却说着另外一套话。他想和她谈得更亲切一些。谁知来了一个她在旅馆里认识的女朋友。葛拉齐亚很殷勤的招待着,似乎对两位客人不分亲疏。他心中怏怏,可并不怪怨她。她提议一块儿去散步,他答应了。但有了那个生客——虽则她也年轻可爱——他觉得非常扫兴,认为这一天完全给糟掉了。

以后过了两天,他才跟葛拉齐亚再见。那两天之内,他念念不忘的只想约会。但见了面,他仍不能和她说什么知心的话。她很温柔,可绝不放弃矜持的态度。看到克利斯朵夫那一派德国人的感伤脾气,她愈加局促不安而不由自主的要反抗了。

他给她写了封信,使她大为感动。他说人寿几何,他们俩都已经到了相当的年龄,聚首的日子也有限得很了。倘若再不利用机会痛痛快快的谈一谈,不但是痛苦的,而且是罪过的。

她很亲切的复了他的信,说她自从精神上受伤以后,老是有这种不由自主的戒心;她很抱歉,但摆脱不了这矜持的习惯。凡是太强烈的表现,即使所表现的感情是真实的,她也会难堪,也会害怕。但这一回久别重逢的友谊,她也觉得很难得,跟他一样的快慰。末了她约他晚上去吃饭。

他读了信不由得感激涕零,在旅馆里伏枕大哭了一场。十年孤独的郁积都发泄了出来。从奥里维死了以后,他始终是孤单的。对于他那颗渴望温情的心,葛拉齐亚的信等于复活的呼声。温情!……他自以为早已放弃了,其实那是迫不得已。如今他才觉得多么需要温情,心中又积着多少的爱。

那是甜蜜的,圣洁的一晚……虽则彼此都不想隐藏,他却只能跟她谈些不相干的题目。他弹着琴,她的眼神鼓励他尽情倾吐,他便借着音乐说了许多抚慰的话。她想不到这个性情暴烈的骄傲的人会变得这样谦卑。分别的时候,两人不声不响的握着手,表示彼此的心又碰在了一起,再也不会相左的了——外边下着雨,一点儿风都没有。克利斯朵夫的心在那里欢唱……

她在当地只有几天的勾留了,绝对不考虑延缓行期。他既不敢要求,也不敢抱怨。最后一天,他们带着两个孩子去散步。半路上他心里充满着爱和幸福,竟然想和她说出来了;可是她很温柔的做一个手势,笑容可掬的把他拦住了。

"得了罢！你要说的,我都体会到了。"

他们坐在前几天相遇的那个小路的拐角儿上。她始终微微笑着,望着脚底下的山谷;但她所看到的并不是山谷。他瞅着她秀美的脸刻画着痛苦标记,乌黑的头发中间到处有了白发。看到这个被心灵的痛苦浸透的肉体,他感到一股怜悯的,热烈的敬意。时间给了她多少创伤,但伤口中处处显出她的灵魂——于是他轻轻的,声音有点儿颤抖的,要求她给他一根白发做纪念。

二

贝多芬传
——打开窗子,呼吸英雄的气息

《贝多芬传》绝非为了学术而写的。它是受伤而窒息的心灵的一支歌[……]正直与真诚的大师,教我们如何生如何死的大师。

——摘自罗曼·罗兰《贝多芬传》原序

唯有真实的苦难,才能驱除浪漫底克的幻想的苦难;唯有看到克服苦难的壮烈的悲剧,才能帮助我们担受残酷的命运;唯有抱着"我不入地狱谁入地狱"的精神,才能挽救一个萎靡而自私的民族:这是我十五年前初次读到本书时所得的教训。

现在阴霾遮蔽了整个天空,我们比任何时都更需要精神的支持,比任何时都更需要坚忍、奋斗、敢于向神明挑战的大勇主义。

疗治我青年时世纪病的是贝多芬,扶植我在人生中的战斗意志的是贝多芬,在我灵智的成长中给我大影响的是贝多芬,多少次的颠扑曾由他挽扶,多少的创伤曾由他抚慰——且不说引我进音乐王国的这件次要的恩泽。除了把我所受的恩泽转赠给比我年轻的一代之外,我不知还有什么方法可以偿还我对贝多芬和对他伟大的传记家罗曼·罗兰所负的债务。

——摘自傅雷《贝多芬传》译者序

原　序

　　二十五年前,当我写这本小小的《贝多芬传》时,我不曾想要完成什么音乐学的著作。那是一九〇二年。我正经历着一个骚乱不宁的时期,充满着兼有毁灭与更新作用的雷雨。我逃出了巴黎,来到我童年的伴侣,曾经在人生的战场上屡次撑持我的贝多芬那边,寻觅十天的休息。我来到波恩,他的故里。我重复找到了他的影子和他的老朋友们,就是说在我到科布伦茨访问的韦格勒的孙子们身上,重又见到了当年的韦格勒夫妇。在美因兹,我又听到他的交响乐大演奏会,是魏因加特纳指挥的①。然后我又和他单独相对,倾吐着我的衷曲,在多雾的莱茵河畔,在那些潮湿而灰色的四月天,浸淫着他的苦难,他的勇气,他的欢乐,他的悲哀,我跪着,由他用强有力的手挽扶起来,给我的新生儿约翰·利斯朵夫行了洗礼②;在他祝福之下,我重又踏上巴黎的归路,得到了鼓励,和人生重新缔了约,一路向神明唱着病愈者的感谢曲。那感谢曲便是这本小册子。先由《巴黎杂志》发表,后又被贝玑拿去披露③。我不曾想到本书会流传到朋友们的小范围以外。可是"各有各的命运……"

　　恕我叙述这些枝节。但今日会有人在这支颂歌里面寻求以严格的史学方法写成的渊博的著作,对于他们,我不得不有所答复。我自有我做史家的时间。我在《韩德尔》和关于歌剧研究的几部书内,已经对音乐学尽

---

①　Weingartner Felix(一八六三——一九四二),系指挥贝多芬作品之权威。——译者注
② 　罗曼·罗兰名著《约翰·克利斯朵夫》,最初数卷的事实和主人翁的性格,颇多取材于贝多芬的事迹与为人。且全书的战斗精神与坚忍气息,尤多受贝多芬的感应。——译者注
③ 　贝玑(Charles Péguy,一八七三——一九一四),法国近代大诗人,与作者同辈,早死。——译者注。本书全文曾在贝玑主编的《半月刊》上发表。——译者注

了相当的义务。但《贝多芬传》绝非为了学术而写的。它是受伤而窒息的心灵的一支歌,在苏生与振作之后感谢救主的,我知道,这救主已经被我改换面目。但一切从信仰和爱情出发的行为都是如此的。而我的《贝多芬传》便是这样的行为。大家人手一编地拿了去,给这册小书走上它不曾希望的好运。那时候,法国几百万的生灵,被压迫的理想主义者的一代,焦灼地等待着一声解放的讯号。这讯号,他们在贝多芬的音乐中听到了,他们便去向他呼吁。经历过那个时代的人,谁不记得那些四重奏音乐会,仿佛弥撒祭中唱《神之羔羊》①时的教堂——谁不记得那些痛苦的脸,注视着祭献礼,因它的启示而受着光辉的烛照?生在今日的人们已和生在昨日的人们离得远远了。(但生在今日的人们是否能和生在明日的离得更近?)在本世纪初期的这一代里,多少行列已被歼灭:战争开了一个窟窿,他们和他们最优秀的儿子都失了踪影。我的小小的《贝多芬传》保留着他们的形象。出自一个孤独者的手笔,它不知不觉地竟和他们相似。而他们早已在其中认出自己。这小册子,由一个无名的人写的,从一家无名的店铺里出来,几天之内在大众手里传播开去,它已不再属于我了。

我把本书重读了一遍,虽然残缺,我也不拟有所更易②。因为它应当保存原来的性质,和伟大的一代神圣的形象。在贝多芬百年祭③的时候,我纪念那一代,同时颂扬它伟大的同伴,正直与真诚的大师,教我们如何生如何死的大师。

罗曼·罗兰

一九二七年三月

---

① 此系弥撒祭典礼中之一节。——译者注
② 作者预备另写一部历史性的和专门性的书,以研究贝多芬的艺术和他创造性的人格。——原注。此书早已于一九二八年正月在巴黎出版。——译者注
③ 一九二七年适为贝多芬百年死忌。——译者注

初版序

> 我愿证明，
>
> 凡是行为善良与高尚的人，
>
> 定能因之而担当患难。
>
> ——贝多芬
>
> （一八一九年二月一日在维也纳市政府语）

我们周围的空气多沉重。老大的欧罗巴在重浊与腐败的气氛中昏迷不醒。鄙俗的物质主义镇压着思想，阻挠着政府与个人的行动。社会在乖巧卑下的自私自利中窒息以死。人类喘不过气来——打开窗子罢！让自由的空气重新进来！呼吸一下英雄们的气息。

人生是艰苦的。在不甘于平庸凡俗的人，那是一场无日无之的斗争，往往是悲惨的，没有光华的，没有幸福的，在孤独与静寂中展开的斗争。贫穷，日常的烦虑，沉重与愚蠢的劳作，压在他们身上，无益地消耗着他们的精力，没有希望，没有一道欢乐之光，大多数还彼此隔离着，连对患难中的弟兄们一援手的安慰都没有，他们不知道彼此的存在。他们只能依靠自己，可是有时连最强的人都不免在苦难中蹉跌。他们求助，求一个朋友。

为了援助他们，我才在他们周围集合一般英雄的友人，一般为了善而受苦的伟大的心灵。这些"名人传"①不是向野心家的骄傲申说的，而是献给受难者的。并且实际上谁又不是受难者呢？让我们把神圣的苦痛的油

---

① 作者另有《米开朗琪罗传》《托尔斯泰传》，皆与本书同列在"名人传"这总标题内。——译者注

膏,献给苦痛的人罢!我们在战斗中不是孤军。世界的黑暗,受着神光烛
照。即是今日,在我们近旁,我们也看到闪耀着两朵最纯洁的火焰,正义
与自由:毕加大佐和蒲尔民族①。即使他们不曾把浓密的黑暗一扫而空,
至少他们在一闪之下已给我们指点了大路。跟着他们走罢,跟着那些散
在各个国家、各个时代、孤独奋斗的人走罢。让我们来摧毁时间的阻隔,
使英雄的种族再生。

我称为英雄的,并非以思想或强力称雄的人;而只是靠心灵而伟大的
人。好似他们之中最伟大的一个,就是我们要叙述他的生涯的人所说的:
"除了仁慈以外,我不承认还有什么优越的标记。"没有伟大的品格,就没
有伟大的人,甚至也没有伟大的艺术家,伟大的行动者;所有的只是些空
虚的偶像,匹配下贱的群众的:时间会把他们一齐摧毁。成败又有什么相
干?主要是成为伟大,而非显得伟大。

这些传记中人的生涯,几乎都是一种长期的受难。或是悲惨的命运,
把他们的灵魂在肉体与精神的苦难中磨折,在贫穷与疾病的铁砧上锻炼;
或是,目击同胞受着无名的羞辱与劫难,而生活为之戕害,内心为之碎裂,
他们永远过着磨难的日子;他们固然由于毅力而成为伟大,可是也由于灾
患而成为伟大。所以不幸的人啊!切勿过于怨叹,人类中最优秀的和你
们同在。汲取他们的勇气做我们的养料罢;倘使我们太弱,就把我们的头
枕在他们膝上休息一会罢。他们会安慰我们。在这些神圣的心灵中,有

---

① 一八九四至一九〇六年间,法国有一历史性的大冤狱,即史家所谓"德雷福斯事
件"。德雷福斯大尉被诬通敌罪,判处苦役。一八九五年陆军部秘密警察长发觉
前案系罗织诬陷而成,竭力主张平反,致触怒军人,连带下狱。著名文豪左拉亦以
主张正义而受迫害,流亡英伦。迨一八九九年,德雷福斯方获军事法庭更审,改
判徒刑十年,复由大总统下令特赦。一九〇六年,德雷福斯再由最高法院完全平
反,撤消原判。毕加大佐为昭雪此冤狱之最初殉难者,故作者以之代表正
义。——蒲尔民族为南非好望角一带的荷兰人,自维也纳会议,荷兰将好望角割
让于英国后,英人虐待蒲尔人甚烈,卒激成一八九九至一九〇二年间的蒲尔战争。
结果英国让步,南非联盟宣告成立,为英国自治领地之一。作者以之代表自由的
火焰。——译者注

一股清明的力和强烈的慈爱,像激流一般飞涌出来。甚至毋须探询他们的作品或倾听他们的声音,就在他们的眼里,他们的行述里,即可看到生命从没像处于患难时的那么伟大,那么丰满,那么幸福。

在此英勇的队伍内,我把首席给予坚强与纯洁的贝多芬。他在痛苦中间即曾祝望他的榜样能支持别的受难者,"但愿不幸的人,看到一个与他同样不幸的遭难者,不顾自然的阻碍,竭尽所能地成为一个不愧为人的人,而能藉以自慰"。经过了多少年超人的斗争与努力,克服了他的苦难,完成了他所谓"向可怜的人类吹嘘勇气"的大业之后,这位胜利的普罗米修斯①,回答一个向他提及上帝的朋友时说道:"噢,人啊,你当自助!"

我们对他这句豪语应当有所感悟。依着他的先例,我们应当重新鼓起对生命对人类的信仰!

罗曼·罗兰

一九〇三年一月

---

① 神话中的火神,人类文明最初的创造者。作者常用以譬喻贝多芬。——译者注

正文节选

维也纳从未对贝多芬抱有好感。像他那样一个高傲而独立的天才，在此轻佻浮华、为瓦格纳所痛恶的都城里是不得人心的①。他抓住可以离开维也纳的每个机会；一八○八年，他很想脱离奥国，到威斯特伐利亚王热罗姆·波拿巴的宫廷里去②。但维也纳的音乐泉源是那么丰富，我们也不该抹煞那边常有一般高贵的鉴赏家，感到贝多芬之伟大，不肯使国家蒙受丧失这天才之羞。一八○九年，维也纳三个富有的贵族：贝多芬的学生鲁道夫太子，洛布科维兹亲王，金斯基亲王，答应致送他四千弗洛令③的年俸，只要他肯留在奥国。他们说："显然一个人只在没有经济烦恼的时候才能整个地献身于艺术，才能产生这些崇高的作品为艺术增光，所以我们决意使路德维希·凡·贝多芬获得物质的保障，避免一切足以妨害他天才发展的阻碍。"

---

① 瓦格纳在一八七○年所著的《贝多芬评传》中有言："维也纳，这不就说明了一切？——全部的德国新教痕迹都已消失。连民族的口音也失掉而变成意大利化。德国的精神，德国的态度和风俗，全经意大利与西班牙输入的指南册代为解释……这是一个历史、学术、宗教都被篡改的地方……轻浮的怀疑主义，毁坏而且埋葬了真理之爱，荣誉之爱，自由独立之爱！……"十九世纪的奥国戏剧诗人格里尔帕策曾说生为奥人是一桩不幸。十九世纪末住在维也纳的德国大作曲家，都极感苦闷。那时奥国都城的思想全被勃拉姆斯伪善的气息笼罩。布鲁克纳的生活是长时期的受难，雨果·沃尔夫终生奋斗，对维也纳表示极严厉的批评。——原注；布鲁克纳（一八二四——一八九六）与雨果·沃尔夫（一八六○——一九○三）皆为近代德国大音乐家。勃拉姆斯在当时为反动派音乐之代表。——译者注

② 热罗姆王愿致送贝多芬终身俸每年六百杜加（按每杜加约合九先令），外加旅费津贴一百五十银币，唯一的条件是不时在他面前演奏，并指挥室内音乐会，那些音乐会是历时很短而且不常举行的。贝多芬差不多决定动身了。——原注；热姆王为拿破仑之弟，被封为威斯特伐利亚王。——译者注

③ 弗洛令为奥国银币名，每单位约合一先令又半。——译者注

　　不幸结果与诺言不符。这笔津贴并未付足；不久又完全停止。且从一八一四年维也纳会议起，维也纳的性格也转变了。社会的目光从艺术移到政治方而，音乐口味被意大利作风破坏了，时尚所趋的是罗西尼，把贝多芬视为迂腐①。贝多芬的朋友和保护人，分散的分散，死亡的死亡：金斯基亲王死于一八一二，李希诺夫斯基亲王死于一八一四，洛布科维兹死于一八一六。受贝多芬题赠作品第五十九号的美丽的四重奏的拉苏莫夫斯基，在一八一五年举办了最后的一次音乐会。同年，贝多芬和童年的朋友，埃莱奥诺雷的哥哥，斯特凡·冯·布罗伊宁失和②。从此他孤独了③。在一八一六年的笔记上，他写道："没有朋友，孤零零地在世界上。"

　　耳朵完全聋了④。从一八一五年秋天起，他和人们只有笔上的往还。最早的谈话手册是一八一六年的⑤。关于一八二二年《菲岱里奥》预奏会的经过，有申德勒的一段惨痛的记述可按。

　　"贝多芬要求亲自指挥最后一次的预奏……从第一幕的二部唱起，显

①　罗西尼的歌剧《唐克雷迪》足以撼动整个的德国音乐。一八一六年时维也纳沙龙里的意见，据鲍恩费尔德的日记所载是："莫扎特和贝多芬是老学究，只有荒谬的上一代赞成他们；但直到罗西尼出现，大家方知何谓旋律。《菲岱里奥》是一堆垃圾，真不懂人们怎会不怕厌烦地去听它。"——贝多芬举行的最后一次钢琴演奏会是一八一四年。——原注

②　同年，贝多芬的兄弟卡尔死。他写信给安东尼·布伦塔诺说："他如此地执著生命，我却如此地愿意舍弃生命。"——原注

③　此时惟一的朋友，是玛丽亚·冯·埃尔德迪，他和她维持着动人的友谊，但和他一样有着不治之症，一八一六年，她的独子又暴卒。贝多芬题赠给她的作品，有一八〇九年作品第七十号的两支三重奏，一八一五至一八一七年间作品第一〇二号的两支大提琴奏鸣曲。——原注

④　丢开耳聋不谈，他的健康也一天不如一天。从一八一六年十月起，他患着重伤风。一八一七年夏天，医生说他是肺病。一八一七至一八一八年间的冬季，他老是为这场所谓的肺病担心着。一八二〇至一八二一年间他患着剧烈的关节炎。一八二一年患黄热病。一八二三年又患结膜炎。——原注

⑤　值得注意的是，同年起他的音乐作风改变了，表示这转折点的是作品第一〇一号的奏鸣曲。贝多芬的谈话册，共有一万一千页的手写稿，今日全部保存于柏林国家图书馆。一九二三年诺尔开始印行他一八一九年三月至一八二〇年三月的谈话册，可惜以后未曾续印。——原注

而易见他全没听见台上的歌唱。他把乐曲的进行延缓很多;当乐队跟着他的指挥棒进行时,台上的歌手自顾自地匆匆向前。结果是全局都紊乱了。经常的,乐队指挥乌姆劳夫不说明什么理由,提议休息一会,和歌唱者交换了几句说话之后,大家重新开始。同样的紊乱又发生了。不得不再休息一次。在贝多芬指挥之下,无疑是干不下去的了;但怎样使他懂得呢?没有一个人有心肠对他说:'走罢,可怜虫,你不能指挥了。'贝多芬不安起来,骚动之余,东张西望,想从不同的脸上猜出症结所在:可是大家都默不做声。他突然用命令的口吻呼唤我。我走近时,他把谈话手册授给我,示意我写。我便写着:'恳求您勿再继续,等回去再告诉您理由。'于是他一跃下台;对我嚷道:'快走!'他一口气跑回家里去;进去,一动不动地倒在便榻上,双手捧着他的脸;他这样一直到晚饭时分。用餐时他一言不发,保持着最深刻的痛苦的表情。晚饭以后,当我想告别时,他留着我,表示不愿独自在家。等到我们分手的辰光,他要我陪着去看医生,以耳科出名的……在我和贝多芬的全部交谊中,没有一天可和这十一月里致命的一天相比。他心坎里受了伤,至死不曾忘记这可怕的一幕的印象"①。

两年以后,一八二四年五月七日,他指挥着(或更准确地,像节目单上所注明的"参与指挥事宜")《合唱交响曲》②时,他全没听见全场一致的彩声;他丝毫不曾觉察,直到一个女歌唱演员牵着他的手,让他面对着群众时,他才突然看见全场起立,挥舞着帽子,向他鼓掌。——一个英国游历家罗素,一八二五年时看见过他弹琴,说当他要表现柔和的时候,琴键不曾发声,在这静寂中看着他情绪激动的神气,脸部和手指都抽搐起来,真是令人感动。

隐遁在自己的内心生活里,和其余的人类隔绝着③,他只有在自然中觅得些许安慰。特雷泽·布伦瑞克说:"自然是他唯一的知己。"它成为他

---

① 申德勒从一八一四年起就和贝多芬来往,但到一八一九以后方始成为他的密友。贝多芬不肯轻易与之结交,最初对他表示高傲轻蔑的态度。——原注
② 即《第九交响曲》。——译者注
③ 参看瓦格纳的《贝多芬评传》,对他的耳聋有极美妙的叙述。——原注

的托庇所。一八一五年时认识他的查理·纳德，说他从未见过一个人像他这样的爱花木，云彩，自然……他似乎靠着自然生活①。贝多芬写道："世界上没有一个人像我这样的爱田野……我爱一株树甚于爱一个人……"在维也纳时，每天他沿着城墙绕一个圈子。在乡间，从黎明到黑夜，他独自在外散步，不戴帽子，冒着太阳，冒着风雨。"全能的上帝！——在森林中我快乐了——在森林中我快乐了——每株树都传达着你的声音——天哪！何等的神奇！——在这些树林里，在这些岗峦上——一片宁谧，供你役使的宁谧。"

他的精神的骚乱在自然中获得了一些苏慰②。他为金钱的烦虑弄得困惫不堪。一八一八年时他写道："我差不多到了行乞的地步，而我还得装做日常生活并不艰窘的神气。"此外他又说："作品第一〇六号的奏鸣曲是在紧急情况中写的。要以工作来换取面包实在是一件苦事。"施波尔说他往往不能出门，为了靴子洞穿之故③。他对出版商负着重债，而作品又卖不出钱。《D 调弥撒曲》发售预约时，只有七个预约者，其中没有一个是音乐家④。他全部美妙的奏鸣曲——每曲都得花费他三个月的工作——只给他挣了三十至四十杜加⑤。加利钦亲王要他制作的四重奏(作品第一二七、一三〇、一三二号)，也许是他作品中最深刻的，仿佛用血泪写成的，结果是一文都不曾拿到。把贝多芬煎熬完的是，日常的窘况，无穷尽的讼案：或是要人家履行津贴的诺言，或是为争取侄儿的监护权，因为他的兄

---

① 他爱好动物，非常怜悯它们。有名的史家弗里梅尔的母亲，说她不由自主地对贝多芬怀有长时期的仇恨，因为贝多芬在她儿时把她要捕捉的蝴蝶用手帕赶开。——原注

② 他的居处永远不舒服。在维也纳三十五年，他迁居三十次。——原注

③ 路德维希·施波尔(Ludwig Spohr，一七八四——一八五九)，当时德国的提琴家兼作曲家。——译者注

④ 贝多芬写信给凯鲁比尼，"为他在同时代的人中最敬重的"。可是凯鲁比尼置之不理。——原注；凯氏为意大利人，为法国音乐院长，作曲家，在当时音乐界中极有势力。——译者注

⑤ 贝多芬钢琴奏鸣曲一项，列在全集内的即有三十二首之多。——译者注

弟卡尔于一八一五年死于肺病，遗下一个儿子。

他心坎间洋溢着的温情全部灌注在这个孩子身上。这儿又是残酷的痛苦等待着他。仿佛是境遇的好意，特意替他不断地供给并增加苦难，使他的天才不致缺乏营养——他先是要和他那个不入流品的弟妇争他的小卡尔，他写道：

"噢，我的上帝，我的城墙，我的防卫，我唯一的托庇所！我的心灵深处，你是一览无余的，我使那些和我争夺卡尔的人受苦时，我的苦痛，你是鉴临的①。请你听我呀，我不知如何称呼你的神灵！请你接受我热烈的祈求，我是你造物之中最不幸的可怜虫。"

"噢，神哪！救救我罢！你瞧，我被全人类遗弃，因为我不愿和不义妥协！接受我的祈求罢，让我，至少在将来，能和我的卡尔一起过活！……噢，残酷的命运，不可摇撼的命运！不，不，我的苦难永无终了之日！"

然后，这个热烈地被爱的侄子，显得并不配受伯父的信任。贝多芬给他的书信是痛苦的、愤慨的，宛如米开朗琪罗给他的兄弟们的信，但是更天真更动人：

"我还得再受一次最卑下的无情义的酬报吗？也罢，如果我们之间的关系要破裂，就让它破裂罢！一切公正的人知道这回事以后，都将恨你……如果连系我们的约束使你不堪担受，那么凭着上帝的名字——但愿一切都照着他的意志实现——我把你交给至圣至高的神明了；我已尽了我所有的力量；我敢站在最高的审判之前……"②

"像你这样娇养坏的孩子，学一学真诚与朴实决计于你无害；你对我的虚伪的行为，使我的心太痛苦了，难以忘怀……上帝可以作证，我只想跑到千里之外，远离你，远离这可怜的兄弟和这丑恶的家庭……我不能再信任你了。"下面的署名是："不幸的是：你的父亲——或更好：不是你的

---

① 他写信给施特赖谢尔夫人说："我从不报复。当我不得不有所行动来反对旁人时，我只限于自卫，或阻止他们作恶。"——原注
② 见诺尔编贝多芬书信集三四三。——原注

父亲。"①

但宽恕立刻按踵而至：

"我亲爱的儿子！——一句话也不必再说，——到我臂抱里来罢，你不会听到一句严厉的说话……我将用同样的爱接待你。如何安排你的前程，我们将友善地一同商量——我以荣誉为担保，决无责备的言辞！那是毫无用处的。你能期待于我的只有殷勤和最亲切帮助——来罢——来到你父亲的忠诚的心上——来罢，一接到信立刻回家罢。"（在信封上又用法文写着："如果你不来，我定将为你而死。"）②

他又哀求道："别说谎，永远做我最亲爱的儿子！如果你用虚伪来报答我，像人家使我相信的那样，那真是何等丑恶何等刺耳！……别了，我虽不曾生下你来，但的确抚养过你，而且竭尽所能地培植过你精神的发展，现在我用着有甚于父爱的情爱，从心坎里求你走上善良与正直的唯一的大路。你的忠诚的老父。"③

这个并不缺少聪明的侄儿，贝多芬本想把他领上高等教育的路，然而替他筹划了无数美妙的前程之梦以后，不得不答应他去习商。但卡尔出入赌场，负了不少债务。

由于一种可悲的怪现象，比人们想象中更为多见的怪现象，伯父的精神的伟大，对侄儿非但无益，而且有害，使他恼怒，使他反抗，如他自己所说的："因为伯父要我上进，所以我变得更下流"；这种可怕的说话，活活显出这个浪子的灵魂。他甚至在一八二六年时在自己头上打了一枪。然而他并不死，倒是贝多芬几乎因之送命：他为这件事情所受的难堪，永远无法摆脱④。卡尔痊愈了，他自始至终使伯父受苦，而对于这伯父之死，也未

---

① 见诺尔编书信集三一四。——原注
② 见书信集三七〇。——原注
③ 以上见书信集三六二—三六七。另外一封信，是一八一九年二月一日的，里面表示贝多芬多么热望把他的侄子造成"一个于国家有益的公民"。——原注
④ 当时看见他的申德勒，说他突然变得像一个七十岁的老人，精神崩溃，没有力量，没有意志。倘卡尔死了的话，他也要死的了。——不多几月之后，他果然一病不起。——原注

始没有关系;贝多芬临终的时候,他竟没有在场——几年以前,贝多芬写给侄子的信中说:"上帝从没遗弃我。将来终有人来替我阖上眼睛。"——然而替他阖上眼睛的,竟不是他称为"儿子"的人。

在此悲苦的深渊里,贝多芬从事于讴歌欢乐。

这是他毕生的计划。从一七九三年他在波恩时起就有这个念头①。他一生要歌唱欢乐,把这歌唱作为他某一大作品的结局。颂歌的形式,以及放在哪一部作品里这些问题,他踌躇了一生。即在《第九交响曲》内,他也不曾打定主意。直到最后一刻,他还想把欢乐颂歌留下来,放在第十或第十一的交响曲中去。我们应当注意《第九交响曲》的原题,并非今日大家所习用的《合唱交响曲》,而是"以欢乐颂歌的合唱为结局的交响曲"。《第九交响曲》可能而且应该有另外一种结束。一八二三年七月,贝多芬还想给它一个器乐的结束,这一段结束,他以后用在作品第一三二号的四重奏内。车尔尼和松莱特纳确言,即在演奏过后(一八二四年五月),贝多芬还未放弃改用器乐结束的意思。

要在一阕交响曲内引进合唱,有极大的技术上的困难,这是可从贝多芬的稿本上看到的,他做过许多试验,想用别种方式,并在这件作品的别的段落引进合唱。在 Adagio(柔板)的第二主题的稿本上,他写道:"也许合唱在此可以很适当地开始。"但他不能毅然决然地和他忠诚的乐队分手。他说:"当我看见一个乐思的时候,我总是听见乐器的声音,从未听见人声。"所以他把运用歌唱的时间尽量延宕;甚至先把主题交给器乐来奏

---

① 见一七九三年一月菲舍尼希致夏洛特·席勒书。席勒的《欢乐颂》是一七八五年写的。贝多芬所用的主题,先后见于一八〇八作品第八十号的《钢琴、乐队、合唱幻想曲》,及一八一〇依歌德诗谱成的"歌"。——在一八一二年的笔记内,在《第七交响曲》的拟稿和《麦克佩斯前奏曲》的计划之间,有一段乐稿是采用席勒原词的,其音乐主题,后来用于作品第一一五号的《纳门斯弗尔前奏曲》。——《第九交响曲》内有些乐旨在一八一五年以前已经出现。定稿中欢乐颂歌的主题和其他部分的曲调,都是一八二二年写下的,以后再写 Trio(中段)部分,然后又写 Andante(行板)、Moderato(中板)部分,直到最后才写成 Adagio(柔板)。——原注

出,不但终局的吟诵体为然①,连"欢乐"的主题亦是如此。

对于这些延缓和踌躇的解释,我们还得更进一步:它们还有更深刻的原因。这个不幸的人永远受着忧患折磨,永远想讴歌"欢乐"之美;然而年复一年,他延宕着这桩事业,因为他老是卷在热情与哀伤的漩涡内。直到生命的最后一日他才完成了心愿,可是完成的时候是何等的伟大!

当欢乐的主题初次出现时,乐队忽然中止;出其不意地一片静默;这使歌唱的开始带着一种神秘与神明的气概。而这是不错的:这个主题的确是一个神明。"欢乐"自天而降,包裹在非现实的宁静中间:它用柔和的气息抚慰着痛苦;而它溜滑到大病初愈的人的心坎中时,第一下的抚摩又是那么温柔,令人如贝多芬的那个朋友一样,禁不住因"看到他柔和的眼睛而为之下泪"。当主题接着过渡到人声上去时,先由低音表现,带着一种严肃而受压迫的情调。慢慢地,"欢乐"抓住了生命。这是一种征服,一场对痛苦的斗争。然后是进行曲的节奏,浩浩荡荡的军队,男高音热烈急促的歌,在这些沸腾的乐章内,我们可以听到贝多芬的气息,他的呼吸,与他受着感应的呼喊的节奏,活现出他在田野间奔驰,作着他的乐曲,受着如醉如狂的激情鼓动,宛如大雷雨中的李尔老王。在战争的欢乐之后,是宗教的醉意;随后又是神圣的宴会,又是爱的兴奋。整个的人类向天张着手臂,大声疾呼着扑向"欢乐",把它紧紧地搂在怀里。

巨人的巨著终于战胜了群众的庸俗。维也纳轻浮的风气,被它震撼了一刹那,这都城当时是完全在罗西尼与意大利歌剧的势力之下的。贝多芬颓丧忧郁之余,正想移居伦敦,到那边去演奏《第九交响曲》。像一八○九年一样,几个高贵的朋友又来求他不要离开祖国。他们说:"我们知道您完成了一部新的圣乐②,表现着您深邃的信心感应给您的情操。渗透着您的心灵的超现实的光明,照耀着这件作品。我们也知道您的伟大的交响曲的王冠上,又添了一朵不朽的鲜花……您近几年来的沉默,使

---

① 贝多芬说这一部分"完全好像有歌词在下面"。——原注
② 系指《D调弥撒曲》。——原注

一切关注您的人为之凄然①。大家都悲哀地想到,正当外国音乐移植到我们的土地上,令人遗忘德国艺术的产物之时,我们的天才,在人类中占有那么崇高的地位的,竟默无一言。……唯有在您身上,整个的民族期待着新生命,新光荣,不顾时下的风气而建立起真与美的新时代……但愿您能使我们的希望不久即实现……但愿靠了您的天才,将来的春天,对于我们,对于人类,加倍的繁荣!"②这封慷慨陈辞的信,证明贝多芬在德国优秀阶级中所享有的声威,不但是艺术方面的,而且是道德方面的。他的崇拜者称颂他的天才时,所想到的第一个字既非学术,亦非艺术,而是"信仰"③。

　　贝多芬被这些言辞感动了,决意留下。一八二四年五月七日在维也纳举行《D 调弥撒曲》和《第九交响曲》的第一次演奏会,获得空前的成功。情况之热烈,几乎含有暴动的性质。当贝多芬出场时,受到群众五次鼓掌的欢迎;在此讲究礼节的国家,对皇族的出场,习惯也只用三次的鼓掌礼。因此警察不得不出面干涉。交响曲引起狂热的骚动。许多人哭起来。贝多芬在终场以后感动得晕去;大家把他抬到申德勒家,他朦朦胧胧地和衣睡着,不饮不食,直到次日早上。可是胜利是暂时的,对贝多芬毫无盈利。音乐会不曾给他挣什么钱。物质生活的窘迫依然如故。他贫病交迫,孤独无依,可是战胜了——战胜了人类的平庸,战胜了他自己的命运,战胜

---

① 贝多芬为琐碎的烦恼,贫穷,以及各种的忧患所困,在一八一六至一八二一的五年中间,只写了三支钢琴曲(作品第一〇一、一〇二、一〇六号)。他的敌人说他才力已尽。一八二一年起他才重新工作。——原注
② 这是一八二四年的事,署名的有 C.李希诺夫斯基亲王等二十余人。——原注
③ 一八一九年二月一日,贝多芬要求对侄子的监护权时,在维也纳市政府高傲地宣称:"我的道德品格是大家公认的。"——原注

了他的痛苦①。

"牺牲,永远把一切人生的愚昧为你的艺术去牺牲! 艺术,这是高于一切的上帝!"

因此他已达到了终身想望的目标。他已抓住欢乐。但在这控制着暴风雨的心灵高峰上,他是否能长此逗留?——当然,他还得不时堕入往昔的怆痛里。当然,他最后的几部四重奏里充满着异样的阴影。可是《第九交响曲》的胜利,似乎在贝多芬心中已留下它光荣的标记。他未来的计划是②:《第十交响曲》③,《纪念巴赫的前奏曲》,为格里尔巴策的《曼吕西纳》

---

① 一八二四年秋,他很担心要在一场暴病中送命。"像我亲爱的祖父一样,我和他有多少地方相似。"他胃病很厉害。一八二四——一八二五年间的冬天,他又重病。一八二五年五月,他吐血,流鼻血。同年六月九日他写信给侄儿说:"我衰弱到了极点,长眠不起的日子快要临到了。"德国首次演奏《第九交响曲》,是一八二五年四月一日在法兰克福,伦敦是一八二五年三月二十五日,巴黎是一八三一年五月二十七日,在国立音乐院。十七岁的门德尔松,在柏林猎人大厅于一八二六年十一月十四日用钢琴演奏。瓦格纳在莱比锡大学教书时,全部手抄过;且在一八三〇年十月六日致书出版商肖特,提议由他把交响曲改成钢琴曲。可说《第九交响曲》决定了瓦格纳的生涯。——原注

② 一八二四年九月十七日到肖特兄弟信中,贝多芬写道:"艺术之神还不愿死亡把我带走;因为我还负欠甚多! 在我出发去天国之前,必得把精灵启示我而要我完成的东西留给后人,我觉得我才开始写了几个音符。"书信集二七二。——原注

③ 一八二七年三月十八日贝多芬写信给莫舍勒斯说:"初稿全部写成的一部交响曲和一支前奏曲放在我的书桌上。"但这部初稿从未发现。我们只在他的笔记上读到"用 Andante(行板)写的 Cantique——用古音阶写的宗教歌,或是用独立的形式,或是作为一支赋格曲的引子。这部交响曲的特点是引进歌唱,或者用在终局,或从 Adagio(柔板)起就插入。乐队中小提琴……等等都当特别加强最后几段的力量。歌唱开始时一个一个地,或在最后几段中复唱 Adagio(柔板)——Adagio(柔板)的歌词用一个希腊神话或宗教颂歌,Allegro(快板)则用酒神庆祝的形式。"(以上见一八一八年笔记)由此可见以合唱终局的计划是预备用在第十而非第九交响曲的。后来他又说要在《第十交响曲》中,把现代世界和古代世界调和起来,像歌德在第二部《浮士德》中所尝试的。——原注

谱的音乐①,为克尔纳的《奥德赛》、歌德的《浮士德》谱的音乐②,《大卫与扫罗的清唱剧》,这些都表示他的精神倾向于德国古代大师的清明恬静之境:巴赫与韩德尔——尤其是倾向于南方,法国南部,或他梦想要去游历的意大利③。

施皮勒医生于一八二六年看见他,说他气色变得快乐而旺盛了。同年,当格里尔巴策最后一次和他晤面时,倒是贝多芬来鼓励这颓丧的诗人:"啊,他说,要是我能有千分之一的你的体力和强毅的话!"时代是艰苦的。专制政治的反动,压迫着思想界。格里尔巴策呻吟道:"言论检查把我杀害了。倘使一个人要言论自由,思想自由,就得往北美洲去。"但没有一种权力能钳制贝多芬的思想。诗人库夫纳写信给他说:"文字是被束缚了;幸而声音还是自由的。"贝多芬是伟大的自由之声,也许是当时德意志思想界唯一的自由之声。他自己也感到。他时常提起,他的责任是把他的艺术来奉献于"可怜的人类","将来的人类",为他们造福利,给他们勇气,唤醒他们的迷梦,斥责他们的懦怯。他写信给侄子说:"我们的时代,需要有力的心灵把这些可怜的人群加以鞭策。"一八二七年,米勒医生说"贝多芬对于政府、警察、贵族,永远自由发表意见,甚至在公众面前也是如此④。警察当局明明知道,但对他的批评和嘲讽认为无害的梦呓,因此

---

① 诗人原作是叙述一个骑士,恋爱着一个女神而被她拘囚着;他念着家乡与自由,这首诗和《汤豪舍》(系瓦格纳的名歌剧——译者注)颇多相似之处,贝多芬在一八二三——一八二六年间曾经从事工作。——原注

② 贝多芬从一八〇八起就有意为《浮士德》写音乐(《浮士德》以悲剧的形式出现是一八〇七年秋)。这是他一生最重视的计划之一。——原注

③ 贝多芬的笔记中有:"法国南部!对啦!对啦!""离开这里,只要办到这一着,你便能重新登上你艺术的高峰。……写一部交响曲,然后出发,出发,出发……夏天,为了旅费工作着,然后周游意大利,西西里,和几个旁的艺术家一起……"(出处同前)——原注

④ 在谈话手册里,我们可以读到:(一八一九年份的)"欧洲政治目前所走的路,令人没有金钱没有银行便什么事都不能做。""统治者的贵族,什么也不曾学得,什么也不曾忘记。""五十年内,世界上到处都将有共和国。"——原注

也就让这个光芒四射的天才太平无事"①。

因此,什么都不能使这股不可驯服的力量屈膝。如今它似乎玩弄痛苦了。在此最后几年中所写的音乐,虽然环境恶劣②,往往有一副簇新的面目,嘲弄的,睥睨一切的,快乐的。他逝世以前四个月,在一八二六年十一月完成的作品,作品第一三〇号的四重奏的新的结束是非常轻快的。实在这种快乐并非一般人所有的那种。时而是莫舍勒斯所说的嬉笑怒骂;时而是战胜了如许痛苦以后的动人的微笑。总之,他是战胜了。他不相信死。

然而死终于来了。一八二六年十一月终,他得着肋膜炎性的感冒;为

① 一八一九年他几被警察当局起诉,因为他公然声言:"归根结蒂,基督不过是一个被钉死的犹太人。"那叫他正写着《D 调弥撒曲》。由此可见他的宗教感应是极其自由的。他在政治方面也是一样的毫无顾忌,很大胆地抨击他的政府之腐败。他特别指斥几件事情:法院组织的专制与依附权势,程序繁琐,完全妨害诉讼的进行;警权的滥用;官僚政治的腐化与无能;颓废的贵族享有特权,霸占着国家最高的职位。从一八一五年起,他在政治上是同情英国的。据申德勒说,他非常热烈地读着英国国会的记录。英国的乐队指挥西普里亚尼·波特,一八一七年到维也纳,说"贝多芬用尽一切诅咒的字眼痛骂奥国政府。他一心要到英国来看看下院的情况。他说:'你们英国人,你们的脑袋的确在肩膀上。'"——原注;一八一四年拿破仑失败,列强举行维也纳会议,重行瓜分欧洲。奥国首相梅特涅雄心勃勃,颇有只手左右天下之志。对于奥国内部,厉行压迫,言论自由剥夺殆尽。其时欧洲各国类皆趋于反动统治,虐害共和党人。但法国大革命的精神早已弥漫全欧,到处有蠢动之象。一八二〇年的西班牙、葡萄牙、那不勒斯的革命开其端,一八二一年的希腊独立战争接踵而至,降至一八三〇年法国又有七月革命,一八四八年又有二月革命……贝多芬晚年的政治思想,正反映一八一四——一八三〇年间欧洲知识分子的反抗精神。读者于此,必须参考当时国际情势,方能对贝多芬的思想,有一估价准确之认识。——译者注
② 例如侄子之自杀。——原注

侄子奔走前程而旅行回来,他在维也纳病倒了①。朋友都在远方。他打发侄儿去找医生。据说这麻木不仁的家伙竟忘记了使命,两天之后才重新想起来。医生来得太迟,而且治疗得很恶劣。三个月内,他运动家般的体格和病魔挣扎着。一八二七年一月三日,他把至爱的侄儿立为正式的承继人。他想到莱茵河畔的亲爱的友人;写信给韦格勒说:"我多想和你谈谈!但我身体太弱了,除了在心里拥抱你和你的洛亨②以外,我什么都无能为力了。"要不是几个豪侠的英国朋友,贫穷的苦难几乎笼罩到他生命的最后一刻。他变得非常柔和,非常忍耐③。一八二七年二月十七日,躺在弥留的床上。经过了三次手术以后,等待着第四次,他在等待期间还安详地说:"我耐着性子,想道:一切灾难都带来几分善。"④

这个善,是解脱,是像他临终时所说的"喜剧的终场",——我们却说是他一生悲剧的终场。

他在大风雨中,大风雪中,一声响雷中,咽了最后一口气。一只陌生的手替他阖上了眼睛(一八二七年三月二十六日)。⑤

---

① 他的病有两个阶段:(一)肺部的感冒,那是六天就结束的。"第七天上,他觉得好了一些,从床上起来,走路,看书,写作。"(二)消化器病,外加循环系病。医生说:"第八天,我发现他脱了衣服,身体发黄色。剧烈地泄泻,外加呕吐,几于使他那天晚上送命。"从那时起,水肿病开始加剧。这一次的复病还有我们迄今不甚清楚的精神上的原因。华洛赫医生说:"一件使他愤慨的事,使他大发雷霆,非常苦恼,这就促成了病的爆发。打着寒噤,浑身战抖,因内脏的痛楚而起拘挛。"关于贝多芬最后一次的病情,从一八四二年起就有医生详细的叙述公开发表。——原注
② 洛亨即韦格勒夫人埃莱奥诺雷的亲密的称呼。——译者注
③ 一个名叫路德维希·克拉莫利尼的歌唱家,说他看见最后一次病中的贝多芬,觉得他心地宁静,慈祥恺恻,达于极点。——原注
④ 据格哈得·冯·布罗伊宁的信,说他在弥留时,在床上受着臭虫的骚扰。——他的四次手术是一八二六年十二月二十日,一八二七年正月八日、二月二日和二月二十七日。——原注
⑤ 这陌生人是青年音乐家安塞尔姆·许滕布伦纳。——布罗伊宁写道:"感谢上帝!感谢他结束了这长时期悲惨的苦难。"贝多芬的手稿、书籍、家具,全部拍卖掉,代价不过一百七十五弗洛令。拍卖目录上登记着二五二件音乐手稿和音乐书籍,共售九八二弗洛令。谈话手册只售一弗洛令二十。——原注

　　亲爱的贝多芬！多少人已颂赞过他艺术上的伟大。但他远不止是音乐家中的第一人，而是近代艺术的最英勇的力。对于一般受苦而奋斗的人，他是最大而最好的朋友。当我们对着世界的劫难感到忧伤时，他会到我们身旁来，好似坐在一个穿着丧服的母亲旁边，一言不发，在琴上唱着他隐忍的悲歌，安慰那哭泣的人。当我们对德与善的庸俗，斗争到疲惫的辰光，到此意志与信仰的海洋中浸润一下，将获得无可言喻的裨益。他分赠我们的是一股勇气，一种奋斗的欢乐①，一种感到与神同在的醉意。仿佛在他和大自然不息的沟通之下，他竟感染了自然的深邃的力②。格里尔巴策对贝多芬是钦佩之中含有惧意的，在提及他时说："他所到达的那种境界，艺术竟和犷野与古怪的原素混合为一。"舒曼提到《第五交响曲》时也说："尽管你时常听到它，它对你始终有一股不变的威力，有如自然界的现象，虽然时时发生，总教人充满着恐惧与惊异。"他的密友申德勒说："他抓住了大自然的精神。"——这是不错的：贝多芬是自然界的一股力；一种原始的力和大自然其余的部分接战之下，便产生了荷马史诗般的壮观。

　　他的一生宛如一天雷雨的日子——先是一个明净如水的早晨。仅仅有几阵懒懒的微风。但在静止的空气中，已经有隐隐的威胁，沉重的预感。然后，突然之间巨大的阴影卷过，悲壮的雷吼，充满着声响的可怖的静默，一阵复一阵的狂风，《英雄交响曲》与《第五交响曲》。然而白日的清纯之气尚未受到损害。欢乐依然是欢乐，悲哀永远保存着一缕希望。但自一八一○年后，心灵的均衡丧失了。日光变得异样。最清楚的思想，也看来似乎水汽一般在升华：忽而四散，忽而凝聚，它们的又凄凉又古怪的骚动，罩住了心；往往乐思在薄雾之中浮沉了一二次以后，完全消失了，淹

---

① 他致"不朽的爱人"信中有言："当我有所克服的时候，我总是快乐的。"一八○一年十一月十六日致韦格勒信中又言："我愿把生命活上千百次……我非生来过恬静的日子的。"——原注

② 申德勒有言："贝多芬教了我大自然的学问，在这方面的研究，他给我的指导和在音乐方面没有分别。使他陶醉的并非自然的律令 Law，而是自然的基本威力。"——原注

没了,直到曲终才在一阵狂飙中重新出现。即是快乐本身也蒙上苦涩与犷野的性质。所有的情操里都混合着一种热病,一种毒素①。黄昏将临,雷雨也随着酝酿。随后是沉重的云,饱蓄着闪电,给黑夜染成乌黑,挟带着大风雨,那是《第九交响曲》的开始——突然,当风狂雨骤之际,黑暗裂了缝,夜在天空给赶走,由于意志之力,白日的清明重又还给了我们。

什么胜利可和这场胜利相比?波拿巴的哪一场战争,奥斯特利茨②哪一天的阳光,曾经达到这种超人的努力的光荣?曾经获得这种心灵从未获得的凯旋?一个不幸的人,贫穷,残废,孤独,由痛苦造成的人,世界不给他欢乐,他却创造了欢乐来给予世界!他用他的苦难来铸成欢乐,好似他用那句豪语来说明的——那是可以总结他一生,可以成为一切英勇心灵的箴言的:

"用痛苦换来欢乐。"③

---

① 贝多芬一八一○年五月二日致韦格勒书中有言:"噢,人生多美,但我的是永远受着毒害……"——原注
② 系拿破仑一八○五年十二月大获胜利之地。——译者注
③ 一八一五年十月十日贝多芬致埃尔德迪夫人书。——原注

米开朗琪罗传
——巨人塑像的再造

世界上只有一种英雄主义:便是注视世界的真面目——并且爱世界。

我们应当敢于正视痛苦,尊敬痛苦! 欢乐固然值得颂赞,痛苦亦何尝不值得颂赞! 这两位是姊妹,而且都是圣者。 她们锻炼人类开展伟大的心魂。 她们是力,是生,是神。 凡是不能兼爱欢乐与痛苦的人,便是既不爱欢乐,亦不爱痛苦。 凡能体味她们的,方懂得人生的价值和离开人生时的甜蜜。

——摘自罗曼·罗兰《米开朗琪罗传》原序

本书之前,有《贝多芬传》;本书之后,有《托尔斯泰传》:合起来便是罗曼·罗兰的不朽的"名人传"。

——摘自傅雷《米开朗琪罗传》译者弁言

偶读尊作《贝多芬传》,如受神光烛照,顿获新生之力[……]尔后,又得拜读《弥盖朗琪罗传》与《托尔斯泰传》,受益良多[……]发愿欲译此三传,期对陷于苦闷中之年轻朋友有所助益。

——摘自傅雷1934年3月3日致罗兰函

原　序

在翡冷翠的国家美术馆中,有一座为米开朗琪罗称为《胜利者》的白石雕像。这是一个裸露的青年,生成美丽的躯体,低低的额上垂覆着鬈曲的头发。昂昂地站着,他的膝盖踞曲在一个胡髭满面的囚人背上,囚人蜷伏着,头伸向前面,如一匹牛。可是胜利者并不注视他。即在他的拳头将要击下去的一刹那,他停住了,满是沉郁之感的嘴巴和犹豫的目光转向别处去了。手臂折转去向着肩头:身子往后仰着;他不再要胜利,胜利使他厌恶。他已征服了,但亦被征服了。

这幅英雄的惶惑之像,这个折了翅翼的胜利之神,在米开朗琪罗全部作品中是永留在工作室中的唯一的作品,以后,达涅尔·特·沃尔泰雷想把它安置在米氏墓上。——它即是米开朗琪罗自己,即是他全生涯的象征。

痛苦是无穷的,它具有种种形式。有时,它是由于物质的凌虐,如灾难、疾病、命运的褊枉、人类的恶意。有时,它即蕴藏在人的内心。在这种情境中的痛苦,是同样的可悯,同样的无可挽救,因为人不能自己选择他的人生,人既不要求生,也不要求成为他所成为的样子。

米开朗琪罗的痛苦,即是这后一种。他有力强,他生来便是为战斗为征服的人,而且他居然征服了——可是,他不要胜利。他所要的并不在此——真是哈姆莱特式的悲剧呀!赋有英雄的天才而没有实现的意志;赋有专断的热情,而并无奋激的愿望:这是多么悲痛的矛盾!

人们可不要以为我们在许多别的伟大之外,在此更发现一桩伟大!我们永远不会说是因为一个人太伟大了,世界于他才显得不够。精神的烦闷并非伟大的一种标识。即在一般伟大的人物,缺少生灵与万物之间、生命与生命律令之间的和谐并不算是伟大：却是一桩弱点——为何要隐蔽这弱点呢？最弱的人难道是最不值得人家爱恋吗？——他正是更值得爱恋，因为他对于爱的需求更为迫切。我绝不会造成不可几及的英雄范型。我恨那懦怯的理想主义，它只教人不去注视人生的苦难和心灵的弱点。我们当和太容易被梦想与甘言所欺骗的民众说：英雄的谎言只是懦怯的表现。世界上只有一种英雄主义：便是注视世界的真面目——并且爱世界。

我在此所要叙述的悲剧，是一种与生俱来的痛苦，从生命的核心中发出的，它毫无间歇地侵蚀生命，直到把生命完全毁灭为止。这是巨大的人类中最显著的代表之一，一千九百余年来，我们的西方充塞着他的痛苦与信仰的呼声——这代表便是基督徒。

将来，有一天，在多少世纪的终极——如果我们尘世的事迹还能保存于人类记忆中的话——会有一天，那些生存的人们，对于这个消逝的种族，会倚凭在他们堕落的深渊旁边，好似但丁俯在地狱第八层的火坑之旁那样，充满着惊叹、厌恶与怜悯。

但对于这种又惊又佩又恶又怜的感觉，谁还能比我们感得更真切呢？因为我们自幼便渗透这些悲痛的情操，便看到最亲爱的人们相斗，我们一向识得这基督教悲观主义的苦涩而又醉人的味道，我们曾在怀疑踌躇的辰光，费了多少力量，才止住自己不致和多少旁人一样堕入虚无的幻象中去。

神呀！永恒的生呀！这是一般在此世无法生存的人们的荫庇！信仰，往往只是对于人生对于前途的不信仰，只是对于自己的不信仰，只是缺乏勇气与欢乐！……啊！信仰！你的苦痛的胜利，是由多少的失败造成的呢！

基督徒们，为了这，我才爱你们，为你们抱憾。我为你们怨叹，我也叹赏你们的悲愁。你们使世界变得凄惨，又把它装点得更美。当你的痛苦消灭的时候，世界将更加枯索了。在这满着卑怯之徒的时代——在苦痛前面发抖,大声疾呼地要求他们的幸福,而这幸福往往便是别人的灾难——我们应当敢于正视痛苦,尊敬痛苦!欢乐固然值得颂赞,痛苦亦何尝不值得颂赞!这两位是姊妹,而且都是圣者。她们锻炼人类开展伟大的心魂。她们是力,是生,是神。凡是不能兼爱欢乐与痛苦的人,便是既不爱欢乐,亦不爱痛苦。凡能体味她们的,方懂得人生的价值和离开人生时的甜蜜。

罗曼·罗兰

导　言

这是一个翡冷翠城中的中产者——

——那里,满是阴沉的宫殿,矗立着崇高的塔尖如长矛一般,柔和而又枯索的山岗细腻地映在天际,岗上摇曳着杉树的圆盖形的峰巅,和闪闪作银色、波动如水浪似的橄榄林;

——那里,一切都讲究极端的典雅。洛伦佐·特·梅迪契的讥讽的脸相,马基雅弗利的阔大的嘴巴,波提切利画上的黄发,贫血的维纳斯,都会合在一起;

——那里,充满着热狂、骄傲、神经质的气息,易于沉溺在一切盲目的信仰中,受着一切宗教的和社会的狂潮耸动,在那里,个个人是自由的,个个人是专制的,在那里,生活是那么舒适,可是那里的人生无异是地狱;

——那里,居民是聪慧的、顽固的、热情的、易怒的,口舌如钢一般尖利,心情是那么多疑,互相试探、互相嫉忌、互相吞噬;

——那里,容留不下莱奥纳多·达·芬奇般的自由思想者,那里,波提切利只能如一个苏格兰的清教徒般在幻想的神秘主义中终其天年,那里,萨伏那洛拉受了一般坏人的利用,举火焚烧艺术品,使他的僧徒们在火旁舞蹈——三年之后,这火又死灰复燃地烧死了他自己。

在这个时代的这个城市中,他是他们的狂热的对象。

"自然,他对于他的同胞们没有丝毫温婉之情,他的豪迈宏伟的天才蔑视他们小组的艺术、矫饰的精神、平凡的写实主义,他们的感伤情调与病态的精微玄妙。他对待他们的态度很严酷;但他爱他们。他对于他的国家,并无达芬奇般的微笑的淡漠。远离了翡冷翠,便要为怀乡病所苦。"①

一生想尽方法要住在翡冷翠,在战争的悲惨的时期中,他留在翡冷翠;他要"至少死后能回到翡冷翠,既然生时是不可能"②。

因为他是翡冷翠的旧家,故他对于自己的血统与种族非常自傲③。甚至比对于他的天才更加自傲。他不答应人家当他艺术家看待:

"我不是雕塑家米开朗琪罗……我是米开朗琪罗·博纳罗蒂……"④

他精神上便是一个贵族,而且具有一切阶级的偏见。他甚至说:"修炼艺术的,当是贵族而非平民。"⑤

他对于家族抱有宗教般的、古代的、几乎是野蛮的观念。他为它牺牲一切,而且要别人和他一样牺牲。他将,如他所说的,"为了它而卖掉自己,如奴隶一般"⑥。在这方面,为了些微的事情,他会激动感情。他轻蔑

---

① "我不时堕入深切的悲苦中,好似那些远离家庭的人一样。"(见罗马,一四九七年八月十九日书)——原注

② "死之于我,显得那么可爱;因为它可以使我获得生前所不能得到的幸福:即回到我的故乡。"——原注

③ 博纳罗蒂·西莫内,裔出塞蒂尼亚诺,在翡冷翠地方志上自十二世纪起即已有过记载。米开朗琪罗当然知道这一点。"我们是中产阶级,是最高贵的世裔。"(一五四六年十二月致他的侄子利奥那多书)——他不赞成他的侄子要变得更高贵的思念:"这决非是自尊的表示。大家知道我们是翡冷翠最老最高贵的世家。"(一五四九年二月)——他试着要重振他的门第,教他的家庭恢复他的旧姓西莫内,在翡冷翠创立一族庄;但他老是被他兄弟们的平庸所沮丧。他想起他的弟兄中有一个(西吉斯蒙多)还推车度日,如乡下人一般地生活着,他不禁脸红。一五二○年,亚历山德罗·特·卡诺萨伯爵写信给他,说在伯爵的家谱上查出他们原是亲戚的证据。这消息是假的,米开朗琪罗却很相信,他竟至要购买卡诺萨的宫邸。据说那是他的祖先的发祥地。他的传记作者孔迪维依了他的指点把法王亨利二世的姊妹和玛尔蒂尔德大伯爵夫人都列入他的家谱之内。一五一五年,教皇利奥十世到翡冷翠的时候,米开朗琪罗的兄弟博纳罗托受到教皇的封绶。——原注

④ 他又说:"我从来不是一个画家,也不是雕型家——做艺术商业的人。我永远保留着我世家的光荣。"(一五四八年五月二日致利奥那多书)。——原注

⑤ 他的传记作者孔迪维所述语。——原注

⑥ 一四九七年八月十九日致他的父亲书——他在一五○八年三月十三日三十三岁时才从父亲那里获得成丁独立权。——原注

他的兄弟们,的确他们应该受他轻蔑。他轻蔑他的侄子——他的继承人。但对于他的侄子和兄弟们,他仍尊敬他们代表世系的身份。这种言语在他的信札中屡见不鲜:

"我们的世系……维持我们的世系……不要令我们的血统中断……"

凡是这强悍的种族的一切迷信、一切盲从,他都全备。这些仿佛是一个泥团(有如上帝捏造人类的泥团),米开朗琪罗即是在这个泥团中形成的。但在这个泥团中却涌跃出澄清一切的成分:天才。

不相信天才,不知天才为何物的人,请看一看米开朗琪罗吧!从没有人这样为天才所拘囚的了。这天才的气质似乎和他的气质完全不同;这是一个征服者投入他的怀中而把他制服了。他的意志简直是一无所能;甚至可说他的精神与他的心也是一无所能。这是一种狂乱的爆发,一种骇人的生命,为他太弱的肉体与灵魂所不能胜任的。

"他在继续不断的兴奋中过生活。他的过分的力量使他感到痛苦,这痛苦逼迫他行动,不息地行动,一小时也不得休息。"

他写道:"我为了工作而筋疲力尽,从没有一个人像我这样地工作过,我除了夜以继日地工作之外,什么都不想。"

这种病态的需要活动不特使他的业务天天积聚起来,不特使他接受他所不能实行的工作,而且也使他堕入偏执的僻性中去。他要雕琢整个的山头。当他要建造什么纪念物时,他会费掉几年的光阴到石厂中去挑选石块,建筑搬运石块的大路;他要成为一切:工程师、手工人、斫石工人;他要独个子干完一切;建造宫邸、教堂,由他一个人来。这是一种判罚苦役的生活。他甚至不愿分出时间去饮食睡眠。在他信札内,随处看得到同样可怜的语句:

"我几乎没有用餐的时间……我没有时间吃东西……十二年以来,我的肉体被疲倦所毁坏了,我缺乏一切必需品……我没有一个铜子,我是裸体了,我感受无数的痛苦……我在悲惨与痛苦中讨生活……我和患难争斗……"①

　　这患难其实是虚幻的。米开朗琪罗是富有的;他拼命使自己富有,十分富有②。但富有对于他有何用处?他如一个穷人一样生活,被劳作束缚着好似一匹马被磨轮的轴子系住一般。没有人会懂得他如此自苦的原因。没有人能懂得他为何不能自主地使自己受苦,也没有人能懂得他的自苦对于他实是一种需要。即是脾气和他极相似的父亲也埋怨他:

　　"你的弟弟告诉我,你生活得十分节省,甚至节省到悲惨的程度:节省是好的;但悲惨是坏的;这是使神和人都为之不悦的恶行;它会妨害你的灵魂与肉体。只要你还年轻,这还可以;但当你渐渐衰老的时光,这悲惨的坏生活所能产生的疾病与残废,全都会显现。应当避免悲惨,中庸地生活,当心不要缺乏必须的营养,留意自己不要劳作过度……"③

　　但什么劝告也不起影响。他从不肯把自己的生活安排得更合人性些。他只以极少的面包与酒来支持他的生命。他只睡几小时。当他在博洛尼亚进行尤利乌斯二世的铜像时,他和他的三个助手睡在一张床上,因为他只有一张床而又不愿添置④。他睡时衣服也不脱,皮靴也不卸。有一次,腿肿起来了,他不得不割破靴子;在脱下靴子的时候,腿皮也随着剥下来了。

<hr />

①　见一五○七、一五○九、一五一二、一五一三、一五二五、一五四七诸年信札。——原注
②　他死后,人家在他罗马寓所发现他的藏金有七千至八千金币,约合今日四十或五十万法郎。史家瓦萨里说他两次给他的侄儿七千小金元,给他的侍役乌尔比诺二千小金元。他在翡冷翠亦有大批存款。一五三四年时,他在翡冷翠及附近各地置有房产六处,田产七处。他酷爱田。一五○五、一五○六、一五一二、一五一五、一五一七、一五一八、一五一九、一五二○各年他购置不少田地。这是他乡下人的遗传性。然而他的储蓄与置产并非为了他自己,而是为别人花去,他自己却什么都不舍得享用。——原注
③　这封信后面又加上若干指导卫生的话,足见当时的野蛮程度:"第一,保护你的头,到它保有相当的温暖,但不要洗:你应当把它揩拭,但不要洗。"(一五○○年十二月十九日信)——原注
④　见一五○六年信。——原注

这种骇人的卫生,果如他的父亲所预料,使他老是患病。在他的信札中,人们可以看出他生过十四或十五次大病①。他好几次发热,几乎要死去。他眼睛有病,牙齿有病,头痛,心病②。他常为神经痛所苦,尤其当他睡眠的时候;睡眠对于他竟是一种苦楚。他很早便老了。四十二岁,他已感到衰老③。四十八岁时,他说他工作一天必得要休息四天④。他又固执着不肯请任何医生诊治。

他的精神所受到这苦役生活的影响,比他的肉体更甚。悲观主义侵蚀他。这于他是一种遗传病。青年时,他费尽心机去安慰他的父亲,因为他有时为狂乱的苦痛纠缠着⑤。可是米开朗琪罗的病比他所照顾的人感染更深。这没有休止的活动,累人的疲劳,使他多疑的精神陷入种种迷乱

---

① 一五一七年九月,在他从事于圣洛伦佐的坟墓雕塑与《米涅瓦基督》的时候,他病得几乎死去。一五一八年九月,在塞拉韦扎石厂中,他因疲劳过度与烦闷而病了。一五二〇年拉斐尔逝世的时候,他又病倒了。一五二一年年终,一个友人利奥那多·塞拉约祝贺他:"居然从一场很少人能逃过的痛症中痊愈了。"一五三一年六月,翡冷翠城陷落后,他失眠,饮食不进,头和心都病了;这情景一直延长到年终;他的朋友们以为他是没有希望的了。一五三九年,他从西斯廷教堂的高架上堕下,跌破了腿。一五四四年六月,他患了一场极重的热病。一五四五年十二月至一五四六年正月,他旧病复发,使他的身体极度衰弱。一五四九年三月,他为石淋症磨难极苦。一五五五年七月,他患风痛。一五五九年七月,他又患石淋与其他种种疾病:他衰弱得厉害。一五六一年八月,他"晕倒了,四肢拘挛着"。——原注
② 见他的诗集卷八十二。——原注
③ 一五一七年七月致多梅尼科·博宁塞尼书。——原注
④ 一五二三年七月致巴尔特·安吉奥利尼。——原注
⑤ 在他致父亲的信中,时时说:"你不要自苦……"(一五〇九年春)——"你在这种悲痛的情操中生活真使我非常难过,我祈求你不要再去想这个了。"(一五〇九年正月二十七日)——"你不要惊惶,不要愁苦。"(一五〇九年九月十五日)他的父亲博纳罗蒂和他一样时时要发神经病。一五二一年,他突然从他自己家里逃出来,大声疾呼地说他的儿子把他赶出了。——原注

状态。他猜疑他的敌人，他猜疑他的朋友。① 他猜疑他的家族、他的兄弟、他的嗣子；他猜疑他们不耐烦地等待他的死。

一切使他不安②；他的家族也嘲笑这永远的不安③。他如自己所说的一般，在"一种悲哀的或竟是癫狂的状态"中过生活④。痛苦久了，他竟嗜好有痛苦，他在其中觅得一种悲苦的乐趣：

"愈使我受苦的我愈欢喜。"⑤

对于他，一切都成为痛苦的题目——甚至爱，⑥甚至善。⑦

"我的欢乐是悲哀。"⑧

没有一个人比他更不接近欢乐而更倾向于痛苦的了。他在无垠的宇宙中所见到的所感到的只有它。世界上全部的悲观主义都包含在这绝望的呼声，这极端褊枉的语句中。

"千万的欢乐不值一单独的苦恼！……"⑨

① "在完满的友谊中，往往藏着毁损名誉与生命的阴谋。"（见他致他的朋友卢伊吉·德尔·里乔——把他从一五四六年那场重病中救出来的朋友——的十四行诗）参看一五六一年十一月十五日，他的忠实的朋友卡瓦列里为他褊枉的猜忌之后给他的声辩信："我敢确言我从没得罪过你；但你太轻信那般你最不应相信的人……"——原注

② "我在继续的不信任中过生活……不要相信任何人，张开了眼睛睡觉……"——原注

③ 一五一五年九月与十月致他的兄弟博纳罗托信中有言："……不要嘲笑我所写的一切……一个人不应当嘲笑任何人；在这个时代，为了他的肉体与灵魂而在恐惧与不安中过活是并无害处的……在一切时代，不安是好的……"——原注

④ 在他的信中，他常自称为"忧愁的与疯狂的人""老悖""疯子与恶人"——但他为这疯狂辩白，说道只对于他个人有影响。——原注

⑤ 诗集卷一百五十二。——原注

⑥ 十四行诗卷一百九十第四十八首："些少的幸福对于恋爱中人是一种丰满的享乐，但它会使欲念绝灭，不若灾患会使希望长大。"——原注

⑦ "一切事物使我悲哀，"他写道，"……即是善，因为它存在的时间太短了，故给予我心灵的苦楚不减于恶。"——原注

⑧ 诗集卷八十一。——原注

⑨ 诗集卷七十四。——原注

"他的猛烈的力量，"孔迪维说，"把他和人群几乎完全隔离了。"

他是孤独的——他恨人；他亦被人恨。他爱人；他不被人爱。人们对他又是钦佩，又是畏惧。晚年，他令人发生一种宗教般的尊敬。他威临着他的时代。那时，他稍微镇静了些。他从高处看人，人们从低处看他。他从没有休息，也从没有最微贱的生灵所享受的温柔——即在一生能有一分钟的时间在别人的爱抚中睡眠。妇人的爱情于他是无缘的。在这荒漠的天空，只有维多利亚·科隆纳的冷静而纯洁的友谊，如明星一般照耀了一刹那。周围尽是黑夜，他的思想如流星一般在黑暗中剧烈旋转，他的意念与幻梦在其中回荡。贝多芬却从没有这种情境。因为这黑夜即在米开朗琪罗自己的心中。贝多芬的忧郁是人类的过失；他天性是快乐的，他希望快乐。米开朗琪罗却是内心忧郁，这忧郁令人害怕，一切的人本能地逃避他。他在周围造成一片空虚。

这还算不得什么。最坏的并非是成为孤独，却是对自己亦孤独了，和自己也不能生活，不能为自己的主宰，而且否认自己，与自己斗争，毁坏自己。他的心魂永远在欺妄他的天才。人们时常说起他有一种"反对自己"的宿命，使他不能实现他任何伟大的计划。这宿命便是他自己。他的不幸的关键足以解释他一生的悲剧——而为人们所最少看到或不敢去看的关键——只是缺乏意志和赋性懦怯。

在艺术上、政治上，在他一切行动和一切思想上，他都是优柔寡断的。在两件作品、两项计划、两个部分中间，他不能选择。关于尤利乌斯二世的纪念建筑、圣洛伦佐的屋面、梅迪契的墓等等的历史都足以证明他这种犹豫。他开始，开始，却不能有何结果。他要，他又不要。他才选定，他已开始怀疑。在他生命终了的时光，他什么也没有完成：他厌弃一切。人家说他的工作是强迫的；人家把朝三暮四、计划无定之责，加在他的委托人身上。其实如果他决定拒绝的话，他的主使人正无法强迫他呢。可是他不敢拒绝。

他是弱者。他在种种方面都是弱者，为了德性和为了胆怯。他是心地怯弱的。他为种种思虑而苦闷，在一个性格坚强的人，这一切思虑全都可以丢开的。因为他把责任心夸大之故，便自以为不得不去干那最平庸的工作，为任何匠人可以比他做得更好的工作①。他既不能履行他的义务，也不能把它忘掉②。

他为了谨慎与恐惧而变得怯弱。为尤利乌斯二世所称为"可怕的人"，同样可被瓦萨里称做"谨慎者"——"使任何人，甚至使教皇也害怕的"③人会害怕一切。他在亲王权贵面前是怯弱的——可是他又最瞧不起在亲王权贵面前显得怯弱的人，他把他们叫做"亲王们的荷重的驴子"④——他要躲避教皇；他却留着，他服从教皇⑤。他容忍他的主人们的蛮横无理的信，他恭敬地答复他们⑥。有时，他反抗起来，他骄傲地说话——但他永远让步。直到死，他努力挣扎，可没有力量奋斗。教皇克雷芒七世——和一般的意见相反——在所有的教皇中是对他最慈和的人，他认识他的弱点；他也怜悯他⑦。

他的全部的尊严会在爱情面前丧失。他在坏蛋面前显得十分卑怯。他把一个可爱的但是平庸的人，如托马索·卡瓦列里当做一个了不得的天才⑧。

至少，爱情使他这些弱点显得动人。当他为了恐惧之故而显得怯弱

---

① 他雕塑圣洛伦佐的墓像时，在塞拉韦扎石厂中过了几年。——原注
② 他一五一四年承受下来的米涅瓦寺中的基督像，到一五一八年还未动工。"我痛苦死了……我做了如窃贼般的行为……"一五〇一年，他和锡耶纳的皮科洛米尼寺签订契约，订明三年以后交出作品。可是六十年后，一五六一年，他还为了没有履行契约而苦恼。——原注
③ 塞巴斯蒂阿诺·德尔·皮翁博信中语。（一五二〇年十月二十七日）——原注
④ 和瓦萨里谈话时所言。——原注
⑤ 一五三四年，他要逃避教皇保罗三世，结果仍是听凭工作把他系住。——原注
⑥ 一五一八年二月二日，大主教尤利乌斯·梅迪契猜疑他被卡拉伊人收买，送一封措辞严厉的信给他。米开朗琪罗屈服地接受了，回信中说他"在世界上除了专心取悦他以外，再没有别的事务了"。——原注
⑦ 参看在翡冷翠陷落之后，他和塞巴斯蒂阿诺·德尔·皮翁博的通信。他为了他的健康为了他的苦闷抱着不安。——原注
⑧ "……我不能和你相比。你在一切学问方面是独一无二的。"（一五三三年正月一日米开朗琪罗致托马索·卡瓦列里书）。——原注

时,这怯弱只是——人们不敢说是可耻的——痛苦得可怜的表现。他突然陷入神志错乱的恐怖中。于是他逃了,他被恐怖逼得在意大利各处奔窜。一四九四年,为了某种幻象,吓得逃出翡冷翠。一五二九年,翡冷翠被围,负有守城之责的他,又逃亡了。他一直逃到威尼斯。几乎要逃到法国去。以后他对于这件事情觉得可耻,他重新回到被围的城里,尽他的责任,直到围城终了。但当翡冷翠陷落,严行流戍放逐,雷厉风行之时,他又是多么怯弱而发抖!他甚至去恭维法官瓦洛里,那个把他的朋友、高贵的巴蒂斯塔·德拉·帕拉处死的法官。可怜啊!他甚至弃绝他的友人,翡冷翠的流戍者①。

他怕。他对于他的恐怖感到极度的羞耻。他瞧不起自己。他憎厌自己以致病倒了。他要死。人家也以为他快死了②。

但他不能死。他内心有一种癫狂的求生的力量,这力量每天会苏醒,求生,为的要继续受苦——他如果能不活动呢?但他不能如此。他不能不有所行动。他行动。他应得要行动——他自己行动么?——他是被动!他是卷入他的癫痫的热情与矛盾中,好似但丁的狱囚一般。

他应得要受苦啊!

"使我苦恼吧!苦恼!在我过去,没有一天是属于我的!"③

---

① "……一向我留神着不和被判流戍的人谈话,不和他们有何来往;将来我将更加留意……我不和任何人谈话;尤甚是翡冷翠人。如果有人在路上向我行礼,在理我不得不友善地和他们招呼。但我竟不理睬。如果我知道谁是流戍的翡冷翠人,我简直不回答他……"这是他的侄儿通知他被人告发与翡冷翠的流戍者私自交通后,他自罗马发的复信(一五四八年)中语。——更甚于此的,他还做了忘恩负义的事情;他否认他病剧时受过斯特罗齐一家的照拂:"至于人家责备我曾于病中受斯特罗齐家的照拂,那么,我并不认为我是在斯特罗齐家中而是在卢伊吉·德尔·里乔的卧室中,他是和我极友善的。"(卢伊吉·德尔·里乔是在斯特罗齐邸中服役)米开朗琪罗曾在斯特罗齐家中做客是毫无疑义的事,他自己在两年以前即送给罗伯托·斯特罗齐一座《奴隶》(现存法国卢浮宫),表示对于他的盛情的感谢。——原注
② 那是一五三一年,在翡冷翠陷落后,他屈服于教皇克雷芒七世和谄媚法官瓦洛里之后。——原注
③ 诗集卷四十九(一五三二年)。——原注

他向神发出这绝望的呼号：

"神哟！神哟！谁还能比我自己更透入我自己？"①

如果他渴望死，那是因为他认为死是这可怕的奴隶生活的终极之故。他讲起已死的人时真是多么艳羡！

"你们不必再恐惧生命的嬗变和欲念的转换……后来的时间不再对你们有何强暴的行为了；必须与偶然不再驱使你们……言念及此，能不令我艳羡？"②

"死！不再存在！不再是自己！逃出万物的桎梏！逃出自己的幻想！"

"啊！使我，使我不再回复我自己！"③

他的烦躁的目光还在京都博物馆中注视我们，在痛苦的脸上，我更听到这悲怆的呼声④。

他是中等的身材，肩头很宽，骨骼与肌肉突出很厉害。因为劳作过度，身体变了形，走路时，头往上仰着，背伛偻着，腹部突向前面。这便是画家弗朗西斯科·特·奥兰达的肖像中的形象：那是站立着的侧影，穿着黑衣服；肩上披着一件罗马式大氅；头上缠着布巾；布巾之上覆着一顶软帽⑤。

头颅是圆的，额角是方的，满着皱痕，显得十分宽大。黑色的头发乱蓬蓬地虬结着。眼睛很小，又悲哀，又强烈，光彩时时在变化，或是黄的或是蓝的。鼻子很宽很直，中间隆起，曾被托里贾尼的拳头击破⑥。从鼻孔

---

① 诗集卷六（一五〇四——一五一一年间）。——原注
② 诗集卷五十八（一五三四年纪念他父亲之死的作品）。——原注
③ 诗集卷一百三十五。——原注
④ 以下的描写根据米开朗琪罗的各个不同的肖像。弗朗切斯科·拉卡瓦晚近发现《最后之审判》中有他自己的画像，四百年来，多少人在他面前走过而没有看见他。但一经见到，便永远忘不了。——原注
⑤ 一五六四年，人们把他的遗骸自罗马运到翡冷翠去的时候，曾经重开他的棺龛，那时头上便戴着这种软帽。——原注
⑥ 这是一四九〇——一四九二年间的事。——原注

到口角有很深的皱痕,嘴巴生得很细腻,下唇稍稍前突,鬓毛稀薄,牧神般的胡须簇拥着两片颧骨前突的面颊。

全部脸相上笼罩着悲哀与犹豫的神情,这确是诗人塔索时代的面目,表现着不安的、被怀疑所侵蚀的痕迹。凄惨的目光引起人们的同情。

同情,我们不要和他斤斤较量了吧。他一生所希望而没有获到的这爱情,我们给了他吧。他尝到一个人可能受到的一切苦难。他目击他的故乡沦陷。他目击意大利沦于野蛮民族之手。他目击自由之消灭。他眼见他所爱的人一个一个地逝世。他眼见艺术上的光明,一颗一颗地熄灭。

在这黑夜将临的时光,他孤独地留在最后。在死的门前,当他回首瞻望的时候,他不能说他已做了他所应做与能做的事以自安慰。他的一生于他显得是白费的。一生没有欢乐也是徒然。他也徒然把他的一生为艺术的偶像牺牲了[①]。

没有一天快乐,没有一天享受到真正的人生,九十年间的巨大的劳作,竟不能实现他梦想的计划于万一。他认为最重要的作品没有一件是完成的。运命嘲弄他,使这位雕塑家有始有终地完成的事业,只是他所不愿意的绘画[②]。在那些使他骄傲使他苦恼的大工程中,有些——如《比萨之战》的图稿、尤利乌斯二世的铜像——在他生时便毁掉了,有些——尤利乌斯二世的坟墓,梅迪契的家庙——是可怜地流产了:现在我们所看到的只是他的思想的速写而已。

雕塑家吉贝尔蒂在他的注解中讲述一桩故事,说德国安永公爵的一个镂银匠,具有可和"希腊古雕塑家相匹敌"的手腕,暮年时眼见他灌注全生命的一件作品毁掉了——"于是他看到他的一切疲劳都是枉费;他跪着

---

① "……热情的幻梦,使我把艺术当做一个偶像与一个王国……"(诗集卷一百四十七)。——原注
② 他自称为"雕塑家"而非"画家"。一五○八年三月十日他写道:"今日,我雕塑家米开朗琪罗,开始西斯廷教堂的绘画。"——"这全不是我的事业,"一年以后他又写道,"……我毫无益处地费掉我的时间。"(一五○九年正月二十七日)关于这个见解,他从没变更。——原注

喊道:'哟吾主,天地的主宰,不要再使我迷失,不要让我再去跟从除你以外的人;可怜我吧!'立刻,他把所有的财产分给了穷人,退隐到深山中去,死了……"

如这个可怜的德国镂银家一样,米开朗琪罗到了暮年,悲苦地看着他的一生、他的努力都是枉费,他的作品未完的未完,毁掉的毁掉。

于是,他告退了。文艺复兴睥睨一切的光芒,宇宙的自由的至高至上的心魂,和他一起遁入"这神明的爱情中,他在十字架上张开着臂抱迎接我们"。

"颂赞欢乐"的丰满的呼声,没有嘶喊出来。于他直到最后的一呼吸永远是"痛苦的颂赞"、"解放一切的死的颂赞"。他整个地战败了。

这便是世界的战胜者之一。我们,享受他的天才的结晶品时,和享受我们祖先的功绩一般,再也想不起他所流的鲜血。

我愿把这血渗在大家眼前,我愿举起英雄们的红旗在我们的头上飘扬。

这便是神圣的痛苦的生涯

在这悲剧的历史的终了,我感到为一项思虑所苦。我自问,在想给予一般痛苦的人以若干支撑他们的痛苦的同伴时,我会不会只把这些人的痛苦加给那些人。因此,我是否应当,如多少别人所做的那样,只显露英雄的英雄成分,而把他们的悲苦的深渊蒙上一层帷幕?

——然而不!这是真理啊!我并不许诺我的朋友们以谎骗换得的幸福,以一切代价去挣得的幸福。我许诺他们的是真理——不管它须以幸福去换来,是雕成永恒的灵魂的壮美的真理。它的气息是苦涩的,可是纯洁的:把我们贫血的心在其中熏沐一会吧。

伟大的心魂有如崇山峻岭,风雨吹荡它,云翳包围它,但人们在那里呼吸时,比别处更自由更有力。纯洁的大气可以洗涤心灵的秽浊;而当云翳破散的时候,他威临着人类了。

是这样地这座崇高的山峰,矗立在文艺复兴的意大利,从远处我们望见它的峻险侧影,在无垠的青天中消失。

我不说普通的人类都能在高峰上生存。但一年一度他们应上去顶礼。在那里,他可以变换一下肺中的呼吸,与脉管中的血流。在那里,他们将感到更迫近永恒。以后,他们再回到人生的广原,心中充满了日常战斗的勇气。

罗曼·罗兰

托尔斯泰传
——人道高峰的临摹

至凡天才不表于行动而发为思想与艺术者,则贝多芬、托尔斯泰是已。吾人在艺术与行动上所应唤醒者,盖亦此崇高之社会意义与深刻之人道观念耳。

狂风暴雨之时代终有消逝之日……不论其是否使用武力,人类必向统一之途迈进!

——摘自罗曼·罗兰 1934 年 6 月 30 日致傅雷函

鄙人已将大札译成中文,冠于《托尔斯泰传》卷首。先生于英雄主义所作之界说,与鄙意十分契合,足证不肖虽无缘拜识尊严,实未误解尊意,良可自慰。

——摘编自傅雷 1934 年 8 月 20 日致罗曼·罗兰函

罗曼·罗兰的《巨人三传》和《约翰·克利斯朵夫》,构成傅雷早期翻译的重心。译介贝多芬等三传的深刻意义,是藉伟人克服苦难的先例,鼓舞起英勇的精神。

——摘自罗新璋《傅雷全集》前言

一、"最近消失的光明"

俄罗斯的伟大的心魂,百年前在大地上发着光焰的,对于我的一代,曾经是照耀我们青春时代的最精纯的光彩。在十九世纪终了时阴霾重重的黄昏,它是一颗抚慰人间的巨星,它的目光足以吸引并慰抚我们青年的心魂。在法兰西,多少人认为托尔斯泰不止是一个受人爱戴的艺术家,而是一个朋友,最好的朋友,在全部欧罗巴艺术中唯一的真正的友人。既然我亦是其中的一员,我愿对于这神圣的回忆,表示我的感激与敬爱。

我懂得认识托尔斯泰的日子,在我的精神上将永不会磨灭。这是一八八六年,在幽密中胚胎萌蘖了若干年之后,俄罗斯艺术的美妙的花朵突然于法兰西土地上出现了。托尔斯泰与陀思妥耶夫斯基的译本在一切书店中同时发刊,而且是争先恐后般的速度与狂热。一八八五至一八八七年间,在巴黎印行了《战争与和平》,《安娜小史》,《童年与少年》,《波利库什卡》,《伊万·伊里奇之死》,高加索短篇小说和通俗短篇小说。在几个月中,几星期中,我们眼前发现了含有整个的伟大的人生的作品,反映着一个民族,一个簇新的世界的作品。

那时我初入高师。我和我的同伴们,在意见上是极不相同的。在我们的小团体中,有讥讽的现实主义思想者,如哲学家乔治·杜马,有热烈的追怀意大利文艺复兴的诗人,如苏亚雷斯,有古典传统的忠实信徒,有斯当达派与瓦格纳派,有无神论者与神秘主义者,掀起多少辩论,发生多少龃龉;但在几个月之中,爱慕托尔斯泰的情操使我们完全一致了。各人以各不相同的理由爱他:因为各人在其中找到自己;而对于我们全体又是人生的一个启示,开向广大的宇宙的一扇门。在我们周围,在我们的家庭中,在我们的外省,从欧罗巴边陲传来的巨声,唤起同样的同情,有时是意想不到的。有一次,在我故乡尼韦奈,我听见一个素来不注意艺术,对于什么也不关心的中产者，居然非常感动地谈着《伊万·伊里奇之死》。

我们的著名批评家曾有一种论见，说托尔斯泰思想中的精华都是汲取于我们的浪漫派作家：乔治·桑，维克多·雨果。不必说乔治·桑对于托尔斯泰的影响说之不伦，托尔斯泰是决不能忍受乔治·桑的思想的，也不必否认卢梭与斯当达对于托尔斯泰的实在的影响，总之不把他的伟大与魅力认为是由于他的思想而加以怀疑，是不应当的。艺术所赖以活跃的思想圈子是最狭隘的。他的力强并不在于思想本身，而是在于他所给予思想的表情，在于个人的调子，在于艺术家的特征，在于他的生命的气息。

不论托尔斯泰的思想是否受过影响——这我们在以后可以看到——欧罗巴可从没听到像他那种声音。除了这种说法之外，我们又怎么能解释听到这心魂的音乐时所感到的怀疑的激动呢？——而这声音我们已期待得那么长久，我们的需要已那么急切。流行的风尚在我们的情操上并无什么作用。我们之中，大半都像我一样，只在读过了托尔斯泰的作品之后才认识特·沃居埃著的《俄国小说论》；他的赞美比起我们的钦佩来已经逊色多了。因为特·沃居埃特别以文学家的态度批判。但为我们，单是赞赏作品是不够的：我们生活在作品中间，他的作品已成为我们的作品了。我们的，由于他热烈的生命，由于他的心的青春。我们的，由于他苦笑的幻灭，由于他毫无怜惜的明察，由于他们与死的纠缠。我们的，由于他对于博爱与和平的梦想。我们的，由于他对于文明的谎骗，加以剧烈的攻击。且也由于他的现实主义，由于他的神秘主义。由于他具有大自然的气息，由于他对于无形的力的感觉，由于他对于无穷的眩惑。

这些作品之于今日，不啻《少年维特之烦恼》之于当时：是我们的力强、弱点、希望与恐怖的明镜。我们毫未顾及要把这一切矛盾加以调和，把这颗反映着全宇宙的复杂心魂纳入狭隘的宗教的与政治的范畴；我们不愿效法人们，学着布尔热于托尔斯泰逝世之后，以各人的党派观念去批评他。仿佛我们的朋党一旦竟能成为天才的度衡那样！……托尔斯泰是否和我同一党派，于我又有何干？在呼吸他们的气息与沐浴他们的光华之时,我会顾忌到但丁与莎士比亚是属于何党何派的么?

我们绝对不像今日的批评家般说:"有两个托尔斯泰,一是转变以前的,一是转变以后的;一是好的,一是不好的。"对于我们,只有一个托尔斯泰,我们爱他整个。因为我们本能地感到在这样的心魂中,一切都有立场,一切都有关连。

十二、《我的信仰的基础》

在他周围,托尔斯泰的精神革命并没博得多少同情;它使他的家庭非常难堪。

好久以来,托尔斯泰伯爵夫人不安地观察着她无法克服的病症的进展。自一八七四年起,她已因为她的丈夫为了学校白费了多少精神与时间,觉得十分懊恼。

"这启蒙读本,这初级算术,这文法,我对之极端轻视,我不能假装对之发生兴趣。"

但当教育学研究之后继以宗教研究的时候,情形便不同了。伯爵夫人对于托尔斯泰笃信宗教后的初期的诉述觉得非常可厌,以至托尔斯泰在提及上帝这名辞时不得不请求宽恕:

"当我说出上帝这名辞时,你不要生气,如你有时会因之生气那样;我不能避免,因为他是我思想的基础。"①

无疑的,伯爵夫人是被感动了;她努力想隐藏她的烦躁的心情;但她不了解;她只是不安地注意着她的丈夫:

"他的眼睛非常奇特,老是固定着。他几乎不开口了。他似乎不是这个世界上的人。"②

她想他是病了:

"据列夫自己说他永远在工作。可怜! 他只写着若干庸俗不足道的宗教论辩。他阅览书籍,他冥想不已,以至使自己头痛,而这一切不过是为要表明教会与福音书主义的不一致。这个问题在全俄罗斯至多不过有

① 一八七八年夏。——原注
② 一八七八年十一月十八日。——原注

十余人会对之发生兴趣而已。但这是无法可想的。我只希望一点：这一切快快地过去，如一场疾病一般。"①

疾病并不减轻。夫妇间的局势愈来愈变得难堪了。他们相爱，他们有相互的敬意；但他们不能互相了解。他们勉力，做相互的让步，但这相互的让步惯会变成相互的痛苦。托尔斯泰勉强跟随着他的家族到莫斯科。他在《日记》中写道：

"生平最困苦的一月。侨居于莫斯科。大家都安置好了。可是他们什么时候开始生活呢？这一切，并非为生活，而是因为别人都是这样做！可怜的人！……"②

同时，伯爵夫人写道：

"莫斯科。我们来此，到明日已届一月了。最初两星期，我每天哭泣，因为列夫不独是忧郁，而且十分颓丧。他睡不熟，饮食不进，有时甚至哭泣，我曾想我将发疯。"③

他们不得不分离若干时。他们为了互相感染的痛苦而互相道歉。他们是永远相爱着！……他写信给她道：

"你说：'我爱你，你却不需要我爱你。'不，这是我唯一的需要啊……你的爱情比世界上一切都更使我幸福。"④

但当他们一朝相遇的时候，龃龉又更进一层。伯爵夫人不能赞成托尔斯泰这种宗教热，以至使他和一个犹太教士学习希伯莱文。

"更无别的东西使他发生兴趣。他为了这些蠢事而浪费他的精力。我不能隐藏我的不快。"⑤

她写信给他道：

"看到以这样的灵智的力量去用在锯木、煮汤、缝靴的工作上，我只感

---

① 一八七九年十一月。——原注
② 一八八一年十月五日。——原注
③ 一八八一年十月十四日。——原注
④ 一八八二年三月。——原注
⑤ 一八八二年。——原注

到忧郁。"

而她更以好似一个母亲看着她的半疯癫的孩子玩耍般的动情与嘲弄的微笑,加上这几句话:

"可是我想到俄国的这句成语而安静了:尽管孩子怎样玩罢,只要他不哭。"①

但这封信并没寄出,因为她预想到她的丈夫读到这几行的时候,他的善良而天真的眼睛会因了这嘲弄的语气而发愁;她重新拆开她的信,在爱的狂热中写道:

"突然,你在我面前显现了,显现得那么明晰,以至我对你怀着多少温情!你具有那么乖,那么善,那么天真,那么有恒的性格,而这一切更被那广博的同情的光彩与那副直透入人类心魂的目光烛照着……这一切是你所独具的。"

这样,两个人互相爱怜,互相磨难,以后又为了不能自禁地互相给与的痛苦而懊丧烦恼。无法解决的局面,延宕了三十年之久,直到后来,这垂死的李尔王在精神迷乱的当儿突然逃往西伯利亚的时候才算终了。

人们尚未十分注意到《我们应当做什么?》的末了有一段对于妇女的热烈的宣言——托尔斯泰对于现代的女权主义毫无好感。② 但对于他所称为"良母的女子",对于一股认识人生真意义的女子,他却表示虔诚的崇拜;他称颂她们的痛苦与欢乐,怀孕与母性,可怕的苦痛,毫无休息的岁月,和不期待任何人报酬的无形的劳苦的工作,他亦称颂,在痛苦完了,尽了自然律的使命的时候,她们心魂上所洋溢着的完满的幸福。他描绘出一个勇敢的妻子的肖像,是对于丈夫成为一个助手而非阻碍的女子。她知道,"唯有没有酬报的为别人的幽密的牺牲才是人类的天职"。

"这样的一个女子不独不鼓励她的丈夫去做虚伪欺妄的工作,享受别

---

① 一八八四年十月二十三日。——原注
② "只有在男子们不依照真正的工作律令的社会里,才能产生这种所谓女权运动。没有一个正当工人的妻子会要求参与矿中或田间的工作。实际上,她们只要求参与富人阶级的幻想工作。"——原注

人的工作成绩;而且她以深恶痛绝的态度排斥这种活动,以防止她的儿女们受到诱惑。她将督促她的伴侣去担负真正的工作,需要精力不畏危险的工作……她知道孩子们,未来的一代,将令人类看到最圣洁的范型,而她的生命亦只是整个地奉献给这神圣的事业的。她将在她的孩子与丈夫的心灵中开发他们的牺牲精神……统制着男子,为他们的安慰者的当是此等女子……啊,良母的女子! 人类的运命系在你们手掌之间!"①

这是一个在乞援在希冀的声音的呼唤……难道没有人听见么?……

几年之后,希望的最后一道微光也熄灭了:

"你也许不信;但你不能想象我是多么孤独,真正的我是被我周围的一切人士蔑视到如何程度。"②

最爱他的人,既如此不认识他精神改革的伟大性,我们自亦不能期待别人对他有何了解与尊敬了。屠格涅夫,是托尔斯泰为了基督徒式的谦卑精神——并非为了他对他的情操有何改变——而欲与之重归旧好的③,曾幽默地说:"我为托尔斯泰可惜,但法国人说得好,各人各有扑灭虱蚤的方式。"④

几年之后,在垂死的时候,屠格涅夫写给托尔斯泰那封有名的信,在其中他请求他的"朋友,俄罗斯的大作家","重新回到文学方面去"。⑤

全欧洲的艺术家都与垂死的屠格涅夫表示同样的关切,赞同他的请求。特·沃居埃在一八八六年所写的《托尔斯泰研究》一书末了,他借着托尔斯泰穿农人衣服的肖像,向他做婉转的讽劝:

"杰作的巨匠,你的工具不在这里! ……我们的工具是笔;我们的园

---

① 这是《我们应当做什么?》的最后几行。时代是一八八六年二月十四日。——原注
② 致友人书。——原注
③ 言归旧好的事情是在一八七八年。托尔斯泰致书屠格涅夫请其原谅。屠格涅夫于一八七八年八月到亚斯纳亚·波利亚纳访他。一八八一年七月,托尔斯泰回拜他。大家对于他举动的改变,他的温和,他的谦虚都感着惊讶。他仿佛是再生了。——原注
④ 致卜龙斯基书(见比鲁科夫引述)。——原注
⑤ 一八八三年六月二十八日在布吉瓦尔地方所发的信。——原注

地是人类的心魂,它是亦应该受人照拂与抚育的。譬如莫斯科的第一个印刷工人,当被迫着去犁田的时候,他必将喊道:'我与散播麦种的事是无干的,我的职务只是在世界上散播灵智的种子。'"

这仿佛是认为托尔斯泰曾想放弃他散播精神食粮的使命!……在《我的信仰的基础》的终了①,他写道:

"我相信我的生命,我的理智,我的光明,只是为烛照人类而秉有的。我相信我对于真理的认识,是用以达到这目标的才能,这才能是一种火,但它只有在燃烧的时候才是火。我相信我的生命的唯一的意义是生活在我内心的光明中,把它在人类面前擎得高高的使他们能够看到。"②

但这光明,这"只有在燃烧的时候才是火"的火,使大半的艺术家为之不安。其中最聪明的也预料到他们的艺术将有被这火焰最先焚毁的危险。他们为了相信全部艺术受到威胁而惶乱,而托尔斯泰,如普洛斯帕罗③一样,把他创造幻象的魔棒永远折毁了。

但这些都是错误的见解;我将表明托尔斯泰非特没有毁灭艺术,反而把艺术中一向静止的力量激动起来,而他的宗教信仰也非特没有灭绝他的艺术天才,反而把它革新了。

---

① 俄文原版第十二章。——原注
② 我们注意到在他责备托尔斯泰的文中,特·沃居埃不知不觉间也采用了托尔斯泰的语气,他说:"不论是有理无理,也许是为了责罚,我们才从上天受到这必须而美妙的缺点:思想……摈弃这十字架是一种亵渎的反叛。"(见《俄国小说论》,一八八六年)——可是托尔斯泰在一八八三年时写信给他的姑母说:"各人都应当负起他的十字架……我的,是思想的工作,坏的,骄傲的,充满着诱惑。"——原注
③ 普洛斯帕罗是莎士比亚《暴风雨》中的人物。——译者注

十三、《艺术论》

奇怪的是人们讲起托尔斯泰关于科学与艺术的思想时,往常竟不注意他表露这些思想最重要的著作:《我们应当做什么?》(一八八四——一八八六)在此,托尔斯泰第一次攻击科学与艺术;以后的战斗中更无一次是与这初次冲突时的猛烈相比拟的。我们奇怪最近在法国对科学与知识阶级的虚荣心加以攻击之时,竟没有人想起重新浏览这些文字。它们包含着对于下列种种人物的最剧烈的抨击:"科学的宦官","艺术的僭越者",那些思想阶级,自从打倒了或效忠了古昔的统治阶级(教会,国家,军队)之后,居然占据了他们的地位,不愿或不能为人类尽些微的力,借口说人家崇拜他们,并盲目地为他们效劳,如主义一般宣扬着一种无耻的信仰,说什么为科学的科学,为艺术的艺术——这是一种谎骗的面具,借以遮掩他们个人的自私主义与他们的空虚。

"不要以为,"托尔斯泰又说,"我否定艺术与科学。我非特不否定它们,而是以它们的名义我要驱逐那些出卖殿堂的人。"

"科学与艺术和面包与水同样重要,甚至更重要……真的科学是对于天职的认识,因此是对于人类的真正的福利的认识。真的艺术是认识天职的表白,是认识全人类的真福利的表白。"

他颂赞的人,是:"自有人类以来,在竖琴或古琴上,在言语或形象上,表现他们对着欺罔的奋斗,表现他们在奋斗中所受的痛苦,表现他们的希望善获得胜利,表现他们为了恶的胜利而绝望和为了企待未来的热情。"

于是,他描画出一个真正艺术家的形象,他的辞句中充满着痛苦的与神秘的热情:

"科学与艺术的活动只有在不僭越任何权利而只认识义务的时候才有善果。因为牺牲是这种活动的原素,故才能够为人类称颂。那些以精神的劳作为他人服务的人,永远为了要完成这事业而受苦:因为唯有在痛苦与烦闷中方能产生精神的境界。牺牲与痛苦,便是思想家与艺术家的运命:因为他的目的是大众的福利。人是不幸的,他们受苦,他们死亡,我们没有时间去闲逛与作乐。思想家或艺术家从不会如一般人素所相信的那样,留在奥林匹克山的高处,他永远处于惶惑与激动中。他应当决定并说出何者能给予人类的福利,何者能拯万民于水火;他不决定,他不说出,明天也许太晚了,他自己也将死亡……并非是在一所造成艺术家与博学者的机关中教养出来的人(且实在说来,在那里,人们只能造成科学与艺术的破坏者),亦非获得一纸文凭或享有俸给的人会成为一个思想家或艺术家;这是一个自愿不思索不表白他的灵魂的蕴藉,但究竟不能不表白的人,因为他是被两种无形的力量所驱使着:这是他的内在的需要与他对于人类的爱情。决没有心广体胖、自得自满的艺术家。"①

这美妙的一页,在托尔斯泰的天才上不啻展开了悲剧的面目,它是在莫斯科惨状所给予他的痛苦的直接印象之下,和在认科学与艺术是造成现代一切社会的不平等与伪善的共同犯这信念中写成的。——这种信念他从此永远保持着。但他和世界的悲惨初次接触后的印象慢慢地减弱了;创痕也渐次平复了;②在他以后的著作中,我们一些也找不到像这部书中的痛苦的呻吟与报复式的忿怒。无论何处也找不到这个以自己的鲜血来创造的艺术家的宣道,这种牺牲,与痛苦的激动,说这是"思想家的宿命",这种对于歌德式的艺术至上主义的痛恶。在以后批评艺术的著作中,他是以文学的观点,而没有那么浓厚的神秘色彩来讨论了,在此,艺术问题是和这人类的悲惨的背景分离了,这惨状一向是使托尔斯泰想起了便要狂乱,如他看了夜间栖留所的那天晚上回到家里便绝望地哭泣叫喊

---

① 见《我们应当做什么?》——原注。参见:傅雷.傅雷全集 11[M].沈阳:辽宁教育出版社,2002:286-289.——编者注

② 他甚至要辨明痛苦——不独是个人的而且是别人的痛苦。"因为抚慰别人的创痛才是理性生活的要素。对于一个劳动者,他的工作的对象怎么会变为痛苦的对象?这仿佛如农夫说一块没有耕种的田于他是一桩痛苦一般。"——原注

一般。

这不是说他的带有教育意味的作品有时会变得冷酷的。冷酷,于他是不可能的。直到他逝世为止,他永远是写给费特信中的人物:

"如果人们不爱他的人群,即是最卑微的,也应当痛骂他们,痛骂到使上天也为之脸红耳赤,或嘲笑他们使他们肚子也为之气破。"①

在他关于艺术的著作中,他便实践他的主张。否定的部分——谩骂与讥讽——是那么激烈,以至艺术家们只看到他的谩骂与讥讽。他也过分猛烈地攻击他们的迷信与敏感,以至他们把他认做不独是他们的艺术之敌,而且是一切艺术之敌。但托尔斯泰的批评,是永远紧接着建设的。他从来不为破坏而破坏,而是为建设而破坏。且在他谦虚的性格中,他从不自命建立什么新的东西;他只是防卫艺术,防卫它不使一般假的艺术家去利用它,损害它的荣誉。一八八七年,在他那著名的《艺术论》问世以前十年,他写信给我道:

"真的科学与真的艺术曾经存在,且将永远存在。这是不能且亦不用争议的。今日一切的罪恶是由于一般自命为文明人——他们旁边还有学者与艺术家——实际上都是如僧侣一样的特权阶级之故。这个阶级却具有一切阶级的缺点。它把社会上的原则降低着来迁就它本身的组织。在我们的世界上所称为科学与艺术的只是一场大骗局,一种大迷信,为我们脱出了教会的古旧迷信后会堕入的新迷信。要认清我们所应趋奔的道路,必得从头开始——必得把使我觉得温暖但遮掩我的视线的风帽推开。诱惑力是很大的。或是我们生下来便会受着诱惑的,或者我们一级一级爬上阶梯;于是我们处于享有特权的人群中,处于文明,或如德国人所说的文化的僧侣群中了。我们应当,好似对于婆罗门教或基督教教士一样,应当有极大的真诚与对于真理的热爱,才能把保障我们的特权的原则重新加以审核。但一个严正的人,在提出人生问题时,决不能犹豫。为具有

---

① 据一八六〇年二月二十三日通讯——托尔斯泰所以不喜屠格涅夫的哀怨病态的艺术者以此。——原注

明察秋毫的目光起见,他应当摆脱他的迷信,虽然这迷信于他的地位是有利的。这是必不可少的条件……没有迷信。使自己处在一个儿童般的境地中,或如笛卡尔一样的尊重理智……"①

这权利阶级所享受的现代艺术的迷信,这"大骗局",被托尔斯泰在他的《艺术论》中揭发了②。用严厉的辞句,他揭发它的可笑,贫弱,虚伪,根本的堕落。他排斥已成的一切。他对于这种破坏工作,感到如儿童毁灭玩具一般的喜悦。这批评全部充满着调笑的气氛,但也含有许多偏狂的见解,这是战争。托尔斯泰使用种种武器随意乱击,并不稍加注意他所抨击的对象的真面目。往往,有如在一切战争中所发生的那样,他攻击他其实应该加以卫护的人物,如:易卜生或贝多芬。这是因为他过于激动了,在动作之前没有相当的时间去思索,也因为他的热情使他对于他的理由的弱点,完全盲目,且也——我们应当说——因为他的艺术修养不充分之故。

在他关于文学方面的浏览之外,他还能认识什么现代艺术? 他看到些什么绘画,他能听到些什么欧罗巴音乐,这位乡绅,四分之三的生活都消磨在莫斯科近郊的乡村中,自一八六〇年后没有来过欧洲——且除了唯一使他感到兴趣的学校之外,他还看到些什么? ——关于绘画,他完全撷拾些道听途说的话,毫无秩序的引述,他所认为颓废的,有皮维斯,马奈,莫奈,勃克林,施图克,克林格,他为了他们所表现的善良的情操而佩服的,有布雷东,莱尔米特,但他蔑视米开朗琪罗,且在描写心灵的画家中,亦从未提及伦勃朗。——关于音乐,他比较更能感觉③,但亦并不认识:他只留在他童年的印象中,只知道在一八四〇年时代已经成了古典派的作家,此后的作家他一些不知道了(除了柴可夫斯基,他的音乐使他哭

① 这封信的日期是一八八七年十月四日,曾于一九〇二年发表于巴黎《半月刊》上。——原注
② 《艺术论》(依原文直译是《何谓艺术?》今据国内已有译名——译者注)于一八九七—一八九八年间印行,但托尔斯泰筹思此书已有十五年之久。——原注
③ 关于这点,我将在论及《克勒策奏鸣曲》时再行提及。——原注

泣);他把勃拉姆斯与理查-施特劳斯同样加以排斥,他竟教训贝多芬①,而在批判瓦格纳时,只听到一次《西格弗里德》便自以为认识了他全部,且他去听《西格弗里德》,还是在上演开始后进场而在第二幕中间已经退出的。② ——关于文学的知识,当然较为丰富。但不知由于何种奇特的错误,他竟避免去批判他认识最真切的俄国作家,而居然去向外国诗人宣道,他们的思想和他的原来相差极远,他们的作品也只被他藐视地随手翻过一遍!③

他的武断更随了年龄而增长。他甚至写了一整部的书以证明莎士比亚"不是一个艺术家"。

"他可以成为任何角色;但他不是一个艺术家。"④

这种肯定真堪佩服! 托尔斯泰不怀疑。他不肯讨论。他握有真理。他会和你说:

"第九交响曲是一件分离人群的作品。"⑤

或:

"除了巴赫的著名的小提琴调与萧邦的 E 调夜曲,及在海顿,莫扎特,舒伯特,贝多芬,萧邦等的作品中选出的十几件作品——且也不过这些作品中的一部分——之外,其他的一切都应该排斥与蔑视,如对付分离人群

---

① 他的偏执自一八八六年更加厉害了。在《我们应当做什么?》一书中,他还不敢得罪贝多芬,也不敢得罪莎士比亚。他反而责备当代的艺术家敢指摘他们。"伽利略、莎士比亚、贝多芬的活动和雨果、瓦格纳们的绝无相似之处。正如圣徒们不承认与教皇有何共通性一般。"(见上述书)。——原注

② 那时他还想在第一幕未定前就走掉。"为我,问题是解决了,我更无疑惑。对于一个能想象出这些情景的作家没有什么可以期待。我们可以预言他所写的东西永远是坏的。"——原注

③ 大家知道,他为要在法国现代诗人作品中做一选择起见,曾发明这可惊的原则:"在每一部书中,抄录在第二十八页上的诗。"——原注

④ 《莎士比亚论》(一九○三)——写作这部书的动机是由于埃内斯特·格罗斯比的一篇关于《莎士比亚与劳工阶级》的论文所引起的。——原注

⑤ 原文是:"第九交响曲不能联合一切人,只能联合一小部分,为它把他们和其余的人分离着的。"——译者注

的艺术一般。"

或：

"我将证明莎士比亚简直不能称为一个第四流的作家。且在描写人性的一点上，他是完全无能的。"

不论世界上其他的人类都不赞同他的意见，可不能阻止他，正是相反！

"我的见解，"他高傲地写道，"是和欧洲一切对于莎士比亚的见解不同的。"

在他对于谎言的纠缠中，他到处感觉到有谎言；有一种愈是普遍地流行的思念，他愈要加以攻击；他不相信，他猜疑，如他说起莎士比亚的光荣的时候，说："这是人类永远会感受的一种传染病式的影响。中世纪的十字军，相信妖术，追求方士炼丹之术都是的。人类只有在摆脱之后才能看到他们感染影响时的疯狂。因了报纸的发达，这些传染病更为猖獗。"——他还把"德雷福斯事件"作为这种传染病的最近的例子。他，这一切不公平的仇敌，一切被压迫者的防卫者，他讲起这大事件时竟带着一种轻蔑的淡漠之情①。这个明显的例子，可以证明，他矫枉过正的态度把他对于谎言的痛恨与指斥"精神传染病"的本能，一直推到何等极端的地步。他自己亦知道，可无法克制。人类道德的背面，不可思议的盲目，使这个洞察心魂的明眼人，这个热情的唤引者，把《李尔王》当做"拙劣的作

---

① "这是一件常有的事情，从未引起任何人注意的，我不说普世的人，但即是法国军界也从未加以注意。"以后他又说："大概要数年之后，人们才会从迷惘中醒悟，懂得他们全然不知德雷福斯究竟是有罪无罪，而每个人都有比这德雷福斯事件更重大更直接的事情须加注意。"（《莎士比亚论》）。——原注

品"。把高傲的考狄利亚①当做"毫无个性的人物"②。

但也得承认他很明白地看到莎士比亚的若干缺点,为我们不能真诚地说出的;例如,诗句的雕琢,笼统地应用于一切人物的热情的倾诉,英雄主义,单纯质朴。我完全懂得,托尔斯泰在一切作家中是最少文学家气质的人,故他对于文人中最有天才的人的艺术,自然没有多少好感。但他为何要耗费时间去讲人家所不能懂得的事物?而且批判对于你完全不相干的世界又有什么价值?

如果我们要在这些批判中去探寻那些外国文学的门径,那么这些批判是毫无价值的。如果我们要在其中探寻托尔斯泰的艺术宝钥,那末,它的价值是无可估计的。我们不能向一个创造的天才要求大公无私的批评。当瓦格纳、托尔斯泰在谈起贝多芬与莎士比亚时,他们所谈的并非是贝多芬与莎士比亚,而是他们自身;他们在发表自己的理想。他们简直不试着骗我们。批判莎士比亚时,托尔斯泰并不使自己成为"客观"。他正责备莎士比亚的客观的艺术。《战争与和平》的作者,无人格性的艺术的大师,对于那些德国批评家,在歌德之后发现了莎士比亚,发现了"艺术应当是客观的,即是应当在一切道德价值之外去表现故事——这是否定以宗教为目的的艺术"这种理论的人,似乎还轻蔑得不够。

---

① 李尔王的女儿,一个模范的孝女。——译者注
② "《李尔王》是一出极坏、极潦草的戏剧,它只令人厌恶。"——《奥赛罗》比较博得托尔斯泰的好感,无疑是因为它和他那时代关于婚姻和嫉妒的见解相合之故。"它固然是莎士比亚最不恶劣的作品,但亦只是一组夸大的言语的联合罢了。"哈姆莱特这人物毫无性格可言:"这是作者的一架留声器,它机械地屡述作者的思想。"至于《暴风雨》,《辛白林》,《特罗伊罗斯与克瑞西达》等,他只是为了它们的"拙劣"而提及。他认为莎士比亚的唯一的自然的人物,是福斯塔夫,"正因为在此,莎士比亚的冷酷与讥讽的言语和剧中人的虚荣、矫伪、堕落的性格相合之故"。可是托尔斯泰并不永远这么思想。在一八六〇—一八七〇年间,他很高兴读莎士比亚的剧作,尤其在他想编一部关于彼得一世的史剧的时代。在一八六九年笔记中,我们可以看出他即把哈姆莱特作为他的模范与指导。他在提及他刚好完成的工作《战争与和平》之后,他说:"哈姆莱特与我将来的工作,这是小说家的诗意用于描绘性格。"——原注

因此托尔斯泰是站在信仰的高峰宣布他的艺术批判,在他的批评中,不必寻觅任何个人的成见。他并不把自己作为一种模范;他对于自己的作品和对于别人的作品同样毫无怜惜①。那末,他愿望什么,他所提议的宗教理想对于艺术又有什么价值?

这理想是美妙的。"宗教艺术"这名辞,在含义的广博上容易令人误会。其实,托尔斯泰并没限制艺术,而是把艺术扩大了。艺术,他说,到处皆是。

"艺术渗透我们全部的生活,我们所称为艺术的:戏剧,音乐会,书籍,展览会,只是极微小的部分而已。我们的生活充满了各包各种的艺术表白,自儿童的游戏直至宗教仪式。艺术与言语是人类进步的两大机能。一是沟通心灵的,一是交换思想的。如果其中有一个误入歧途,社会便要发生病态。今日的艺术即已走入了歧途。"

自文艺复兴以来,我们再不能谈起基督教诸国的一种艺术。各阶级是互相分离了。富人,享有特权者,僭越了艺术的专利权;他们依了自己的欢喜,立下艺术的水准。在远离穷人的时候,艺术变得贫弱了。

"不靠工作而生活的人所感到的种种情操,较之工作的人所感到的情操要狭隘得多。现代社会的情操可以概括为三:骄傲,肉感,生活的困倦。这三种情操及其分支,差不多造成了富人阶级的全部艺术题材。"

它使世界腐化,使民众颓废。助长淫欲,它成为实现人类福利的最大障碍。而且它也没有真正的美,不自然,不真诚——是一种造作的、肉的艺术。

在这些美学者的谎言与富人的消遣品前面,我们来建立起活的,人间的,联合人类,联合阶级,团结国家的艺术。过去便有光荣的榜样。

"我们所认为最崇高的艺术:永远为大多数的人类懂得并爱好的,创

---

① 他把他的幻想之作亦列入"坏的艺术"中。(见《艺术论》)——他在批斥现代艺术时,也不把他自己所作的戏剧作为例外,他批评道"缺少未来戏剧应作为基础的宗教观念"。——原注

世纪的史诗,福音书的寓言,传说,童话,民间歌谣。"

最伟大的艺术是传达时代的宗教意识的作品。在此不要以为是一种教会的主义。"每个社会有一种对于人生的宗教观:这是整个社会都向往的一种幸福的理想。"大家都有一种情操,不论感觉得明显些或暗晦些;若干前锋的人便明白确切地表现出来。

"永远有一种宗教意识。这是河床。"①

我们这时代的宗教意识,是对于由人类友爱造成的幸福的企望。只有为了这种结合而工作的才是真正的艺术。最崇高的艺术,是以爱的力量来直接完成这事业的艺术。但以愤激与轻蔑的手段攻击一切反博爱原则的事物,也是一种参加这事业的艺术。例如,狄更斯的小说,陀思妥耶夫斯基的作品,雨果的《悲惨世界》,米勒的绘画。即是不达到这高峰的,一切以同情与真理来表现日常生活的艺术亦能促进人类的团结。例如《堂吉诃德》,与莫里哀的戏剧。当然,这最后一种艺术往往因为它的过于琐碎的写实主义与题材的贫弱而犯有错误,"如果我们把它和古代的模范,如《约瑟行述》来相比的时候"。过于真切的枝节会妨害作品,使它不能成为普遍的。

"现代作品常为写实主义所累,我们更应当指斥这艺术上狭隘的情调。"

这样,托尔斯泰毫无犹豫地批判他自己的天才的要素。对于他,把他自己整个的为了未来而牺牲,使他自己什么也不再存留,也是毫无关系的。

"未来的艺术定不会承继现在的艺术,它将建筑于别的基础之上。它将不复是一个阶级的所有物。艺术不是一种技艺,它是真实情操的表白。可是,艺术家唯有不孤独,唯有度着人类自然生活的时候,才能感到真实的情操。故凡受到人生的庇护的人,在创造上,是处于最坏的环境中。"

在将来,"将是一切有天职的人成为艺术家的"。"由于初级学校中便

_____

① 或更确切地说:"这是河流的方向。"——原注

有音乐与绘画的课程和文法同时教授儿童",使大家都有达到艺术活动的机会。而且,艺术更不用复杂的技巧,如现在这样,它将走上简洁、单纯、明白的路,这是古典的、健全的、荷马的艺术的要素。① 在这线条明净的艺术中表现这普遍的情操,将是何等的美妙!为了千万的人类去写一篇童话或一曲歌,画一幅像,比较写一部小说或交响曲重要而且难得多②。这是一片广大的、几乎还是未经开发的园地。由于这些作品,人类将懂得友爱的团结的幸福。

"艺术应当铲除强暴,而且唯有它才能做到。它的使命是要使天国,即爱,来统治一切。"③

我们之中谁又不赞同这些慷慨的言辞呢?且谁又不看到,含有多少理想与稚气的托尔斯泰的观念,是生动的与丰富的!是的,我们的艺术,全部只是一个阶级的表白,在这一个国家与别一个国家的界域上,又分化为若干敌对的领土。在欧洲没有一个艺术家的心魂能实现各种党派各个种族的团结。在我们的时代,最普遍的,即是托尔斯泰的心魂。在他的心灵上,我们相爱了,一切阶级一切民族中的人都联合一致了。他,如我们一样,体味过了这伟大的爱,再不能以欧洲狭小团体的艺术所给予我们的人类伟大心魂的残余为满足了。

---

① 一八七三年,托尔斯泰写道:"你可以任意思想,但你作品中每个字,必须为一个把书籍从印刷所运出的推车夫也能懂得。在一种完全明白与质朴的文字中决不会写出坏的东西。"——原注

② 托尔斯泰自己做出例子。他的"读本四种"为全俄罗斯所有的小学校——不论是教内或教外的——采用。他的《通俗短篇》成为无数民众的读物。斯捷潘·阿尼金于一九一〇年十二月七日在日内瓦大学演讲《纪念托尔斯泰》词中有言:"在下层民众中,托尔斯泰的名字和'书籍'的概念联在一起了。"我们可以听到一个俄国乡人在图书馆中向管理员说:"给我一个好书,一本托尔斯泰式的!"(他的意思是要一部厚厚的书)。——原注

③ 这人类间友爱的联合,对于托尔斯泰还不是人类活动的终极;他的不知足的心魂使他怀着超过爱的一种渺茫的理想,他说:"也许有一天科学将发现一种更高的艺术理想,由艺术来加以实现。"——原注

第二部分

傅雷与巴尔扎克在中国的重生

我的经验,译巴尔扎克虽不注意原作风格,结果仍与巴尔扎克面目相去不远。只要笔锋常带情感,文章有气势,就可说尽了一大半巴氏的文体能事。

——摘自傅雷 1951 年 10 月 9 日致宋奇函

高老头
——《人间喜剧》在中国的序幕

以效果而论,翻译应当像临画一样,所求的不在形似而在神似。以实际工作论,翻译比临画更难。

以甲国文字传达乙国文字所包涵的那些特点,必须像伯乐相马,要"得其精而忘其粗,在其内而忘其外"。

——摘自傅雷《高老头》重译本序

标举神似的重译本序与精彩纷呈的《高老头》译笔,在我国现代翻译史上也已取得其经典性的地位。

——摘自罗新璋《傅雷译文集》再版感言

伏盖公寓（节选）

　　一个夫家姓伏盖，娘家姓龚弗冷的老妇人，四十年来在巴黎开着一所兼包客饭的公寓，坐落在拉丁区与圣·玛梭城关之间的圣·日内维新街上。大家称为伏盖家的这所寄宿舍，男女老少，一律招留，从来没有为了风化问题受过飞短流长的攻击。可是三十年间也不曾有姑娘们寄宿；而且非要家庭给的生活费少得可怜，才能使一个青年男子住到这儿来。话虽如此，一八一九年上，正当这幕惨剧开场的时候，公寓里的确住着一个可怜的少女。虽然惨剧这个字眼被近来多愁善感，颂赞痛苦的文学用得那么滥，那么歪曲，以致无人相信，这儿可是不得不用。并非在真正的字义上说，这个故事有什么戏剧意味；但我这部书完成之后，京城内外也许有人会掉几滴眼泪。出了巴黎是不是还有人懂得这件作品，确是疑问。书中有许多考证与本地风光，只有住在蒙玛脱岗和蒙罗越高地中间的人能够领会。这个著名的盆地，墙上的石灰老是在剥落，阳沟内全是漆黑的泥浆；到处是真苦难，空欢喜，而且那么忙乱，不知要怎么重大的事故才能在那儿轰动一下。然而也有些东零西碎的痛苦，因为罪恶与德行混在一块而变得伟大庄严，使自私自利的人也要定一定神，生出一点同情心；可是他们的感触不过是一刹那的事，像匆匆忙忙吞下的一颗美果。文明好比一辆大车，和印度的神车一样①，碰到一颗比较不容易粉碎的心，略微耽搁了一下，马上把它压碎了，又浩浩荡荡的继续前进。你们读者大概也是如此：雪白的手捧了这本书，埋在软绵绵的安乐椅里，想道：也许这部小说

---

①　印度每年逢 Vichnou 神纪念日，将神像置于车上游行，善男信女奉之若狂，甚至有攀附神车或置身轮下之举，以为如此则来世可托生于较高的阶级（Caste）。——译者注

能够让我消遣一下。读完高老头隐秘的痛史以后,你依旧胃口很好的用晚餐,把你的无动于衷推给作者负责,说作者夸张,渲染过分。殊不知这惨剧既非杜撰,亦非小说。一切都是真情实事①,真实到每个人都能在自己身上或者心里发现剧中的要素。

公寓的屋子是伏盖太太的产业,坐落在圣·日内维新街下段,正当地而从一个斜坡向弩箭街低下去的地方。坡度陡峭,马匹很少上下,因此挤在华·特·葛拉斯军医院和先贤祠之间的那些小街道格外清静。两座大建筑罩下一片黄黄的色调,改变了周围的气息;穹窿阴沉严肃,使一切都暗淡无光。街面上石板干燥,阳沟内没有污泥,没有水,沿着墙根生满了草。一到这个地方,连最没心事的人也会像所有的过路人一样无端端的不快活。一辆车子的声音在此简直是件大事;屋子死沉沉的,墙垣全带几分牢狱气息。一个迷路的巴黎人②在这一带只看见些公寓或者私塾,苦难或者烦恼,垂死的老人或是想作乐而不得不用功的青年。巴黎城中没有一个区域更丑恶,更没有人知道的了。特别是圣·日内维新街,仿佛一个古铜框子,跟这个故事再合适没有。为求读者了解起见,尽量用上灰黑的色彩和沉闷的描写也不嫌过分,正如游客参观初期基督徒墓窟的时候,走下一级级的石梯,日光随着暗淡,向导的声音越来越空洞。这个比喻的确是贴切的。谁又能说,枯萎的心灵和空无一物的骷髅,究竟哪一样看上去更可怕呢?

公寓侧面靠街,前面靠小花园,屋子跟圣·日内维新街成直角。屋子正面和小园之间有条中间微凹的小石子路,大约宽两公尺;前面有一条平行的砂子铺的小路,两旁有风吕草,夹竹桃和石榴树,种在蓝白二色的大陶盆内。小路靠街的一头有扇小门,上面钉一块招牌,写着:伏盖宿舍;下面还有一行:本店兼包客饭,男女宾客,一律欢迎。临街的栅门上装着一

---

① 原文是用的英文 All is true,且用斜体字。莎士比亚的悲剧《亨利八世》原名 *All is true*,巴尔扎克大概是借用此句。——译者注
② 真正的巴黎人是指住在塞纳河右岸的人,公寓所在地乃系左岸。迷路云云,谓右岸的人偶尔漫步到左岸去的意思。——译者注

个声音刺耳的门铃。白天你在栅门上张望,可以看到小路那一头的墙上,画着一个模仿青色大理石的神龛,大概是本区画家的手笔。神龛内画着一个爱神像:浑身斑驳的釉彩,一般喜欢象征的鉴赏家可能认做爱情病的标记,那是在邻近的街坊上就可医治的①。神像座子上模糊的铭文,令人想起雕像的年代,服尔德在一七七七年上回到巴黎大受欢迎的年代。那两句铭文是②:

> 不论你是谁,她总是你的师傅,
>
> 现在是,曾经是,或者将来是。

天快黑的时候,栅门换上板门。小园的宽度正好等于屋子正面的长度。园子两旁,一边是临街的墙,一边是和邻居分界的墙;大片的长春藤把那座界墙统统遮盖了,在巴黎城中格外显得清幽,引人注目。各处墙上都钉着果树和葡萄藤,瘦小而灰土密布的果实成为伏盖太太年年发愁的对象,也是和房客谈天的资料。沿着侧面的两堵墙各有一条狭小的走道,走道尽处是一片菩提树荫。伏盖太太虽是龚弗冷出身,菩提树三字老是念别音的,房客们用文法来纠正她也没用。两条走道之间,一大块方地上种着朝鲜蓟,左右是修成圆锥形的果树,四周又围着些莴苣,旱芹,酸菜。菩提树荫下有一张绿漆圆桌,周围放几个凳子。逢着大暑天,一般有钱喝咖啡的主顾,在热得可以孵化鸡子的天气到这儿来品尝咖啡。

四层楼外加阁楼的屋子用的材料是粗沙石,粉的那种黄颜色差不多使巴黎所有的屋子不堪入目。每层楼上开着五扇窗子,全是小块的玻璃;细木条子的遮阳撑起来高高低低,参差不一。屋子侧面有两扇窗,楼下的两扇装有铁栅和铁丝网。正屋之后是一个二十尺宽的院子:猪啊,鸭啊,兔子啊,和和气气的混在一块儿;院子底上有所堆木柴的棚子。棚子和厨

---

① 指附近圣·雅各城关的加波桑医院。——原注
② 服尔德为梅仲宫堡园中的爱神像所作的铭文。——译者注

房的后窗之间挂一口凉橱,下面淌着洗碗池流出来的脏水。靠圣·日内维新街有扇小门,厨娘为了避免瘟疫不得不冲洗院子的时候,就把垃圾打这扇门里扫到街上。

房屋的分配本是预备开公寓的。底层第一间有两扇临街的窗子取光,通往园子的是一扇落地长窗。客厅侧面通到饭厅,饭厅和厨房中间是楼梯道,楼梯的踏级是用木板和彩色地砖拼成的。一眼望去,客室的景象再凄凉没有:几张沙发和椅子,上面包的马鬃布满是一条条忽而暗淡忽而发光的纹缕。正中放一张黑地白纹的云石面圆桌,桌上摆一套白瓷小酒杯,金线已经剥落一大半,这种酒杯现在还到处看得到。房内地板很坏,四周的护壁板只有半人高,其余的地位糊着上油的花纸,画着《丹兰玛葛》①主要的几幕,一些有名的人物都著着彩色。两扇有铁丝网的窗子之间的壁上,画着加里泼梭款待于里斯的儿子的盛宴②。四十年来这幅画老是给年轻的房客当做说笑的引子,把他们为了穷而不得不将就的饭食取笑一番,表示自己的身份比处境高出许多。石砌的壁炉架上有两瓶藏在玻璃罩下的旧纸花,中间放一座恶俗的半蓝不蓝的云石摆钟。壁炉内部很干净,可见除了重大事故,难得生火。

这间屋子有股说不出的味道,应当叫做公寓味道。那是一种闭塞的,霉烂的,酸腐的气味,叫人发冷,吸在鼻子里潮腻腻的,直往衣服里钻;那是刚吃过饭的饭厅的气味,酒菜和碗盏的气味,救济院的气味。老老少少的房客特有的气味,跟他们伤风的气味合凑成的令人作呕的成分,倘能加以分析,也许这味道还能形容。话得说回来,这间客室虽然教你恶心,同隔壁的饭厅相比,你还觉得客室很体面,芬芳,好比女太太们的上房呢。

饭厅全部装着护壁,漆的颜色已经无从分辨,只有一块块油迹画出奇奇怪怪的形状。几口黏手的食器柜上摆着暗淡无光的破裂的水瓶,刻花的金属垫子,好几堆都奈窑的蓝边厚瓷盆。屋角有口小橱,分成许多标着

---

① 《丹兰玛葛》系十七世纪法奈龙的名著。——译者注
② 即《丹兰玛葛》中的情节。——译者注

号码的格子,存放寄膳客人满是污迹和酒痕的饭巾。在此有的是销毁不了的家具,没处安插而扔在这儿,跟那些文明的残骸留在癫疾救济院里一样。你可以看到一个晴雨表,下雨的时候有一个教士出现;还有些令人倒胃的版画,配着黑漆描金的框子;一口镶铜的贝壳座钟;一只绿色火炉;几盏灰尘跟油混在一块儿的挂灯;一张铺有漆布的长桌,油腻之厚,足够爱淘气的医院实习生用手指在上面刻划姓名;几张断腿折臂的椅子;几块可怜的小脚毯,草辫老在散率而始终没有分离;还有些破烂的脚炉,洞眼碎裂,铰链零落,木座子像炭一样的焦黑。这些家具的古旧,龟裂,腐烂,摇动,虫蛀,残缺,老弱无能,奄奄一息,倘使详细描写,势必长篇累牍,妨碍读者对本书的兴趣,恐非性急的人所能原谅。红色的地砖,因为擦洗或上色之故,画满了高高低低的沟槽。总之,这儿是一派毫无诗意的贫穷,那种锱铢必较的,浓缩的,百孔千疮的贫穷;即使还没有泥浆,却已有了污迹;即使还没有破洞,还不曾褴褛,却快要崩溃腐朽,变成垃圾。

这间屋子最有光彩的时间是早上七点左右,伏盖太太的猫赶在主人之前,先行出现,它跳上食器柜,把好几罐盖着碟子的牛奶闻嗅一番,呼啊呼啊的做它的早课。不久寡妇出现了,网纱做的便帽下面,露出一圈歪歪斜斜的假头发,懒洋洋的趿着愁眉苦脸的软鞋。她的憔悴而多肉的脸,中央耸起一个鹦鹉嘴般的鼻子,滚圆的小手,像教堂的耗子①一般胖胖的身材,膨脖饱满而颠颠耸耸的乳房,一切都跟这寒酸气十足而暗里蹲着冒险家的饭厅调和。她闻着室内暖烘烘的臭味,一点不觉得难受。她的面貌像秋季初霜一样新鲜,眼睛四周布满皱纹,表情可以从舞女那样的满面笑容,一变而为债主那样的竖起眉毛,板起脸孔。总之,她整个的人品足以说明公寓的内容,正如公寓可以暗示她的人品。监狱少不了牢头禁卒,你想象中决不能有此无彼。这个小妇人的没有血色的肥胖,便是这种生活的结果,好像传染病是医院气息的产物。罩裙底下露出毛线编成的衬裙,

---

① 教堂的耗子原是一句俗语,指过分虔诚的人;因巴尔扎克以动物比人的用意在本书中特别显著,故改按字面译。——译者注

罩裙又是用旧衣衫改的,棉絮从开裂的布缝中钻出来;这些衣衫就是客室,饭厅,和小园的缩影,同时也泄露了厨房的内容与房客的流品。她一出场,舞台面就完全了。五十岁左右的伏盖太太跟一切经过忧患的女人一样。无精打采的眼睛,假惺惺的神气像一个会假装恼怒,以便敲竹杠的媒婆,而且她也存心不择手段的讨便宜:倘若世界上还有什么乔治或毕希葛吕可以出卖,她是决计要出卖的[①]。房客们却说她骨子里是个好人,他们听见她同他们一样咳嗽,哼哼,便相信她真穷。伏盖先生当初是怎么样的人,她从无一字提及。他怎样丢了家私的呢?她回答说是遭了恶运。他对她不好,只留给她一双眼睛好落眼泪,这所屋子好过活,还有给了她不必同情别人灾祸的权利,因为她说,她什么苦难都受尽了。

一听见女主人急促的脚声,胖子厨娘西尔维赶紧打点房客们的中饭。一般寄饭客人通常只包每月三十法郎的一顿晚饭。

这个故事开始的时代,寄宿的房客共有七位。二层楼上是全屋最好的两套房间,伏盖太太住了小的一套,另外一套住着古的太太,她过世的丈夫在共和政府时代当过军需官。和她同住的是一个年纪轻轻的少女,维多莉·泰伊番小姐,把古的太太当做母亲一般。这两位女客的膳宿费每年一千八百法郎。三层楼上的两套房间,分别住着一个姓波阿莱的老人,和一个年纪四十上下,戴假头发,鬓脚染黑的男子,自称为退休的商人,叫做伏脱冷先生。四层楼上有四个房间:老姑娘米旭诺小姐住了一间;从前做粗细面条和淀粉买卖,大家叫做高老头的,住了另外一间;其余两间预备租给候鸟[②],像高老头和米旭诺小姐般只能付四十五法郎一月膳宿费的穷学生;可是伏盖太太除非没有办法,不大乐意招留这种人,因为他们面包吃得太多。

那时代,两个房间中的一个,住着一位从安古兰末乡下到巴黎来读法

---

① 乔治与毕希葛吕均系法国大革命时代人物,以阴谋推翻拿破仑而被处死刑。——译者注

② 指短时期的过路客人。此语为作者以动物比人的又一例。——译者注

律的青年,欧也纳·特·拉斯蒂涅。人口众多的老家,省吃俭用,熬出他每年一千二百法郎的生活费。他是那种因家境清寒而不得不用功的青年,从小就懂得父母的期望,自已在那里打点美妙的前程,考虑学业的影响,把学科迎合社会未来的动向,以便捷足先登,榨取社会。倘没有他的有趣的观察,没有他在巴黎交际场中无孔不入的本领,我们这故事就要缺乏真实的包彩;没有问题,这点真实性完全要归功于他敏锐的头脑,归功于他有种欲望,想刺探一桩惨事的秘密;而这惨事是制造的人和身受的人一致讳莫如深的。

四层楼的顶上有一间晾衣服的阁楼,还有做粗活的男仆克利斯朵夫和胖子厨娘西尔维的两间卧房。

除了七个寄宿的房客,伏盖太太旺季淡季统扯总有八个法科或医科的大学生,和两三个住在近段的熟客,包一顿晚饭。可以容纳一二十人的饭厅,晚餐时坐到十八个人;中饭只有七个房客,团团一桌的情景颇有家庭风味。每个房客跶着软鞋下楼,对包饭客人的衣著神气,隔夜的事故,毫无顾忌的议论一番。这七位房客好比伏盖太太特别宠爱的孩子,她按照膳宿费的数目,对各人定下照顾和尊敬的分寸,像天文家一般不差毫厘。这批萍水相逢的人心里都有同样的打算。三层楼的两位房客只付七十二法郎一月。这等便宜的价钱(唯有古的太太的房饭钱是例外),只能在圣·玛赛城关,在产科医院和流民习艺所中间的那个地段找到。这一点,证明那些房客明里暗里全受着贫穷的压迫,因此这座屋子内部的悲惨景象,在住户们破烂的衣著上照样暴露。男人们穿着说不出颜色的大褂,像高等住宅区扔在街头巷尾的靴子,快要磨破的衬衫,有名无实的衣服。女人们穿着暗淡陈旧,染过而又褪色的服装;戴着补过的旧花边,用得发亮的手套,老是暗黄色的领围,经纬散率的围巾。衣服虽是这样,人却差不多个个生得很结实,抵抗过人世的风波;冷冷的狠巴巴的脸,好像用旧而不再流通的银币一般模糊;干瘪的嘴巴配着一副尖利的牙齿。你看到他们会体会到那些已经演过的和正在搬演的戏剧——并非在脚灯和布景前面上演的,而是一些活生生的,或是无声无息的,冰冷的,把人的心搅得发热的,连续不断的戏剧。

老姑娘米旭诺,疲倦的眼睛上面戴着一个油腻的绿绸眼罩,扣在脑袋上的铜丝连怜悯之神也要为之大吃一惊。身体只剩一把骨头,穗子零零落落像眼泪一般的披肩,仿佛披在一副枯骨上面。当初她一定也俊俏过来,现在怎么会形销骨立的呢?为了荒唐胡闹吗?有什么伤心事吗?过分的贪心吗?是不是谈爱情谈得太多了?有没有做过花粉生意?还是单单是个娼妓?她是否因为年轻的时候骄奢过度,而受到老年时路人侧目的报应?惨白的眼睛教人发冷,干瘪的脸孔带点儿凶相。尖利的声音好似丛林中冬天将临时的蝉鸣。她自称服侍过一个患膀胱炎的老人,被儿女们当做没有钱而丢在一边。老人给她一千法郎的终身年金,至今他的承继人常常为此跟她争执,说她坏话。虽然她的面貌被情欲摧残得很厉害,肌肤之间却还有些白皙与细腻的遗迹,足见她身上还保存一点儿残余的美。

波阿莱先生差不多是架机器。他走在植物园的小道上像一个灰色的影子:戴着软绵绵的旧鸭舌帽,有气无力的抓着一根手杖,象牙球柄已经发黄了;褪色的大褂遮不了空荡荡的扎脚裤,只见衣摆在那里扯来扯去;套着蓝袜子,两条腿摇摇晃晃像喝醉了酒;上身露出腌臜的白背心,枯草似的粗纱颈围,跟绕在火鸡式脖子上别扭的领带,乱糟糟的搅在一起。看他那副模样,大家都心里思忖,这个幽灵是否跟在意大利大街上溜达的哥儿们同样属于泼辣放肆的白种民族?什么工作使他这样干瘪缩小的?什么情欲把他生满小球刺儿的脸变成了黑沉沉的猪肝色?这张脸画成漫画,简直不像是真的。他当过什么差事呢?说不定做过司法部的职员,经手过刽子手们送来的账单——执行逆伦犯所用的蒙面黑纱,刑台下铺的糠①,刑架上挂铡刀的绳子等等的账单。也许他当过屠宰场收款员,或卫生处副稽查之类。总之,这家伙好比社会大磨坊里的一匹驴子,做了傀儡

---

① 法国刑法规定,凡逆伦犯押赴刑场时,面上须蒙以黑纱以为识别。刑台下铺糠乃预备吸收尸身之血。——译者注

而始终不知道牵线的是谁,也仿佛多少公众的灾殃或丑事的轴心;总括一句,他是我们见了要说一声究竟这等人也少不得的人。这些被精神的或肉体的痛苦磨得色如死灰的脸相,巴黎的漂亮人物是不知道的。巴黎真是一片海洋,丢下探海锤也没法测量这海洋的深度。不论花多少心血到里面去搜寻去描写,不管海洋的探险家如何众多如何热心,都会随时找到一片处女地,一个新的洞穴,或是几朵鲜花,几颗明珠,一些妖魔鬼怪,一些闻所未闻,文学家想不到去探访的事。伏盖公寓便是这些奇怪的魔窟之一。

其中有两张脸跟多数房客和包饭的主顾成为显著的对比。维多莉·泰伊番小姐虽则皮色苍白,带点儿病态,像害干血痨的姑娘;虽则经常的忧郁,局促的态度,寒酸和矫弱的外貌,使她脱不了这幅画面的基本色调——痛苦;可是她的脸究竟不是老年人的脸,动作和声音究竟是轻灵活泼的。这个不幸的青年人仿佛一株新近移植的灌木,因为水土不宜而叶子萎黄了。黄里带红的脸色,灰黄的头发,过分纤瘦的腰身,颇有近代诗人在中世纪小雕像上发现的那种妩媚,灰中带黑的眼睛表现她有基督徒式的温柔与隐忍。朴素而经济的装束勾勒出年轻人的身材。她的好看是由于五官四肢搭配得巧。只要心情快乐,她可能非常动人;女人要有幸福才有诗意,正如穿扮齐整才显得漂亮。要是舞会的欢情把这张苍白的脸染上一些粉红的色调,要是讲究的生活使这对已经微微低陷的面颊重新丰满而泛起红晕,要是爱情使这双忧郁的眼睛恢复光彩,维多莉大可跟最美的姑娘们见个高低。她只缺少教女人返老还童的东西:衣衫和情书。她的故事足够写一本书。她的父亲自以为有不认亲生女儿的理由,不让她留在身边,只给六百法郎一年,又改变他财产的性质,以便全部传给儿子。维多莉的母亲在悲苦绝望之中死在远亲古的太太家里;古的太太便把孤儿当做亲女一样抚养长大。共和政府军需官的寡妇,不幸除了丈夫的预赠年金和公家的抚恤金以外一无所有,可能一朝丢下这个既无经验又无资财的少女,任凭社会摆布。好心的太太每星期带维多莉去望弥撒,每半个月去忏悔一次,让她将来至少能做一个虔诚的姑娘。这办法的确不错。有了宗教的热情,这个弃女将来也能有一条出路。她爱她的父亲,每年回家去转达母亲临终时对父亲的宽恕;每年父亲总是闭门不纳。能居间斡旋的只有她的哥哥,而哥哥四年之中没有来探望过她一次,也没有帮助过她什么。她求上帝使父亲开眼,使哥哥软心,毫无怨恨的为他们祈福。古的太太和伏盖太太只恨字典上咒骂的字眼太少,不够形容这种野蛮的行为。她们咒骂混账的百万富翁的时候,总听到维多莉说些柔和的话,好似受伤的野鸽,痛苦的叫喊仍然吐露着爱。

欧也纳·特·拉斯蒂涅纯粹是南方型的脸:白皮肤,黑头发,蓝眼睛。风度,举动,姿势,都显出他是大家子弟,幼年的教育只许他有高雅的习惯。虽然衣着朴素,平日尽穿隔年的旧衣服,有时也能装扮得风度翩翩的上街。平常他只穿一件旧大褂,粗背心;蹩脚的旧黑领带扣得马马虎虎,像一般大学生一样;裤子也跟上装差不多,靴子已经换过底皮。

在两个青年和其余的房客之间,那四十上下,鬓脚染色的伏脱冷,正好是个中间人物。人家看到他那种人都会喊一声好家伙!肩头很宽,胸部很发达,肌肉暴突,方方的手非常厚实,手指中节生着一簇簇茶红色的浓毛。没有到年纪就打皱的脸似乎是性格冷酷的标记;但是看他软和亲热的态度,又不像冷酷的人。他的低中音嗓子,跟他嘻嘻哈哈的快活脾气刚刚配合,绝对不讨厌。他很殷勤,老堆着笑脸。什么锁钥坏了,他立刻拆下来,粗枝大叶的修理,上油,锉一阵磨一阵,装配起来,说:"这一套我是懂的。"而且他什么都懂:帆船,海洋,法国,外国,买卖,人物,时事,法律,旅馆,监狱。要是有人过于抱怨诉苦,他立刻凑上来帮忙。好几次他借钱给伏盖太太和某些房客;但受惠的人死也不敢赖他的债,因为他尽管外表随和,自有一道深沉而坚决的目光教人害怕。看那唾口水的功架,就可知道他头脑冷静的程度:要解决什么尴尬局面的话,一定是杀人不眨眼的。像严厉的法官一样,他的眼睛似乎能看透所有的问题,所有的心地,所有的感情。他的日常生活是中饭后出门,回来用晚饭,整个黄昏都在外边,到半夜前后回来,用伏盖太太给他的百宝钥匙开大门。百宝钥匙这种优待只有他一个人享受。他待寡妇也再好没有,叫她妈妈,搂着她的腰——可惜这种奉承对方体会得不够。老妈妈还以为这是轻而易举的事，殊不知唯有伏脱冷一个人才有那么长的胳膊，够得着她粗大的腰身。他另外一个特点是饭后喝一杯葛洛丽亚①，每个月很阔绰的花十五法郎。那般青年人固然卷在巴黎生活的漩涡内一无所见，那般老年人也固然对一切与己无干的事漠不关心，但即使不像他们那么肤浅的人，也不会注意到伏脱冷形迹可疑。旁人的事，他都能知道或者猜到；他的心思或营生，却没有一个人看得透。虽然他把亲热的态度，快活的性情，当做墙壁一般挡在他跟旁人之间，但他不时流露的性格颇有些可怕的深度。往往他发一阵可以跟于凡那②相比的牢骚，专爱挖苦法律，鞭挞上流社会，攻击它的矛盾，似乎他对社会抱着仇恨，心底里密不透风的藏着什么秘密事儿。

泰伊番小姐暗中偷觑的目光和私下的念头，离不了这个中年人跟那个大学生。一个是精力充沛，一个是长得俊美，她无意之间受到他们吸引。可是那两位好似一个也没有想到她，虽说天道无常，她可能一变而为陪嫁富裕的对象。并且，那些人也不愿意推敲旁人自称为的苦难是真是假。除了漠不关心之外，他们还因为彼此境况不同而提防人家。他们知道没有力量减轻旁人的痛苦，而且平时叹苦经叹得太多了，互相劝慰的话也早已说尽。像老夫妻一样的无话可谈，他们之间的关系只有机械的生活，等于没有上油的齿轮在那里互相推动。他们可以在路上遇到一个瞎子而头也不回的走过，也可以无动于衷的听人家讲一桩苦难，甚至把死亡看做一个悲惨局面的解决；饱经忧患的结果，大家对最惨痛的苦难都冷了心。这些伤心人中最幸福的还算伏盖太太，高高在上的管着这所私人救济院。唯有伏盖太太觉得那个小园是一座笑盈盈的树林；事实上，静寂和寒冷，干燥和潮湿，使园子像大草原一样广漠无垠。唯有为她，这所黄黄的，阴沉沉的，到处是账台的铜绿味的屋子，才充满愉快。这些牢房是属于她的。她喂养那批终身做苦役的囚犯，他们尊重她的威权。以她所定

---

① 羼有酒精的咖啡和红茶。——译者注
② 公元一世纪时以讽刺尖刻著名的拉丁诗人。——译者注

的价目,这些可怜虫在巴黎哪儿还能找到充足而卫生的饭食,以及即使不能安排得高雅舒适、至少可以收拾得干干净净的房间?哪怕她做出极不公道的事来,人家也只能忍受,不敢叫屈。

整个社会的分子在这样一个集团内当然应有尽有,不过是具体而微罢了。像学校或交际场中一样,饭桌上十八个客人中间有一个专受白眼的可怜虫,老给人家打哈哈的出气筒。欧也纳·特·拉斯蒂涅住到第二年开头,发觉在这个还得住上两年的环境中,最堪注目的便是那个出气筒,从前做面条生意的高里奥老头。要是画家来处理这个对象,一定会像史家一样把画面上的光线集中在他头上。半含仇恨的轻蔑,带着轻视的虐待,对苦难毫不留情的态度,为什么加之于一个最老的房客身上呢?难道他有什么可笑的或是古怪的地方,比恶习更不容易原谅吗?这些问题牵涉到社会上许多暴行。也许人的天性就喜欢教那些为了谦卑,为了懦弱,或者为了满不在乎而忍受一切的人,忍受一切。我们不是都喜欢把什么人或物做牺牲品,来证明我们的力量吗?最幼弱的生物像儿童,就会在大冷天按人家的门铃,或者提着脚尖在崭新的建筑物上涂写自己的名字。

六十九岁的高老头,在一八一三年上结束了买卖,住到伏盖太太这儿来。他先住古的太太的那套房间,每年付一千二百法郎膳宿费,那气派仿佛多五个路易少五个路易①都无所谓。伏盖太太预收了一笔补偿费,把那三间屋子整新了一番,添置一些起码家具,例如黄布窗帘,羊毛绒面的安乐椅,几张胶画,以及连乡村酒店都不要的糊壁纸。高老头那时还被尊称为高里奥先生,也许房东看他那种满不在乎的阔气,以为他是个不知市面的冤大头。高里奥搬来的时候箱笼充实,里外服装,被褥行头,都很讲究,表示这位告老的商人很会享福。十八件二号荷兰细布衬衫,教伏盖太太叹赏不置,面条商还在纱颈围上扣着两只大金刚钻别针,中间系一条小链子,愈加显出衬衣料子的细洁。他平时穿一套宝蓝衣服,每天换一件雪白的细格布背心,下面鼓起一个滚圆的大肚子在那儿翕动,把一件挂有各色

---

① 路易为法国旧时金币,合二十至二十四法郎,随时代而异。——译者注

坠子的粗金链子，震动得一蹦一跳。鼻烟匣也是金的，里面有一个装满头发的小圆匣子，仿佛他还有风流艳事呢。听到房东太太说他风流，他嘴边立刻浮起笑容，好似一个小财主听见旁人称赞他的爱物。他的柜子（他把这个名词跟穷人一样念别了音）装满许多家用的银器。伏盖寡妇殷勤的帮他整理东西时，不由得眼睛发亮，什么勺子，羹匙，食器，油瓶，汤碗，盘子，镀金的早餐用具，以及美丑不一，有相当分量，他舍不得放手的东西。这些礼物使他回想起家庭生活中的大事。他抓起一个盘，跟一个盖上有两只大鸽亲嘴的小钵，对伏盖太太说：

"这是内人在我们结婚的第一周年送我的。好心的女人为此花掉了做姑娘时候的积蓄。噢，太太，要我动手翻土都可以，这些东西我决不放手。谢天谢地！这一辈子总可以天天早上用这个钵喝咖啡；我不用发愁，有现成饭吃的日子还长哩。"

末了，伏盖太太那双喜鹊眼还瞥见一叠公债票，约略加起来，高里奥这个好人每年有八千到一万法郎的进款。从那天起，龚弗冷家的姑奶奶，年纪四十八而只承认三十九的伏盖太太，打起主意来了。虽然高里奥的里眼角向外翻转，又是虚肿又是往下掉，他常常要用手去抹，她觉得这副相貌还体面，讨人喜欢。他的多肉而突出的腿肚子，跟他的方鼻子一样暗示他具备伏盖寡妇所重视的若干优点；而那张满月似的，又天真又痴騃的脸，也从旁证实。伏盖寡妇理想中的汉子应当精壮结实，能把全副精神花在感情方面。每天早晨，多艺学校①的理发匠来替高里奥把头发扑粉，梳成鸽翅式，在他的低额角上留出五个尖角，十分好看。虽然有点儿土气，他穿扮得十分整齐，倒起烟来老是一大堆，吸进鼻孔的神气表示他从来不愁烟壶里会缺少玛古巴②。所以高里奥搬进伏盖太太家的那一天，她晚上睡觉的时候便盘算怎样离开伏盖的坟墓，到高里奥身上去再生；她把这个念头放在欲火上烧烤，仿佛烤一只涂满油脂的竹鸡。再醮，把公寓出盘，

---

① 法国有名的最高学府之一，校址在先贤祠附近，离伏盖公寓甚近。——译者注
② 当时最著名的一种鼻烟。——译者注

跟这位布尔乔亚的精华结合,成为本区中一个显要的太太,替穷人募捐,星期日逛旭阿西,梭阿西,香蒂伊①;随心所欲的上戏院,坐包厢,毋须再等房客在七月中弄几张作家的赠券送她;总而言之,她做着一般巴黎小市民的黄金梦。她有一个铜子一个铜子积起来的四万法郎,对谁也没有提过。当然,她觉得以财产而论,自己还是一个出色的对象。

"至于其他,我还怕比不上这家伙,"想到这儿她在床上翻了个身,仿佛有心表现一下美妙的身段,所以胖子西尔维每天早上看见褥子上有个陷下去的窝。

从这天起,约摸有三个月,伏盖寡妇利用高里奥先生的理发匠,在装扮上花了点心血,推说公寓里来往的客人都很体面,自己不能不修饰得和他们相称。她想出种种玩艺儿要调整房客,声言从今以后只招待在各方面看来都是最体面的人。遇到生客上门,她便宣传说高里奥先生,巴黎最有名望最有地位的商界巨头,特别选中她的公寓。她分发传单,上面大书特书:伏盖宿舍,后面写着:"拉丁区最悠久最知名的包饭公寓。风景优美,可以远眺高勃冷盆地(那是要在四层楼上远眺的),园亭幽雅,菩提树夹道成荫。"另外还提到环境清静,空气新鲜的话。

这份传单替她招来了特·朗倍梅尼伯爵夫人,三十六岁,丈夫是一个死在战场上的将军;她以殉职军人的寡妇身份,等公家结算抚恤金。伏盖太太把饭菜弄得很精美,客厅里生火有六个月之久,传单上的诺言都严格履行,甚至花了她的血本。伯爵夫人称伏盖太太为亲爱的朋友,说预备把特·伏曼朗男爵夫人和上校毕各阿梭伯爵的寡妇,她的两个朋友,介绍到这儿来;她们住在玛莱区②一家比伏盖公寓贵得多的宿舍里,租期快要满了。一朝陆军部各司署把手续办完之后,这些太太都是很有钱的。

"可是,"她说,"衙门里的公事老不结束。"

两个寡妇晚饭之后一齐上楼,到伏盖太太房里谈天,喝着果子酒,嚼

---

① 旭阿西,梭阿西,香蒂伊,均为巴黎近郊名胜。——译者注
② 从十七世纪起,玛莱区即为巴黎高等住宅区。——译者注

着房东留备自用的糖果。特·朗倍梅尼夫人大为赞成房东太太对高里奥的看法，认为确是高见，据说她一进门就猜到房东太太的心思，觉得高里奥是个十全十美的男人。

"啊！亲爱的太太，"伏盖寡妇对她说，"他一点毛病都没有，保养得挺好，还能给一个女人许多快乐哩。"

伯爵夫人对伏盖太太的装束很热心的贡献意见，认为还不能跟她的抱负配合。"你得武装起来，"她说。仔细计算一番之后，两个寡妇一同上王宫市场的木廊①，买了一顶饰有羽毛的帽子和一顶便帽。伯爵夫人又带她的朋友上小耶纳德铺子挑了一件衣衫和一条披肩。武装买齐，扎束定当之后，寡妇真像煨牛肉饭店的招牌②。她却觉得自己大为改观，添加了不少风韵，便很感激伯爵夫人，虽是生性吝啬，也硬要伯爵夫人接受一顶二十法郎的帽子；实际是打算托她去探探高里奥，替自己吹嘘一番。朗倍梅尼夫人很乐意当这个差事，跟老面条商做了一次密谈，想笼络他，把他勾引过来派自己的用场；可是种种的诱惑，对方即使不曾明白拒绝，至少是怕羞得厉害；他的伧俗把她气走了。

"我的宝贝，"她对她的朋友说，"你在这个家伙身上什么都挤不出来的！他那疑神疑鬼的态度简直可笑；这是个吝啬鬼，笨蛋，蠢货，只能讨人厌。"

高里奥先生和朗倍梅尼太太会面的经过，甚至使伯爵夫人从此不愿再同他住在一幢楼里。第二天她走了，把六个月的膳宿费都忘了，留下的破衣服只值五法郎。伏盖太太拼命寻访，总没法在巴黎打听到一些关于特·朗倍梅尼伯爵夫人的消息。她常常提起这件倒楣事儿，埋怨自己过于相信人家，其实她的疑心病比猫还要重；但她像许多人一样，老是提防亲近的人而遇到第一个陌生人就上当。这种古怪的，也是实在的现象，很

---

① 一八二八年以前王宫市场内有一条走廊，都是板屋，开着小铺子，廊子的名字叫做木廊。——原注

② 饭店当时开在中学街，招牌上画一条牛，戴着帽子和披肩；旁边有一株树，树旁坐着一个女人。——原注

容易在一个人的心里找到根源。也许有些人,在共同生活的人身上再也得不到什么;把自己心灵的空虚暴露之后,暗中觉得受着旁人严厉的批判;而那些得不到的恭维,他们又偏偏极感需要,或者自己素来没有的优点,竭力想显得具备;因此他们希望争取陌生人的敬重或感情,顾不得将来是否会落空。更有一等人,天生势利,对朋友或亲近的人绝对不行方便,因为那是他们的义务,没有报酬的;不比替陌生人效劳,可以让自尊心满足一下;所以在感情圈内同他们离得越近的人,他们越不爱;离得越远,他们越殷勤。伏盖太太显然兼有上面两种性格,骨子里都是鄙陋的,虚伪的,恶劣的。

"我要是在这儿,"伏脱冷说,"包你不会吃这个亏!我会揭破那个女骗子的面皮,教她当场出彩。那种嘴脸我是一望而知的。"

像所有心路不宽的人一样,伏盖太太从来不能站在事情之外推究它的原因。她喜欢把自己的错处推在别人头上。受了那次损失,她认为老实的面条商是罪魁祸首;并且据她自己说,从此死了心。当她承认一切的挑引和搔首弄姿都归无用之后,她马上猜到了原因,以为这个房客像她所说的另有所欢。事实证明她那个美丽动人的希望只是一场空梦,在这家伙身上是什么都挤不出来的,正如伯爵夫人那句一针见血的话——她倒像是个内行呢。伏盖太太此后敌视的程度,当然远过于先前友谊的程度。仇恨的原因并非为了她的爱情,而是为了希望的破灭。个人向感情的高峰攀登,可能中途休息;从怨恨的险坡往下走,就难得留步了。然而高里奥先生是她的房客,寡妇不能不捺着受伤的自尊心不让爆发,把失望以后的长吁短叹藏起来,把报复的念头闷在肚里,好似修士受了院长的气,逢到小人要发泄感情,不问是好感是恶感,总是不断的玩小手段的。那寡妇凭着女人的狡狯,想出许多暗中捉弄的方法,折磨她的仇人。她先取消公寓里添加出来的几项小节目。

"用不着什么小黄瓜跟鳕鱼了。都是上当的东西!"她恢复旧章的那天早晨,这样吩咐西尔维。

可是高里奥先生自奉菲薄,正如一般白手成家的人,早年不得已的俭省已经成为习惯。素羹,或是肉汤,加上一盘蔬菜,一向是,而且永远就该是,他最称心的晚餐。因此伏盖太太要折磨她的房客极不容易,他简直无所谓嗜好,也就没法跟他为难。遇到这样一个无懈可击的人,她觉得无可奈何,只能瞧不起他,把她对高里奥的敌意感染别的房客;而他们为了好玩,竟然帮着她出气。

　　第一年将尽,寡妇对他十分猜疑,甚至在心里思忖:这个富有七八千法郎进款的商人,银器和饰物的精美不下于富翁的外室,为什么住到这儿来,只付一笔在他财产比例上极小的膳宿费?这第一年的大半时期,高里奥先生每星期总有一两次在外面吃晚饭;随后,不知不觉改为一个月两次。高里奥大爷那些甜蜜的约会,对伏盖太太的利益配合得太好了;所以他在家用餐的习惯越来越正常,伏盖太太不能不生气。这种改变被认为一方面由于他的财产慢慢减少,同时也由于他故意跟房东为难。小人许多最可鄙的习惯中间,有一桩是以为别人跟他们一样小气。不幸,第二年年终,高里奥先生竟证实了关于他的谰言,要求搬上三楼,膳宿费减为九百法郎。他需要极度撙节,甚至整整一冬屋里没有生火。伏盖寡妇要他先付后住,高里奥答应了,从此她便管他叫高老头。

　　关于他降级的原因,大家议论纷纷,可是始终猜不透!像那假伯爵夫人所说的,高老头是一个城府很深的家伙。一般头脑空空如也,并且因为只会胡扯而随便乱说的人,自有一套逻辑,认为不提自己私事的人决没有什么好事。在他们眼中,那么体面的富商一变而为骗子,风流人物一变而为老混蛋了。一忽儿,照那个时代搬入公寓的伏脱冷的说法,高老头是做交易所的,送完了自己的钱,还在那里靠公债做些小小的投机,这句话,在伏脱冷嘴里用的是有声有色的金融上的术语。一忽儿,他是个起码赌鬼,天天晚上去碰运气,赢他十来个法郎。一忽儿,他又是特务警察雇用的密探;但伏脱冷认为他还不够狡猾当这个差事。又有一说,高老头是个放印子钱的守财奴,再不然是一个追同号奖券的人①。总之,大家把他当做恶

---

① 买奖券时每次买同样的号码而增加本钱,叫做追同号奖券。——译者注

劣的嗜好,无耻,低能,所能产生的最神秘的人物。不过无论他的行为或恶劣的嗜好如何要不得,人家对他的敌意还不至于把他撵出门外:他从没欠过房饭钱。况且他也有他的用处,每个人快乐的或恶劣的心绪,都可用打趣或咕噜的方式借他来发泄。最近似而被众人一致认可的意见,是伏盖太太的那种说法。这个保养得那么好,一点毛病都没有,还能给一个女人许多快乐的人,据她说,实在是个古怪的好色鬼。伏盖寡妇的这种坏话,有下面的事实做根据。

那个晦气星伯爵夫人白吃白住了半年,溜掉以后几个月,伏盖太太一天早上起身之前,听见楼梯上有绸衣悉索的声音,一个年轻的女人轻轻巧巧的溜进高里奥房里,打开房门的方式又像有暗号似的。胖子西尔维立即上来报告女主人,说有个漂亮得不像良家妇女的姑娘,装扮得神仙似的,穿着一双毫无灰土的薄底呢靴,像鳗鱼一样从街上一直溜进厨房,问高里奥先生的房间在哪儿。伏盖太太带着厨娘去凑在门上偷听,耳朵里掠到几句温柔的话;两人会面的时间也有好一会。高里奥送女客出门,胖子西尔维马上抓起菜篮,装作上菜市的模样去跟踪这对情人。

她回来对女主人说:"太太,高里奥先生一定钱多得作怪,才撑得起那样的场面。你真想不到吊刑街转角,有一辆漂亮马车等在那里,我看她上去的。"

吃晚饭的时候,伏盖太太去拉了一下窗帘,把射着高里奥的眼睛的那道阳光遮掉①。

"高里奥先生,你阳光高照,艳福不浅呢,"她说话之间暗指他早晨的来客。"吓! 你眼力真好,她漂亮得很啊。"

"那是我的女儿呐,"他回答时那种骄傲的神气,房客都以为是老人故意遮面子。

一个月以后,又有一个女客来拜访高里奥先生。他女儿第一次来是穿的晨装,这次是晚餐以后,穿得像要出去应酬的模样。房客在客厅里聊

---

① 本书中所说的晚餐,约在下午四点左右。公寓每日只开两餐。——译者注

天,瞥见一个美丽的金发女子,瘦瘦的身腰,极有丰韵,那种高雅大方的气度决不可能是高老头的女儿。

"哎啊！竟有两个！"胖子西尔维说;她完全认不出是同一个人。

过了几天,另外一个女儿,高大,结实,深色皮肤,黑头发,配着炯炯有神的眼睛,跑来见高里奥先生。

"哎啊！竟有三个！"西尔维说。

这第二个女儿初次也是早上来的,隔了几天又在黄昏时穿了跳舞衣衫,坐了车来。

"哎啊！竟有四个！"伏盖太太和西尔维一齐嚷着。她们在这位阔太太身上一点没有看出她上次早晨穿扮朴素的影子。

那时高里奥还付着一千二百法郎的膳宿费。伏盖太太觉得一个富翁养四五个情妇是挺平常的,把情妇充作女儿也很巧妙。他把她们叫到公寓里来,她也并不生气。可是那些女客既然说明了高里奥对她冷淡的原因,她在第二年年初便唤他做老雄猫。等到他降级到九百法郎之后,有一次她看见这些女客之中的一个下楼,就恶狠狠的问他打算把她的公寓当做什么地方。高老头回答说这位太太是他的大女儿。

初见世面（节选）

　　十二月第一星期的末了，拉斯蒂涅接到两封信，一封是母亲的，一封是大妹妹的。那些一望而知的笔迹使他快乐得心跳，害怕得发抖。对于他的希望，两张薄薄的纸等于一道生死攸关的判决书。想到父母姊妹的艰苦，他固然有点害怕；可是她们对他的溺爱，他太有把握了，尽可放心大胆吸取她们最后几滴血。母亲的信是这样写的：

　　亲爱的孩子，你要的钱我寄给你了。但望好好的使用，下次即使要救你性命，我也不能瞒了父亲再张罗这样大的数目，那要动摇我们的命根，拿田地去抵押了。我不知道计划的内容，自然无从批评；但究竟是什么性质的计划，你不敢告诉我呢？要解释，用不着写上几本书，我们为娘的只要一句话就明白，而这句话可以免得我因为无从捉摸而牵肠挂肚。告诉你，来信使我非常痛苦。好孩子，究竟是什么情绪使你引起我这样的恐怖呢？你写信的时候大概非常难受吧，因为我看信的时候就很难受。你想干哪一行呢？难道你的前途，你的幸福，就在于装出你没有的身份，花费你负担不起的本钱，浪费你宝贵的求学的光阴，去见识那个社会吗？孩子，相信你母亲吧，拐弯抹角的路决无伟大的成就。像你这种情形的青年，应当以忍耐与安命为美德。我不埋怨你，我不愿我们的贡献对你有半点儿苦味。我的话是一个又相信儿子，又有远见的母亲的话。你知道你的责任所在，我也知道你的心是纯洁的，你的用意是极好的。所以我很放心的对你说：好，亲爱的，去干吧！我战战兢兢，因为我是母亲；但你每走一步，我们的愿望和祝福总是陪你一步。谨慎小心呀，亲爱的孩子。你应当像大人一般明哲，你心爱的五个人①的命运都在你的肩上。是啊，我们的财富都在你身上，正如你的幸福就是我们的幸福。我们都求上帝帮助你的计划。你的姑母真是好到极点，她甚至懂得你关于手套的话。她很快活的说，她对长子特别软心。欧也纳，你应该深深的爱她，她为你所做的事，等你成功以后再告诉你，否则她的钱要使你烫手的。你们做孩子的还不知道什么叫做牺牲纪念物！可是我们哪一样不能为你牺牲呢？她要我告诉你，说她亲你的前额，希望你常常快乐。倘不是手指害痛风症，她也要写信给你呢。父亲身体很好。今年的收成超过了我们的希望。再会了，亲爱的孩子，关于你妹妹们的事，我不说了，洛尔另外有信给你。她喜欢拉拉扯扯的谈家常，我就让她来了。但求上天使你成功！噢！是的，你非成功不可，欧也纳，你使我太痛苦了，我再也受不了第二次。因为巴望能有财产给我的孩子，我才懂得贫穷的滋味。好了，再会吧。切勿杳无音信。接受你母亲的亲吻吧。

欧也纳念完信，哭了。他想到高老头扭掉镀金盘子，卖了钱替女儿还债的情景。"你的母亲也扭掉了她的首饰，"他对自己说。"姑母卖掉纪念物的时候一定也哭了。你有什么权利诅咒阿娜斯大齐呢？她为了情人，你为了只顾自己的前程，你比她强在哪里？"大学生肚子里有些热不可当的感觉。他想放弃上流社会，不拿这笔钱。这种良心上的责备正是心胸高尚的表现，一般人批判同胞的时候不大理会这一点，唯有天上的安琪儿才会考虑到，所以人间的法官所判的罪犯，常常会得到天使的赦免。拉斯蒂涅拆开妹子的信，天真而婉转的措辞使他心里轻松了些。

　　亲爱的哥哥，你的信来得正好，阿迦德和我，想把我们的钱派作多少用场，简直决不定买哪样好了。你像西班牙王的仆人一样，打碎

---

① 父亲，母亲，两个妹妹，两个兄弟，一个姑母。应当是七个人。——译者注

了主子的表，倒反解决了他的难题；你一句话教我们齐了心。真的，为了选择问题，我们老是在拌嘴，可做梦也想不到，原来只有一项用途真正能满足我们所有的欲望。阿迦德快活得直跳起来。我们俩乐得整天疯疯癫癫，以至于(姑母的说法)妈妈扮起一本正经的脸来问："什么事呀，两位小姐？"如果我们因此受到一言半语的埋怨，我相信我们还要快活呢。一个女子为了所爱的人受苦才是乐事！只有我在快乐之中觉得不痛快，有点儿心事。将来我决不是一个贤慧的女人，我太会花钱，买了两根腰带，一支穿引胸衣小孔的美丽的引针，一些无聊东西，因此我的钱没有胖子阿迦德多；她很省俭，把洋钱一块块积起来像喜鹊一样①。她有两百法郎！我么，可怜的朋友，我只有一百五十。我大大的遭了报应，真想把腰带扔在井里，从此我用到腰带心中就要不舒适了。唉，我揩了你的油。阿迦德真好，她说："咱们把三百五十法郎合在一块儿寄给他吧！"实际情形恕不详细奉告！我们依照你的吩咐，拿了这笔了不得的款子假装出去散步，一上大路，直奔吕番克村，把钱交给驿站站长格冷贝先生。回来我们身轻如燕。阿迦德问我："是不是因为快乐我们身体这样轻？"我们不知讲了多少话，恕不细述了。反正谈的是你巴黎佬的事。噢！好哥哥，我们真爱你！要说守秘密吧，像我们这样的调皮姑娘，据姑母说，什么都做得出来，就是守口如瓶也办得到。母亲和姑母偷偷摸摸的上安古兰末，两人对旅行的目标绝口不提，动身之前，还经过一次长时期的会议，我们和男爵大人都不准参加。在拉斯蒂涅国里，大家纷纷猜测。公主们给王后陛下所绣的小孔纱衫，极秘密的赶起来，把两条边补足了。凡端伊方面决定不砌围墙，用篱笆代替。小百姓要损失果子，再没有钉在墙上的果树。但外人可以赏玩一下园内的好风景。如果王太子需要手帕，特·玛西阿母后在多年不动的库房里，找出了一匹遗

---

① 西方各国传说，喜鹊爱金属发光之物，乡居人家常有金属物被喜鹊衔去之事。——译者注

忘已久的上等荷兰细布;阿迦德和洛尔两位公主,正在打点针线和老
是冻得红红的手,听候太子命令。唐·亨利和唐·迦勃里哀两位小
王子还是那么淘气:狂吞葡萄酱,惹姊姊们冒火,不肯念书,喜欢掏鸟
窝,吵吵嚷嚷,冒犯禁令去砍伐柳条,做枪做棒。教皇的专使,俗称为
本堂教士,威吓说要驱逐他们出教,如果他们再放着神圣的文法不学
而去舞枪弄棒。再会吧,亲爱的哥哥,我这封信表示我对你全心全意
的祝福,也表示我对你的友爱得到了极大的满足。你将来回家,一定
有许多事情告诉我! 你什么都不会瞒我,是不是? 我是大妹妹呀。
姑母曾经透露一句,说你在交际场中颇为得意。

只讲起一个女子,其余便只字不提。

只字不提,当然是对我们罗! 喂! 欧也纳,你需要的话,我们可
以省下手帕的布替你做衬衣。关于这一点,快快来信。倘若你马上
要做工很好的漂亮衬衫,我们得立刻赶做;有什么我们不知道的巴黎
式样,你寄个样子来,尤其袖口。再会了,再会了! 我吻你的左额,那
是专属于我的。另外一张信纸我留给阿迦德。她答应决不偷看我写
的。可是为保险起见,她写的时候我要在旁监视。

        爱你的妹妹　洛尔·特·拉斯蒂涅

"哦! 是啊,是啊,"欧也纳心里想,"无论如何非发财不可! 奇珍异宝
也报答不了这样的忠诚。我得把世界上所有的幸福都带给她们。"他停了
一会又想:"一千五百五十法郎,每个法郎都得用在刀口上! 洛尔说得不
错。该死! 我只有粗布衬衫。为了男人的幸福,女孩子家会像小偷一样
机灵。她那么天真,为我设想却那么周到,犹如天上的安琪儿,根本不懂
得尘世的罪过便宽恕了。"

于是世界是他的了! 先把裁缝叫来,探过口气,居然答应赊账。见过
了脱拉伊先生,拉斯蒂涅懂得裁缝对青年人的生活影响极大。为了账单,

裁缝要不是一个死冤家,便是一个好朋友,总是走极端的。欧也纳所找的那个,懂得人要衣装的老话,自命为能够把青年人捧出山。后来拉斯蒂涅感激之余,在他那套巧妙的谈吐里有两句话,使那个成衣匠发了财:

"我知道有人靠了他做的两条裤子,攀了一门有两万法郎陪嫁的亲事。"

一千五百法郎现款,再加可以赊账的衣服! 这么一来,南方的穷小子变得信心十足。他下楼用早餐的时候,自有一个年轻人有了几文的那种说不出的神气。钱落到一个大学生的口袋里,他马上觉得有了靠山。走路比从前有劲得多,杠杆有了着力的据点,眼神丰满,敢于正视一切,全身的动作也灵活起来;隔夜还怯生生的,挨了打不敢还手;此刻可有胆子得罪内阁总理了。他心中有了不可思议的变化:他无所不欲,无所不能,想入非非的又要这样又要那样,兴高采烈,豪爽非凡,话也多起来了。总之,从前没有羽毛的小鸟如今长了翅膀。没有钱的大学生拾取一星半点的欢娱,像一条狗冒着无穷的危险偷一根骨头,一边咬着嚼着,吮着骨髓,一边还在跑。等到小伙子袋里有了几枚不容易招留的金洋,就会把乐趣细细的体味,咀嚼,得意非凡,魂灵儿飞上半天,再不知穷苦二字怎讲。整个巴黎都是他的了。那是样样闪着金光,爆出火花的年龄! 成年以后的男女哪还有这种快活劲儿! 那是欠债的年龄,提心吊胆的年龄! 而就因为提心吊胆,一切欢乐才格外有意思! 凡是不熟悉塞纳河左岸,没有在拉丁区混过的人,根本不懂得人生!

拉斯蒂涅咬着伏盖太太家一个铜子一个的煮熟梨,心上想:"嘿! 巴黎的妇女知道了,准会到这儿来向我求爱。"

这时栅门上的铃声一响,驿车公司的一个信差走进饭厅。他找欧也纳·特·拉斯蒂涅先生,交给他两只袋和一张签字的回单。欧也纳被伏脱冷深深的瞅了一眼,好像被鞭子抽了一下。

伏脱冷对他说:"那你可以去找老师学击剑打枪了。"

"金船到了,"伏盖太太瞧着钱袋说。

米旭诺小姐不敢对钱袋望,唯恐人家看出她贪心。

"你的妈妈真好，"古的太太说。

"他的妈妈真好，"波阿莱马上跟了一句。

"对啊，妈妈连血都挤出来了，"伏脱冷道。"现在你可以胡闹，可以交际，去钓一笔陪嫁，跟那些满头桃花的伯爵夫人跳舞了。可是听我的话，小朋友，靶子场非常去不可。"

伏脱冷做了一个瞄准的姿势。拉斯蒂涅想拿酒钱给信差，一个钱都掏不出来。伏脱冷拿一个法郎丢给来人。

"你的信用是不错的，"他望着大学生说。

拉斯蒂涅只得谢了他，虽然那天从鲍赛昂家回来，彼此抢白过几句以后，他非常讨厌这个家伙。在那八天之内，欧也纳和伏脱冷见了面都不做声，彼此只用冷眼观察。大学生想来想去也不明白是怎么回事。大概思想的放射，总是以孕育思想的力量为准的，头脑要把思想送到什么地方，思想便落在什么地方，准确性不下于从炮身里飞出去的弹丸，效果却各各不同。有些娇嫩的个性，思想可以钻进去损坏组织；也有些武装坚强的个性，铜墙铁壁式的头脑，旁人的意志打上去只能颓然堕下，好像炮弹射着城墙一样；还有软如棉花的个性，旁人的思想一碰到它便失掉作用，犹如炮弹落在堡垒外面的泥沟里。拉斯蒂涅的那种头脑却是装满了火药，一触即发。他朝气太旺，不能避免思想放射的作用，接触到别人的感情，不能不感染，许多古怪的现象在他不知不觉之间种在他心里。他的精神视觉像他的山猫眼睛一样明彻；每种灵敏的感官都有那种神秘的力量，能够感知遥远的思想，也具有那种反应敏捷，往返自如的弹性；我们在优秀的人物身上，善于把握敌人缺点的战士身上，就是佩服这种弹性。并且一个月以来，欧也纳所发展的优点跟缺点一样多。他的缺点是社会逼出来的，也是满足他日趋高涨的欲望所必需的。在他的优点中间，有一项是南方人的兴奋活泼，喜欢单刀直入解决困难，受不了不上不下的局而；北方人把这个优点称为缺点：他们以为这种性格如果是缪拉成功的秘诀，也是他丧命的原因①。由此可以得出一个结论:如果一个南方人把北方人的狡猾和洛阿河彼岸②的勇猛联合起来,就可成为全才,坐上瑞典的王位③。因此,拉斯蒂涅决不能长久处于伏脱冷的炮火之下,而不弄清楚这家伙究竟为敌为友。他常常觉得这怪人看透他的情欲,看透他的心思,而这怪人自己却把一切藏得那么严,其深不可测正如无所不知,无所不见,而一言不发的斯芬克斯。这时欧也纳荷包里有了几文,想反抗了。伏脱冷喝完了最后几口咖啡,预备起身出去,欧也纳说:

"对不起,请你等一下。"

"干么?"伏脱冷回答,一边戴上他的阔边大帽,提起铁手杖。平时他常常拿这根手杖在空中舞动,大有三四个强盗来攻击也不怕的神气。

"我要还你钱。"拉斯蒂涅说着,急急忙忙解开袋子,数出一百四十法郎给伏盖太太,说道:"账算清,朋友亲,到今年年底为止,咱们两讫了。再请兑五法郎零钱给我。"

"朋友亲,账算清,"波阿莱瞧着伏脱冷重复了一句。

"这儿还你一法郎,"拉斯蒂涅把钱授给那个戴假头发的斯芬克斯。

"好像你就怕欠我的钱,嗯?"伏脱冷大声说着,犀利的目光直瞧到他心里;那副涎皮赖脸的挖苦人的笑容,欧也纳一向讨厌,想跟他闹了好几回了。

"嗳……是的,"大学生回答,提着两只钱袋预备上楼了。

伏脱冷正要从通到客厅的门里出去,大学生想从通到楼梯道的门里出去。

"你知道么,特·拉斯蒂涅喇嘛侯爵大人,你的话不大客气?"伏脱冷

---

① 缪拉为法国南方人,拿破仑之妹婿,帝政时代名将之一,曾为拿波里王,终为奥军俘获枪决,以大胆勇猛出名。——译者注

② 洛阿河彼岸事实上还不能算法国南部;巴尔扎克笔下的南方,往往范围比一般更广。——译者注

③ 指裴拿陶德,也是法国南方人,拿破仑部下名将。后投奔瑞典,终为瑞典国王,迄今瑞典王室犹为裴氏嫡系。——译者注

说着,砰的一声关上客厅的门,迎着大学生走过来。大学生冷冷的瞅着他。

拉斯蒂涅带上饭厅的门,拉着伏脱冷走到楼梯脚下。楼梯间有扇直达花园的板门,嵌着长玻璃,装着铁栅。西尔维正从厨房出来,大学生当着她的面说:

"伏脱冷先生,我不是侯爵,也不是什么拉斯蒂涅喇嘛。"

"他们要打架了,"米旭诺小姐不关痛痒的说。

"打架!"波阿莱跟着说。

"噢,不会的,"伏盖太太摩挲着她的一堆洋钱回答。

"他们到菩提树下去了,"维多莉小姐叫了声,站起来向窗外张望。"可怜的小伙子没有错啊。"

古的太太说:"上楼吧,亲爱的孩子,别管闲事。"

古的太太和维多莉起来走到门口,西尔维迎面拦住了去路,说道:

"什么事啊?伏脱冷先生对欧也纳先生说:咱们来评个理吧!说完抓着他的胳膊,踏着我们的朝鲜蓟走过去了。"

这时伏脱冷出现了——"伏盖妈妈,"他笑道,"不用怕,我要到菩提树下去试试我的手枪。"

"哎呀!先生,"维多莉合着手说,"干么你要打死欧也纳先生呢?"

伏脱冷退后两步,瞧着维多莉。

"又是一桩公案,"他那种嘲弄的声音把可怜的姑娘羞得满面通红。"这小伙子很可爱是不是?你教我想起了一个主意。好,让我来成全你们俩的幸福吧,美丽的孩子。"

古的太太抓起女孩子的胳膊,一边走一边凑在她耳边说:

"维多莉,你今儿真是莫名其妙。"

伏盖太太道:"我不愿意人家在我这里打枪,你要惊动邻居,老清早叫警察上门了!"

"哦!放心,伏盖妈妈,"伏脱冷回答。"你别慌,我们到靶子场去就是了。"说罢他追上拉斯蒂涅,亲热的抓了他的手臂:

"等会你看我三十五步之外接连五颗子弹打在黑桃 A①的中心，你不至于泄气吧？我看你有点生气了；那你可要糊里糊涂送命的呢。"

"你不敢啦？"欧也纳说。

"别惹我，"伏脱冷道。"今儿天气不冷，来这儿坐吧，"他指着几只绿漆的凳子。"行，这儿不会有人听见了。我要跟你谈谈。你是一个好小子，我不愿意伤你。咱家鬼——（吓！该死！）咱家伏脱冷可以赌咒，我真喜欢你。为什么？我会告诉你的。现在只要你知道，我把你认识得清清楚楚，好像你是我生的一般。我可以给你证明。哎，把袋子放在这儿吧，"他指着圆桌说。

拉斯蒂涅把钱袋放在桌上，他不懂这家伙本来说要打死他，怎么又忽然装做他的保护人。

"你很想知道我是谁，干过什么事，现在又干些什么。你太好奇了，孩子。哎，不用急。我的话长呢。我倒过楣。你先听着，等会再回答。我过去的身世，倒过楣三个字儿就可以说完了。我是谁？伏脱冷。做些什么？做我爱做的事。完啦。你要知道我的性格吗？只要对我好的或是我觉得投机的人，我对他们和气得很。这种人可以百无禁忌，尽管在我小腿上踢几脚，我也不会说一声哼，当心！可是，小乖乖！那些跟我找麻烦的人，或是我觉得不对劲的，我会凶得像魔鬼。还得告诉你，我把杀人当做——呸……这样的玩艺儿！"说着他唾了一道口水，"不过我的杀人杀的很得体，倘使非杀不可的话。我是你们所说的艺术家。别小看我，我念过贝凡纽多·彻里尼②的《回忆录》，还是念的意大利文的原作！他是一个会作乐的好汉，我跟他学会了模仿天意，所谓天意，就是不分青红皂白把我们乱杀一阵。我也学会了到处爱美。你说：单枪匹马跟所有的人作对，把他们一齐打倒，不是挺美吗？对你们这个乱七八糟的社会组织，我仔细想过。告诉

---

① 黑桃为扑克牌的一种花色，A 为每种花色中最大的牌。此处是指打枪的靶子。——译者注

② 贝凡纽多·彻里尼（一五〇〇——一五七一），十六世纪意大利版画家，雕塑家，以生活放浪冒险著名于世。——译者注

你,孩子,决斗是小娃娃的玩艺儿,简直胡闹。两个人中间有一个多余的时候,只有傻瓜才会听凭偶然去决定。决斗吗?就像猜铜板!呃!我一口气在黑桃 A 的中心打进五颗子弹,一颗钉着一颗,还是在三十五步之外!有了这些小本领,总以为打中个把人是没问题的了。唉!哪知我隔开二十步打一个人竟没有中。对面那混蛋,一辈子没有拿过手枪,可是你瞧!"他说着解开背心,露出像熊背一样多毛的胸脯,生着一簇教人又恶心又害怕的黄毛,"那乳臭未干的小子竟然把我的毛烧焦了。"他把拉斯蒂涅的手指按在他乳房的一个窟窿上。"那时我还是一个孩子,像你这个年纪,二十一岁。我还相信一些东西,譬如说,相信一个女人的爱情,相信那些弄得你七荤八素的荒唐事儿。我们交起手来,你可能把我打死。假定我躺在地下了,你怎么办?得逃走罗,上瑞士去,白吃爸爸的,而爸爸也没有几文。你现在的情形,让我来点醒你;我的看法高人一等,因为我有生活经验,知道只有两条路好走:不是糊里糊涂的服从,就是反抗。我,还用说吗?我对什么都不服从。照你现在这个派头,你知道你需要什么,一百万家财,而且要快;不然的话,你尽管胡思乱想,一切都是水中捞月,白费!这一百万,我来给你吧。"他停了一下,望着欧也纳。"啊!啊!现在你对伏脱冷老头的神气好一些了。一听我那句话,你就像小姑娘听见人家说了声:晚上见,便理理毛,舐舐嘴唇,有如喝过牛奶的猫咪。这才对啦。来,来,咱们合作吧。先算算你那笔账,小朋友。家乡,咱们有爸爸,妈妈,祖姑母,两个妹妹(一个十八一个十七),两个兄弟(一个十五一个十岁),这是咱们的花名册。祖姑母管教两个妹妹,神甫教两个兄弟拉丁文。家里总是多喝栗子汤,少吃白面包;爸爸非常爱惜他的裤子,妈妈难得添一件冬衣和夏衣,妹妹们能将就便将就了。我什么都知道,我住过南方。要是家里每年给你一千二,田里的收入统共只有三千,那么你们的情形就是这样。咱们有一个厨娘,一个当差,面子总要顾到,爸爸还是男爵呢。至于咱们自己,咱们有野心,有鲍赛昂家撑腰,咱们拼着两条腿走去,心里想发财,袋里空空如也;嘴里吃着伏盖妈妈的起码饭菜,心里爱着圣·日耳曼区的山珍海味;睡的是破床,想的是高堂大厦!我不责备你的欲望。我的小心肝,野心不是个个人有的。你去问问娘儿们,她们追求的是怎么样的男人,还不是野心家?野心家比旁的男子腰粗臂胖,血中铁质更多,心也更热。女人强壮的时候真快乐,真好看,所以在男人中专挑有力气的爱,便是给他压坏也甘心。我一项一项举出你的欲望,好向你提出问题。问题是这样:咱们肚子饿得像狼,牙齿又尖又快,怎么办才能弄到大鱼大肉?第一要吞下《法典》,那可不是好玩的事,也学不到什么;可是这一关非过不可。好,就算过了关,咱们去当律师,预备将来在重罪法庭当一个庭长,把一些英雄好汉,肩膀上刺了 T.F.①打发出去,好让财主们太太平平的睡觉。这可不是味儿,而且时间很长。先得在巴黎愁眉苦脸的熬两年,对咱们馋涎欲滴的美果只许看,不许碰。老想要而要不到,才磨人呢。倘若你面无血色,性格软绵绵的像条虫,那还不成问题;不幸咱们的血像狮子的一样滚烫,胃口奇好,一天可以胡闹二十次。这样你就受罪啦,受好天爷地狱里最凶的刑罚啦。就算你安分守己,只喝牛奶,做些哀伤的诗;可是熬尽了千辛万苦,憋着一肚子怨气之后,你总得,不管你怎样的胸襟高旷,先要在一个混蛋手下当代理检察,在什么破落的小城里:政府丢给你一千法郎薪水,好像把残羹冷饭扔给一条肉铺里的狗。你的职司是盯在小偷背后狂吠,替有钱的人辩护,把有心肝的送上断头台。你非这样不可!要没有靠山,你就在内地法院里发霉。到三十岁,你可以当一名年俸一千二的推事,倘若捧住饭碗的话。熬到四十岁,娶一个磨坊主人的女儿,带来六千上下的陪嫁。得啦,谢谢吧。要是有靠山,三十岁上你便是检察官,五千法郎薪水,娶的是区长的女儿。再玩一下卑鄙的政治手段,譬如读选举票,把自由党的玛虞哀念做保王党的维莱(既然押韵,用不着良心不安),你可以在四十岁上升做首席检察官,还能当议员。你要注意,亲爱的孩子,这么做是要咱们昧一下良心,吃二十年苦,无声无臭的受二十年难,咱们的姊妹只能当老姑娘终身。还得奉告一句:首席检察官的缺

---

① 苦役犯肩上黥印 T.F. 两个字母,是苦役(travaux forcés)二字的缩写。——译者注

份,全法国统共只有二十个,候补的有两万,其中尽有些不要脸的,为了升官发财,不惜出卖妻儿子女。如果这一行你觉得倒胃口,那么再来瞧瞧旁的。特·拉斯蒂涅男爵有意当律师吗?噢!好极了!先得熬上十年,每月一千法郎开销,要一套藏书,一间事务所,出去应酬,卑躬屈膝的巴结诉讼代理人,才能招揽案子,到法院去吃灰。要是这一行能够使你出头,那也罢了;可是你去问一问,五十岁左右每年挣五万法郎以上的律师,巴黎有没有五个?吓!与其受这样的委屈,还不如去当海盗。再说,哪儿来的本钱?这都泄气得很。不错,还有一条出路是女人的陪嫁。哦,你愿意结婚吗?那等于把一块石头挂上自己的脖子。何况为了金钱而结婚,咱们的荣誉感,咱们的志气,又放到哪儿去?还不如现在就反抗社会!像一条蛇似的躺在女人前面,舐着丈母的脚,做出叫母猪也害臊的卑鄙事情,呸!这样要能换到幸福,倒还罢了。但这种情形之下娶来的老婆,会教你倒楣得像阴沟盖。跟自己的老婆斗还不如同男人打架。这是人生的三岔口,朋友,你挑吧。你已经挑定了,你去过表亲鲍赛昂家,嗅到了富贵气。你也去过高老头的女儿雷斯多太太家,闻到了巴黎妇女的味道。那天你回来,脸上明明白白写着几个字:往上爬!不顾一切的往上爬!我暗中叫好,心里想这倒是一个配我脾胃的汉子。你要用钱,哪儿去找呢?你抽了姊妹的血。做弟兄的多多少少全骗过姊妹的钱。你家乡多的是栗子,少的是洋钱,天知道怎么弄来的一千五百法郎,往外溜的时候跟大兵出门抢劫一样快,钱完了怎么办?用功吗?用功的结果,你现在明白了,是给波阿莱那等角色老来在伏盖妈妈家租间屋子。跟你情形相仿的四五万青年,此刻都有一个问题要解决:赶快挣一笔财产。你是其中的一个。你想:你们要怎样的拼命,怎样的斗争;势必你吞我,我吞你,像一个瓶里的许多蜘蛛,因为根本没有四五万个好缺份。你知道巴黎的人怎么打天下的?不是靠天才的光芒,就是靠腐蚀的本领。在这个人堆里,不像炮弹一般轰进去,就得像瘟疫一般钻进去。清白老实一无用处。在天才的威力之下,大家会屈服;先是恨他,毁谤他,因为他一口独吞,不肯分肥;可是他要坚持的话,大家便屈服了;总而言之,没法把你埋在土里的时候,就向你磕头。雄才大略是少有的,遍地风行的是腐化堕落。社会上多的是饭桶,而腐蚀便是饭桶的武器,你到处觉得有它的刀尖。有些男人,全部家私不过六千法郎薪水,老婆的衣着花到一万以上。收入只有一千二的小职员也会买田买地。你可以看到一些女人出卖身体,为的要跟贵族院议员的公子,坐了车到长野跑马场的中央大道上去奔驰。女儿有了五万法郎进款,可怜的脓包高老头还不得不替女儿还债,那是你亲眼目睹的。你试着瞧吧,在巴黎走两三步路要不碰到这一类的鬼玩艺才怪。我敢把脑袋跟这一堆生菜打赌,你要碰到什么你中意的女人,不管是谁,不管怎样有钱,美丽,年轻,你马上掉在黄蜂窝里。她们受着法律束缚,什么事都得跟丈夫明争暗斗。为了情人,衣着,孩子,家里的开销,虚荣,所玩的手段,简直说不完,反正不是为了高尚的动机。所以正人君子是大众的公敌。你知道什么叫做正人君子吗?在巴黎,正人君子是不声不响,不愿分赃的人。至于那批可怜的公共奴隶,到处做苦工而没有报酬的,还没有包括在内;我管他们叫做相信上帝的傻瓜。当然这是德行的最高峰,愚不可及的好榜样,同时也是苦海。倘若上帝开个玩笑,在最后审判时缺席一下,那些好人包你都要愁眉苦脸!因此,你要想快快发财,必须现在已经有钱,或者装作有钱。要弄大钱,就该大刀阔斧的干,要不就完事大吉。三百六十行中,倘使有十几个人成功得快,大家便管他们叫做贼。你自己去找结论吧。人生就是这么回事。跟厨房一样腥臭。要捞油水不能怕弄脏手,只消事后洗干净:今日所谓道德,不过是这一点。我这样议论社会是有权利的,因为我认识社会。你以为我责备社会吗?绝对不是。世界一向是这样的。道德家永远改变不了它。人是不完全的,不过他的作假有时多有时少,一般傻子便跟着说风俗淳朴了,或是浇薄了。我并不帮平民骂富翁:上中下三等的人都是一样的人。这些高等野兽,每一百万中间总有十来个狠家伙,高高的坐在一切之上,甚至坐在法律之上,我便是其中之一。你要有种,你就扬着脸一直线往前冲。可是你得跟妒忌,毁谤,庸俗斗争,跟所有的人斗争。拿破仑碰到一个叫做奥勃里的陆军部长,差一点送他往殖民地①。你自己忖一忖吧！看你是否能每天早上起来,比隔夜更有勇气。倘然是的话,我可以给你提出一个谁也不会拒绝的计划。喂,你听着。我有个主意在这儿。我想过一种长老生活,在美国南部弄一大块田地,就算十万阿尔邦吧②。我要在那边种植,买奴隶,靠了卖牛,卖烟草,卖林木的生意挣他几百万,把日子过得像小皇帝一样;那样随心所欲的生活,蹲在这儿破窑里的人连做梦也做不到的。我是一个大诗人。我的诗不是写下来的,而是在行动和感情上表现的。此刻我有五万法郎,只够买四十名黑人。我需要二十万法郎,因为我要两百个黑人,才能满足我长老生活的瘾。黑人,你懂不懂?那是一些自生自发的孩子,你爱把他们怎办就怎办,决没有一个好奇的检察官来过问。有了这笔黑资本,十年之内可以挣到三四百万。我要成功了,就没有人盘问我出身。我就是四百万先生,合众国公民。那时我才五十岁,不至于发霉,我爱怎么玩儿就怎么玩儿。总而言之,倘若我替你弄到一百万陪嫁,你肯不肯给我二十万?两成佣金,不算太多吧?你可以教小媳妇儿爱你。一朝结了婚,你得表示不安,懊恼,半个月功夫装做闷闷不乐。然后,某一天夜里,先来一番装腔作势,再在两次亲吻之间,对你老婆说出有二十万的债,当然那时要把她叫做心肝宝贝罗!这种戏文天天都有一批最优秀的青年在搬演。一个少女把心给了你,还怕不肯打开钱袋吗?你以为你损失了吗?不。一桩买卖就能把二十万捞回来。凭你的资本,凭你的头脑,挣多大的家财都不成问题。于是乎③,你在六个月中间造成了你的幸福,造成了一个小娇娘的幸福,还有伏脱冷老头的幸福,还有你父母姊妹的幸福,他们此刻不是缺少木柴,手指冻得发疼吗?我的提议跟条件,你不用大惊小怪!巴黎六十件

---

① 一七九四年,拿破仑被国防委员会委员奥勃里解除意大利方面军的炮兵指挥。——译者注

② 阿尔邦为古量度名,约等于三十至五十一亩,因地域而异。每亩合一百平方公尺。——译者注

③ 原文是拉丁文,旧时逻辑学及修辞学中的套头语,表示伏脱冷也念过书。——译者注

美满的婚姻,总有四十七件是这一类的交易。公证人公会曾经强逼某先生……"

"要我怎么办呢?"拉斯蒂涅急不可待的打断了伏脱冷的话。

"噢,用不着你多费心的,"伏脱冷回答的时候,那种高兴好比一个渔翁觉得鱼儿上了钩。"你听我说! 凡是可怜的,遭难的女子,她的心等于一块极需要爱情的海绵,只消一滴感情,立刻膨胀。追求一个孤独,绝望,贫穷,想不到将来有大家私的姑娘,呃! 那简直是拿了一手同花顺子①,或是知道了头奖的号码去买奖券,或是得了消息去做公债。你的亲事就像在三合土上打了根基。一朝有几百万家财落在那姑娘头上,她会当作泥土一般扔在你脚下,说道:'拿吧,我的心肝! 拿吧,阿陶夫! 阿弗莱! 拿吧,欧也纳!'只消阿陶夫,阿弗莱,或者欧也纳有那聪明的头脑肯为她牺牲。所谓牺牲,不过是卖掉一套旧衣服,换几个钱一同上蓝钟饭铺吃一顿香菌包子;晚上再到滑稽剧院看一场戏;或者把表送往当铺,买一条披肩送她。那些爱情的小玩艺儿,无须跟你细说;多少女人都喜欢那一套,譬如写情书的时候,在信笺上洒几滴水冒充眼泪等等:我看你似乎完全懂得调情的把戏。你瞧,巴黎仿佛新大陆上的森林,有无数的野蛮民族在活动,什么伊林诺人,许龙人,都在社会上靠打猎过活。你是个追求百万家财的猎人,得用陷阱,用鸟笛,用哨子去猎取。打猎的种类很多:有的猎取陪嫁;有的猎取破产后的清算②;有的出卖良心,有的出卖无法抵抗的定户③。凡是满载而归的人都被敬重,庆贺,受上流社会招待。说句公平话,巴黎的确是世界上最好客的城市。如果欧洲各大京城高傲的贵族,不许一个声名狼藉的百万富翁跟他们称兄道弟,巴黎自会对他张开臂抱,赴他的宴会,吃他的饭,跟他碰杯,祝贺他的丑事。"

"可是哪儿去找这样一个姑娘呢?"欧也纳问。

---

① 同花顺子为纸牌中最高级的大牌。——译者注
② 资本主义社会中有的商人是靠倒闭清算而发财的。——译者注
③ 出卖良心是指受贿赂的选举,出卖定户指报馆老板出让报纸。——译者注

"就在眼前,听你摆布!"

"维多莉小姐吗?"

"对啦!"

"怎么?"

"她已经爱上你了,你那个特·拉斯蒂涅男爵夫人!"

"她一个子儿都没有呢,"欧也纳很诧异的说。

"噢! 这个吗? 再补上两句,事情就明白了。泰伊番老头在大革命时代暗杀过他的一个朋友;他是跟咱们一派的好汉,思想独往独来。他是银行家,弗莱特烈-泰伊番公司的大股东;他想把全部家产传给独养儿子,把维多莉一脚踢开。咱家我,可不喜欢这种不平事儿。我好似堂·吉诃德,专爱锄强扶弱。如果上帝的意志要召回他的儿子,泰伊番自会承认女儿;他好歹总要一个继承人,这又是人类天生的傻脾气;可是他不能再生孩子,我知道。维多莉温柔可爱,很快会把老子哄得回心转意,用感情弄得他团团转,像个德国陀螺似的。你对她的爱情,她感激万分,决不会忘掉,她会嫁给你。我么,我来替天行道,教上帝发愿。我有个生死之交的朋友,洛阿军团①的上校,最近调进王家卫队。他听了我的话加入极端派的保王党:他才不是固执成见的糊涂蛋呢。顺便得忠告你一句,好朋友,你不能拿自己的话当真,也不能拿自己的主张当真。有人要收买你的主张,不妨出卖。一个自命为从不改变主张的人,是一个永远走直线的人,相信自己永远正确的大傻瓜。世界上没有原则,只有事故;没有法律,只有时势;高明的人同事故跟时势打成一片,任意支配。倘若真有什么固定的原则跟法律,大家也不能随时更换,像咱们换衬衫一样容易了。一个人用不着比整个民族更智慧。替法国出力最少的倒是受人膜拜的偶像,因为他老走激进的路;其实这等人至多只能放在博物院中跟机器一块儿,挂上一条标签,叫他做拉斐德②,至于被每个人丢石子的那位亲王,根本瞧不起人

---

① 滑铁卢一仗以后,拿破仑的一部分军队改编为洛阿军团。——译者注
② 拉斐德一生并无重大贡献而声名不衰,政制屡更,仍无影响。——译者注

类,所以人家要他发多少誓便发多少誓;他却在维也纳会议中使法国免于瓜分;他替人挣了王冠,人家却把污泥丢在他脸上①。噢!什么事的底细我都明白;人家的秘密我知道的才多呢!不用多说了。只消有一天能碰到三个人对一条原则的运用意见一致,我就佩服,我马上可以采取一个坚决的主张;可是不知何年何月才有这么一天呢!对同一条法律的解释,法庭上就没有三个推事意见相同。言归正传,说我那个朋友吧。只消我开声口,他会把耶稣基督重新钉上十字架。凭我伏脱冷老头一句话,他会跟那个小子寻事,他——对可怜的妹子连一个子儿都不给,哼!——然后……"

伏脱冷站起身子,摆着姿势,好似一个剑术教师准备开步的功架:

"然后,请他回老家!"

"怕死人了!"欧也纳道。"你是开玩笑吧,伏脱冷先生?"

"呦!呦!呦!别紧张,"他回答。"别那么孩子气,你要是愿意,尽管去生气,去冒火!说我恶棍,坏蛋,无赖,强盗,都行,只别叫我骗子,也别叫我奸细!来吧,开口吧,把你的连珠炮放出来吧!我原谅你,在你的年纪上那是挺自然的!我就是过来人!不过得仔细想一想。也许有一天你干的事比这个更要不得,你会去拍漂亮女人的马屁,接受她的钱。你已经在这么想了。因为你要不在爱情上预支,你的梦想怎么能成功?亲爱的大学生,德行是不可分割的,是则是,非则非,一点没有含糊。有人说罪过可以补赎,可以用忏悔来抵销!哼,笑话!为要爬到社会上的某一级而去勾引一个女人,离间一家的弟兄,总之为了个人的快活和利益,明里暗里所干的一切卑鄙勾当,你以为合乎信仰,希望,慈悲三大原则吗?一个纨绔子弟引诱未成年的孩子一夜之间丢了一半家产,凭什么只判两个月徒刑?一个可怜的穷鬼在加重刑罚的情节②中偷了一千法郎,凭什么就判终

---

① 指泰勒朗,在拿破仑时代以功封为亲王,王政时代仍居显职,可谓三朝元老。路易十八能复辟,泰勒朗在幕后出了很大的力量。——译者注

② 加重刑罚的情节为法律术语,例如手持武器,夜入人家,在刑事上即为加重刑罚的情节。——译者注

身苦役？这是你们的法律。没有一条不荒谬。戴了黄手套说漂亮话的人物，杀人不见血，永远躲在背后；普通的杀人犯却在黑夜里用铁棍撬门进去，那明明是犯了加重刑罚的条款了。我现在向你提议的，跟你将来所要做的，差别只在于见血不见血。你还相信世界上真有什么固定不变的东西！嗳！千万别把人放在眼里，倒应该研究一下法网上哪儿有漏洞。只要不是彰明较著发的大财，骨子里都是大家遗忘了的罪案，只是案子做得干净罢了。"

"别说了，先生，我不能再听下去，你要教我对自己都怀疑了，这时我只能听感情指导。"

"随你吧，孩子。我只道你是个硬汉；我再不跟你说什么了。不过，最后交代你一句，"他目不转睛的瞪着大学生，"我的秘密交给你了。"

"不接受你计划，当然会忘掉的。"

"说得好，我听了很高兴。不是么，换了别人，就不会这么谨慎体贴了。别忘了我这番心意，等你半个月，要就办，不就算了。"

眼看伏脱冷挟着手杖，若无其事的走了，拉斯蒂涅不禁想道："好一个死心眼儿的家伙！特·鲍赛昂太太文文雅雅对我说的，他赤裸裸的说了出来。他拿钢铁般的利爪把我的心撕得粉碎。干么我要上特·纽沁根太太家去？我刚转好念头，他就猜着了。关于德行，这强盗坏三言两语告诉我的，远过于多少人物多少书本所说的。如果德行不允许妥协，我岂不是偷盗了我的妹妹？"

他把钱袋往桌上一扔，坐下来胡思乱想。

"忠于德行，就是做一个伟大的殉道者！喝！个个人相信德行，可是谁是有德行的？民众崇拜自由，可是自由的人民在哪儿？我的青春还像明净无云的蓝天，可是巴望富贵，不就是决定扯谎，屈膝，在地下爬，逢迎吹拍，处处作假吗？不就是甘心情愿听那般扯过谎，屈过膝，在地下爬过的人使唤吗？要加入他们的帮口，先得侍候他们。呸！那不行。我要规规矩矩，清清白白的用功，日以继夜的用功，凭劳力来挣我的财产。这是求富贵最慢的路，但我每天可以问心无愧的上床。白璧无瑕，像百合一样的纯洁,将来回顾一生的时候,岂不挺美? 我跟人生,还像一个青年和他的未婚妻一样新鲜,伏脱冷却教我看到婚后十年的情景。该死! 我越想越糊涂了。还是什么都不去想,听凭我的感情指导吧。"

胖子西尔维的声音赶走了欧也纳的幻想,她报告说裁缝来了。他拿了两口钱袋站在裁缝前面,觉得这个场面倒也不讨厌。试过夜礼服,又试一下白天穿的新装,他马上变了一个人。

他心上想:"还怕比不上特·脱拉伊? 还不是一样的绅士气派?"

"先生,"高老头走进欧也纳的屋子说,"你可是问我特·纽沁根太太上哪些地方应酬吗?"

"是啊。"

"下星期一,她要参加特·加里里阿诺元帅的跳舞会。要是你能够去,请你回来告诉我,她们姊妹俩是不是玩得痛快,穿些什么衣衫,总之,你要样样说给我听。"

"你怎么知道的?"欧也纳让他坐在火炉旁边问他。

"她的老妈子告诉我的。从丹兰士和公斯当斯①那边,我打听出她们的一举一动。"他像一个年轻的情人因为探明了情妇的行踪,对自己的手段非常得意。"你可以看到她们了,你!"他的艳羡与痛苦都天真的表现了出来。

"还不知道呢,"欧也纳回答。"我要去见特·鲍赛昂太太,问她能不能把我介绍给元帅夫人。"

欧也纳想到以后能够穿着新装上子爵夫人家,不由得暗中欢喜。伦理学家所谓人心的深渊,无非指一些自欺欺人的思想,不知不觉只顾自己利益的念头。那些突然的变化,来一套仁义道德的高调,又突然回到老路上去,都是迎合我们求快乐的愿望的。眼看自己穿扮齐整,手套靴子样样合格之后,拉斯蒂涅又忘了敦品励学的决心。青年人陷于不义的时候,不

---

① 丹兰士是特·纽沁根太太的女佣人,公斯当斯是特·雷斯多太太的女佣人。
　　——译者注

敢对良心的镜子照一照;成年人却不怕正视;人生两个阶段的不同完全在于这一点。

几天以来,欧也纳和高老头这对邻居成了好朋友。他们心照不宣的友谊,伏脱冷和大学生的不投机,其实都出于同样的心理。将来倘有什么大胆的哲学家,想肯定我们的感情对物质世界的影响,一定能在人与动物的关系中找到不少确实的例子,证明感情并不是抽象的。譬如说,看相的人推测一个人的性格,决不能一望而知,像狗知道一个陌生人对它的爱憎那么快。有些无聊的人想淘汰古老的字眼,可是物以类聚这句成语始终挂在每个人的嘴边。受到人家的爱,我们是感觉到的。感情在无论什么东西上面都能留下痕迹,并且能穿越空间。一封信代表一颗灵魂,等于口语的忠实的回声,所以敏感的人把信当做爱情的至宝。高老头的盲目的感情,已经把他像狗一样的本能发展到出神入化,自然能体会大学生对他的同情,钦佩和好意。可是初期的友谊还没有到推心置腹的阶段。欧也纳以前固然表示要见特·纽沁根太太,却并不想托老人介绍,而仅仅希望高里奥漏出一点儿口风给他利用。高老头也直到欧也纳访问了阿娜斯大齐和特·鲍赛昂太太回来,当众说了那番话,才和欧也纳提起女儿。他说:

"亲爱的先生,你怎么能以为说出了我的名字,特·雷斯多太太便生你的气呢?两个女儿都很孝顺,我是个幸福的父亲。只是两个女婿对我不好。我不愿意为了跟女婿不和,教两个好孩子伤心;我宁可暗地里看她们。这种偷偷摸摸的快乐,不是那些随时可以看到女儿的父亲所能了解的。我不能那么办,你懂不懂?所以碰到好天气,先问过老妈子女儿是否出门,我上天野大道去等。车子来的时候,我的心跳起来;看她们穿扮那么漂亮,我多高兴。她们顺便对我笑一笑,噢!那就像天上照下一道美丽的阳光,把世界镀了金。我呆在那儿,她们还要回来呢。是呀,我又看见她们了!呼吸过新鲜空气,脸蛋儿红红的。周围的人说:'哦!多漂亮的女人!'我听了多开心。那不是我的亲骨血吗?我喜欢替她们拉车的马,我愿意做她们膝上的小狗。她们快乐,我才觉得活得有意思。各有各的爱的方式,我那种爱又不妨碍谁,干么人家要管我的事? 我有我享福的办法。晚上去看女儿出门上跳舞会,难道犯法吗? 要是去晚了,知道'太太已经走了',那我才伤心死呢! 有一晚我等到清早三点,才看到两天没有见面的娜齐。我快活得几乎晕过去! 我求你,以后提到我,一定得说我女儿孝顺。她们要送我各式各样的礼物,我把她们拦住了,我说:'不用破费呀! 我要那些礼物干什么? 我一样都不缺少。'真的,亲爱的先生,我是什么东西? 不过是一个臭皮囊罢了,只是一颗心老跟着女儿。"

那时欧也纳想出门先上蒂勒黎公园蹓蹓,然后到了时间去拜访特·鲍赛昂太太。高老头停了一忽又说:"将来你见过了特·纽沁根太太,告诉我你在两个之中更喜欢哪一个。"

这次的散步,是欧也纳一生的关键。有些女人注意到他了:他那么美,那么年轻,那么体面,那么风雅! 一看到自己成为路人赞美的目标,立刻忘了被他罗掘一空的姑母姊妹,也忘了良心的指责。他看见头上飞过那个极像天使的魔鬼,五色翅膀的撒旦,一路撒着红宝石,把黄金的箭射在宫殿前面,把女人们穿得大红大紫,把简陋的王座蒙上恶俗的光彩;他听着那个虚荣的魔鬼唠叨,把虚幻的光彩认为权势的象征。伏脱冷的议论尽管那样的玩世不恭,已经深深的种在他心头,好比处女的记忆中有个媒婆的影子,对她说过:"黄金和爱情,滔滔不尽!"

懒洋洋的溜达到五点左右,欧也纳去见特·鲍赛昂太太,不料碰了个钉子,青年人无法抵抗的那种钉子。至此为止,他觉得子爵夫人非常客气,非常殷勤;那是贵族教育的表现,不一定有什么真情实意的。他一进门,特·鲍赛昂太太便做了一个不高兴的姿势,冷冷的说:

"特·拉斯蒂涅先生,我不能招待你,至少在这个时候! 我忙得很……"

对于一个能察言观色的人,而拉斯蒂涅已经很快的学会了这一套,这句话,这个姿势,这副眼光,这种音调,源源本本说明了贵族阶级的特性和习惯;他在丝绒手套下面瞧见了铁掌,在仪态万方之下瞧见了本性和自私,在油漆之下发现了木料。总之他听见了从王上到末等贵族一贯的口气：我是王。以前欧也纳把她的话过于当真,过于相信她的心胸宽大。不幸的人只道恩人与受恩的人是盟友,以为一切伟大的心灵完全平等。殊不知使恩人与受恩的人同心一体的那种慈悲,是跟真正的爱情同样绝无仅有,同样不受了解的天国的热情。两者都是优美的心灵慷慨豪爽的表现。拉斯蒂涅一心想踏进特·加里里阿诺公爵夫人的舞会,也就忍受了表姊的脾气。

"太太,"他声音颤巍巍的说,"没有要紧事儿,我也不敢来惊动你,你包涵点儿吧,我回头再来。"

"行,那么你来吃饭吧。"她对刚才的严厉有点不好意思了,因为这位太太的好心的确不下于她的高贵。

虽则突然之间的转圜使欧也纳很感动,他临走仍不免有番感慨:"爬就是了,什么都得忍受。连心地最好的女子一刹那间也会忘掉友谊的诺言,把你当破靴似的扔掉,旁的女人还用说吗？各人自扫门前雪,想不到竟是如此！不错,她的家不是铺子,我不该有求于她。真得像伏脱冷所说的,像一颗炮弹似的轰进去！"

想到要在子爵夫人家吃饭的快乐,大学生的牢骚不久也就没有了。就是这样,好似命中注定似的,他生活中一切琐琐碎碎的事故,都逼他如伏脱冷所说的,在战场上为了不被人杀而不得不杀人,为了不受人骗而不得不骗人,把感情与良心统统丢开,戴上假面具,冷酷无情的玩弄人,神不知鬼不觉的去猎取富贵。

两个女儿（节选）

晌午，正当邮差走到先贤祠区域的时候，欧也纳收到一封封套很精致的信，火漆上印着鲍赛昂家的纹章。信内附一份给特·纽沁根夫妇的请帖，一个月以前预告的盛大的舞会快举行了。另外有个字条给欧也纳：

> 我想，先生，你一定很高兴代我向特·纽沁根太太致意。我特意寄上你要求的请柬，我很乐意认识特·雷斯多太太的妹妹。替我陪这个美人儿来吧，希望你别让她把你的全部感情占了去，你该回敬我的着实不少哩。
>
> 特·鲍赛昂子爵夫人

欧也纳把这封短简念了两遍，想道："特·鲍赛昂太太明明表示不欢迎特·纽沁根男爵。"

他赶紧上但斐纳家，很高兴能给她这种快乐，说不定还会得到酬报呢。特·纽沁根太太正在洗澡，拉斯蒂涅在内客室等。一个想情人想了两年的急色儿，等在那里当然极不耐烦。这等情绪，年轻人也不会碰到第二次。男人对于他所爱的第一个十足地道的女子，就是说符合巴黎社会的条件的，光彩耀目的女子，永远觉得天下无双。巴黎的爱情和旁的爱情没有一点儿相同。每个人为了体统关系，在所谓毫无利害作用的感情上所标榜的门面话，男男女女是没有一个人相信的。在这儿，女人不但应当满足男人的心灵和肉体，而且还有更大的义务，要满足人生无数的虚荣。巴黎的爱情尤其需要吹捧，无耻，浪费，哄骗，摆阔。在路易十四的宫廷中，所有的妇女都羡慕拉·华梨哀小姐，因为她的热情使那位名君忘了他

的袖饰值到六千法郎一对,把它撕破了来汲引特·凡尔蒙陶阿公爵①。以
此为例,我们对别人还有什么话可说呢!你得年轻,有钱,有头衔,要是可
能,金钱名位越显赫越好;你在偶像面前上的香越多,假定你能有一个偶
像的话,她越宠你。爱情是一种宗教,信奉这个宗教比信奉旁的宗教代价
高得多;并且很快就会消失,信仰过去的时候像一个顽皮的孩子,还得到
处闯些祸。感情这种奢侈唯有阁楼上的穷小子才有;除了这种奢侈,真正
的爱还剩下什么呢? 倘若巴黎社会那些严格的法规有什么例外,那只能
在孤独生活中,在不受人情世故支配的心灵中找到。这些心灵仿佛是靠
近明净的,瞬息即逝而不绝如缕的泉水过活的;他们守着绿荫,乐于倾听
另一世界的语言,他们觉得这是身内身外到处都能听到的;他们一边怨叹
浊世的枷锁,一边耐心等待自己的超升。拉斯蒂涅却像多数青年一样,预
先体验到权势的滋味,打算有了全副武装再跃登人生的战场;他已经染上
社会的狂热,也许觉得有操纵社会的力量,但既不明白这种野心的目的,
也不知道实现野心的方法。要是没有纯洁和神圣的爱情充实一个人的生
命,那么,对权势的渴望也能促成美妙的事业——只要能摆脱一切个人的
利害,以国家的光荣为目标。可是大学生还没有达到瞻望人生而加以批
判的程度。在内地长大的儿童往往有些清新隽永的念头,像绿荫一般荫
庇他们的青春,至此为止拉斯蒂涅还对那些念头有所留恋。他老是踌躇
不决,不敢放胆在巴黎下海。尽管好奇心很强,他骨子里仍忘不了一个真
正的乡绅在古堡中的幸福生活。虽然如此,他隔夜逗留在新屋子里的时
候,最后一些顾虑已经消灭。前一个时期他已经靠着出身到处沾光,如今
又添上一个物质优裕的条件,使他把内地人的壳完全脱掉了,悄悄的爬到
一个地位,看到一个美妙的前程。因此,在这间可以说一半是他的内客室
中懒洋洋的等着但斐纳,欧也纳觉得自己和去年初到巴黎时大不相同,回
顾之下,他自问是否换了一个人。

---

① 拉·华梨哀为路易十四的情妇,特·凡尔蒙陶阿公爵是他们的私生子。——译
者注

"太太在寝室里，"丹兰士进来报告，吓了他一跳。

但斐纳横在壁炉旁边一张双人沙发上，气色鲜艳，精神饱满；罗绮被体的模样令人想到印度那些美丽的植物，花还没有谢，果子已经结了。

"哎，你瞧，咱们又见面了，"她很感动的说。

"猜猜我给你带了什么来着，"欧也纳说着，坐在她身旁，拿起她的手亲吻。

特·纽沁根太太念着请帖，做了一个快乐的手势。虚荣心满足了，她水汪汪的眼睛望着欧也纳，把手臂勾着他的脖子，发狂似的把他拉过来。

"倒是你，(好宝贝！她凑上耳朵叫了一声。丹兰士在更衣室里，咱们得小心些！)倒是你给了我这个幸福！是的，我管这个叫做幸福。从你那儿得来的，当然不光是自尊心的满足。没有人肯介绍我进那个社会。也许你觉得我渺小，虚荣，轻薄，像一个巴黎女子；可是你知道，朋友，我准备为你牺牲一切；我所以格外想踏进圣·日耳曼区，还是因为你在那个社会里。"

"你不觉得吗，"欧也纳问，"特·鲍赛昂太太暗示她不预备在舞会里见到特·纽沁根男爵？"

"是啊，"男爵夫人把信还给欧也纳。"那些太太就有这种放肆的天才。可是管他，我要去的。我姊姊也要去，她正在打点一套漂亮的服装。"她又放低了声音说，"告诉你，欧也纳，因为外边有闲话，她特意要去露露面。你不知道关于她的谣言吗？今儿早上纽沁根告诉我，昨天俱乐部里公开谈着她的事，天哪！女人的名誉，家庭的名誉，真是太脆弱了！姊姊受到侮辱，我也跟着丢了脸。听说特·脱拉伊先生签在外边的借票有十万法郎，都到了期，要被人控告了。姊姊迫不得已把她的钻石卖给一个犹太人，那些美丽的钻石你一定看见她戴过，还是她婆婆传下来的呢。总而言之，这两天大家只谈论这件事儿。难怪阿娜斯大齐要定做一件金银线织锦缎的衣衫，到鲍府去出风头，戴着她的钻石给人看。我不愿意被她比下去。她老是想压倒我，从来没有对我好过；我帮过她多少忙，她没有钱的时候总给她通融。好啦，别管闲事了，今天我要痛痛快快的乐一下。"

　　早上一点,拉斯蒂涅还在特·纽沁根太太家,她恋恋不舍的和他告别,暗示未来的欢乐的告别。她很伤感的说:

　　"我真害怕,真迷信;不怕你笑话,我只觉得心惊胆战,唯恐我消受不了这个福气,要碰到什么飞来横祸。"

　　欧也纳道:"孩子!"

　　她笑道:"啊!今晚是我变做孩子了。"

　　欧也纳回到伏盖家,想到明天一定能搬走,又回味着刚才的幸福,便像许多青年一样,一路上做了许多美梦。

　　高老头等拉斯蒂涅走过房门的时候问道:"喂,怎么呢?"

　　"明儿跟你细谈。"

　　"从头至尾都得告诉我啊。好,去睡吧,明儿咱们开始过快乐生活了。"

　　第二天,高里奥和拉斯蒂涅只等运输行派人来,就好离开公寓。不料中午时分,圣·日内维新街上忽然来了一辆车,停在伏盖家门口。特·纽沁根太太下来,打听父亲是否还在公寓。西尔维回答说是,她便急急上楼。欧也纳正在自己屋里,他的邻居却没有知道。吃中饭的时候,他托高老头代搬行李,约定四点钟在阿多阿街相会。老人出去找搬伕,欧也纳匆匆到学校去应了卯,又回来和伏盖太太算账,不愿意把这件事去累高老头,恐怕他固执,要代付欧也纳的账。房东太太不在家。欧也纳上楼瞧瞧有没有忘了东西,发觉这个念头转得不差,因为在抽斗内找出那张当初给伏脱冷的不写抬头人的借据,还是清偿那天随手扔下的。因为没有火,正想把借据撕掉,他忽然听出但斐纳的口音,便不愿意再有声响,马上停下来听,以为但斐纳不会再有什么秘密要隐瞒他的了。刚听了几个字,他觉得父女之间的谈话出入重大,不能不留神听下去。

　　"啊!父亲,"她道,"怎么老天爷没有叫你早想到替我追究产业,弄得我现在破产!我可以说话么?"

　　"说吧,屋子里没有人,"高老头声音异样的回答。

　　"你怎么啦,父亲?"

老人说："你这是给我当头一棒。上帝饶恕你,孩子!你不知道我多爱你,你知道了就不会脱口而出,说这样的话了,况且事情还没有到绝望的地步。有什么大不了的事,教你这时候赶到这儿来?咱们不是等会就在阿多阿街相会吗?"

"唉!父亲,大祸临头,顷刻之间还做得了什么主!我急坏了!你的代理人把早晚要发觉的倒楣事儿,提早发觉了。你生意上的老经验马上用得着;我跑来找你,好比一个人淹在水里,哪怕一根树枝也抓着不放的了。但尔维先生看到纽沁根种种刁难,便拿起诉恐吓他,说法院立刻会批准分产的要求。纽沁根今天早上到我屋里来,问我是不是要同他两个一齐破产。我回答说,这些事我完全不懂,我只晓得有我的一份产业,应当由我掌管,一切交涉都该问我的诉讼代理人,我自己什么都不明白,什么都不能谈。你不是吩咐我这样说的吗?"

高老头回答说:"对!"

"唉!可是他告诉我生意的情形。据说他拿我们两人的资本一齐放进了才开头的企业,为了那个企业,必得放出大宗款子在外边。倘若我强迫他还我陪嫁,他就要宣告清理;要是我肯等一年,他以名誉担保能还我双倍或者三倍的财产,因为他把我的钱经营了地产,等那笔买卖结束了,我就可以支配我的全部产业。亲爱的父亲,他说得很真诚,我听着害怕了。他求我原谅他过去的行为,愿意让我自由,答应我爱怎办就怎办,只要让他用我的名义全权管理那些事业。为证明他的诚意,他说确定我产权的文件,我随时可以托但尔维先生检查。总之他自己缚手缚脚的交给我了。他要求再当两年家,求我除了他规定的数目以外,绝对不花钱。他对我证明,他所能办到的,只是保全面子,他已经打发了他的舞女,不得不尽量暗中撙节,才能支持到投机事业结束,而不至于动摇信用。我跟他闹,装作完全不信,一步一步的逼他,好多知道些事情;他给我看账簿,最后他哭了,我从来没看见一个男人落到那副模样。他急坏了,说要自杀,疯疯癫癫的教我看了可怜。"

"你相信他的胡扯吗?"高老头叫道。"他这是做戏!我生意上碰到过德国人，几乎每个都规矩，老实，天真；可是一朝装着老实样儿跟你耍手段，耍无赖的时候，他们比别人更凶。你丈夫哄你。他觉得给你逼得无路可走了，便装死；他要假借你的名义，因为比他自己出面更自由。他想利用这一点规避生意上的风波。他又坏又刁，真不是东西。不行，不行！看到你两手空空我是不愿意进坟墓的。我还懂得些生意经。他说把资金放在某些企业上，好吧，那么他的款子一定有证券，借票，合同等等做凭据！叫他拿出来跟你算账！咱们会挑最好的投机事业去做，要冒险也让咱们自己来。咱们要拿到追认文书，写明但斐纳·高里奥，特·纽沁根男爵的妻子，产业自主。他把我们当傻瓜吗，这家伙？他以为我知道你没有了财产，没有了饭吃，能够忍受到两天吗？唉！我一天，一夜，两小时都受不了！你要真落到那个田地，我还能活吗？嗳，怎么，我忙上四十年，背着面粉袋，冒着大风大雨，舍不得吃，舍不得穿，样样为了你们，为我的两个天使——我只要看到你们，所有的辛苦，所有的重担都轻松了；而今日之下，我的财产，我的一辈子都变成一阵烟！真是气死我了！凭着天上地下所有的神灵起誓，咱们非弄个明白不可，非把账目，银箱，企业，统统清查不可！要不是有凭有据，知道你的财产分文不缺，我还能睡觉吗？还能躺下去吗？还能吃东西吗？谢谢上帝，幸亏婚书上写明你是财产独立的；幸亏有但尔维先生做你的代理人，他是一个规矩人。请上帝作证！你非到老都有你那一百万家私不可，非有你每年五万法郎的收入不可，要不然我就在巴黎闹他一个满城风雨。嘿！嘿！法院要不公正，我向国会请愿。知道你在银钱方面太平无事，才会减轻我的一切病痛，才能排遣我的悲伤；钱是性命，有了钱就有了一切。他对我们胡扯些什么，这亚尔萨斯死胖子？但斐纳，对这只胖猪，一个子儿都不能让，他从前拿锁链缚着你，磨得你这么苦。现在他要你帮忙了吧，好！咱们来抽他一顿，叫他老实一点。天哪，我满头是火，脑壳里有些东西烧起来了。怎么，我的但斐纳躺在草垫上！噢！我的斐斐纳！——该死！我的手套呢？哎，走吧，我要去把什么都看个清楚，账簿，营业，银箱，信札，而且当场立刻！直要知道你财产没有了危险，经我亲眼看过了，我才放心。"

"亲爱的父亲！得小心哪。倘若你想借这件事出气,显出过分跟他作对的意思,我就完啦。他是知道你的,认为我担心财产,完全是出于你的授意。我敢打赌,他不但现在死抓我的财产,而且还要抓下去。这流氓会拿了所有的资金,丢下我们溜之大吉的,他也知道我不肯因为要追究他而丢我自己的脸。他又狠又没有骨头。我把一切都想透了。逼他太甚,我是要破产的。"

"难道他是个骗子吗？"

"唉！是的,父亲,"她倒在椅子里哭了。"我一向不愿意对你说,免得你因为把我嫁了这种人而伤心！他的良心,他的私生活,他的精神,他的肉体,都是搭配好的！简直可怕,我又恨他又瞧不起他。你想,下流的纽沁根对我说了那番话,我还能敬重他吗？在生意上干得出那种勾当的人是没有一点儿顾虑的；因为我看透了他的心思,我才害怕。他明明白白答应我,他,我的丈夫,答应我自由,你懂得是什么意思？就是说我要在他倒楣的时候肯让他利用,肯出头顶替,他可以让我自由。"

高老头叫道:"可是还有法律哪！还有葛兰佛广场给这等女婿预备着呢；要没有刽子手,我就亲自动手,割下他的脑袋。"

"不,父亲,没有什么法律能对付这个人的。丢开他的花言巧语,听听他骨子里的话吧！——要你就完事大吉,一个子儿都没有,因为我不能丢了你而另外找个同党；要你就让我干下去,把事情弄成功——这还不明白吗？他还需要我呢。我的为人他是放心的,知道我不会要他的财产,只想保住我自己的一份。我为了避免破产,不得不跟他做这种不清白的,盗窃式的勾结。他收买我的良心,代价是听凭我同欧也纳自由来往——我允许你胡来,你得让我犯罪,教那些可怜虫倾家荡产！——这话还说得不明白吗？你知道他所谓的企业是怎么回事？他买进空地,教一些傀儡去盖屋子。他们一方面跟许多营造厂订分期付款的合同,一方面把屋子低价卖给我丈夫。然后他们向营造厂宣告破产,赖掉未付的款子。纽沁根银号这块牌子把可怜的营造商骗上了。这一点我是懂得的。我也懂得,为预防有朝一日要证明他已经付过大宗款子,纽沁根把巨额的证券送到了阿姆斯特丹,拿波里,维也纳。咱们怎么能抢回来呢?"

欧也纳听见高老头沉重的膝盖声,大概是跪在地下了。

老头儿叫道:"我的上帝,我什么地方触犯了你,女儿才会落在这个混蛋手里,由他摆布? 孩子,原谅我吧!"

但斐纳道:"是的,我陷入泥坑,或许也是你的过失。我们出嫁的时候都没有头脑! 社会,买卖,男人,品格,我们懂了哪一样? 做父亲的应该代我们考虑。亲爱的父亲,我不埋怨你,原谅我说出那样的话。一切都是我的错。得了,爸爸,别哭啦,"她亲着老人的额角。

"你也别哭啦,我的小但斐纳。把你的眼睛给我,让我亲一亲,抹掉你的眼泪。好吧! 我去找那大头鬼,把他一团糟的事理出个头绪来。"

"不,还是让我来吧;我会对付他。他还爱我呢! 唉! 好吧,我要利用这一点影响,教他马上放一部分资金在不动产上面。说不定我能教他用纽沁根太太的名义,在亚尔萨斯买些田,他是看重本乡的。不过明儿你得查一查他的账目跟业务。但尔维先生完全不懂生意一道。哦,不,不要明天,我不愿意惹动肝火。特·鲍赛昂太太的跳舞会就在后天,我要调养得精神饱满,格外好看,替亲爱的欧也纳挣点儿面子! 来,咱们去瞧瞧他的屋子。"

一辆车在圣·日内维新街停下,楼梯上传来特·雷斯多太太的声音。"我父亲在家吗?"她问西尔维。

这一下倒是替欧也纳解了围,他本想倒在床上装睡了。

但斐纳听出姊姊的口音,说道:"啊! 父亲,没有人和你提到阿娜斯大齐吗? 仿佛她家里也出了事呢。"

"怎么!"高老头道。"那是我末日到了。真叫做祸不单行,可怜我怎么受得了呢!"

"你好,父亲。"伯爵夫人进来叫。"呦! 你在这里,但斐纳。"

特·雷斯多太太看到了妹妹,局促不安。

"你好,娜齐。你觉得我在这儿奇怪吗? 我是跟父亲天天见面的,我。"

"从哪时起的?"

"要是你来这儿,你就知道了。"

"别挑错儿啦,但斐纳,"伯爵夫人的声音差不多要哭出来。"我苦极了,我完了,可怜的父亲!哦!这一次真完了!"

"怎么啦,娜齐?"高老头叫起来。"说给我们听吧,孩子。哎哟,她脸色不对了。但斐纳,快,快去扶住她,小乖乖,你对她好一点,我更喜欢你。"

"可怜的娜齐,"但斐纳扶着姊姊坐下,说,"你讲吧,你瞧,世界上只有我们俩始终爱着你,一切原谅你。瞧见没有,骨肉的感情才是最可靠的。"她给伯爵夫人嗅了盐,醒过来了。

"我要死啦,"高老头道。"来,你们俩都走过来。我冷啊。"他拨着炭火。"什么事,娜齐?快快说出来。你要我的命了……"

"唉!我丈夫全知道了。父亲,你记得上回玛克辛那张借票吗?那不是他的第一批债。我已经替他还过不少。元月初,我看他愁眉苦脸,对我什么都不说;可是爱人的心事最容易看透,一点儿小事就够了,何况还有预感。他那时格外多情,格外温柔,我总是一次比一次快乐。可怜的玛克辛!他后来告诉我,原来他暗中和我诀别,想自杀。我拼命逼他,苦苦央求,在他前面跪了两小时,他才说出欠了十万法郎!哦!爸爸,十万法郎!我疯了。你拿不出这笔钱,我又什么都花光了……"

"是的,"高老头说,"我没有办法,除非去偷。可是我会去偷的呀,娜齐!会去偷的呀!"

姊妹俩听着不出声了。这句凄惨的话表示父亲的感情无能为力,到了痛苦绝望的地步,像一个人临终的痰厥,也像一颗石子丢进深渊,显出它的深度。天下还有什么自私自利的人,能够听了无动于衷呢?

"因此,父亲,我挪用了别人的东西,筹到了款子。"伯爵夫人哭着说。

但斐纳感动了,把头靠在姊姊的脖子上,她也哭了。

"那么外边的话都是真的了?"但斐纳问。

娜齐低下头去,但斐纳抱着她,温柔的亲吻,把她搂在胸口,说道:

"我心中对你只有爱,没有责备。"

高老头有气无力的说:"你们两个小天使,干么直要患难临头才肯和好呢?"

伯爵夫人受着热情的鼓励,又道:"为了救玛克辛的命,也为了救我的幸福,我跑去找你们认识的那个人,跟魔鬼一样狠心的高勃萨克,拿雷斯多看得了不起的,家传的钻石,他的,我的,一齐卖了。卖了! 懂不懂? 玛克辛得救了! 我完啦。雷斯多全知道了。"

高老头道:"怎么知道的? 谁告诉他的? 我要这个人的命!"

"昨天他叫我到他屋子去。——他说,阿娜斯大齐……(我一听声音就猜着了),你的钻石在哪儿? ——在我屋里啊。——不,他瞅着我说,在这儿,在我的柜子上——他把手帕蒙着的匣子给我看,说道:你知道从哪儿来的吧? ——我双膝跪下……哭着问他要我怎么死。"

"哎哟,你说这个话!"高老头叫起来。"皇天在上,哼! 只要我活着,我一定把那个害你们的人,用文火来慢慢的烤,把他割做一片一片,像……"

高老头忽然不响,话到了喉咙说不出了。娜齐又道:

"临了他要我做的事比死还难受。天! 但愿做女人的永远不会听到那样的话!"

"我要杀他,"高老头冷冷的说。"可恨他欠我两条命,而他只有一条;以后他又怎么说呢?"高老头望着阿娜斯大齐问。

伯爵夫人停了一忽儿说道:"他瞧着我说:——阿娜斯大齐,我可以一笔勾销,和你照旧同居;我们有孩子。我不打死脱拉伊,因为不一定能打中;用别的方法消灭他又要触犯刑章。在你怀抱里打他吧,教孩子们怎么见人? 为了使孩子们,孩子们的父亲,跟我,一个都不伤,我有两个条件。你先回答我:孩子中间有没有我的? 我回答说有。他问:——哪一个? ——欧纳斯德,最大的。——好,他说,现在你得起誓,从今以后服从我一件事(我便起了誓)。多咱我要求你,你就得在你产业的卖契上签字。"

"不能签呀，"高老头叫着，"永远不能签这个字。吓！雷斯多先生，你不能使女人快活，她自己去找；你自己不惭愧，倒反要责罚她？……哼，小心点儿！还有我呢，我要到处去等他。娜齐，你放心。啊，他还舍不得他的后代！好吧，好吧。让我掐死他的儿子，哎哟！天打的！那是我的外孙呀。那么这样吧，我能够看到小娃娃，我把他藏在乡下，你放心，我会照顾他的。我可以逼这个魔鬼投降，对他说：咱们来拼一拼吧！你要儿子，就得还我女儿财产，让她自由。"

"我的父亲！"

"是的，你的父亲！唉，我是一个真正的父亲。这流氓贵族不来伤害我女儿也还罢了。天打的！我不知道我的气多大。我像老虎一样，恨不得把这两个男人吃掉。哦呀！孩子们，你们过的这种生活！我急疯了。我两眼一翻，你们还得了！做父亲的应该和女儿活得一样长久。上帝啊，你把世界弄得多糟！人家还说你圣父有个圣子呢。你正应当保护我们，不要在儿女身上受苦。亲爱的小天使，怎么！真要你们遭了难我才能见到你们么！你们只拿眼泪给我看。嗳，是的，你们是爱我的，我知道。来吧，到这儿来哭诉吧，我的心大得很，什么都容得下。是的，你们尽管戳破我的心，撕做几片，还是一片片父亲的心。我恨不得代你们受苦。啊！你们小时候多么幸福！……"

"只有那个时候是我们的好日子，"但斐纳说。"在阁楼的面粉袋上打滚的日子到哪里去了？"

"父亲！事情还没完呢，"阿娜斯大齐咬着老人的耳朵，吓得他直跳起来。"钻石没有卖到十万法郎。玛克辛给告上了。我们还缺一万二。他答应我以后安分守己，不再赌钱。你知道，除了他的爱情，我在世界上一无所有；我又付了那么高的代价，失掉这爱情，我只能死了。我为他牺牲了财产，荣誉，良心，孩子。唉！你至少想想办法，别让玛克辛坐牢，丢脸；我们得支持他，让他在社会上混出一个局面来。现在他不但要负我幸福的责任,还要负不名一文的孩子们的责任。他进了圣·贝拉伊①,一切都完啦。"

"我没有这笔钱呀,娜齐。我什么都没有了,没有了!真是世界末日到了。哦呀,世界要坍了,一定的。你们去吧,逃命去吧!呃!我还有银搭扣,六套银的刀叉,我当年第一批买的,最后,我只有一千二百的终身年金……"

---

① 当时拘留债务人的监狱,一八二七年起改为政治犯的监狱。——译者注

欧也妮·葛朗台
——黄金的枷锁与不幸的爱情

　　典型的守财奴葛朗台[……]一生积蓄的二千万家私,并无补于女儿的命运。黄金的枷锁与不幸的爱情,反而促成了欧也妮·葛朗台双重的悲剧。在巴尔扎克小说中,这是一部结构最古典的作品。文章简洁精炼,淡雅自然,可算为最朴素的史诗。

——摘自傅雷《欧也妮·葛朗台》简介

　　以这一译作为标志,傅雷的翻译进入成熟时期,达到新的水平,形成独自的翻译风格。

——摘自罗新璋《读傅雷译品随感》

中产阶级的面目

某些内地城市里面,有些屋子看上去像最阴沉的修道院,最荒凉的旷野,最凄凉的废墟,令人悒郁不欢。修道院的静寂,旷野的枯燥,和废墟的衰败零落,也许这类屋子都有一点。里面的生活起居是那么幽静,要不是街上一有陌生的脚声,窗口会突然探出一个脸孔像僧侣般的人,一动不动的,黯淡而冰冷的目光把生客瞪上一眼的话,外地客人可能把那些屋子当做没有人住的空屋。

索漠城里有一所住宅,外表就有这些凄凉的成分。一条起伏不平的街,直达城市高处的古堡,那所屋子便在街的尽头。现在已经不大有人来往的那条街,夏天热,冬天冷,有些地方暗得很,可是颇有些特点:小石子铺成的路面,传出清脆的回声,永远清洁,干燥;街面窄而多曲折;两旁的屋子非常幽静,坐落在城脚下,属于老城的部分。

上了三百年的屋子,虽是木造的,还很坚固,各种不同的格式别有风光,使索漠城的这一个区域特别引起考古家与艺术家的注意。你走过这些屋子,不能不欣赏那些粗大的梁木,两头雕出古怪的形象,盖在大多数的底层上面,成为一条黝黑的浮雕。

有些地方,屋子的横木盖着石板,在不大结实的墙上勾勒出蓝色的图案,木料支架的屋顶,年深月久,往下弯了;日晒雨淋,椽子已经腐烂,翘曲。有些地方,露出破旧黝黑的窗槛,细巧的雕刻已经看不大清,穷苦的女工放上一盆石竹或蔷薇,窗槛似乎就承受不住那棕色的瓦盆。再往前走,有的门上钉着粗大的钉子,我们的祖先异想天开的,刻上些奇形怪状的文字,意义是永远没法知道的了:或者是一个新教徒在此表明自己的信仰,或者是一个旧教徒为反对新教而诅咒亨利四世。也有一般布尔乔亚刻些徽号,表示他们是旧乡绅,掌握过当地的行政。这一切中间就有整部法兰西历史的影子。一边是墙壁粉得很粗糙的,摇摇欲坠的屋子,还是工匠卖弄手艺的遗物;贴邻便是一座乡绅的住宅,半圆形门框上的贵族徽号,受过了一七八九年以来历次革命的摧残,还看得出遗迹。

这条街上,做买卖的底层既不是小铺子,也不是大商店,喜欢中世纪文物的人,在此可以遇到一派朴素简陋的气象,完全像我们上代里的习艺工场①。宽大低矮的店堂,没有铺面,没有摆在廊下的货摊,没有橱窗,可是很深,黑洞洞的,里里外外没有一点儿装潢。满板的大门分做上下两截,简陋的钉了铁皮;上半截往里打开,下半截装有带弹簧的门铃,老是有人开进开出。门旁半人高的墙上,一排厚实的护窗板,白天卸落,夜晚装上,外加铁闩好落锁。这间地窖式的潮湿的屋子,就靠大门的上半截,或者窗洞与屋顶之间的空间,透进一些空气与阳光。半人高的墙壁下面,是陈列商品的地位。招徕顾客的玩艺,这儿是绝对没有的。货色的种类要看铺子的性质:或者摆着两三桶盐和鳘鱼,或者是几捆帆布与绳索,楼板的椽木上挂着黄铜索,靠墙放一排桶箍,再不然架上放些布匹。

你进门吧,一个年轻漂亮的姑娘,干干净净的,戴着白围巾,手臂通红,立刻放下编织物,叫唤她的父亲或母亲来招呼你,也许是两个铜子也许是两万法郎的买卖,对你或者冷淡,或者殷勤,或者傲慢,那得看店主的性格了。

你可看到一个做酒桶木材的商人,两只大拇指绕来绕去的,坐在门口跟邻居谈天。表面上他只有些起码的酒瓶架或两三捆薄板;但是安育地区所有的箍桶匠,都是向他码头上存货充足的工场购料的。他知道如果葡萄的收成好,他能卖掉多少桶板,估计的准确最多是一两块板上下。一天的好太阳教他发财,一场雨水教他亏本:酒桶的市价,一个上午可以从十一法郎跌到六法郎。

这个地方像都兰区域一样,市面是由天气做主的。种葡萄的,有田产的,木材商,箍桶匠,旅店主人,船夫,都眼巴巴的盼望太阳;晚上睡觉,就

① 当初教会设立来救济贫苦妇女的。——译者注

怕明朝起来听说隔夜结了冰；他们怕风，怕雨，怕旱，一忽儿要下雨水，一忽儿要天时转暖，一忽儿又要满天上云。在天公与尘世的利益之间，争执是没得完的。晴雨表能够轮流的教人愁，教人笑，教人高兴。

这条街从前是索漠城的大街，从这一头到那一头，"黄金一般的好天气"这句话，对每份人家都代表一个收入的数目。而且个个人会对邻居说："是啊，天上落金子下来了。"因为他们知道一道阳光和一场时雨带来多少利益。在天气美好的节季，到了星期六中午，就没法买到一个铜子的东西。做生意的人也有一个葡萄园，一方小园地，全要下乡去忙他两天。买进，卖出，赚头，一切都是预先计算好的，生意人尽可以花大半日的功夫打哈哈，说长道短，刺探旁人的私事。某家的主妇买了一只竹鸡，邻居就要问她的丈夫是否煮得恰到好处。一个年轻的姑娘从窗口探出头来，决没有办法不让所有的闲人瞧见。因此大家的良心是露天的，那些无从窥测的，又暗又静的屋子，并藏不了什么秘密。

一般人差不多老在露天过活：每对夫妇坐在大门口，在那里吃中饭，吃晚饭，吵架拌嘴。街上的行人，没有一个不经过他们的研究。所以从前一个外乡人到内地，免不了到处给人家取笑。许多有趣的故事便是这样来的，安越人的爱寻开心也是这样出名的，因为编这一类的市井笑料是他们的拿手。

早先本地的乡绅全住在这条街上，街的高头都是古城里的老宅子，世道人心都还朴实的时代——这种古风现在是一天天的消灭了——的遗物。我们这个故事中的那所凄凉的屋子，就是其中之一。

古色古香的街上，连偶然遇到的小事都足以唤起你的回忆，全部的气息使你不由自主的沉入遐想。拐弯抹角的走过去，你可以看到一处黑魆魆的凹进去的地方，葛朗台府上的大门便藏在这凹坑中间。

在内地把一个人的家称做府上是有分量的；不知道葛朗台先生的身世，就没法掂出这称呼的分量。

葛朗台先生在索漠城的名望，自有它的前因后果，那是从没在内地耽留过的人不能完全了解的。葛朗台先生，有些人还称他做葛朗台老头，可是这样称呼他的老人越来越少了,他在一七八九年上是一个很富裕的箍桶匠,识得字,能写能算。共和政府在索漠地区标卖教会产业的时候,他正好四十岁,才娶了一个有钱的木板商的女儿。他拿自己的现款和女人的陪嫁,凑成两千金路易,跑到区公所。标卖监督官是一个强凶霸道的共和党人,葛朗台把丈人给的四百路易往他那里一送,就三钱不值两钱的,即使不能算正当,至少是合法的买到了区里最好的葡萄园,一座老修道院,和几块分种田。

索漠的市民很少革命气息,在他们眼里,葛朗台老头是一个激烈的家伙,前进分子,共和党人,关切新潮流的人物;其实箍桶匠只关切葡萄园。上面派他当索漠区的行政委员,于是地方上的政治与商业都受到他温和的影响。

在政治方面,他包庇从前的贵族,想尽方法使流亡乡绅的产业不致被公家标卖;商业方面,他向革命军队承包了一二千桶白酒,代价是把某个女修道院上好的草原,本来留作最后一批标卖的产业,弄到了手。

拿破仑当执政的时代,好家伙葛朗台做了区长,把地方上的公事应付得很好,可是他葡萄的收获更好;拿破仑称帝的时候,他变了光杆儿的葛朗台先生。拿破仑不喜欢共和党人,另外派了一个乡绅兼大地主,一个后来晋封为男爵的人来代替葛朗台,因为他有红帽子嫌疑。葛朗台丢掉区长的荣衔,毫不惋惜。在他任内,为了本城的利益,已经造好几条出色的公路直达他的产业。他的房产与地产登记的时候,占了不少便宜,只完很轻的税。自从他各处的庄园登记之后,靠他不断的经营,他的葡萄园变成地方上的顶儿尖儿,这个专门的形容词是说这种园里的葡萄能够酿成极品的好酒。总而言之,他简直有资格得荣誉团的勋章。

免职的事发生在一八〇六年。那时葛朗台五十七岁,他的女人三十六,他们的独养女儿才十岁。

大概是老天看见他丢了官,想安慰安慰他吧,这一年上葛朗台接连得了三笔遗产,先是他丈母特·拉·古地尼埃太太的,接着是太太的外公特·拉·裴德里埃先生的,最后是葛朗台自己的外婆,香蒂埃太太的;这些遗产数目之大，没有一个人知道。三个老人爱钱如命，一生一世都在积聚金钱，以便私下里摩挲把玩。特·拉·裴德里埃老先生把放债叫做挥霍，觉得对黄金看上几眼比放高利贷还实惠。所以他们积蓄的多少，索漠人只能以看得见的收入估计。

于是葛朗台先生得了新的贵族头衔，那是尽管我们爱讲平等也消灭不了的，他成为一州里"纳税最多"的人物。他的葡萄园有一百阿尔邦①，收成好的年份可以出产七八百桶酒，他还有十三处分种田，一座老修道院，修院的窗子，门洞，彩色玻璃，一齐给他从外面堵死了，既可不付捐税，又可保存那些东西。此外还有一百二十七阿尔邦的草原，上面的三千株白杨是一七九三年种下的。他住的屋子也是自己的产业。

这是他看得见的家私。至于他现金的数目，只有两个人知道一个大概。一个是公证人克罗旭，替葛朗台放债的，另外一个是台·格拉桑，索漠城中最有钱的银行家，葛朗台认为合适的时候跟他暗中合作一下，分些好处。在内地要得人信任，要挣家业，行事非机密不可；老克罗旭与台·格拉桑虽然机密透顶，仍免不了当众对葛朗台毕恭毕敬，使旁观的人看出前任区长的资历何等雄厚。

索漠城里个个人相信葛朗台家里有一个私库，一个堆满金路易的密窟，说他半夜里瞧着累累的黄金，快乐得无可形容。一般吝啬鬼认为这是千真万确的事，因为看见那好家伙连眼睛都是黄澄澄的，染上了金子的光彩。一个靠资金赚惯大利钱的人，像色鬼，赌徒，或帮闲的清客一样，眼风自有那种说不出的神气，一派躲躲闪闪的，馋痨的，神秘模样，决计瞒不过他的同道。凡是对什么东西着了迷的人，这些暗号无异帮口里的切口。

葛朗台先生从来不欠人家什么，又是老箍桶匠，又是种葡萄的老手，什么时候需要为自己的收成准备一千只桶，什么时候只要五百只桶，他预算得像天文学家一样准确；投机事业从没失败过一次，酒桶的市价比酒还

---

① 　每个阿尔邦约等于三十至五十一亩，视地域而定。每亩等于一百平方公尺。——译者注

贵的时候,他老是有酒桶出卖,他能够把酒藏起来,等每桶涨到两百法郎才抛出去,一般小地主却早已在一百法郎的时候脱手了。这样一个人物当然博得大家的敬重。那有名的一八一一年的收成,他乖乖的囤在家里,一点一滴的慢慢卖出去,挣了二十四万多法郎。讲起理财的本领,葛朗台先生是只老虎,是条巨蟒:他会躺在那里,蹲在那里,把俘虏打量个半天再扑上去,张开血盆大口的钱袋,倒进大堆的金银,然后安安宁宁的去睡觉,好像一条蛇吃饱了东西,不动声色,冷静非凡,什么事情都按部就班的。

他走过的时候,没有一个人看见了不觉得又钦佩,又敬重,又害怕。索漠城中,不是个个人都给他钢铁般的利爪干净利落的抓过一下的吗?某人为了买田,从克罗旭那里弄到一笔借款,利率要一分一,某人拿期票向台·格拉桑贴现,给先扣了一大笔利息。市场上,或是夜晚的闲谈中间,不提到葛朗台先生大名的日子很少。有些人认为,这个种葡萄老头的财富简直是地方上的一宝,值得夸耀。不少做买卖的,开旅店的,得意洋洋的对外客说:

“嘿,先生,上百万的咱们有两三家;可是葛朗台先生哪,连他自己也不知道究竟有多少家私!”

一八一六年的时候,索漠城里顶会计算的人,估计那好家伙的地产大概值到四百万;但在一七九三到一八一七中间,平均每年的收入该有十万法郎,由此推算,他所有的现金大约和不动产的价值差不多。因此,打完了一场牌,或是谈了一会葡萄的情形,提到葛朗台的时候,一般自作聪明的人就说:“葛朗台老头吗?……总该有五六百万吧。”要是克罗旭或台·格拉桑听到了,就会说:

“你好厉害,我倒从来不知道他的总数呢!”

遇到什么巴黎客人提到洛岂尔特或拉斐德那般大银行家,索漠人就要问,他们是不是跟葛朗台先生一样有钱。如果巴黎人付之一笑,回答说是的,他们便把脑袋一侧,互相瞪着眼,满脸不相信的神气。

偌大一笔财产把这个富翁的行为都镀了金。假使他的生活起居本来有什么可笑,给人家当话柄的地方,那些话柄也早已消灭得无形无踪了。

葛朗台的一举一动都像是钦定的，到处行得通；他的说话，衣着，姿势，瞪眼睛，都是地方上的金科玉律；大家把他仔细研究，像自然科学家要把动物的本能研究出它的作用似的，终于发现他最琐屑的动作，也有深邃而不可言传的智慧。譬如，人家说：

"今年冬天一定很冷，葛朗台老头已经戴起皮手套了：咱们该收割葡萄了吧。"

或者说：

"葛朗台老头买了许多桶板，今年的酒一定不少的。"

葛朗台先生从来不买肉，不买面包。每个星期，那些佃户给他送来一份足够的食物：阉鸡，母鸡，鸡子，牛油，麦子，都是抵租的。他有一所磨坊租给人家，磨坊司条除了缴付租金以外，还得亲自来拿麦子去磨，再把面粉跟麸皮送回来。他的独一无二的老妈子，叫做长脚拿侬的，虽然上了年纪，还是每星期六替他做面包。房客之中有种菜的，葛朗台便派他们供应菜蔬。至于水果，收获之多，可以大部分出售。烧火炉用的木材，是把田地四周的篱垣，或烂了一半的老树砍下来，由佃户锯成一段一段的，用小车装进城，他们还有心巴结，替他送进柴房，讨得几声谢。他的开支，据人家知道的，只有教堂里坐椅的租费，圣餐费，太太和女儿的衣着，家里的灯烛，拿侬的工钱，锅子的镀锡，国家的赋税，庄园的修理，和种植的费用。他新近买了六百阿尔邦的一座树林，托一个近邻照顾，答应给一些津贴。自从他置了这个产业之后，他才吃野味。

这家伙动作非常简单，说话不多，发表意见总是用柔和的声音，简短的句子，搬弄一些老生常谈。从他出头露面的大革命时代起，逢到要长篇大论说一番，或者跟人家讨论什么，他便马上结结巴巴的，弄得对方头昏脑涨。这种口齿不清，理路不明，前言不对后语，以及废话连篇把他的思想弄糊涂了的情形，人家当做是他缺少教育，其实完全是假装的；等会故事中有些情节，就足以解释明白。而且逢到要应付，要解决什么生活上或买卖上的难题，他就搬出四句口诀，像代数公式一样准确，叫做："我不知道，我不能够，我不愿意，慢慢瞧吧。"

他从来不说一声是或不是，也从来不把黑笔落在白纸上。人家跟他说话，他冷冷的听着，右手托着下巴颏儿，肘子靠在左手背上；无论什么事，他一朝拿定了主意，就永远不变。一点点儿小生意，他也得盘算半天。经过一番勾心斗角的谈话之后，对方自以为心中的秘密保守得密不透风，其实早已吐出了真话。他却回答道：

"我没有跟太太商量过，什么都不能决定。"

给他压得像奴隶般的太太，却是他生意上最方便的遮身牌。他从来不到别人家里去，不吃人家，也不请人家；他没有一点儿声响，似乎什么都要节省，连动作在内。因为没有一刻不尊重旁人的主权，他绝对不动人家的东西。

可是，尽管他声音柔和，态度持重，仍不免露出箍桶匠的谈吐与习惯，尤其在家里，不像在旁的地方那么顾忌。

至于体格，他身高五尺，臃肿，横阔，腿肚子的圆周有一尺，多节的膝盖骨，宽大的肩膀；脸是圆的，乌油油的，有痘瘢；下巴笔直，嘴唇没有一点儿曲线，牙齿雪白；冷静的眼睛好像要吃人，是一般所谓的蛇眼；脑门上布满皱襴，一块块隆起的肉颇有些奥妙；青年人不知轻重，背后开葛朗台先生玩笑，把他黄黄而灰白的头发叫做金子里掺白银。鼻尖肥大，顶着一颗满着血筋的肉瘤，一般人不无理由的说，这颗瘤里全是刁钻促狭的玩艺儿。这副脸相显出他那种阴险的狡猾，显出他有计划的诚实，显出他的自私自利，所有的感情都集中在吝啬的乐趣，和他唯一真正关切的独养女儿欧也妮身上。而且姿势，举动，走路的功架，他身上的一切都表示他只相信自己，这是生意上左右逢源养成的习惯。所以表面上虽然性情和易，很好对付，骨子里他却硬似铁石。

他老是同样的装束，从一七九一年以来始终是那身打扮。笨重的鞋子，鞋带也是皮做的；四季都穿一双呢袜，一条栗色的粗呢短裤，用银箍在膝盖下面扣紧，上身穿一件方襟的闪光丝绒背心，颜色一忽儿黄一忽儿古铜色，外面罩一件衣裾宽大的栗色外套，戴一条黑领带，一顶阔边帽子。他的手套跟警察的一样结实，要用到一年零八个月，为保持清洁起见，他有一个一定的手势,把手套放在帽子边缘上一定的地位。

关于这个人物,索漠人所知道的不过这一些。

城里的居民有资格在他家出入的只有六个。前三个中顶重要的是克罗旭先生的侄子。这个年轻人,自从当了索漠初级裁判所所长之后,在本姓克罗旭之上又加了一个篷风的姓氏,并且极力想叫篷风出名。他的签名已经变做克·特·篷风了。倘使什么冒失的律师仍旧称他"克罗旭先生",包管在出庭的时候要后悔他的糊涂。凡是称"所长先生"的,就可博得法官的庇护。对于称他"特·篷风先生"的马屁鬼,他更不惜满面春风的报以微笑。所长先生三十三岁,有一处名叫篷风的田庄,每年有七千法郎进款;他还在那里等两个叔父的遗产,一个是克罗旭公证人,一个是克罗旭神甫,属于都尔城圣·马丁大寺的教士会的;据说这两人都相当有钱。三位克罗旭,房族既多,城里的亲戚也有一二十家,俨然结成一个党,好像从前佛罗棱斯的那些梅迭西斯一样;而且正如梅迭西斯有巴齐一族跟他们对垒似的,克罗旭也有他们的敌党。

台·格拉桑太太有一个二十三岁的儿子,她很热心的来陪葛朗台太太打牌,希望她亲爱的阿道夫能够和欧也妮小姐结婚。银行家台·格拉桑先生,拿出全副精神从旁协助,对吝啬的老头儿不断的暗中帮忙,逢到攸关大局的紧要关头,从来不落人后。这三位台·格拉桑也有他们的帮手,房族,和忠实的盟友。

在克罗旭方面,神甫是智囊,加上那个当公证人的兄弟做后援,他竭力跟银行家太太竞争,想把葛朗台的大笔遗产留给自己的侄儿。克罗旭和台·格拉桑两家暗中为争夺欧也妮的斗法,成为索漠城中大家小户热心关切的题目。葛朗台小姐将来嫁给谁呢?所长先生呢还是阿道夫·台·格拉桑?

对于这个问题,有的人的答案是两个都不会到手。据他们说,老箍桶匠野心勃勃,想找一个贵族院议员做女婿,凭他岁收三十万法郎的陪嫁,谁还计较葛朗台过去、现在、将来的那些酒桶?另外一批人却回答说,台·格拉桑是世家,极有钱,阿道夫又是一个俊俏后生,这样一门亲事,一定能教出身低微,索漠城里都眼见拿过斧头凿子,而且还当过革命党的人心满意足,除非他夹袋里有什么教皇的侄子之流。可是老于世故的人提醒你说,克罗旭·特·篷风先生随时可以在葛朗台家进出,而他的敌手只能在星期日受招待。有的认为,台·格拉桑太太跟葛朗台家的女太太们,比克罗旭一家接近得多,久而久之,一定能说动她们,达到她的目的。有的却认为克罗旭神甫的花言巧语是天下第一,拿女人跟出家人对抗,正好势均力敌。所以索漠城中有一个才子说:

"他们正是旗鼓相当,各有一手。"

据地方上熟知内幕的老辈看法,像葛朗台那么精明的人家,决不肯把家私落在外人手里。索漠的葛朗台还有一个兄弟在巴黎,非常有钱的酒商;欧也妮小姐将来是嫁给巴黎葛朗台的儿子的。对这种意见,克罗旭和台·格拉桑两家的羽党都表示异议,说:

"一则两兄弟三十年来没有见过两次面;二则巴黎的葛朗台先生对儿子的期望大得很。他自己是巴黎某区的区长,兼国会议员,禁卫军旅长,商事裁判所推事,自称为跟拿破仑提拔的某公爵有姻亲,早已不承认索漠的葛朗台是本家。"

周围七八十里,甚至在安越到勃洛阿的驿车里,都在谈到这个有钱的独养女儿,七嘴八舌,议论纷纷,当然是应有之事。

一八一七年初,有一桩事情使克罗旭党彰明较著的占了台·格拉桑党上风。法劳丰田产素来以美丽的别庄,园亭,小溪,池塘,森林出名,值到三百万法郎。年轻的法劳丰侯爵急需现款,不得不把这所产业出卖。克罗旭公证人,克罗旭所长,克罗旭神甫,再加上他们的羽党,居然把侯爵分段出售的意思打消了。公证人告诉他,分成小块的标卖,势必要跟投标落选的人打不知多少场官司,才能拿到田价;还不如整块儿让给葛朗台先生,既买得起,又能付现钱。公证人这番话把卖主说服了,做成一桩特别便宜的好买卖。侯爵的那块良田美产,就这样的给张罗着送到了葛朗台嘴里。他出乎索漠人意料之外,竟打了些折扣当场把田价付清。这件新闻一直传播到南德与奥莱昂。

葛朗台先生搭着人家回乡的小车,到别庄上视察。以主人的身份对产业瞥了一眼,回到城里,觉得这一次的投资足足有五厘利,他又马上得了一个好主意,预备把全部的田产并在法劳丰一起。随后,他要把差不多出空了的金库重新填满,决意把他的树木,森林,一齐砍下,再把草原上的白杨也出卖。

葛朗台先生的府上这个称呼,现在你们该明白它的分量了吧。那是一所灰暗,阴森,静寂的屋子,坐落在城区上部,靠着坍毁的城脚。

门框的穹窿与两根支柱,像正屋一样用的混凝土,洛阿河岸特产的一种白石,质地松软,用不到两百年以上的。寒暑的酷烈,把柱头,门洞,门顶,都磨出无数古怪的洞眼,像法国建筑的那种虫蛀样儿,也有几分像监狱的大门。门顶上面,有一长条硬石刻成的浮雕,代表四季的形象已经剥蚀,变黑。浮雕的础石突出在外面,横七竖八的长着野草,黄色的苦菊,五爪龙,旋覆花,车前草,一株小小的樱桃树已经长得很高了。

褐色的大门是独幅的橡木做的,没有油水,到处开裂,看上去很单薄,其实很坚固,因为有一排对花的钉子支持。一边的门上有扇小门,中间开一个小方洞,装上铁栅,排得很密的铁梗锈得发红,铁栅上挂着一个环,上面吊一个敲门用的铁锤,正好敲在一颗奇形怪状的大钉子上。铁锤是长方形的,像古时的钟锤,又像一个肥大的惊叹号,一个玩古董的人仔细打量之下,可以发现锤子当初是一个小丑的形状,但是年深月久,已经磨平了。

那个小铁栅,当初在宗教战争的年代,原是预备给屋内的人探望来客的。现在喜欢东张西望的人,可以从铁栅中间望到黑魆魆的半绿不绿的环洞,环洞底上有几级七零八落的磴级,通上花园:厚实而潮湿的围墙,到处渗出水迹,生满垂头丧气的杂树,倒也另有一番景致。这片墙原是城墙的一部,邻近人家都利用它布置花园。

楼下最重要的房间是那间"堂屋",从大门内的环洞进出的。在安育、都兰、裴里各地的小城中间,一间堂屋的重要,外方人是不大懂得的。它同时是穿堂,客厅,书房,上房,饭厅;它是日常生活的中心,全家公用的起居室。本区的理发匠,替葛朗台先生一年理两次发是在这里,佃户、教士、县长、磨坊伙计上门的时候,也是在这间屋里。室内有两扇临街的窗,铺着地板;古式嵌线的灰色护壁板从上铺到下,顶上的梁木都露在外面,也漆成灰色;梁木中间的楼板涂着白粉,已经发黄了。

壁炉架上面挂着一面耀出青光的镜子,两旁的边划成斜面,显出玻璃的厚度,一丝丝的闪光照在哥特式的镂花钢框上。壁炉架是粗糙的白石面子,摆着一座黄铜的老钟,壳子上有螺钿嵌成的图案。左右放两盏黄铜的两用烛台,座子是铜镶边的蓝色大理石,矗立着好几支玫瑰花瓣形的灯芯盘;把这些盘子拿掉,座子又可成为一个单独的烛台,在平常日子应用。

古式的坐椅,花绸面子上织着拉·风丹纳的寓言,但不是博学之士,休想认出它们的内容:颜色褪尽,到处是补钉,人物已经看不清楚。四边壁角里放着三角形的酒橱,顶上有几格放零星小件的搁板,全是油腻。两扇窗子中间的板壁下面,有一张嵌木细工的旧牌桌,桌面上画着棋盘。牌桌后面的壁上挂一只椭圆形的晴雨表,黑框子四周有金漆的丝带形花边,苍蝇肆无忌惮的钉在上面张牙舞爪,恐怕不会有多少金漆留下的了。

壁炉架对面的壁上,挂两幅水粉画的肖像,据说一个是葛朗台太太的外公,特·拉·裴德里埃老人,穿着王家禁卫军连长的制服;一个是故香蒂埃太太,挽着一个古式的髻。窗帘用的是都尔红绸,两旁用系有大坠子的丝带吊起。这种奢华的装饰,跟葛朗台一家的习惯很不调和,原来是买进这所屋子的时候就有的,连镜框,座钟,花绸面的家具,红木酒橱等等都是。

靠门的窗洞下面,一张草坐垫的椅子放在一个木座上,使葛朗台太太坐了可以望见街上的行人。另外一张褪色樱桃木的女红台,把窗洞的空间填满了,近旁还有欧也妮的小靠椅。

十五年以来,从四月到十一月,母女俩就在这个位置上安安静静的消磨日子,手里永远拿着活计。十一月初一,她们可以搬到壁炉旁边过冬了。只有到那一天,葛朗台才答应在堂屋里生火,到三月三十一日就得熄掉,不管春寒也不管早秋的凉意。四月和十月里最冷的日子,长脚拿侬想法从厨房里腾出些柴炭,安排一只脚炉,给太太和小姐挡挡早晚的寒气。

全家的内衣被服都归母女俩负责,她们专心一意,像女工一样整天劳作,甚至欧也妮想替母亲绣一方挑花领,也只能腾出睡眠的时间来做,还得想出借口来骗取父亲的蜡烛。多年来女儿与拿侬用的蜡烛,吝啬鬼总是亲自分发的,正如每天早上分发面包和食物一样。

也许只有长脚拿侬受得了她主人的那种专制。索漠城里都羡慕葛朗台夫妇有这样一个老妈子。大家叫她长脚拿侬,因为她身高五尺八寸。她在葛朗台家已经做了三十五年。虽然一年的工薪只有六十法郎,大家已经认为她是城里最有钱的女仆了。一年六十法郎,积了三十五年,最近居然有四千法郎存在公证人克罗旭那儿做终身年金。这笔长期不断的积蓄,似乎是一个了不得的数目。每个女佣看见这个上了六十岁的老妈子有了老年的口粮,都十分眼热,却没有想到这份口粮是辛辛苦苦做牛马换来的。

二十二岁的时候,这可怜的姑娘到处没有人要,她的脸丑得叫人害怕;其实这么说是过分的,把她的脸放在一个掷弹兵的脖子上,还可受到人家称赞哩;可是据说什么东西都要相称。她先是替农家放牛,农家遭了火灾,她就凭着天不怕地不怕的勇气,进城来找事。

那时葛朗台正想自立门户,预备娶亲。他瞥见了这到处碰壁的女孩子。以箍桶匠的眼光判断一个人的体力是准没有错的:她体格像大力士,站在那儿仿佛一株六十年的橡树,根牢固实,粗大的腰围,四方的背脊,一双手像个赶车的,诚实不欺的德性,正如她的贞操一般纯洁无瑕;在这样一个女人身上可以榨取多少利益,他算得清清楚楚。雄赳赳的脸上生满了疣,紫膛膛的皮色,青筋隆起的胳膊,褴褛的衣衫,拿侬这些外表并没吓退箍桶匠,虽然他那时还在能够动心的年纪。他给这个可怜的姑娘衣著、鞋袜、膳宿,出了工钱雇用她,也不过分的虐待、糟蹋。

长脚拿侬受到这样的待遇暗中快活得哭了,就一片忠心的服侍箍桶匠。而箍桶匠当她家奴一般利用。拿侬包办一切:煮饭,蒸洗东西,拿衣服到洛阿河边去洗,担在肩上回来;天一亮就起身,深夜才睡觉;收成时节,所有短工的饭食都归她料理,还不让人家捡取掉在地下的葡萄;她像一条忠心的狗一样保护主人的财产。总之,她对他信服得五体投地,无论他什么想入非非的念头,她都不哼一声的服从。一八一一那有名的一年①收获季节特别辛苦,这时拿侬已经服务了二十年,葛朗台才发狠赏了她一只旧表,那是她到手的唯一礼物。固然他一向把穿旧的鞋子给她(她正好穿得上),但是每隔三个月得来的鞋子,已经那么破烂,不能叫做礼物了。可怜的姑娘因为一无所有,变得咨齿不堪,终于使葛朗台像喜欢一条狗一样的喜欢她,而拿侬也甘心情愿让人家把链条套上脖子,链条上的刺,她已经不觉得痛了。

要是葛朗台把面包割得过分小气了一点,她决不抱怨;这份人家饮食严格,从来没有人闹病,拿侬也乐于接受这卫生的好处。而且她跟主人家已经打成一片:葛朗台笑,她也笑,葛朗台发愁,挨冷,取暖,工作,她也跟着发愁,挨冷,取暖,工作。这样不分彼此的平等,还不算甜蜜的安慰吗?她在树底下吃些杏子,桃子,枣子,主人从来不埋怨。

有些年份的果子把树枝都压弯了,佃户们拿去喂猪,于是葛朗台对拿侬说:“吃呀,拿侬,尽吃。”

这个穷苦的乡下女人,从小只受到虐待,人家为了善心才把她收留下来;对于她,葛朗台老头那种教人猜不透意思的笑,真像一道阳光似的。而且拿侬单纯的心,简单的头脑,只容得下一种感情,一个念头。三十五年如一日,她老是看到自己站在葛朗台先生的工场前面,赤着脚,穿着破烂衣衫,听见箍桶匠对她说:“你要什么呀,好孩子?”她心中的感激永远是那么新鲜。

有时候,葛朗台想到这个可怜虫从没听见一句奉承的话,完全不懂女人所能获得的那些温情;将来站在上帝前面受审,她比圣母玛丽亚还要贞洁。葛朗台想到这些,不禁动了怜悯,望着她说:

---

① 该年制成的酒为法国史上有名的佳酿;是年有彗星出现;经济恐慌,工商业破产者累累。所谓有名的一年是总括上列各项事故而言。——译者注

"可怜的拿侬!"

老佣人听了,总是用一道难以形容的目光瞧他一下。时常挂在嘴边的这句感叹,久已成为他们之间不断的友谊的连锁,而每说一遍,连锁总多加上一环。出诸葛朗台的心坎,而使老姑娘感激的这种怜悯,不知怎样总有一点儿可怕的气息。这种吝啬鬼的残酷的怜悯,在老箍桶匠是因为想起在佣人身上刮到了多少好处而得意,在拿侬却是全部的快乐。"可怜的拿侬!"这样的话谁不会说?但是说话的音调,语气之间莫测高深的惋惜,可以使上帝认出谁才是真正的慈悲。

索漠有许多家庭待佣人好得多,佣人却仍然对主人不满意。于是又有这样的话流传了:

"葛朗台他们对长脚拿侬怎么的,她会这样的忠心?简直肯替他们拼命!"

厨房临着院子,窗上装有铁栅,老是干净,整齐,冷冰冰的,真是守财奴的灶屋,没有一点儿糟蹋的东西。拿侬晚上洗过碗盏,收起剩菜,熄了灶火,便到跟厨房隔着一条过道的堂屋里绩麻,跟主人们在一块。这样,一个黄昏全家只消点一支蜡烛了。老妈子睡的是过道底上的一个小房间,只消有一个墙洞漏进一些日光;躺在这样一个窝里,她结实的身体居然毫无亏损,她可以听见日夜都静悄悄的屋子里的任何响动,像一条看家狗似的,她竖着耳朵睡觉,一边休息一边守夜。

屋子其余的部分,等故事发展下去的时候再来描写;但全家精华所在的堂屋的景象,已可令人想见楼上的寒伧了。

一八一九年,秋季的天气特别好;到十一月中旬某一天傍晚时分,长脚拿侬才第一次生火。那一天是克罗旭与台·格拉桑两家记得清清楚楚的节日。双方六位人马,预备全副武装,到堂屋里交一交手,比一比谁表示得更亲热。

早上,索漠的人看见葛朗台太太和葛朗台小姐,后边跟着拿侬,到教堂去望弥撒,于是大家记起了这一天是欧也妮小姐的生日。克罗旭公证人,克罗旭神甫,克·特·篷风先生,算准了葛朗台家该吃完晚饭的时候,急急忙忙赶来,要抢在台·格拉桑一家之前,向葛朗台小姐拜寿。三个人都捧着从小花坛中摘来的大束的花。所长那束,花梗上很巧妙的裹着金色穗子的白缎带。

每逢欧也妮的生日和本名节日①,照例葛朗台清早就直闯到女儿床边,郑重其事的把他为父的礼物亲手交代,十三年来的老规矩,都是一枚希罕的金洋。

葛朗台太太总给女儿一件衣衫,或是冬天穿的,或是夏天穿的,看什么节而定。这两件衣衫,加上父亲在元旦跟他自己的节日所赏赐的金洋,她每年小小的收入大概有五六百法郎,葛朗台很高兴的看她慢慢的积起来。这不过是把自己的钱换一只口袋罢了,而且可以从小培养女儿的吝啬。他不时盘问一下她财产的数目——其中一部分是从葛朗台太太的外婆那里来的——盘问的时候总说:

“这是你陪嫁的压箱钱呀。”

所谓压箱钱是一种古老的风俗,法国中部有些地方至今还很郑重的保存在那里。裴里、安育那一带,一个姑娘出嫁的时候,不是娘家便是婆家,总得给她一笔金洋或银洋,或是十二枚,或是一百四十四枚,或是一千二百枚,看家境而定。最穷的牧羊女出嫁,压箱钱也非有不可,就是拿大铜钱充数也是好的。伊苏屯地方,至今还谈论曾经有一个有钱的独养女儿,压箱钱是一百四十四枚葡萄牙金洋。凯塞琳·特·梅迭西斯嫁给亨利二世,她的叔叔教皇克雷门七世送给她一套古代的金勋章,价值连城。

吃晚饭的时候,父亲看见女儿穿了新衣衫格外漂亮,便喜欢得什么似的,嚷道:

“既然是欧也妮的生日,咱们生起火来,取个吉利吧!”

长脚拿侬撤下饭桌上吃剩的鹅,箍桶匠家里的珍品,一边说:

“小姐今年一定要大喜了。”

---

① 西俗教徒皆以圣者之名命名。凡自己取名的圣者的纪念日,称为本名节日。
　　——译者注

"索漠城里没有合适的人家喔,"葛朗台太太接口道,她一眼望着丈夫的那种胆怯的神气,以她的年龄而论,活现出可怜的女人是一向对丈夫服从惯的。

葛朗台端相着女儿,快活的叫道:

"今天她刚好二十三了,这孩子。是咱们操心的时候了。"

欧也妮和她的母亲心照不宣的彼此瞧了一眼。

葛朗台太太是一个干枯的瘦女人,皮色黄黄的像木瓜,举动迟缓,笨拙,就像那些生来受磨折的女人。大骨骼,大鼻子,大额角,大眼睛,一眼望去,好像既无味道又无汁水的干瘪果子。黝黑的牙齿已经不多几颗,嘴巴全是皱褶,长长的下巴颏儿往上钩起,像只木底靴。可是她为人极好,真有裴德里埃家风。克罗旭神甫常常有心借机会告诉她,说她当初并不怎样难看,她居然会相信。性情柔和得像天使,忍耐功夫不下于给孩子们捉弄的虫蚁,少有的虔诚,平静的心境绝对不会骚乱,一片好心,个个人可怜她,敬重她。

丈夫给她的零用,每次从不超过六法郎。虽然相貌奇丑,她的陪嫁与承继的遗产,给葛朗台先生带来三十多万法郎。然而她始终诚惶诚恐,仿佛依人篱下似的;天性的柔和,使她摆脱不了这种奴性,她既没要求过一个钱,也没对克罗旭公证人教她签字的文件表示过异议。支配这个女人的,只有闷在肚里的那股愚不可及的傲气,以及葛朗台非但不了解还要加以伤害的慷慨的心胸。

葛朗台太太永远穿一件淡绿绸衫,照例得穿上一年;戴一条棉料的白围巾,头上一顶草帽,差不多永远系一条黑纱围身。难得出门,鞋子很省。总之,她自己从来不想要一点儿什么。

有时,葛朗台想起自从上次给了她六法郎以后已经有好久,觉得过意不去,便在出售当年收成的契约上添注一笔,要买主掏出些中金给他太太。向葛朗台买酒的荷兰商人或比国商人,总得破费上百法郎,这就是葛朗台太太一年之中最可观的进款。

可是,她一朝拿到了上百法郎,丈夫往往对她说,仿佛他们用的钱一向是公账似的:"借几个子儿给我,好不好?"可怜的女人,老是听到忏悔师说男人是她的夫君是她的主人,所以觉得能够帮他忙是最快活不过的,一个冬天也就还了他好些中金。

葛朗台掏出了做零用、买针线、付女儿衣著的六法郎月费,把钱袋扣上之后,总不忘了向他女人问一声:

"喂,妈妈,你想要一点儿什么吗?"

"呕,那个,慢慢再说罢。"葛朗台太太回答,她觉得做母亲的应该保持她的尊严。

这种伟大真是白费!葛朗台自以为对太太慷慨得很呢。像拿侬、葛朗台太太、欧也妮小姐这等人物,倘使给哲学家碰到了,不是很有理由觉得上帝的本性是喜欢跟人开玩笑吗?

在初次提到欧也妮婚事的那餐晚饭之后,拿侬到楼上葛朗台先生房里拿一瓶果子酒,下来的时候几乎摔了一跤。

"蠢东西,"葛朗台先生叫道,"你也会栽斤斗吗,你?"

"哎哟,先生,那是你的楼梯不行呀。"

"不错,"葛朗台太太接口。"你早该修理了,昨天晚上,欧也妮也险些儿扭坏了脚。"

葛朗台看见拿侬脸色发白,便说:

"好,既然是欧也妮的生日,你又几乎摔跤,就请你喝一杯果子酒压压惊吧。"

"真是,这杯酒是我把命拼来的喔。换了别人,瓶子早已摔掉了;我哪怕碰断肘子,也要把酒瓶擎得老高,不让它砸破呢。"

"可怜的拿侬!"葛朗台一边说一边替她斟酒。

"跌痛没有?"欧也妮很关切的望着她问。

"没有,我挺一挺腰就站住了。"

"得啦,既然是欧也妮的生日,"葛朗台说,"我就去替你们修理踏级吧。你们这般人,就不会拣结实的地方落脚。"

葛朗台拿了烛台,走到烤面包的房里去拿木板、钉子和工具,让太太、

女儿、用人坐在暗里,除了壁炉的活泼的火焰之外,没有一点儿光亮。拿侬听见他在楼梯上敲击的声音,便问:

"要不要帮忙?"

"不用,不用!我会对付。"老箍桶匠回答。

葛朗台一边修理虫蛀的楼梯,一边想起少年时代的事情,直着喉咙打唿哨。这时候,三位克罗旭来敲门了。

"是你吗,克罗旭先生?"拿侬凑在铁栅上张了一张。

"是的。"所长回答。

拿侬打开大门,壁炉的火光照在环洞里,三位克罗旭才看清了堂屋的门口。拿侬闻到花香,便说:

"啊!你们是来拜寿的。"

"对不起,诸位,"葛朗台听出了客人的声音,嚷道,"我马上就来!不瞒你们说,楼梯的踏级坏了,我自己在修呢。"

"不招呼,不招呼!葛朗台先生。区区煤炭匠,在家也好当市长。"所长引经据典的说完,独自笑开了,却没有人懂得他把成语改头换面,影射葛朗台当过区长。

葛朗台母女俩站了起来。所长趁堂屋里没有灯光,便对欧也妮说道:

"小姐,今天是你的生日,我祝贺你年年快乐,岁岁康强!"

说着他献上一大束索漠城里少有的鲜花;然后抓着独养女儿的肘子,把她脖子两边亲了一下,那副得意的神气把欧也妮羞得什么似的。所长,像一口生锈的大铁钉,自以为这样就是追求女人。

"所长先生,不用拘束啊,"葛朗台走进来说,"过节的日子,照例得痛快一下。"

克罗旭神甫也捧着他的一束花,接口说:

"跟令爱在一块儿,舍侄觉得天天都是过节呢。"

说完话,神甫吻了吻欧也妮的手。公证人克罗旭却老实不客气亲了她的腮帮,说:

"哎,哎,岁月催人,又是一年了。"

葛朗台有了一句笑话,轻易不肯放弃,只要自己觉得好玩,会三番四复的说个不休;他把烛台往座钟前面一放,说道:

"既然是欧也妮的生日,咱们就大放光明吧!"

他很小心的摘下灯台上的管子,每根按上了灯芯盘,从拿侬手里接过一根纸卷的新蜡烛,放入洞眼,插妥了,点上了,然后走去坐在太太旁边,把客人,女儿,和两支蜡烛,轮流打量过来。克罗旭神甫矮小肥胖,浑身是肉,茶红的假头发,像是压扁了的,脸孔像个爱开玩笑的老太婆,套一双银搭扣的结实的鞋子,他把脚一伸,问道:

"台·格拉桑他们没有来吗?"

"还没有,"葛朗台回答。

"他们会来吗?"老公证人扭动着那张脚炉盖似的脸,问。

"我想会来的,"葛朗台太太回答。

"府上的葡萄收割完了吗?"特·篷风所长打听葛朗台。

"统统完了!"葛朗台老头说着,站起身来在堂屋里踱步,他把胸脯一挺的那股劲儿,跟"统统完了"四个字一样骄傲。

长脚拿侬不敢闯入过节的场面,便在厨房内点起蜡烛,坐在灶旁预备绩麻。葛朗台从过道的门里瞥见了,踱过去嚷道:

"拿侬,你能不能灭了灶火,熄了蜡烛,上我们这儿来?嘿!这里地方大得很,怕挤不下吗?"

"可是先生,你们那里有贵客哪。"

"怕什么?他们不跟你一样是上帝造的吗?"

葛朗台说完又走过来问所长:

"府上的收成脱手没有?"

"没有。老实说,我不想卖。现在的酒固然好,过两年更好。你知道,地主都发誓要坚持公议的价格。那些比国人这次休想占便宜了。他们这回不买,下回还是要来的。"

"不错,可是咱们要齐心啊。"葛朗台的语调,教所长打了一个寒噤。

"他会不会跟他们暗中谈判呢?"克罗旭心里想。

这时大门上锤子响了一下,报告台·格拉桑一家来了。葛朗台太太和克罗旭神甫才开始的话题,只得搁过一边。

台·格拉桑太太是那种矮小活泼的女人,身材肥胖,皮肤白里泛红,过着修道院式的内地生活,律身谨严,所以在四十岁上还显得年轻。这等女子仿佛过时的最后几朵蔷薇,教人看了舒服,但它们的花瓣有种说不出的冰冷的感觉,香气也淡薄得很了。她穿着相当讲究,行头都从巴黎带来,索漠的时装就把她做标准,而且家里经常举行晚会。

她的丈夫在拿破仑的禁卫军中当过连长,在奥斯丹列兹一役受了重伤,退伍了,对葛朗台虽然尊敬,但是爽直非凡,不失军人本色。

"你好,葛朗台,"他说着向葡萄园主伸出手来,一副俨然的气派是他一向用来压倒克罗旭的。向葛朗台太太行过礼,他又对欧也妮说:"小姐,你老是这样美,这样贤慧,简直想不出祝贺你的话。"

然后他从跟班手里接过一口匣子递过去,里面装着一株好望角的铁树,这种花还是最近带到欧洲而极少见的。

台·格拉桑太太非常亲热的拥抱了欧也妮,握着她的手说:

"我的一点小意思,教阿道夫代献吧。"

一个头发金黄,个子高大的青年,苍白,娇弱,举动相当文雅,外表很羞怯,可是最近到巴黎念法律,膳宿之外,居然花掉上万法郎。这时他走到欧也妮前面,亲了亲她的腮帮,献上一个针线匣子,所有的零件都是镀金的;匣面上哥特式的花体字,把欧也妮姓名的缩写刻得不坏,好似做工很精巧,其实全部是骗人的起码货。

欧也妮揭开匣子,感到一种出乎意外的快乐,那是使所有的少女脸红,寒颤,高兴得发抖的快乐。她望着父亲,似乎问他可不可以接受。葛朗台说一声:"收下罢,孩子!"那强劲有力的音调竟可以使一个角儿成名呢。

这样贵重的礼物,独养女儿还是第一遭看见,她的快活与兴奋的目光,使劲盯住了阿道夫·台·格拉桑,把三位克罗旭看呆了。台·格拉桑先生掏出鼻烟壶,让了一下主人,自己闻了一下,把蓝外套钮孔上"荣誉团"丝带上的烟末,抖干净了,旋过头去望着几位克罗旭,神气之间仿佛说:"嘿,瞧我这一手!"

台·格拉桑太太就像一个喜欢讥笑人家的女子,装做特意寻找克罗旭他们的礼物,把蓝瓶里的鲜花瞅了一眼。在这番微妙的比赛中,大家围坐在壁炉前面;克罗旭神甫却丢下众人,径自和葛朗台蹀到堂屋那一头,离台·格拉桑最远的窗洞旁边,咬着守财奴的耳朵说:

"这些人简直把钱往窗外扔。"

"没有关系,反正是扔在我的地窖里,"葛朗台回答。

"你给女儿打把金剪刀也打得起呢,"神甫又道。

"金剪刀有什么希罕,我给她的东西名贵得多哩。"

克罗旭所长那猪肝色的脸本来就不体面,加上乱蓬蓬的头发,愈显得难看了。神甫望着他,心里想:

"这位老侄真是一个傻瓜,一点讨人喜欢的小玩艺儿都想不出来!"

这时台·格拉桑太太嚷道:

"咱们陪你玩一会儿牌吧,葛朗台太太。"

"这么多人,好来两局呢……"

"既然是欧也妮的生日,你们不妨来个摸彩的玩艺,让两个孩子也参加。"老箍桶匠一边说一边指着欧也妮和阿道夫,他自己是对什么游戏都从不参加的。

"来,拿侬,摆桌子。"

"我们来帮忙,拿侬,"台·格拉桑太太很高兴的说,她因为得了欧也妮的欢心,快活得不得了。那位独养女儿对她说:

"我一辈子都没有这么快乐过,我从没见过这样漂亮的东西。"

台·格拉桑太太便咬着她的耳朵:

"那是阿道夫从巴黎捎来的,他亲自挑的呢。"

"好,好,你去灌迷汤罢,刁钻促狭的鬼女人!"所长心里想,"一朝你家有什么官司落在我手中,不管是你的还是你丈夫的,哼,看你有好结果吧。"

公证人坐在一旁,神色泰然的望着神甫,想道:

"台·格拉桑他们是白费心的。我的家私,我兄弟的,侄子的,合在一起有一百十万。台·格拉桑最多也不过抵得一半,何况他们还有一个女儿要嫁!好吧,他们爱送礼就送吧!终有一天,独养女儿跟他们的礼物,会一古脑儿落在咱们手里的。"

八点半,两张牌桌端整好了。俊俏的台·格拉桑太太居然能够把儿子安排在欧也妮旁边。各人拿着一块有数目字与格子的纸板,抓着蓝玻璃的码子,开始玩了。这聚精会神的一幕,虽然表面上平淡无奇,所有的角儿装做听着老公证人的笑话——他摸一颗码子,念一个数目,总要开一次玩笑——其实都念念不忘的想着葛朗台的几百万家私。

老箍桶匠踌躇满志的把台·格拉桑太太时髦的打扮,粉红的帽饰,银行家威武的脸相,还有阿道夫,所长,神甫,公证人的脑袋,一个个的打量过来,暗自想道:

"他们都看中我的钱,为了我女儿到这儿来受罪。哼!我的女儿,休想;我就利用这般人替我钓鱼!"

灰色的老客厅里,黑魆魆只点两支蜡烛,居然也有家庭的欢乐;拿侬的纺车声,替众人的笑声当着伴奏,可是只有欧也妮和她母亲的笑才是真心的;小人的心胸都在关切重大的利益;这位姑娘受到奉承,包围,以为他们的友谊都是真情实意,仿佛一只小鸟全不知道给人家标着高价作为赌注。这种种使那天晚上的情景显得又可笑又可叹。这原是古往今来到处在搬演的活剧,这儿不过表现得最简单罢了。利用两家的假殷勤而占足便宜的葛朗台,是这一幕的主角,有了他,这一幕才有意义。单凭这个人的脸,不是就象征了法力无边的财神,现代人的上帝吗?

人生的温情在此只居于次要地位;它只能激动拿侬、欧也妮和她母亲三颗纯洁的心。而且她们能有这么一点天真,还是因为她们蒙在鼓里,一无所知!葛朗台的财富,母女俩全不知道;她们对人生的看法,只凭一些渺茫的观念,对金钱既不看重也不看轻,她们一向就用不到它。她们的情感虽然无形中受了伤害,依旧很强烈,而且是她们生命的真谛,使她们在这一群唯利是图的人中间别具一格。人类的处境就是这一点可怕！没有一宗幸福不是靠糊涂得来的。

葛朗台太太中了十六个铜子的彩,在这儿是破天荒第一遭的大彩;长脚拿侬看见太太有这许多钱上袋,快活得笑了。正在这时候,大门上砰的一声,锤子敲得那么响,把太太们吓得从椅子里直跳起来。

"这种敲门的气派决不是本地人,"公证人说。

"哪有这样敲法的!"拿侬说,"难道想砸破大门吗?"

"哪个混账东西!"葛朗台咕噜着。

拿侬在两支蜡烛中拿了一支去开门,葛朗台跟着她。

"葛朗台! 葛朗台!"他太太莫名其妙的害怕起来,望堂屋门口追上去叫。

牌桌上的人都面面相觑。

"咱们一块儿去怎么样?"台·格拉桑说,"这种敲门有点儿来意不善。"

台·格拉桑才看见一个青年人的模样,后面跟着驿站上的脚夫,扛了两口大箱子,拖了几个铺盖卷,葛朗台便突然转过身来对太太说:

"玩你们的,太太,让我来招呼客人。"

说着他把客厅的门使劲一拉。那些骚动的客人都归了原位,却并没玩下去。台·格拉桑太太问她的丈夫:

"是不是索漠城里的人?"

"不,外地来的。"

"一定是巴黎来的了。"

公证人掏出一只两指厚的老表,形式像荷兰战舰,瞧了瞧说:

"不错,正九点。该死,驿车倒从来不脱班。"

"客人还年轻吗?"克罗旭神甫问。

"年轻,"台·格拉桑答道。"带来的行李至少有三百斤。"

"拿侬还不进来,"欧也妮说。

"大概是府上的亲戚吧,"所长插了句嘴。

"咱们下注吧,"葛朗台太太轻声轻气的叫道,"听葛朗台的声音,他很不高兴;也许他不愿意我们谈论他的事。"

"小姐,"阿道夫对坐在隔壁的欧也妮说,"一定是你的堂兄弟葛朗台,一个挺漂亮的青年,我在纽沁根先生家的跳舞会上见过的。"

阿道夫停住不说了,他给母亲踩了一脚;她高声叫他拿出两个铜子来押,又咬着他的耳朵:

"别多嘴,你这个傻瓜!"

这时大家听见拿侬和脚夫走上楼梯的声音;葛朗台带着客人进了堂屋。几分钟以来,个个人都给不速之客提足了精神,好奇得不得了,所以他的到场,他的出现,在这些人中间,犹如蜂房里掉进了一只蜗牛,或是乡下黝黑的鸡场里闯进了一只孔雀。

"到壁炉这边来坐吧,"葛朗台招呼他。

年轻的陌生人就坐之前,对众人客客气气鞠了一躬。男客都起身还礼,太太们都深深的福了一福。

"你冷了吧,先生?"葛朗台太太说,"你大概从……"

葛朗台捧着一封信在念,马上停下来截住了太太的话:

"嘿!娘儿腔!不用烦,让他歇歇再说。"

"可是父亲,也许客人需要什么呢,"欧也妮说。

"他会开口的,"老头儿厉声回答。

这种情形只有那位生客觉得奇怪。其余的人都看惯了这个家伙的霸道。客人听了这两句问答,不禁站起身子,背对着壁炉,提起一只脚烘烤靴底,一面对欧也妮说:

"大姊,谢谢你,我在都尔吃过晚饭了。"他又望着葛朗台说:"什么都不用费心,我也一点儿不觉得累。"

"你先生是从京里来的吧?"台·格拉桑太太问。

查理(这是巴黎葛朗台的儿子的名字)听见有人插嘴,便拈起用金链挂在项下的小小的手眼镜,凑在右眼上瞧了瞧桌上的东西和周围的人物,非常放肆的把眼镜向台·格拉桑太太一照,他把一切都看清楚了,才回

答说:

"是的,太太。"他又回头对葛朗台太太说:"哦,你们在摸彩,伯母。请呀,请呀,玩下去吧,多有趣的玩艺儿,怎么好歇手呢! ……"

"我早知道他就是那个堂兄弟,"台·格拉桑太太对他做着媚眼,心里想。

"四十七,"老神甫嚷道,"嗳,台·格拉桑太太,放呀,这不是你的号数吗?"

台·格拉桑先生抓起一个码子替太太放上了纸板。她却觉得预兆不好,一忽儿望望巴黎来的堂兄弟,一忽儿望望欧也妮,想不起摸彩的事了。年轻的独养女儿不时对堂兄弟瞟上几眼,银行家太太不难看出她越来越惊讶,越来越好奇的情绪。

内地的爱情（节选）

少女们纯洁而单调的生活中，必有一个美妙的时间，阳光会流入她们的心坎，花会对她们说话，心的跳动会把热烈的生机传给头脑，把意念融为一种渺茫的欲望；真是哀而不怨，乐而忘返的境界！儿童睁眼看到世界就笑，少女在大自然中发现感情就笑，像她儿时一样的笑。要是光明算得人生第一个恋爱对象，那末恋爱不就是心的光明吗？欧也妮终于到了把世界上的东西看明白的时候了。

跟所有内地姑娘一样，她起身很早，祷告完毕，开始梳妆，从今以后梳妆是一件有意义的事情了。她先把栗色的头发梳光，很仔细的把粗大的辫子盘上头顶，不让零星短发从辫子里散出来，发髻的式样改成对称，越发烘托出她一脸的天真与娇羞；头饰的简朴与面部线条的单纯配得很调和。拿清水洗了好几次手，那是平日早已浸得通红，皮肤也变得粗糙了的，她望着一双滚圆的胳膊，私忖堂兄弟怎么能把手养得又软又白，指甲修得那么好看。她换上新袜，套上最体面的鞋子；一口气束好了胸，一个眼子都没有跳过。总之，她有生以来第一次希望自己显得漂亮，第一次懂得有一件裁剪合身、使她惹人注目的新衣衫的乐趣。

穿扮完了，她听见教堂的钟声，很奇怪的只数到七下，因为想要有充分的时间梳妆，不觉的起得太早了。她既不懂一卷头发可以做上十来次，来研究它的效果，就只能老老实实抱着手臂，坐在窗下望着院子，小园，和城墙上居高临下的平台；一派凄凉的景色，也望不到远处，但也不无那种神秘的美，为冷静的地方或荒凉的野外所特有的。

厨房旁边有口井，围着井栏，辘轳吊在一个弯弯的铁杆上。绕着铁杆有一株葡萄藤，那时枝条已经枯萎，变红；蜿蜒曲折的蔓藤从这儿爬上墙，沿着屋子，一直伸展到柴房顶上。堆在那里的木柴，跟藏书家的图书一样整齐。院子里因为长着青苔、野草,无人走动,日子久了,石板都是黑黝黝的。厚实的墙上披着绿荫,波浪似的挂着长长的褐色枝条。院子底上,通到花园门有八级向上的石磴,东倒西歪,给高大的植物掩没了,好似十字军时代一个寡妇埋葬她骑士的古墓。剥落的石基上面,竖着一排腐烂的木栅,一半已经毁了,却还布满各种藤萝,乱七八糟的扭做一团。栅门两旁,伸出两株瘦小的苹果树桠枝。园中有三条平行的小径,铺有细砂;小径之间是花坛,四周种了黄杨,借此堵住花坛的泥土;园子底上是一片菩提树荫,靠在平台脚下。一头是些杨梅树,另一头是一株高大无比的胡桃树,树枝一直伸到箍桶匠的密室外面。那日正是晴朗的天气,碰上洛阿河畔秋天常有的好太阳,使铺在幽美的景物、墙垣、院子和花园里树木上的初霜,开始溶化。

欧也妮对那些素来觉得平淡无奇的景色,忽而体会到一种新鲜的情趣。千思百念,渺渺茫茫的在心头涌起,外界的阳光一点点的照开去,胸中的思绪也越来越多。她终于感到一阵模糊的、说不出的愉快把精神包围了,犹如外界的物体给云雾包围了一样。她的思绪,跟这奇特的风景连细枝小节都配合上了,心中的和谐与自然界的融成一片。

一堵墙上挂着浓密的凤尾草,草叶的颜色像鸽子的颈项一般时刻变化。阳光照到这堵墙上的时候,仿佛天国的光明照出了欧也妮将来的希望。从此她就爱这堵墙,爱看墙上的枯草,褪色的花,蓝的灯笼花,因为其中有她甜蜜的回忆,跟童年往事一样。有回声的院子里,每逢她心中暗暗发问的时候,枝条上每张落叶的声响就是回答。她可能整天呆在这儿,不觉得时光飞逝。

然后她又心中乱糟糟的骚动起来,不时站起身子,走过去照镜子,好比一个有良心的作家打量自己的作品,想吹毛求疵的挑剔一番。

"我的相貌配不上他!"

这是欧也妮的念头,又谦卑又痛苦的念头。可怜的姑娘太瞧不起自己了;可是谦虚,或者不如说惧怕,的确是爱情的主要德性之一。像欧也妮那样的小布尔乔亚,都是身体结实,美得有点儿俗气的;可是她虽然跟弥罗岛上的爱神①相仿,却有一股隽永的基督徒气息,把她的外貌变得高雅,净化,有点儿灵秀之气,为古代雕刻家没有见识过的。她的脑袋很大,前额带点儿男相,可是很清秀,像斐狄阿斯②的邱比特雕像;贞洁的生活使她灰色的眼睛光芒四射。圆脸上娇嫩红润的线条,生过天花之后变得粗糙了,幸而没有留下痘瘢,只去掉了皮肤上绒样的那一层,但依旧那么柔软细腻,会给妈妈的亲吻留下一道红印。她的鼻子大了一点,可是配上朱红的嘴巴倒很合适;满是纹缕的嘴唇,显出无限的深情与善意。脖子是滚圆的。遮得密不透风的饱满的胸部,惹起人家的注意与幻想。当然她因为装束的关系,缺少一点儿妩媚;但在鉴赏家心目中,那个不甚灵活的姿态也别有风韵。所以,高大壮健的欧也妮并没有一般人喜欢的那种漂亮,但她的美是一望而知的,只有艺术家才会倾倒的。有的画家希望在尘世找到圣洁如玛丽亚那样的典型:眼神要像拉斐尔所揣摩到的那么不亢不卑;而理想中的线条,又往往是天生的,只有基督徒贞洁的生活才能培养,保持。醉心于这种模型的画家,会发现欧也妮脸上就有种天生的高贵,连她自己都不曾觉察的:安静的额角下面,藏着整个的爱情世界;眼睛的模样,眼皮的动作,有股说不出的神明的气息。她的线条,面部的轮廓,从没有为了快乐的表情而有所改变、而显得疲倦,仿佛平静的湖边,水天相接之处那些柔和的线条。恬静、红润的脸色,光彩像一朵盛开的花,使你心神安定,感觉到它那股精神的魅力,不由不凝眸注视。

欧也妮还在人生的边上给儿童的幻象点缀得花团锦簇,还在天真烂漫的,采朵雏菊占卜爱情的阶段。她并没知道什么叫做爱情,只照着镜子想:"我太丑了,他看不上我的!"

随后她打开正对楼梯的房门,探着脖子听屋子里的声音。她听见拿侬早上例有的咳嗽,走来走去,打扫堂屋,生火,缚住狼狗,在牛房里对牲

---

① 弥罗岛的爱神为希腊众多爱神雕像之一,特点在于体格健美,表情宁谧。——译者注

② 纪元前五世纪希腊大雕刻家。——译者注

口说话。她想：

"他还没有起来呢。"

她立刻下楼，跑到正在挤牛奶的拿侬前面。

"拿侬，好拿侬，做些乳酪给堂兄弟喝咖啡吧。"

"嗳，小姐，那是要隔天做起来的，"拿侬大笑着说。"今天我没法做乳酪了。哎，你的堂兄弟生得标致，标致，真标致。你没瞧见他穿了那件金线纺绸睡衣的模样呢。嗯，我瞧见了。他细洁的衬衫跟本堂神甫披的白祭衣一样。"

"拿侬，那末咱们弄些千层饼吧。"

"烤炉用的木柴谁给呢？还有面包，还有牛油？"拿侬说。她以葛朗台先生的总管资格，有时在欧也妮母女的心目中特别显得有权有势。"总不成为了款待你的堂兄弟，偷老爷的东西。你可以问他要牛奶，面粉，木柴，他是你的爸爸，会给你的。哦，他下楼招呼食粮来啦……"

欧也妮听见楼梯在父亲脚下震动，吓得往花园里溜了。一个人快乐到极点的时候，往往——也许不无理由——以为自己的心思全摆在脸上，给人家一眼就会看透；这种过分的羞怯与心虚，对欧也妮已经发生作用。可怜的姑娘终于发觉了自己的屋子冷冰冰的一无所有，怎么也配不上堂兄弟的风雅，觉得很气恼。她很热烈的感到非给他做一点儿什么不可；做什么呢？不知道。天真，老实，她听凭纯朴的天性自由发挥，并没对自己的印象和情感有所顾虑。一看见堂兄弟，女性的倾向就在她心中觉醒了，而且来势特别猛烈。因为到了二十三岁，她的智力与欲望都已经达到高峰。她第一次见了父亲害怕，悟出自己的命运原来操在他的手里，认为有些心事瞒着他是一桩罪过。她脚步匆忙的在那儿走，很奇怪的觉得空气比平时新鲜，阳光比平时更有生气，给她精神上添了些暖意，给了她新生命。

＊　　　　＊　　　　＊

人生有些行为，虽然千真万确，但从事情本身看，往往像是不可能的。大概我们对于一些自发的决心，从没加以心理的剖析，对于促成那些行为的神秘的原因，没有加以说明。欧也妮深刻的热情，也许要在她最微妙的组织中去分析；因为她的热情，如一般爱挖苦的人所说的，变成了一种病，使她终身受到影响。许多人宁可否认事情的结局，不愿估计一下把许多精神现象暗中联系起来的关系、枢纽和连锁的力量。在懂得观察人性的人，看了欧也妮的过去，就知道她会天真到毫无顾忌，会突如其来的流露感情。她过去的生活越平静，女子的怜悯，这最有机智的情感，在她心中就发展得越猛烈。所以被白天的事情扰乱之下，她夜里惊醒了好几次，探听堂兄弟的声息，以为又听到了从隔天起一直在她心中响着的哀叹；忽而她看见他悲伤得闭住了气，忽而梦见他差不多要饿死了。黎明时分，她确实听到一声可怕的呼喊，便立刻穿衣，在晨光中蹑手蹑脚的赶到堂兄弟房里。房门打开着，白烛一直烧到烛盘底上。查理疲倦之极，在靠椅中和衣睡着，脑袋倒在床上。他像一般空肚子的人一样做着梦。欧也妮此时尽可哭个痛快，尽可仔细鉴赏这张年轻秀美的脸，脸上刻划着痛苦的痕迹，眼睛哭肿了，虽然睡着，似乎还在流泪。查理睡梦中受到精神的感应，觉得欧也妮来了，便睁开眼睛，看见她满脸同情的站在面前。

"噢，大姊，对不起，"他显然不知道什么时间，也不知道身在何处。

"弟弟，这里还有几颗真诚的心听到你的声音，我们以为你需要什么呢。你该好好的睡，这样坐着太累了。"

"是的。"

"那末再见吧。"

她赶紧溜走，觉得跑到这儿来又高兴又害臊。只有天真才会做出这种冒失的事。要是心里明白的话，连德性也会像罪恶一般做种种计较的。欧也妮在堂兄弟面前并没发抖，一回到自己屋里却两腿站不直了。浑浑噩噩的生活突然告终,她左思右想的考虑起来,把自己大大的埋怨了一番。"他对我要怎么想呢?以为我爱上了他吧。"其实这正是她最希望的。坦白的爱情自有它的预感,知道爱能生爱。幽居独处的姑娘,居然偷偷跑进一个青年的屋子,真是何等的大事!在爱情中间,有些思想有些行为,对某些心灵不就等于神圣的婚约吗?

一小时以后,她走进母亲房内,像平时一样服侍她起床。然后她们俩坐在窗下老位置上等候葛朗台,焦急的情绪正如一个人害怕责骂与惩戒的时候,心发冷发热,或者揪紧或者膨胀,看各人的气质而定。这种情绪也很自然,连家畜也感觉到:它们自己不小心而受了伤可以不哼一声,犯了过失挨了打,一点儿痛苦就会使它们号叫。老头儿下楼了,心不在焉的跟太太说话,拥抱了一下欧也妮,坐上饭桌,仿佛已经忘记了隔夜恐吓的话。

"侄儿怎么啦?这孩子倒不打搅人。"

"先生,他睡着呢,"拿侬回答。

"再好没有,他用不到白烛了,"葛朗台用讥讽的口气说。

这种反常的宽大,带些讽刺的高兴,使葛朗台太太不胜惊奇,留神瞧着她的丈夫。老头儿……(这儿似乎应当提醒读者,在都兰、安育、博爱都、布勒塔尼这些区域,老头儿这个名称——我们已经好几次用来称呼葛朗台了——用于最淳厚的人,同时也用于最残忍的人,只要他们到了相当的年龄。所以这个称呼对个人的慈悲仁厚毫无关系。)老头儿拿起帽子,手套,说:

"我要到广场上去溜达一下,好碰到咱们的几位克罗旭。"

"欧也妮,你父亲心中一定有事。"母亲对女儿说。

的确,不大需要睡眠的葛朗台,夜里大半时间都在做种种初步的盘算。这些盘算,使他的见解、观察、计划,特别来得准确,而且百发百中,做一样成功一样,教索漠人惊叹不已。人类所有的力量,只是耐心加上时间的混合。所谓强者是既有意志,又能等待时机。守财奴的生活,便是不断的运用这种力量为自我效劳。他只依赖两种情感:自尊心与利益。但利益既是自尊心的实际表现,并且是真正优越的凭据,所以自尊心与利益是一物的两面,都从自私自利来的。因此,凡是守财奴都特别耐人寻味,只要有高明的手段把他烘托出来。这种人物涉及所有的情感,可以说集情感之大成,而我们个个人都跟他们一脉相通。哪里有什么全无欲望的人?而没有金钱,哪个欲望能够满足?

葛朗台的确心中有事,照他妻子的说法。像所有的守财奴一样,他非跟人家钩心斗角,把他们的钱合法的赚过来不可,这在他是一种无时或已的需要。搜刮旁人,岂非施展自己的威力,使自己老是可以有名有分的瞧不起那些过于懦弱的,给人吃掉的人吗?躺在上帝面前的那平安恬静的羔羊,真是尘世的牺牲者最动人的写照,象征了牺牲者在彼世界的生活,证明懦弱与受苦受到何等的光荣。可是这些微言奥旨有谁懂得?守财奴只知道把这头羔羊养得肥肥的,把它关起来,宰它,烤它,吃掉它,轻蔑它。金钱与鄙薄,才是守财奴的养料。

夜里,老头儿的念头换了一个方向;这是他表示宽大的缘故。他想好了一套阴谋诡计,预备开巴黎人的玩笑,折磨他们,捉弄他们,把他们捻一阵捏一阵,叫他们奔来,奔去,流汗,希望,急得脸色发白;是啊,他这个老箍桶匠,在灰色的堂屋底里,在索漠家中虫蛀的楼梯上走的时候,就能这样的玩弄巴黎人。他一心想着侄儿的事,他要挽回亡弟的名誉,可无须他或他的侄儿花一个钱。他的现金马上要存放出去,三年为期,现在他只消管理田地了;所以非得找些材料让他施展一下狡狯的本领不可,而兄弟的破产就是现成的题目。手里没有旁的东西可以挤压,他就想把巴黎人捏成齑粉,让查理得些实惠,自己又一文不花的做了个有义气的哥哥。他的计划中根本没有什么家庭的名誉,他的好意有如赌徒的心情,喜欢看一场自己没有下注的赌博赌得精彩。克罗旭是他必不可少的帮手,他却不愿意去找他们,而要他们来找他。他决心把刚才想好的计划当晚就开始搬演,以便下一天早上,不用花一个小钱,教全城的人喝他的彩。

贝姨
——路易·腓列伯时代的一部风化史

　　巴尔扎克自命为观察人性的专家，兼分析社会的史家。他笔底下的人物，有如博物学者显微镜下之动植物。[……]《贝姨》既是路易·腓列伯时代的一部风化史，又是淋漓尽致的一幕悲喜剧。书中人物都代表一种极端的痴情。[……]他们错杂的活动，激烈的情欲，善恶的对比，光暗的交织，构成一幅五光十色，触目惊心的大壁画。

——摘自傅雷《贝姨》简介

　　一本书上了手，简直寝食不安，有时连打中觉也在梦中推敲字句。[……]*La Cousine Bette* 花了七个半月，算是改好誊好，但是还要等法国来信解答一些问题，文字也得作一次最后的润色。[……]成绩只能说"清顺"二字，文体、风格，自己仍是不惬意。

——摘自傅雷 1951 年 4 月 15 日致宋奇函

二

男爵夫人在克勒凡走后的感想和落眼泪,现在我们都不难了解了。可怜的太太,两年以来知道自己已经堕入深渊,但以为只有她一个人受罪。她不知道儿子的婚事是怎么成功的,不知道埃克多搅上了贪财的玉才华;而且她一向希望世界上没有一个人知道她的痛苦。可是,既然克勒凡这样毫无顾忌的谈论男爵的荒唐,眼见要没有人尊重埃克多了。老花粉商羞恼之下所说的野话,使她想象到儿子的婚姻是在怎样无耻的默契中撮合的。不知在哪一次的酒色场中,两个老人醉醺醺的,亲昵狎弄之余,提出了这头亲事,等于由两个堕落的姑娘做了媒婆。

"他居然把奥当斯忘掉了!"她心里想。"他还是天天见到她的呢;难道他想在那些娼妇家里替她找一个丈夫吗?"

这时她丢开了妻子的身份,只有母性在考量一切,因为她看见奥当斯和贝姨在那里笑,那种年轻人的无愁无虑的痴笑,而她知道,这种神经质的笑,跟她独自在园中散步,含着眼泪出神,同样不是好兆。

奥当斯像母亲,但头发是金黄的,天生的卷曲,异乎寻常的浓密。皮色有螺钿的光彩。显而易见,她是清白的婚姻、高尚纯洁的爱情的结晶品。面貌之间热烈的表情,快乐的气息,青年人的兴致,生命的朝气,健康的丰满,从她身上放射出来,像电光似的锋芒四射。奥当斯是引人注目的人物。那双无邪的,水汪汪的蓝眼睛,停留在一个走路人身上时,会使他不由自主的一震。头发金黄的女子,乳白的皮肤往往免不了被褐色的斑点打点折扣,可是她白净得连一颗雀斑都没有。高个子,丰满而不肥,灵活的身段,和母亲的一样仪态万方;从前的作家滥用仙女二字,她真可当之无愧。街上见到她的人,谁都要叫一声:"呦! 美丽的姑娘!"她却是天真烂漫的,回家对母亲说:

"那些人怎么啦,妈妈,你和我在一块的时候,他们叫着:美丽的姑娘!你不是比我更好看吗?……"

的确,男爵夫人虽然过了四十七岁,喜欢夕阳晚照的鉴赏家,还是觉得她比女儿更可爱,因为像妇女们所说的,她的风韵还一点儿没有减色:这是少有的现象,尤其在巴黎,十七世纪时,尼侬曾因此大动公愤,因为她到了高年还是容色不衰,使一般丑女人即使年轻也无人问津。

男爵夫人从女儿身上又想到丈夫,眼见他一天一天的,慢慢的堕落,也许要给人家从部里撵走。想到她的偶像快要倒下,隐隐约约的意味到克勒凡预言的苦难,可怜的太太越想越受不住,竟像入定一般失去了知觉。

贝姨一边和奥当斯谈话,一边不时张望,要知道什么时候能够回进客厅;可是男爵夫人打开窗门的时节,她的甥女儿偏偏问长问短,纠缠不清,使她根本不曾注意。

李斯贝德·斐希,比于洛太太小五岁,却是斐希弟兄中老大的女儿;她绝对不像堂姊那样生得美,所以对阿特丽纳一向是出奇出怪的妒忌。而妒忌便是这个怪人的基本性格——怪这个字是英国人用来形容不是疯人院中的,而是大户人家的疯狂的。十足的伏越乡下姑娘,瘦削的身材,乌油油的黑头发,大簇的浓眉毛虬结在一块,粗大的长胳膊,又肥又厚的脚,长长的猴子脸上有几颗肉包:这便是老处女的简笔像。

弟兄不分居的家庭,把丑姑娘做了漂亮姑娘的牺牲品,苦涩的果子作了美艳的鲜花的祭礼。李斯贝德在田里做活,堂姊姊却在家娇生惯养;因此她有一天趁着没有人在场,想摘下阿特丽纳的鼻子,那颗为老年纪的女人赞美的真正希腊式的鼻子。虽然为此挨了打,她照样撕破得宠姊姊的衣衫,弄坏她的领围。

自从堂姊攀了那门意想不到的亲事之后,李斯贝德认了命,好似拿破仑的兄弟姊妹,在王座与权威之前低下了头一样。心地极好极温柔的阿特丽纳,在巴黎记起了李斯贝德,一八〇九年上把她叫出来,预备替她找个丈夫,免得在乡下受苦。可是这个黑眼睛,黑眉毛,一字不识的姑娘,不能像阿特丽纳的心意,一下子就攀了亲,男爵只能先给她弄个生计,送她到供奉内廷的刺绣工场,有名的邦斯兄弟那里去学手艺。

大家简称为贝德的这位小姨子,做了金银铺绣的女工之后,拿出山民的狠劲来学习,居然识了字,会写会算;因为她的姊夫,男爵,告诉她,要自己开一个绣作铺,非先学会这三样不可。她立志要挣一份家业,两年之内换了一个人。到一八一一年,乡下姑娘已经是一个相当可爱,相当伶俐,相当聪明的女工头。

这一行叫做金银铺绣的职业,专做肩章,胸练,刀剑柄上的坠子,以及花哨的军服与文官制服上五光十色的零件。拿破仑以他喜欢穿扮的意大利人脾气,要大小官员的服装都铺满金绣银绣;帝国的版图既有一百三十三州之广,成衣匠自然都变了殷实的富户,而这个供应成衣匠或直接供应达官巨宦的工艺,也成为一桩稳赚钱的买卖。

等到贝姨成为邦斯工场中最熟练的女工,当了制造部门的主管,可能成家立业的时候,帝国开始崩溃了。波旁王室的号召和平,使贝德大为惊慌,她怕这行买卖要受到打击,因为市场的范围已经从一百三十三州减缩到八十六州,还要大量的裁军。同时她也害怕工商业的变化,不愿接受男爵的帮助;他简直以为她疯了。男爵希望她跟盘下邦斯工场的列凡先生合伙,她却跟列凡吵了架,仍旧退回去做一个普通工人:于是人家更以为她疯了。

那时,斐希一家又回头去过他们艰难的日子了,跟于洛男爵没有提拔他们的时候一样。

拿破仑第一次的逊位把他们的事业断送了之后,斐希三弟兄在一八一五年上无可奈何的当了义勇军。老大,贝德的父亲,战死了。阿特丽纳的父亲,被军事法庭判了死刑。逃到德国,一八二〇年上死在德兰佛。最小的一个,约罕,到巴黎来求一家之中的王后,据说她吃饭的刀叉都是金银打的,在应酬场中头上颈上老戴满了小核桃大的,皇帝御赐的金刚钻。约罕·斐希那时四十三岁,向于洛男爵要了一万法郎,靠前任军需总监在陆军部里的老朋友的力量,在凡尔赛镇上做些小小的粮秣买卖。

家庭的不幸,男爵的失势,教贝德屈服了;在营营扰扰,争名夺利,使巴黎成为又是地狱又是天堂的大动乱中,她承认自己的渺小。体验到堂姊的种种优越之后,她终于放弃了竞争与媲美的念头;可是妒火依然深深的埋在心底,像瘟疫的菌,要是把堵塞的棉花卷儿拿掉,它还会卷土重来,毁灭整个城市的。她常常想:

"阿特丽纳和我是一个血统,咱们的父亲是亲兄弟;她住着高堂大厦,而我住着阁楼。"

可是每年逢到本名节和元旦,贝德总收到男爵夫妇俩的礼物;男爵待她极好,供给她过冬用的木柴;于洛老将军每星期请她吃一次饭,堂姊家里永远有她的一份刀叉。大家固然取笑她,却从来不引以为羞。再说,人家也帮她在巴黎有了一个立足之地,可以自由自在的过活。

的确,这个姑娘怕一切的拘束。要是堂姊请她住到她们家里去,贝德觉得依人篱下就等于戴了枷锁;好几次男爵把她结婚的难题解决了;她先是动了心,然后又恐怕人家嫌她没有教育,没有知识,没有财产,而担了心,把人家回绝了;最后,倘使男爵夫人提议她住到叔父那边去管理家务,免得花大钱雇一个大权独揽的女管家,她又回答说,她才不乐意这种方式的嫁人呢。

贝姨在思想上所表现的那种古怪,在一般晚熟的性格,和思想多而说话少的野蛮人身上都有的。由于工场中的谈话,与男女工人接触的关系,她的乡下人的聪明又染上一点儿巴黎人的尖刻。这姑娘,性格非常像高斯人①,强悍的本能,照理是喜欢软弱的男人的;但因为在京城里住久了,京城的气息把她表面上改变了。顽强的个性给巴黎文化磨钝了些。凭着她的聪明狡狯——那在真正独身的人是很深刻的——再加她思想的尖刻,在任何别的环境中她准是一个可怕的人物。狠一狠心,她能够离间一个最和睦的家庭。

早期,当她不露一点口风而抱着希望的时候,她曾经穿胸褡,注意时

---

① 高斯(通常译为科西嘉)为拿破仑出生地,以民风强悍著称。——译者注

装,在某一时居然收拾得相当光鲜,男爵认为她可以嫁人了。贝德那时颇像法国旧小说里的火辣辣的黑姑娘。锐利的眼神,橄榄色的皮肤,芦苇似的身段,大可教什么退职的少校之流动心;但她笑着对人说,她只预备给自己鉴赏。并且,物质方面不用操心之后,她也觉得生活很美满:从日出到日落做完了一天的工,她总在别人家里吃晚饭;这样,她只消管中饭和房租的开支了;人家供给她衣著,也给她不伤体面的食物,例如糖,酒,咖啡等等。

　　一半靠于洛夫妇和斐希叔叔支持的生活,过了二十七年之后,到一八三七年,贝姨已经死心塌地不想再有什么成就,也不计较人家对待她的随便;她自动的不参加宴会,宁愿在亲密的场合露面,还可以有她的地位,而不致伤害她的自尊心。在于洛将军家里,克勒凡家里,男爵夫人家里,小于洛家里,在她吵过架而又和好而又很捧她的列凡家里,到处她都像自己人一样。到处她懂得讨下人们的好,不时赏他们一些酒钱,进客厅之前老跟他们谈一会儿天。这种亲热,老老实实把自己看做和他们一般高低的亲热,博得了下层阶级的好感,这是吃闲饭的清客必不可少的条件。背后大家都说她是好人。再说,她的殷勤,自发的,无限的殷勤,同她假装的好脾气一样,也是她地位逼成的。看到处处要依赖人家,她终于了解了人生;因为要讨个个人的好,她跟年轻人一块儿嘻嘻哈哈,在他们心目中,她是那种最受欢迎的甜言蜜语的跟班人物,她猜到而且赞成他们的欲望,做他们的代言人;他们把她当做最好的心腹,因为她没有权利埋怨他们。她的极端稳重,使她同时得到成年人的信任,因为她像尼侬一样有男人的长处。一般而论,一个人的心腹话,总是下达而非上闻的。干什么秘密的事,总是跟上司商量的时候少,跟下属商量的时候多,他们帮我们设计划策,参与我们的会议;但以黎希留那样的奸雄①,尚且不明白这一点,初次出席御前会议就自命为已经登峰造极。人家以为这个可怜的姑娘处处要仰人鼻息,非闭上嘴巴不可。她也自命为全家的忏悔箱。只有男爵夫人

---

① 黎希留为路易十三的宰相,为法国史上有名的权臣能臣。——译者注

一个人，还记得小时候吃过大力气的堂妹妹的苦，至今防她一著。再说，为了顾全颜面，她夫妇之间的悲苦，也只肯对上帝倾诉。

在此也许得说明一下，男爵夫人的屋子，在贝姨眼中还是金碧辉煌，她不像暴发的花粉商会注意到破烂的沙发，污黑的花绸，和伤痕累累的丝织品上所表现的穷相。我们看待有些家具，像看待我们自己一样。一个人天天打量自己的结果，会像男爵那样自以为没有改变也没有老，可是旁人发觉我们的头发已经像龈鼠的毛，脑门上刻着人字形的皱纹，肚子上鼓起累累的南瓜。因此，贝德觉得这所屋子始终反映着帝政时代的光华，始终那么耀眼。

年复一年，贝姨养成了老处女的怪脾气。譬如说，她不再拿时装做标准，反而教时装来迁就她的习惯，迎合她永远落后的怪癖。男爵夫人给她一顶漂亮的新帽子，或是什么裁剪入时的衣衫，贝姨马上在家里独出心裁的改过一道，带点儿帝政时代的形式，又带点儿洛兰古装的样子，把好好的东西糟蹋了。三十法郎的帽子变得不三不四，体面的衣衫弄成破破烂烂。在这一点上，贝姨像骡子一样固执；她只求自己称心，还以为装束得挺可爱呢；殊不知她那番把服装与人品同化的功夫，表现她从头到脚都是老处女固然很调和，却把她装扮得奇形怪状，人家纵有十二分的心意，也不敢让她在喜庆日子露面了。

男爵给她提过四次亲（一次是他署里的职员，一次是个少校，一次是个粮食商，一次是个退休的上尉），都给她拒绝了，另外她又拒绝了一个后来发了财的铺绣商。这种固执，任性，不受拘束的脾气，莫名其妙的野性，使男爵替她起了一个外号，叫做山羊。但这个外号只能说明她表面上的古怪，说明我们个个人都会在人前表现的，那种变化无常的脾气。仔细观察之下，这个姑娘，的确有乡下人性格中凶狠残忍的方面，她始终是想摘掉堂姊鼻子的女孩子，要不是有了理性，说不定她在妒性发作的时候会把堂姊杀死的。知道了法律，认识了社会，她才不至于露出乡下人的本性，像野蛮人那样急不及待的，把情感立刻变为行动。本色的人跟文明人不同的，也许全在这一点。野蛮人只有情感，文明人除了情感还有思想。所以野蛮人的脑子里可以说没有多少印象存在,他把自己整个儿交给一时的情感支配;至于文明人,却用思想把情感潜移默化。文明人关心的有无数的对象,有无数的情感;而野蛮人一次只能容纳一种情感。就因为此,儿童能够暂时的压倒父母,取得优胜,但儿童的欲望一经满足,优胜的条件也就消灭;可是这个条件,在近乎原始的人是继续存在的。贝姨这个野性未驯的,带点儿阴险的洛兰姑娘,就属于这一类的性格;在平民之中这性格是出乎我们意外的普遍,大革命时代许多群众的行为,也可以用这个性格解释。

在本书开场的时代,要是贝姨肯穿著入时,像巴黎女子一样,时行什么就穿什么,那末她场面上还算拿得出,但她始终直僵僵的像一根木棍。而在巴黎,没有风韵的女人就不算女人。黑头发,冷冷的美丽的眼睛,脸上硬绷绷的线条,干枯的皮色,颇有乔多画像的风味:这些特点,一个真正的巴黎女子一定会加以利用而独标一格的,但在贝德身上,尤其是她莫名其妙的装束,把她弄成怪模怪样,好似萨瓦州的孩子们牵在街上走的、猴子扮的女人。于洛家的亲戚,都知道她喜欢呆在家里,只在小圈子里活动,所以她的古怪已经谁也不以为怪,一到街上,更是无人理会了,因为熙熙攘攘的巴黎,只有漂亮女人才会受人注意。

那天奥当斯在花园里的痴笑,是因为战胜了贝姨的固执,把追问了三年的心事逼了出来。一个老姑娘尽管讳莫如深,还是不能咬紧牙关,一贯到底,为什么? 为了虚荣心! 三年以来,奥当斯对某些事情特别感到兴趣,老是向姨母提出些天真的问话;她要知道姨母为什么不嫁人。五次提亲都被拒绝的事,奥当斯都知道的,她便编了一个小小的罗曼史,认定贝姨心上有人,并且拿这一点来开玩笑。她提到自己跟贝姨的时候,总喜欢说:"呃! 我们这辈小姑娘!"好几次贝姨说笑话似的回答:"谁跟你说我没有爱人哪?"于是,真的也罢,假的也罢,贝姨的爱人成了大家取笑的材料。无伤大雅的斗嘴,已经有两年的历史。贝姨上次到这儿来,奥当斯第一句就问:

"你的爱人好吗?"

"好呐，"她回答，"就是有点儿不舒服，可怜的孩子。"

"啊！他身体很娇？"男爵夫人笑着问。

"对啦……他是黄头发的……我这么一个黑炭，自然要挑一个白白嫩嫩的，像月亮般的皮色喽。"

"他是什么人呢？干什么的？"奥当斯问，"是一个亲王吗？"

"我是做针线的王后，他是做活儿的亲王。街上有住宅，手里有公债的富翁，会爱我这样一个可怜的姑娘吗？还是有什么公爵侯爵，或是你神话里美丽的王子会要我？"

"噢！我倒想见见他！……"奥当斯笑着说。

"你想瞧瞧肯爱上老山羊的男人是什么模样吗？"贝姨反问。

"大概是个老公务员，胡须像公山羊似的怪物吧？"奥当斯望着她的母亲说。

"哎哎，这可是猜错了，小姐。"

"那末你真的有爱人了？"奥当斯以为逼出了贝姨的秘密，表示很得意。

"真？跟你的没有爱人一样的真！"贝姨有点儿赌气的说。

"好吧，贝德，你既然有爱人，干么不跟他结婚？……"男爵夫人说着又对女儿做了一个暗号。"讲了他三年啦，你早应该看清楚的了，要是他不变心，你就不应当把这种局面老拖下去让他受罪。而且这也是一个责任问题，倘使他还年轻，你也该趁早有个老来的依靠。"

贝姨瞪着眼瞅着男爵夫人，看见她在笑，便回答说：

"嫁给他等于嫁给饥饿；他是工人，我是工人，生下孩子来还不是一样的工人……不行，不行，我们精神上相爱，便宜多呢！"

"你干么把他藏起来呢？"奥当斯又问。

"他穿着短打哪，"老姑娘笑着回答。

"你爱他不爱呢？"男爵夫人问。

"那还用说！这小天使，我就爱他的人，我心上有了他四年喽。"

"好吧，要是你就爱他的人，"男爵夫人态度很严肃，"要是真有这个人,你就是大大的对他不起。你不知道什么叫做爱。"

"这玩艺儿,咱们生下来都懂的!"贝姨说。

"不,有些女人尽管爱,可是自私得厉害,你就是这样!……"

贝姨把头低了下去,要是这时有人看到她的眼睛,一定会害怕的,但她望着手里的线团。

"你应该把你的爱人介绍我们认识,埃克多可以替他找个事,找个发财的机会。"

"不行,"贝姨说。

"为什么?"

"他是波兰人,一个亡命的……"

"一个叛党是不是?"奥当斯叫了起来。"噢! 你好福气! ……他可曾有过冒险的事呀? ……"

"他为波兰打过仗。他在中学里教书,学生闹起革命来了;因为是公斯当丁大公荐的人,所以他没有赦免的希望……"

"教书? ……教什么的?"

"教美术! ……"

"是革命失败以后逃到巴黎的吗?"

"一八三三年,他穿过整个德国走来的……"

"可怜的小伙子! 几岁啦? ……"

"革命的时候刚好二十四,现在二十九……"

"比你小十五岁咧,"男爵夫人插了一句嘴。

"他靠什么过活的?"奥当斯问。

"靠他的本领……"

"啊! 他教学生吗? ……"

"他配? ……"贝姨说,"他自己还在受管教,而且是严格的管教! ……"

"他的名字呢? 好听不好听?"

"文赛斯拉!"

"你们这般老姑娘,想象力真是了不起!"男爵夫人叫道。"听你说得这样有根有据,人家真会相信你呢,李斯贝德。"

"妈妈,这个波兰人一定是吃惯俄罗斯棍子的①,所以贝姨要给他尝尝家乡风味。"

三个人都笑开了,奥当斯把"噢! 玛蒂尔特……"改成"噢! 文赛斯拉,我崇拜的神喔! ……"的唱起来……大家也就把斗嘴的事暂停片刻②。

奥当斯走开了一会,回来的时候,贝姨望着她说道:

"哼! 你们这般小姑娘,以为人家只会爱你们的。"

等到只剩下她们两个人了,奥当斯又说:

"嗨,只要你证明文赛斯拉不是 Conte(童话),我就把那条黄开司棉披肩给你。"

"他的确是 Comte(伯爵)!"

"所有的波兰人全是 Comte(伯爵)③!"

"他不是波兰人,他是列……华……列多……"

"列多阿尼人是不是?"

"不……"

"列伏尼人是不是?"

"对啦!"

"他姓什么?"

"哎哎,我要知道你能不能保守秘密。"

"噢! 贝姨,我一定闭上嘴巴……"

"能守口如瓶吗?"

"能!"

---

① 棍子是帝俄时代特殊的刑具。——译者注
② 歌剧《威廉·泰尔》有一段著名的唱辞:"噢! 玛蒂尔特,我崇拜的神喔! ……"——译者注
③ Conte 与 Comte 二字完全同音。当时以反抗帝俄而亡命在巴黎的波兰人,大都自称为贵族,故言波兰人全是伯爵,含有讥讽之意。——译者注

"能把你的灵魂得救做担保吗？"

"能！"

"不，我要你拿现世的幸福担保。"

"好吧。"

"那末告诉你，他叫做文赛斯拉·史丹卜克！"

"查理十二从前有一个将军是这个姓。"

"就是他的叔祖噢！他的父亲，在瑞典王死后搬到了列伏尼；可是他在一八一二年战役中丢了家业，死了，只留下一个可怜的八岁的儿子。公斯当丁大公看在史丹卜克这个姓面上，照顾了他，送他进学校……"

"说过的话我决不赖，"奥当斯接口道，"现在只要你给我一个证据，证明确有此人，我就把披肩给你！啊！这个颜色对皮肤深色的人再合适没有了。"

"你替我保守秘密吗？"

"我把我的秘密跟你交换好了。"

"好，我下次来的时候把证据带来。"

"可是要拿出你的爱人来才算证据啊，"奥当斯说。

贝德从到巴黎起，最眼热开司棉，一想会到手那条一八〇八年时男爵送给太太，而后根据某些家庭的习惯，在一八三〇年上从母亲传给了女儿的黄开司棉披肩，她简直有点飘飘然。十年以来，披肩已经用得很旧；但是这件藏在檀香匣里的珍贵衣饰，像男爵夫人的家具一样，在老姑娘看来永远是簇新的。所以她异想天开，带来一件预备送男爵夫人过生日的礼物，想借此证明她神秘的爱人并不是虚构的。

那礼物是一颗银印，印钮是三个埋在树叶中的背对背的人物，顶着一个球。三个人物代表信仰，希望，慈悲。他们脚底下是扭做一团的几只野兽，中间盘绕着一条有象征意味的蛇。要是在一八四六年，经过了雕塑家特·福伏小姐，华葛耐，耶南斯德，福劳蒙·茂列斯等的努力，和李哀那一流的木雕大家的成就之后，这件作品就不希罕了；但在当时，一个对珠宝古玩极有见识的女孩子，把这颗银印拿在手里把玩之下，的确要欣赏不置的。贝姨一边拿给她一边说:"嗯,你觉得这玩艺儿怎么样?"

以人物的素描,衣褶,动作而论,是拉斐尔派;手工却令人想起陶拿丹罗,勃罗奈斯基,琪伯尔蒂,却列尼,约翰·特·鲍洛涅等等的翡冷翠派的铜雕。象征情欲的野兽,奇谲诡异,不下于法国文艺复兴期表现妖魔鬼怪的作品。围绕人像的棕榈,凤尾草,灯心草,芦苇:其效果,格调,布局,都使行家叫绝。一条飘带把三个人像的头联系在一起,在头与头的三处空隙之间,刻着一个 W,一头羚羊,和一个制字。

"谁雕的?"奥当斯问。

"我的爱人喽,"贝姨回答。"他花了十个月功夫,所以我得在铺绣工作上多挣一点儿钱……他告诉我,史丹卜克在德文中的意义是岩石的野兽或羚羊。他预备在作品上就用这个方式签名……啊! 你的披肩是我的了……"

"为什么?"

"这样一件贵重的东西,我有力量买吗? 定做吗? 不可能的。所以那是送给我的。而除了爱人,谁又会送这样一个礼?"

奥当斯故意不动声色(要是贝德发觉这一点,她会大吃一惊的),不敢露出十分赞美的意思,虽然她像天生爱美的人一样,看到一件完美的,意想不到的杰作,自然而然的为之一震。她只说了一句:

"的确不错。"

"是不错;可是我更喜欢橘黄色的开司棉。告诉你,孩子,我的爱人专门做这一类东西。他从到了巴黎之后,做过三四件这种小玩艺,四年的学习和苦功,才有这点儿成绩。他拜的师傅有熔铜匠,模塑匠,首饰匠等等,不知花了多少钱。他告诉我,现在,几个月之内,他可以出名,可以挣钱了……"

"那末你是看到他的了?"

"怎么! 你还当是假的? 别看我嘻嘻哈哈,我是告诉了你真话。"

"他爱你吗?"奥当斯急不及待的问。

"还用说吗!"贝姨变得一本正经的。"你知道,孩子,他只见过一些没有血色,没有神气的北方女人;一个深色的,苗条的,像我这样年轻的姑娘,会教他心里暖和。可是别多嘴! 你答应我的。"

"可是临了这一个还不是跟以前的五个一样?"奥当斯瞧着银印,嘲笑她。

"六个呢,小姐。在洛兰我还丢掉一个,就是到了今天,他还是连月亮都会替我摘下来的。"

"现在这个更妙啦,他给你带来了太阳,"奥当斯回答。

"那又不能换什么钱。要有大块儿田地,才能沾到太阳的光。"

这种针锋相对的胡说八道,加上应有的疯疯癫癫的举动,合成一片痴笑的声音,使男爵夫人把女儿的前途,跟她眼前这种少年人的欢笑比照之下,格外觉得悲伤。

奥当斯给这件宝物引起了深思,又问:

"把六个月功夫做成的古董送你,他一定有什么大恩要报答你罗?"

"啊! 你一下子要知道得太多了……可是告诉你……我要你参加一个秘密计划。"

"有没有你的爱人参加?"

"啊! 你一心想看到他! 要知道像你贝姨这样一个老姑娘,能够把一个爱人保留到五年的,才把他藏得紧呢……所以,别跟我腻。我啊,你瞧,我没有猫,没有鸟,没有狗,也没有鹦鹉;我这样一头老山羊总该有样东西让我喜欢喜欢,逗着玩儿。所以哪,我弄了一个波兰人。"

"他有须吗?"

"有这么长,"贝德把绕满金线的梭子比了一比。她到外边来吃饭总带着活儿,在开饭之前做一会。她又说:"要是你问个不休,我什么都不说了。你只有二十二岁,可比我还噜苏,我可是四十二啦,也可以说四十三啦。"

"我听着就是,我做哑巴好了。"

"我的爱人做了一座铜雕的人物,有十寸高,表现萨姆松斗狮。他把雕像埋在土里,让它发绿,看上去跟萨姆松一样的古①。现在摆在一家古董铺里,你知道,那些铺子都在阅兵场上,靠近我住的地方。你父亲不是认得农商部长包比诺和拉斯蒂涅伯爵吗?要是他提起这件作品,当做是街上偶尔看见的一件精美的古物——听说那些大人物不理会我们的金绣,却关心这一套玩艺儿——要是他们买下了,或者光是去把那块破铜烂铁瞧一眼,我的爱人就可以发财了。可怜的家伙,他说人家会把这个玩艺儿当做古物,出高价买去。买主要是一个部长的话,他就跑去证明他是作者,那就有人捧他了!噢!他自以为马到成功,快要发迹啦;这小子骄傲得很,跟两位新封的伯爵一样的骄傲。"

"这是学的弥盖朗琪罗,"奥当斯说。"他有了爱人,倒没有给爱情冲昏头脑,……那件作品要卖多少呢?"

"一千五百法郎!……再少,古董商不肯卖,他要拿佣金呢。"

"爸爸现在是王上的特派委员,在国会里天天见到两位部长,他会把你的事办妥的,你交给我得啦。您要发大财了,史丹卜克伯爵夫人!"

"不成,我那个家伙太懒,他几星期的把红土搅来搅去,一点儿工作都做不出来。呃!他老是上卢佛宫,国家图书馆鬼混,拿些版画瞧着,描着。他就是这么游手好闲。"

姨母跟甥女俩继续在那里有说有笑。奥当斯的笑完全是强笑:因为她心中已经有了少女们都感受到的那种爱,没有对象的爱,空空洞洞的爱,直要遇上一个萍水相逢的人,模糊的意念方始成为具体,仿佛霜花遇到窗外摇曳的枯枝就黏着了。她像母亲一样相信贝姨是独身到老的了,所以十个月以来,她把贝姨那个神话似的爱人构成了一个真实的人物;而八天以来这个幽灵又变成了文赛斯拉·史丹卜克伯爵,梦想成了事实,缥缈的云雾变为一个三十岁的青年。她手中那颗银印,闪耀着天才的光芒,像预告耶稣降生似的,真有符咒一般的力量。奥当斯快活极了,竟不敢相

---

① 萨姆松是希伯莱族的法官,以大力著称,相传他的体力都靠他的头发。——译者注

信这篇童话是事实;她的血在奔腾,她像疯子一般狂笑,想岔开姨母对她的注意。

"客厅的门好像开了,"贝姨说,"咱们去瞧瞧克勒凡先生有没有走……"

"这两天妈妈很不高兴,那头亲事大概是完了……"

"能挽回的;我可以告诉你,对方是大理院法官。你喜欢不喜欢当院长太太?好吧,倘使这件事要靠克勒凡先生,他会跟我提的,明天我可以知道有没有希望!……"

"姨妈,把银印留在我这儿吧,我不给人家看就是了……妈妈的生日还有个把月,我慢慢再还给你……"

"不,你不能拿去……还要配一口匣子呢。"

"可是我要给爸爸瞧一下,他才好有根有据的和部长们提,做官的不能随便乱说。"

"那末只要你不给母亲看见就行了;她知道我有了爱人,会开我玩笑的……"

"你放心……"

两人走到上房门口,正赶上男爵夫人晕过去,可是奥当斯的一声叫喊,就把她唤醒了。贝德跑去找盐,回来看见母女俩互相抱着,母亲还在安慰女儿,说:

"没有什么,不过是动了肝阳。——呕,你爸爸回来了,"她听出男爵打铃的方式,"别告诉他我晕过去……"

阿特丽纳起身去迎接丈夫,预备在晚饭之前带他到花园里去,跟他谈一谈没有成功的亲事,问问他将来的计划,让她参加一些意见。

于洛男爵的装束气度,纯粹是国会派,拿破仑派;帝政时代的旧人是可以一望而知的:军人的架式,金钮扣一直扣到颈项的蓝色上装,黑纱领带,威严的步伐,——那是在紧张的局面中需要发号施令的习惯养成的。男爵的确没有一点儿老态:目力还很好,看书不用眼镜;漂亮的长脸盘,四周是漆黑的鬓脚,气色极旺,面上一丝一丝的红筋说明他是多血质的人;

在腰带笼络之下的肚子,仍不失其庄严威武。贵族的威仪和一团和气的外表,包藏着一个跟克勒凡俩寻欢作乐的风流人物。他这一类的男子,一看见漂亮女人就眉飞色舞,对所有的美女,哪怕在街上偶然碰到而永远不会再见的,都要笑盈盈的做一个媚眼。

阿特丽纳看见他皱着眉头,便问:"你发言了吗,朋友?"

"没有;可是听人家说了两小时废话,没有能表决,真是烦死了……他们一味斗嘴,说话像马队冲锋,却永远打不退敌人! 我跟元帅分手的时候说:大家把说话代替行动,对我们这般说做就做的人真不是味儿。……得了吧,呆在部长席上受罪受够了,回家来要散散心喽……啊,你好,山羊! ……你好,小山羊!"

说罢他搂着女儿的脖子,亲吻,戏弄,抱她坐在膝上,把她脑袋靠着他肩头,让她金黄的头发拂着他的脸。

"他已经累死了,烦死了,我还要去磨他,不,等一会吧,"于洛太太这么想过以后,提高了嗓子问:"你今晚在家吗?"

"不,孩子们。吃过饭我就走。今天要不是山羊,孩子们,和大哥在这儿吃饭,我根本不回来的。"

男爵夫人抓起报纸,瞄了瞄戏目,放下了。她看见歌剧院贴着《劳白脱这魔鬼》。六个月以来,意大利歌剧院已经让玉才华转到法兰西歌剧院去了,今晚她是去的阿丽斯。这些动作,男爵都看在眼里,他目不转睛的瞅着妻子。阿特丽纳把眼睛低下,走到花园里去了,他也跟了出去。

"怎么啦,阿特丽纳?"他搂着她的腰,把她拉到身边紧紧抱着。"你不知道我爱你甚于……"

"甚于贞妮·凯婷,甚于玉才华是不是?"她大着胆子打断了他的话。

"谁告诉你的?"男爵把妻子撒开手,退后了两步。

"有人写来一封匿名信,给我烧掉了,信里说,奥当斯的亲事没有成功,是为了我们穷。亲爱的埃克多,你的妻子永远不会对你哼一声;她早知道你跟贞妮·凯婷的关系,她抱怨过没有? 可是奥当斯的母亲,不能不对你说老实话……"

于洛一声不出。他的太太觉得这一忽儿的沉默非常可怕,她只听见自己的心跳。然后他放下交叉的手臂,把妻子紧紧搂在怀里,吻着她的额角,热情激动的说:

"阿特丽纳,你是一个天使,我是一个脓包……"

"不! 不!"男爵夫人把手掩着他的嘴,不许他骂自己。

"是的,现在我没有一个钱可以给奥当斯,我苦闷极了;可是,既然你对我说穿了心事,我也只好把憋在肚里的苦处对你发泄一下……你的斐希叔叔也是给我拖累的,他代我签了两万五千法郎的借据! 而这些都是为了一个欺骗我的女人,背后拿我打哈哈,把我叫做老雄猫的! ……吓! 真可怕,满足嗜好比养活一家老小还要花钱! ……而且压制也压制不了……我现在尽可以答应你,从此不再去找那个该死的犹太女人,可是只要来一个字条,我就会去,仿佛奉着皇帝的圣旨上火线一样。"

"别难受啦,埃克多,"可怜的太太绝望之下,看见丈夫眼中含着泪,便忘记了女儿的事。"我还有钻石;第一先要救出我的叔叔来!"

"你的钻石眼前只值到二万法郎,不够派作斐希老头的用场;还是留给奥当斯吧。明天我去见元帅。"

"可怜的朋友!"男爵夫人抓着她埃克多的手亲吻。

这就算是责备了。阿特丽纳贡献出她的钻石,做父亲的拿来给了奥当斯,她认为这个举动伟大极了,便没有了勇气。

"他是一家之主,家里的东西,他可以全部拿走,可是他竟不肯收我的钻石,真是一个上帝!"

这是她的想法。她的一味温柔,当然比旁的女子的妒恨更有收获。

伦理学者不能不承认,凡是很有教养而行为不检的人,总比正人君子可爱得多;因为自己有罪过要补赎,他们就先求人家的宽容,对裁判他们的人的缺点,表示毫不介意,使个个人觉得他们是一等好人。正人君子虽然也有和蔼可亲的,但他们总以为德行本身已经够美了,毋须再费心讨好人家。而且,撇开伪君子不谈,真正的有道之士,对自己的地位几乎都有点儿介介于怀,以为在人生的舞台上受了委屈,像自命怀才不遇的人那样,免不了满嘴牢骚。所以,因败坏家业而暗自惭愧的男爵,对妻子,对儿女,对贝姨,把他的才华,把他迷人的温功,一齐施展出来。儿子和喂着一个小于洛的赛莱斯丁纳来了以后,他对媳妇大献殷勤,恭维得不得了,那是赛莱斯丁纳在旁的地方得不到的待遇,因为在暴发户的女儿中间,一再没有像她那么俗气,那么庸碌的了。祖父把小娃娃抱过来亲吻,觉得他妙极了,美极了;他学着奶妈的口吻,逗着孩子咿咿哑哑,预言这小胖子将来比他还要伟大,顺手又把儿子于洛恭维几句,然后把娃娃递给胖奶妈。赛莱斯丁纳对男爵夫人递了个眼色,表示说:"瞧这老人家多好呀!"不消说得,她会在自己的父亲面前替公公辩护的。

表现了一番好公公好祖父之后,男爵把儿子带到花园里,对于当天在议院里发生的微妙局面应当如何应付,发表了一套入情入理的见解。他教年轻的律师佩服他眼光深刻,同时他友好的口吻,尤其是那副尊重儿子,仿佛从此把他平等看待的态度,使儿子大为感动。

小于洛这个青年,的确是一八三○年革命的产物:满脑子的政治,一肚子的野心,表面却假装沉着;他眼热已经成就的功名,说话只有断断续续的一言半语;深刻犀利的字句,法国谈吐中的精华,他是没有的;可是他很有气派,把高傲当做尊严。这等人物简直是装着一个古代法国人的活动灵柩,那法国人有时会骚动起来,对假装的尊严反抗一下;但为了野心,他临了还是甘心情愿的闷在那里。像真正的灵柩一样,他穿的永远是黑衣服。

"啊!大哥来了!"男爵赶到客厅门口去迎接伯爵。自从蒙高南元帅故世之后,他可能补上那个元帅缺。于洛把他拥抱过了,又亲热又尊敬的搀着他走进来。

这位因耳聋而毋须出席的贵族院议员,一个饱经风霜,气概不凡的脑袋,花白的头发还相当浓厚,看得出帽子压过的痕迹。矮小,臃肿,干瘪,却是老当益壮,精神饱满得很;充沛的元气无处发泄,他把看书与散步来消磨光阴。他的白白的脸,他的态度举动,以及他通情达理的议论,到处都显出他朴实的生活。战争与战役,他从来不提;他知道自己真正的伟大,毋须再炫耀伟大。在交际场中,他只留神观察太太们的心思。

"你们都很高兴啊,"他看到男爵把小小的家庭集会搅得很热闹,同时也发觉弟媳妇脸上忧郁的影子,便补上一句:"可是奥当斯还没有结婚呢。"

"不会太晚的,"贝姨对着他的耳朵大声的叫。

"你自己呢,你这不肯开花的坏谷子!"他笑着回答。

这位福士汉战役中的英雄很喜欢贝姨,因为两个人颇有相像的地方。平民出身,没有受过教育,他全靠英勇立下军功。他的通情达理就等于人家的才气。一辈子的清廉正直,他欢欢喜喜的在这个家庭中消磨他的余年,这是他全部感情集中的地方,兄弟那些尚未揭穿的荒唐事儿,他是万万想不到的。他只知道家庭之间没有半点儿争执,兄弟姊妹都不分轩轾的相亲相爱,赛莱斯丁纳一进门就被当做自己人看待:对于这幅融融泄泄的景象,谁也不及他那样的感到欣慰。这位矮小的好伯爵还常常问,为什么克勒凡没有来。赛莱斯丁纳提高着嗓子告诉他:"父亲下乡去了!"这一次,人家对他说老花粉商旅行去了。

这种真正的天伦之乐,使于洛太太想起:"这才是最实在的幸福,谁也夺不了的!"

老将军看见兄弟对弟媳妇那么殷勤,便大大的取笑他,把男爵窘得只能转移目标去奉承媳妇。在全家聚餐的时候,男爵总特别敷衍媳妇,希望由她去劝克勒凡老头回心转意,不再记他的恨。看到家庭的这一幕,谁也不会相信父亲濒于破产,母亲陷于绝望,儿子正在担忧父亲的前途,女儿又在打算夺取姨母的情人。

四

幻灭
——另有结局的"内地生活"篇

目前我每日可工作约八小时,然而巴尔扎克《幻灭》一书,诚为巨构,译来颇为费神。如今与书中人物朝夕与共,亲密程度几可与其创作者相较。目前可谓经常处于一种梦游状态也。

——摘自傅雷 1962 年 1 月 7 日致梅纽因函

巴尔扎克的长篇小说《幻灭》三部曲,从一九六一年起动手,最近才译完初稿。第一二部已改过,第三部还要改,便是第一二部也得再修饰一遍,预计改完誊清总在明年四五月间。总共五十万字,前前后后要花到我三年半时间。

——摘自傅雷 1963 年 9 月 1 日致傅聪函

生死关头

　　凡是有野心的人,凡是要靠别人和形势的帮助,要依赖一个多多少少经过安排,贯彻,坚持的行动方案才能成功的人,一生必有一个危险时间,有种莫名其妙的威力给他们受一些艰苦的考验:样样事情同时失败,各方面的线不是断了就是搅乱了,碰来碰去都是倒楣事儿。遇到这种精神上的骚乱,只要心里一慌就完事大吉。顶得住恶劣的形势,能站定脚跟等风暴过去,拼命爬到高地上去躲避的人,才算得上真有魄力。无论是谁,除非是生来有钱的,都有他的生死关头。拿破仑的生死关头是莫斯科的溃退。这个危险时间现在临到吕西安头上了。他前前后后在上流社会和文坛上的遭遇太顺利了;他太得意了,如今要看到所有的人,所有的事情,一齐跟他作对。第一阵痛楚最剧烈最难受,伤害到他自以为最安全的地方,伤害到他的心和他的爱情。高拉莉也许谈不上风雅,却有一颗高尚的灵魂,能在热情冲动之下表现出来,这冲动便是造成名演员的主要因素。这个奇怪的现象,在没有经过长期的应用而成为习惯之前,完全受捉摸不定的气质支配,也往往受羞耻心支配;而在一般年纪还轻的女演员身上,这种值得赞美的羞耻心是很强的。高拉莉表面上轻狂,放肆,和普通的女角儿没有分别,骨子里却天真,胆怯,而且还充满爱情,她对于自己在舞台上的嘴脸本能的感到厌恶。表达感情的艺术是一种崇高的做作,高拉莉还不能让这作假的艺术克服她的本性。她不能钝皮老脸,把只属于爱情的东西向观众公开。此外她还有真正的女性所特有的一个弱点:明知道自己压得住台,仍旧需要观众的称赞。她怕面对她不喜欢的群众,上台老是战战兢兢:看客的冷淡可以使她毛骨悚然。因为情绪这样紧张,她每次扮一个新角色都等于第一次登场。掌声使她心神陶醉,她并非要满足自尊心,而是要用来鼓动自己的勇气。场子里唧唧哝哝表示不满,或是静悄悄的表示观众心不在焉,她的本领会不知去向。倘若卖了满座,台下聚精会神,对她只有钦佩和友好的目光,她就精神兴奋,可以和观众高尚的品质交流,觉得自己有感动人心的力量,能使它们向上。这一类的消沉和兴奋说明她有神经质的性格和天才的素质,也显出这可怜的女孩子的敏感和温柔。吕西安终究赏识了她的内心的宝藏,看出他的情妇还是单纯的少女。高拉莉没有一股女角儿弄虚作假的能耐,无法拒抗同事之间的倾轧,后台的勾心斗角,不像佛洛丽纳是此中老手,她的阴险可怕同高拉莉的忠厚慷慨正好是极端。高拉莉担任角色是要人家邀请的,她生性高傲,不肯央求作家,接受他们的屈辱的条件,不能因为有什么记者用爱情和笔杆子威胁她而投降。在性质非常特殊的舞台艺术中,卓越的才能已经极其少有,但只不过是成功的条件之一;倘使像高拉莉那样不同时具备玩弄手段的本领,才能反而使人长期受累。吕西安料到高拉莉在竞技剧场第一次出台的痛苦,不惜代价要保证她成功。变卖家具剩下的款子和吕西安的稿费,统统拿去置办服装,布置更衣室,开发第一次出场的各种费用。几天以前,吕西安为爱情所迫,做了一件屈辱的事:他带着方唐和卡瓦利埃的票据,到蒲陶南街上金茧子铺子去见加缪索,要求贴现。诗人还没堕落到能够满不在乎的干这种勾当。他一路受着痛苦煎熬,想着许多可怕的念头,翻来覆去对自己说着:去吧!——不去!临了还是走进一间又冷又黑,只靠天井取光的办公室;里面一本正经坐着的可不是那个迷着高拉莉的老头儿,忠厚没用,游手好闲,爱女人,不相信宗教,吕西安一向认识的加缪索;而是一个严肃的家长,精明而又规矩的商人,摆着一副商务裁判的道学面孔,用冷冰冰的老板神气做挡箭牌,周围簇拥着伙计,出纳,绿的文件夹,发票,货样,还有他的老婆保驾,还有他的衣着朴素的女儿陪着。吕西安走近去从头到脚打了一个寒噤,因为尊严的商人把他瞅了一眼,那副冷淡傲慢的目光就是吕西安在一般贴现商脸上领教过的。

加缪索坐着,吕西安站着说:"先生,你要肯收下这几张票子,我非常感激。"

加缪索说:"我记得,先生,你拿过我的东西。"

　　吕西安凑着丝绸商的耳朵悄悄的说出高拉莉的处境,加缪索连屈辱的诗人心跳的声音也听见了。加缪索没有意思让高拉莉栽斤斗。他一边听一边看着票据上的签名,微微一笑,他是商务法庭的裁判,知道两个出版商的情形。加缪索给了吕西安四千五百法郎,要他在票子上加一个背书,写明付丝绸账。吕西安马上去找勃劳拉,把保证高拉莉成功的办法谈妥了。勃劳拉答应彩排的时候到场(那天他的确到了),约定在哪些段落叫他的罗马人鼓掌,使高拉莉成功。吕西安把剩下的钱,不说向加缪索调来的,交给高拉莉,让她和贝雷尼斯定下心来,她们已经不知道怎么维持生活了。玛丹维尔是当时精通戏剧的行家,好几次跑来帮高拉莉排练。吕西安请几个保王党记者写文章捧场,他们应允了,因此他想不到会出乱子。高拉莉上台的前一天,吕西安却遇到一桩极不幸的事。大丹士的书出版了。埃克多·曼兰的报纸的主编把作品交给吕西安,认为由他来评论最胜任:算他倒楣,他批评过拿当,出名会写这一类稿子。办公室里人很多,全体编辑都在场。玛丹维尔为了攻击进步党报刊,有问题要商量,也在那儿。拿当,曼兰,所有参加《党醒报》的记者正在谈论雷翁·奚罗的半周刊,认为那刊物措辞谨慎,有分寸,有节制,所以对社会的影响更有害。那时大家开始注意四府街上的小团体,叫它新国民会议。保王党的刊物决定同这批危险的敌人展开一场你死我活的,有计划的斗争。后来这些敌人果然组成理论派①,成为一个决定大局的党团,等到保王党内最有才华的作家出于卑鄙的报复心理和他们联盟②以后,把波旁家推翻了。外边不知道大丹士主张专制政体,把大丹士包括在他们认为死敌的小团体内,作为第一个开刀的对象。他的书,照那时流行的说法,非一棍子打死不可。吕西安不肯写稿。在场聚会的保王党要人不胜愤慨,认为他的拒绝岂有此理。他们老实告诉吕西安,刚转变过来的新党员谈不到自由;

---

① 王政复辟时期保王党内的一个支派,亦称正中派,主张君主立宪政体;一八三〇年七月革命以后成为执政党,首领即有名的史学家基佐(一七八七——一八七四)。——译者注

② 指夏朵勃里昂于一八二四年被政府免去部长职位以后的行动。——译者注

他要感到投靠王上和教会不方便,尽可回到他原来的阵营。曼兰和玛丹维尔把吕西安拉过一边,好意点醒他,失去了保王党和政府派报纸的援助,等于听凭进步党报刊拿高拉莉出气。否则的话,高拉莉可以引起一场激烈的笔战,借此出名,这是所有的女演员求之不得的。

玛丹维尔对吕西安说:"你完全不懂此中奥妙。她将来在两派报刊交锋的期间演上三个月戏,再利用三个月假期到内地去走一遭,可以捞进三万法郎。你那些顾虑一定要破除,否则你当不了政治家,只能断送高拉莉,破坏你的前途,砸破你的饭碗。"

吕西安发现对大丹士和高拉莉没有两全的办法:要不在大报和《觉醒报》上扼杀大丹士,就得牺牲自己的情妇。可怜的诗人回到家里伤心之极;他坐在卧房的火炉旁边念了大丹士的书,近代文学中最美的一部作品。他一边看一边哭。每一页上都留着泪痕,迟疑了半天。可是他终于用他的拿手好戏写下一篇含讥带讽的稿子,像孩子抓着一只美丽的鸟,拔掉羽毛,叫它受尽毒刑。他的恶毒的嘲笑完全是损害作品。等到把精彩的原作重读一遍的时候,吕西安所有的高尚的感情又冒起来了;他在半夜里穿过巴黎城赶往大丹士家。这个真正的大人物的始终不渝的操守,他是佩服过来的;大丹士窗上的烛光,他从前抱着敬仰的心情不知望过多少回,此刻他又透过窗子看到那道摇曳不定的纯洁的微光。他没有勇气上楼,靠着路旁的界石站了一会。最后他受着良心鼓励,敲敲门,进去了,发现大丹士正在看书,屋子里没有生火。

大丹士见了吕西安,问道:"出了什么事啊?"他猜到吕西安只有大祸临头才会来。

吕西安眼泪汪汪的回答:"你的书真了不起,他们却要我攻击。"

大丹士道:"可怜的孩子,你这碗饭可不容易吃!"

"我只恳求你一件事,别让人家知道我到这儿来过。就让我在地狱里做苦工吧。也许良心上不长点儿肉茧永远成不了事。"

"还是老脾气!"大丹士说。

"你以为我没有骨气吗? 不,大丹士,我是一个孩子,被爱情缠住了。"

接着他说出他的处境。

大丹士听到高拉莉的情形,感动了,说道:"让我看看你的文章。"

吕西安拿出原稿,大丹士念着笑了笑,叹道:"聪明误用到这个田地!"他看见吕西安在椅子上垂头丧气,的确很痛苦,便不说下去了。一忽儿又道:"我替你修改一下行不行? 明天还你。轻薄的讪笑是侮辱作品,认真严肃的批评有时等于赞美;我能使你的书评保持你我的尊严。并且我的缺点也只有我自己知道!"

"一个人爬上荒凉的山坡,渴得要死的时候,偶尔会发现一个果子给他解渴;这个果子就是你!"吕西安说着,扑在大丹士怀里,一边哭一边亲他的额角。"我把良心寄存在你这里了,将来再还我吧。"

大丹士庄严的说道:"我认为定期的忏悔是个骗局。那么一来,忏悔变了作恶的奖品。忏悔可是一种贞操,是我们对上帝的责任。忏悔过两次的人是最可恶的伪君子。我怕你只想用忏悔来抵消你的孽!"

吕西安听着这几句话失魂落魄,慢吞吞的走回月亮街。第二天,稿子经过大丹士修改,送回来了,吕西安带往报馆。从此他郁郁不乐,有时面上也遮盖不了。晚上他看见竞技剧场客满,少不得感到第一次登台的激动,再加他对高拉莉的爱情,情绪越发紧张。各式各样的虚荣心成了问题,他眼睛望着观众的表情,像被告望着法官和陪审员的脸;听见场子里一有唧唧哝哝的声音就发抖;台上有一点儿小事,高拉莉上场下场,音调略微有些高低,都使他心惊胆战。高拉莉演的是一出开始可能失败而以后仍会走红的戏,那天可是失败了。高拉莉出场没有人鼓掌,正厅里冷冰冰的使她吃惊。除了加缪索的包厢,别的几个都没有掌声。二楼和三楼上的人把加缪索嘘了好几回。鼓掌队拍手的方式明明过火,被楼厅的看客喝住了。玛丹维尔很勇敢的鼓掌,假仁假义的佛洛丽纳,拿当,曼兰,在旁附和。戏完全砸了。高拉莉的更衣室里来了一大批人,他们的安慰使她愈加难受。女演员回去,灰心绝望,主要还不是为她自己,而是为了吕西安。

"咱们被勃劳拉出卖了,"吕西安说。

高拉莉内心受到伤害,发了一场高烧,第二天不能登台。她的艺术生涯眼看搁浅了。吕西安藏起报纸,躲在饭间内拆看。所有的副刊编辑都说,戏失败的责任在于高拉莉:她对自己估价太高,她在大街上讨人喜欢,可不适宜进竞技剧场;她固然有心向上,可惜不自量力,不该担任那个角色。吕西安看到许多评论高拉莉的文章,跟他当初对付拿当的一套假仁假义的手法没有分别。他好比克罗多人米龙①劈开了橡树,一双手被树干卡住了一样,气得脸色发青。他的朋友们用殷勤,关切,仿佛是一片好心的话,替高拉莉出了一些极恶毒的主意。他们劝她演另外几种人物,正是奸诈的记者明知道跟她的路子完全相反的角色。这些保王党刊物的论调,准是拿当教唆出来的。至于进步党的大报和小报,用的又是吕西安常用的一派卑鄙和挖苦的手段。高拉莉听见一两声抽噎,从床上起来走到吕西安身边,发现了报纸,拿来看了,看完一声不响又去睡了。佛洛丽纳跟打击高拉莉的一伙通同一气,早就料到这个结局,把高拉莉的台词背熟了,还由拿当帮她排练。戏院当局不肯放弃这本戏,打算叫佛洛丽纳接替高拉莉。经理来探望可怜的女演员,她流着眼泪,生气全无;等到经理当着吕西安说出当晚不能不照常开演,佛洛丽纳能够担任高拉莉的角色,高拉莉却一骨碌坐起来,跳下床,叫道:

"我照样能上台。"

说完她晕过去了。佛洛丽纳补了她的缺,一举成名,因为她把戏救活了,受到所有的报纸赞扬,从此变了你们都知道的名角儿。吕西安看见佛洛丽纳成功,气坏了。

他对高拉莉说:"这个不要脸的女人,还是你给她的饭碗! 竞技剧场要是愿意,尽可以取消你的合同。等我做了吕庞泼莱伯爵,发了财,和你正式结婚。"

"废话!"高拉莉说着,两眼无神瞅了他一下。

"废话?"吕西安叫道。"要不了几天,你就好住进一所漂亮的屋子,有

---

① 公元前六世纪希腊的大力士和运动健将。——译者注

自备马车；让我来给你写个剧本！"

他拿着两千法郎奔往弗拉斯卡蒂。倒楣鬼一连呆了七小时，心情激动得像发疯，脸上冷冰冰的装做若无其事。从白天到上半夜，他不知经过多少风浪：最多赢到三万，出门的时候一文不剩。回去发现斐诺在他家中等着，要他的小品文。吕西安还不聪明，在斐诺面前发牢骚。

斐诺回答说："嗯！情形不妙，是不是？你这次向后转，动作太快了，当然要失去进步党报刊的支持，他们的力量比保王党和政府派的报纸大得多。事先要不留好退步，补偿你意料中的损失，就不应该转移阵地；无论如何，聪明人总是先去看看朋友，说明自己的理由，把脱党的事跟他们商量一下，那他们就变成你的同谋，向你表示同情，约好互相帮助。拿当和曼兰对他们的伙伴就用这个办法。豺狼虽狠，不伤同类。你对付这件事老实得像绵羊。你在新加入的党内要不张牙舞爪，休想分到一根骨头一个翅膀。人家为着拿当自然要牺牲你了。老实告诉你，你攻击大丹士的文章惹动了公愤，外面闹得沸沸扬扬。据说和你相比，玛拉①竟是圣人了。大家正在布置，预备向你进攻，将来你的书非被他们打下去不可。说起你的小说，进行得怎样啦？"

吕西安指着一包校样说："这是最后几页了。"

"政府派和极端派报刊上攻击大丹士的文章，有些没有署名，大家说是你写的。此刻《觉醒报》天天向四府街上的一帮人放冷箭，讽刺的话说得挺滑稽，所以更恶毒。雷翁·奚罗的刊物背后，的确有一个小小的政治集团，态度很严肃，我看那一派早晚能抓到政权。"

"我八天没有进《觉醒报》的门了。"

"啊！别忘了我的小文章。马上写五十条来，稿费一次给你，不过要配合报纸的色彩才行。"

接着斐诺随随便便讲了一个关于掌玺大臣的小故事，说是在交际场中流传，正好给吕西安做题目，写一篇逗笑的稿子。

---

① 法国大革命时期左派领袖之一。——译者注

吕西安虽然疲倦,为了挣回赌输的钱,照样头脑敏捷,思想清新,一口气写了三十条,每条两栏。稿子写完,吕西安带着上道利阿书店,打算碰到斐诺,私下交给他;同时也想问问出版商,为什么他的诗集搁着不印。他看见铺子里挤满了人,都是他的对头。他一进去,大家寂静无声,不说话了。吕西安发觉被新闻界列入黑单,反而勇气百倍,像以前在卢森堡走道上一样暗暗发誓:"我一定胜利!"道利阿态度不软不硬,只是嘻嘻哈哈,推说他有他的权利:印《长生菊》要趁他高兴,要等吕西安的地位能保证诗集畅销,他是把全部版权买下来的。吕西安指出按照合同规定,道利阿有印行《长生菊》的义务。道利阿的意见正好相反,说是在法律上谁也不能强制他做一桩他认为要亏本的买卖,时机是否恰当只有他能决定。此外,有一个无论哪个法院都会同意的办法:吕西安不妨归还三千法郎,把作品收回去交给一个保王党的出版商承印。

吕西安走出铺子,觉得道利阿的缓和的口气比第一次见面时的傲慢更气人。这么说来,诗集要等吕西安有一个强大的帮口撑腰,或者他本人有权有势的时候,才能出版的了。诗人慢吞吞的回家;倘若一有念头立刻行动的话,他那时的绝望竟可以使他自杀。他发现高拉莉躺在床上,面无人色,病得厉害。

贝雷尼斯对吕西安说:"要不让她登台,她活不成啦。"那时吕西安正在穿扮,要到白峰街去赴台·都希小姐家的晚会;他可以在那边遇到台·吕卜克斯,维浓,勃龙台,特·埃斯巴太太,特·巴日东太太。

那晚会是为一般歌唱家举行的:先是大作曲家公蒂,业余歌唱家中声音最好的一个,还有桑蒂,巴斯塔,迦契阿,勒华瑟,以及两三个在上流社会里出名的好嗓子。吕西安溜到侯爵夫人,侯爵夫人的大姑和特·蒙高南太太的位置旁边。倒楣的青年面上装做轻松,愉快,有说有笑,同他全盛时期一样,不愿意露出要人帮忙的样子。他滔滔不绝的谈到他替保王党立的功,提出进步党对他的咒骂做证明。

特·巴日东太太嫣然一笑,说道:"朋友,你一定能得到充分的报酬。后天你同鹭鹚和台·吕卜克斯上掌玺局去领王上的诏书。掌玺大臣明儿亲自送到宫里去签字，宫中有会议，他回家比较晚；我要是当夜知道结果，立刻派人给你报信。你住哪儿呢？"

"还是我自己来吧，"吕西安不好意思说他住在月亮街。

侯爵夫人接口道："勒农古和拿华兰两位公爵在王上面前提起你，称赞你全心全意，毫无保留的效忠王室，说应当给你一个特殊的荣誉，才能报复进步党对你的侮辱。况且吕庞泼莱的姓氏和爵位是你在母系方面应得的权利，将来还要在你身上发扬光大。陛下当晚吩咐掌玺大臣起草上谕，准许吕西安·夏同以最后一个吕庞泼莱伯爵的外孙身份改姓，承袭伯爵的头衔。幸而我大姑记得你那首歌咏百合花的十四行诗，抄给公爵，王上看过了说：班达山上的蓟鸟①应当提拔。——特·拿华兰先生回答说：是的，尤其在陛下能产生奇迹，化蓟鸟为鹰隼的时候。"

换了一个不像路易士·特·埃斯巴·特·奈葛柏里斯那样受过严重伤害的女子，看着吕西安感激涕零的表现，准会心肠软下来。可是吕西安越美，路易士报仇的心越强。台·吕卜克斯说的不错；吕西安不够机警，识不透所谓诏书根本是特·埃斯巴太太设下的骗局。成功的消息和台·都希小姐的另眼相看，使他壮起胆子，在台·都希府上守到深夜两点，打算和女主人单独谈谈。吕西安在保王党报馆里听说台·都希小姐暗中同人家合编一个剧本，将要由当时的名角儿小法伊演出。客厅里人走空了，他和台·都希小姐坐在内客室的沙发上，讲出他和高拉莉的不幸，话说得非常动人，那位颇有男子性格的女作家听了，答应把她剧中的主角派给高拉莉。

下一天，高拉莉听到台·都希小姐的许愿很快活，有了精神，正在和她的诗人一同吃中饭。吕西安看着罗斯多的小报，讽刺掌玺大臣夫妇的那个凭空捏造的故事登出来了。文章诙谐百出，骨子里是恶毒透顶。路易十八也被吕西安很巧妙的牵引出来，写得很可笑，只是检察署没法干

---

① 蓟鸟隐射吕西安的本姓夏同。希腊的班达山是古代祭文艺之神阿波罗和诗神缪司的地方。因为吕西安·夏同是诗人，故说他是班达山上的蓟鸟。——译者注

涉。进步党有心把下面的事说得逼真,其实只是在他们俏皮的毁谤中间多添了一桩毁谤罢了。

路易十八特别喜欢同人家交换文字雕琢而多情的书信,其中掺杂着情歌和撩拨的话。吕西安的小品文把这个嗜好说做路易十八的风流到了最后阶段,变为纯粹的理论,从行动化为思想了。受过贝朗瑞猛烈抨击,被他称为奥太维的那个大名鼎鼎的情人①,近来大起恐慌,因为王上的来信变得无精打采了。奥太维越卖弄才情,她的情人的态度越冷淡越灰色。奥太维终于发现她失宠的原因是王上有了一个新的通信对象,掌玺大臣②的太太;新鲜的刺激动摇了奥太维对王上的影响。据说那贤慧的大臣太太事实上连一个便条都写不起来,可知幕后必有一个大胆的野心家捉刀,她不过是出面的傀儡罢了。躲在她裙子底下的到底是谁呢?奥太维留神观察之下,发觉王上原来是跟他的部长通信。于是她定了计划。靠着一位忠心的朋友帮助,她有一天让部长在议会里被激烈的辩论绊住身子;她自己单独去见王上,揭穿骗局,激恼王上的自尊心。路易十八的火气不愧为波旁家出身,他对奥太维大发雷霆,不相信她的话。奥太维建议当场证明,请王上写一个条子去立等回音。可怜的部长夫人猝不及防,派人到议会去请丈夫;可是一切都算准了,部长正在讲坛上。那女的只得满头大汗,搜索枯肠,好容易挤出一点聪明写了回信。王上大失所望,奥太维笑着说:“下文如何,让部长来向陛下说明吧。”

内容虽是无中生有,那篇文章却大大的伤害了王上和掌玺大臣夫妇。据说故事是台·吕卜克斯造出来的,可是斐诺始终替他保守秘密。进步党和王弟③的一派看了这篇诙谐尖刻的小品乐不可支;吕西安只当做有趣的谣言,除了觉得好玩之外,看不出有什么作用。第二天他去找台·吕卜

---

① 指杜·卡拉伯爵夫人,以才思与美貌有宠于路易十八。贝朗瑞在王政复辟时代攻击,不能不用另一个名字(奥太维)影射她。——译者注
② 法国传统,掌玺大臣必兼司法部长,故下文又称部长。——译者注
③ 即后来的查理十世,未登位时称特·阿多阿伯爵,为极端派保王党的领袖,不满路易十八的施政,认为太温和,太妥协。——译者注

克斯和杜·夏德莱男爵一同出发。男爵要向掌玺大臣道谢。他发表了参事院特别参议,封了伯爵,上面还答应他补夏朗德州州长的缺,现任州长再做几个月,能领到最高额的养老金的时候就要退休。杜·夏德莱伯爵——他的"杜"字已经正式写在上谕上——邀吕西安坐上他的马车,把他平等相待。要没有吕西安攻击他的那些文章,也许夏德莱不会爬得那么快。进步党的迫害等于做了他加官晋爵的垫脚石。台·吕卜克斯先到部里,等在秘书长的办公室内。那位官员一见吕西安,诧异得直跳起来,眼睛望着台·吕卜克斯。

"怎么!先生,你还敢到这儿来?"秘书长对吕西安说,吕西安吃了一惊。"部长大人把准备好的上谕撕掉了,你瞧!"他随手指着一张撕成几片的纸。"部长要追究昨天那篇该死的文字是谁写的,我们把底本找来了,"秘书长说着,给吕西安看他的原稿。"先生,你说你是保王党,事实上你同这份万恶的报纸合作,这份报害得部长们添了不少白头发。给中间派①添了许多烦恼,把我们推入泥坑。你拿《海盗报》,《明镜报》,《立宪报》,《邮报》②当中饭,拿《日报》和《觉醒报》③当晚饭,再同玛丹维尔吃宵夜;玛丹维尔是跟政府捣蛋最凶的人,他要王上走专制的路,那不是要煽动革命,同倒向左派一样快吗?你是一个挺俏皮的记者,可永远当不了政治家。部长已经报告王上,那篇稿子是你写的,王上气愤之极,责备他的内廷供奉特·拿华兰公爵。这一下你招了不少冤家,他们过去越器重你,现在越恨你!敌人做出这种事来倒还罢了,你却自称为政府的朋友,岂不可怕!"

台·吕卜克斯道:"亲爱的,难道你是小孩儿吗?你使我受累不浅。特·埃斯巴太太,特·巴日东太太,特·蒙高南太太,都保举过你,准要气坏了。特·拿华兰公爵要埋怨侯爵夫人,侯爵夫人要嗔怪她大姑。我劝你别去拜访她们,过一阵子再说吧。"

① 指当时的执政党——保王党中的主宪派。——译者注
② 以上都是反政府的进步党报刊。——译者注
③ 《日报》属于保王党中的立宪派,《觉醒报》属于保王党中的政府派。——译者注

秘书长道:"大人来了,快快出去!"

吕西安站在王杜姆广场上呆若木鸡,仿佛当头挨了一棍。他从大街上一路回去,一路反省。他发觉被一般嫉妒,贪婪,奸诈的人玩弄了。在这个名利场中他是怎样的人呢?不过是个孩子,贪快乐,爱虚荣,为了这两样牺牲一切;不过是个诗人,不会做深刻的思考,像飞蛾扑火似的到处乱撞,没有固定的计划,完全被形势支配,想的是好主意,做的是坏事情。

他的良心变了一个无情的刽子手。并且他的钱花光了,只觉得工作和痛苦把他磨得精疲力尽。报纸先要登载曼兰和拿当的文章才轮到他的。他信步走去,千思百想,出神了。他一边走一边瞧见某些阅览室的招贴,那时才行出新办法,图书和报刊同样可以借阅;广告上有一个古怪的,对他完全陌生的题目,底下写着他的姓名:吕西安·夏同·特·吕庞泼莱著。他的小说出版了,他可不知道,报上一个字都没有提。他耷拉着胳膊,一动不动站着,没看见前面来了一群最漂亮的青年,其中有拉斯蒂涅,特·玛赛,还有另外几个熟人。他也不曾留意米希尔·克雷斯蒂安和雷翁·奚罗两个朝着他走过来。

"你是夏同先生吗?"米希尔说话的声音使吕西安听了心惊肉跳。

他脸色发白,回答说:"你认不得我了?"

米希尔朝他脸上唾了一口。

"这是你写文章骂大丹士的报酬。如果每个人为自己为朋友像我一样做法,报纸就不敢胡来,就能成为值得尊重而受人尊重的讲坛!"

吕西安身子一晃,靠在拉斯蒂涅身上,对拉斯蒂涅和特·玛赛说:"请你们两位做我的证人。不过我先要回敬一下,让事情没法挽回。"

米希尔猝不及防,被吕西安狠狠的打了一巴掌。几个花花公子和米希尔的朋友扑上来把共和党人和保王党人拉开,免得两人的争吵变成扭殴。拉斯蒂涅抓着吕西安,带到德蒲街上他的家里去,离开出事的根特大街只有几步路。幸而那是吃晚饭的时间,没有人围拢来看热闹。特·玛赛跑来找吕西安,和拉斯蒂涅两人硬把他拉往英国咖啡馆去快快活活的吃饭,临了三个人都喝醉了。

特·玛赛问吕西安:"你剑法高明吗?"

"从来没上过手。"

"手枪呢?"拉斯蒂涅问。

"一辈子没放过枪。"

特·玛赛道:"那你运气一定好。你这种敌人最可怕,会把对方打死的。"

吕西安在巴日东府上扬眉吐气

立婚书那天,特·拉海小姐的暧昧不明的身份,替她把安古兰末的大部分贵族都招来了。男的没有贵重的首饰送给女的,一对未来的夫妻这样穷,特别令人关切。世界上有些人做善事同喝彩一样,主要是满足自尊心。因此,特·比芒丹侯爵夫人,杜·夏德莱伯爵夫人,特·塞农希先生和两三个老朋友,送了法朗梭阿士一些礼物,城里也为之议论纷纷。这些漂亮的小东西,加上柴斐莉纳一年前就在准备的被褥内衣,干爹送的首饰,新郎照例不能不送的礼物,总算使法朗梭阿士略感安慰,而好几个带女儿同来的母亲看了也很感兴味。柏蒂-格劳和戈安得两人发觉,安古兰末的贵族允许他们踏进神圣的庙堂是迫不得已,因为一个是法朗梭阿士的财产管理人兼副监护人,一个是立婚书时必不可少的对手,好比行刑总得有一个吊死的囚犯。结了婚,柏蒂-格劳太太照样可以在干妈家出入,丈夫就不容易受到招待了;他却打定主意,非闯进那个骄傲的社会不可。诉讼代理人觉得父母出身低微,难以为情,叫住在芒勒养老的母亲推说有病,留在乡下,写了一份书面表示同意儿子的婚姻。柏蒂-格劳没有亲族,没有靠山,没有一个自己人在婚书上签字,心里很委屈,现在能带一个名流去充当体面的朋友,又是伯爵夫人愿意会面的人物,高兴极了,坐着马车去接吕西安。在那次值得纪念的晚会上,诗人的打扮毫无疑问把所有的男人都比下去了。特·塞农希太太事先透露消息,说有这位名流到场;两个反目的情人重新聚首,也是内地人极喜欢看的场面。吕西安变了时髦人物。大家夸他如何俊美,如何风流,和以前如何不同,安古兰末的贵族太太都想去瞧他一瞧。当时的装束正从扎脚裤过渡到现在这种难看的长裤,吕西安按照流行的款式穿一条全黑的贴肉裤。男人那时还卖弄身材,使瘦子和体格不美的人叫苦不迭;吕西安的身材却长的像阿波罗一样。他的灰色镂空丝袜,小小的皮鞋,黑缎子的背心,领带,没有一样不穿戴得服服帖帖,像粘在身上一般。浓厚的淡黄头发全部烫过,额角更显得白净,四周的头发卷安排得妩媚动人。傲慢的眼睛闪闪发光。一双女人般的美丽的小手始终戴着手套。他的姿态是模仿巴黎有名的花花公子特·玛赛:一只手拿着手杖和永不离手的帽子,一只手偶然动一下,帮助说话的表情。

有些名人假装谦虚,低着头走过圣·但尼门,吕西安很想用这种方式溜进客厅。无奈柏蒂-格劳只有一个朋友,不能不尽量利用。他几乎带着夸耀的意味,在晚会上带吕西安去见特·塞农希太太。诗人一路听见唧唧哝哝的谈论,要是从前,他早就心慌意乱,此刻却冷静得很。他信心十足,知道他一个人抵得上安古兰末所有的英雄。

他对特·塞农希太太说:"太太,我的朋友柏蒂-格劳的确是做司法部长的材料,我说他福气太好了,能投在太太门下,不管干女儿和干妈的关系多么疏远(在场的妇女都体会到话中有刺,她们在旁窃听而神气好像并没有听)。至于我,我很高兴趁此机会向夫人致敬。"

几句话说得挺自然,气派像大贵族访问老百姓。吕西安听着柴斐莉纳支吾其词的回答,眼睛在客厅里扫了一圈,有心叫人注意。他同法朗西斯·杜·奥多阿和州长打招呼,神态殷勤,可是对两人的笑容略有区别。然后他装做忽然瞧见杜·夏德莱太太,迎上前去。一般重要人物正被法朗梭阿士或者公证人陆续请进卧室去签字,可是大家都忘了婚书,只注意两个情人的会面,作为当夜的一件大事。吕西安朝路易士·特·奈葛柏里斯走了几步,拿出巴黎式的风雅的态度,对路易士说来还是回来以后第一次看到;他声音相当响亮的说道:

"太太,是不是承蒙你的好意,后天州长公署请客才有我呢?……"

吕西安对以前的保护人故意用这个挑战的语调,杀她的威风;路易士听着有点恼恨,冷冷的回答:"先生,那是为了你的名气。"

吕西安又俏皮又自负的说:"啊!伯爵夫人,如果客人得不到你的好感,我就没有办法叫他出席了。"

他不等路易士回答,转身瞧见主教,大大方方鞠了一躬。

他声音很迷人的说:"大人简直跟先知差不多。将来我要使大人的话完全应验。今晚我到这儿来幸运得很,能够向您表示敬意。"

吕西安趁此和主教攀谈,一谈谈了十分钟。女太太们都认为吕西安了不起。杜·夏德莱太太没有料到他这样狂妄,一时竟哑口无言,没有话好回答。她看见所有的妇人佩服吕西安,东一堆西一堆的交头接耳,把他们俩的谈话,吕西安装做瞧不起她,言语之间把她压倒等等,互相传说;路易士失了面子,十分气恼。

她想:"他说了那句话,明天要不来吃饭,叫我怎么下台!他凭什么敢这样骄傲呢?……难道台·都希小姐爱上了他吗?……他长得多美!——听说在巴黎,女戏子死后第二天,台·都希小姐到他家里去过!……或许他是来帮助妹夫的,路上遭了意外,到芒勒的时候才蹲在我们车厢背后。那天早上,吕西安瞪着我和西克施德的神气真古怪。"

路易士千思百想,不知有多少念头,更糟糕的是,她还情不自禁的望着吕西安和主教谈话,仿佛他是全场的领袖。他对谁都不理不睬,但等人家去迁就他;他东瞟一眼,西瞟一眼,做出各式各样的表情,神态潇洒,不愧为特·玛赛的高足。特·塞农希先生在他近边出现,他也不离开主教去打个招呼。

路易士等到十分钟,忍不住了,起来走到主教面前,说道:"大人不知听到什么话,常常面带笑容?"

吕西安很知趣的退后几步,让杜·夏德莱太太和主教说话。

"啊!伯爵夫人,这青年聪明绝顶!……他和我解释,他的力量都是您鼓励出来的……"

"我不是忘恩负义的人,太太!……"吕西安眼中带着嗔怪的意味,叫伯爵夫人看着心里高兴。

"我们说说清楚好不好?"她把扇子一招,叫吕西安走近去。"同主教大人一块儿来,打这儿走!……请大人替我们评评理。"她指着小客厅给主教带路。

"哼！她叫主教当什么角色啊！"乡杜帮口里的一位女客有心把话说得相当响,要人听见。

吕西安望望主教,望望伯爵夫人,说道:"评理？……难道有谁做错了事吗？"

路易士·特·奈葛柏里斯走进她从前的小客厅,坐在长沙发上,叫吕西安和主教一边一个坐在她两旁,然后开始说话。

吕西安只做动了感情,没有心思听她的,叫旧情人看着又得意,又奇怪,又欢喜。他的姿态,手势,有如巴斯达在《唐克勒第》①中唱:噢,祖国！……时的功架,脸上的表情好像在唱《但尔里佐》那一段有名的抒情曲。受过高拉莉训练的吕西安,最后还会挤出几滴眼泪来。

等到吕西安看出路易士发觉他流泪,便不管主教,也不管谈话的内容,凑着她耳朵说:"啊！路易士,我当初多爱你！"

她掉过身子说:"快点擦擦眼睛,你又要在这里害人了。"这两句舞台上的旁白使主教大吃一惊。

吕西安兴奋的回答:"对,一次已经够了。特·埃斯巴太太的大姑说出这句话来,便是玛特兰纳②听着也会止住眼泪。我的天哪！……我又想起了我的往事,我的幻想,我的青春,而你……"

主教觉得处在两个旧情人中间要损害他的尊严了,突然回进大客厅。大家有心让州长夫人和吕西安单独留在内客室。过了一会,闲话,笑声,不时有人在小客厅门口张望,使西克施德大不乐意,沉着脸走进去,吕西安和路易士正谈得高兴。

他附着妻子的耳朵说:"太太,你对安古兰末比我熟悉,你看是不是应当顾到州长夫人和政府的体面?"

路易士瞅着她的出面老板,傲慢的神气吓了他一跳,她说:"亲爱的,

---

① 意大利十九世纪作曲家洛西尼做的歌剧。——译者注
② 圣女玛特兰纳向耶稣忏悔,痛哭流涕。现在有句俗语,叫做"哭得像玛特兰纳"。——译者注

我和特·吕庞泼莱先生谈着一件事,对你很重要。有人用卑鄙的手段陷害一个发明家,我们要救他出来,希望你帮忙……至于那些女太太对我做什么感想,你等会瞧吧,我自有办法堵住她们的嘴巴。"

于是她让吕西安扶着胳膊走出小客厅,先在婚书上签了名,旁若无人的气派完全像个贵妇人。

她拿笔递给吕西安,说道:"一块儿签好不好?……"

吕西安听着她指点,在她的签字旁边写上自己的名字。

"特·塞农希先生,你还认得当年的特·吕庞泼莱先生吗?"伯爵夫人这么一说,傲慢的打猎专家不能不招呼吕西安了。

她带着吕西安回到客厅,要他和柴斐莉纳一边一个陪她坐在中央的大沙发上,一般人最怕坐的位置。她像王后升了宝座,先是放低着声音说了一些讥讽的话,几个老朋友和趋奉她的妇女也过来参加。吕西安一忽儿便成了小圈子的主角,伯爵夫人逗他把话题转到巴黎生活,他想出许多挖苦的话,谈锋之健不可想象,还穿插一些名人的轶事,内地人最爱听的题材。刚才大家赞美他的相貌,现在佩服他的才华了。杜·夏德莱伯爵夫人好不得意,把吕西安当做心爱的玩具似的,玩得出神入化,很恰当的插进一言半语替他帮腔,甚至不避嫌疑,用眼色来要求人家赞许吕西安。好些妇女疑心路易士和吕西安同时回来,也许是他们之间本来爱情深厚,不幸闹了误会。也许路易士气愤之下,和杜·夏德莱结了不合式的婚姻,如今后悔了。

半夜过后一点钟,路易士动身之前轻轻对吕西安说:"后天希望你准时……"

州长夫人神气怪亲热的向吕西安略微点点头;然后过去和西克施德伯爵说了几句,伯爵正在拿帽子。

"亲爱的吕西安,只要杜·夏德莱太太说的是事实,我一定负责。从今晚起,你的妹夫可以说没事了。"州长说着,追出去陪太太回家,她按照巴黎的习惯,已经先走一步。

吕西安笑嘻嘻的回答:"伯爵帮我这个忙也是应该的。"

他们告别的时候,柏蒂-格劳正好在场,戈安得凑着他耳朵说:"喂!咱们完蛋啦……"

柏蒂-格劳看吕西安大出风头,愣住了,对他的才华,对他的风度,惊异不置。他望了望法朗梭阿士,她的神气完全是佩服吕西安,似乎对未婚夫说:"你应该学学你的朋友。"

柏蒂-格劳忽然喜洋洋的,回答戈安得:"州长要后天才请客,咱们还有一天时间,事情我可以保证。"

吕西安清早两点走回家,路上对柏蒂-格劳说:"朋友,我来了,我见过了,我胜利了①!再过几小时,大卫就要高兴死了。"

柏蒂-格劳心上想:"好啊,我就要知道这一点。"嘴里却回答说:"我只道你是诗人,原来你也是个洛尚②,那就等于双料的诗人了。"他说完跟吕西安拉拉手。这是他们俩最后一次握手。

---

① 罗马帝国时代的凯撒大将,公元四十一年于亚洲战胜蓬德王子法那西斯后,用这几句话告诉他罗马的朋友。——译者注
② 路易十四的宠臣,为了和路易十四的堂姊妹闹恋爱,轰动一时。——译者注

第三部分

西方"文明"的理解与传播

我译的旧作中,嘉尔曼和服尔德的文字比较最洗练简洁,可供学习。

——摘自傅雷 1960 年 12 月 2 日致傅聪函

文明
——一部战争文学的出色迻译

至此为止，自己看了还不讨厌的，只有《文明》与《欧也妮·葛朗台》。

——摘自傅雷1951年6月12日致宋奇函

至于《文明》，当时下过苦功［……］，自问对原作各篇不同的气息还能传达。

——摘自傅雷1951年10月9日致宋奇函

邦梭的爱情

大概我进了圣·芒台医院两三天,邦梭才入院。

关于我生命中那个阶段,我只有模糊的回忆。在夏尔尼附近的一片燕麦田里,我躺了好些时候,随后好像做了一个梦,看见我的断臂发绿,发黑,变得那么沉重,那么粗大,填满了整个世界,而我老是和断臂连在一块,好似一个侏儒连在一座山上。

临了,一切都归结到一张舒服的床铺,一个漆成水绿色的、光秃的大房间。

人家用哥罗芳把我闷倒,在胳膊上开了几个大窟窿,每天掏出零碎的骨头,血,脓,一大堆发臭的恶心东西。

总而言之,当我开始明白周围的情形时,第一引我注意的是邦梭。

照我那天的印象,邦梭是一个头发淡黄的大汉子,有些虚肿,留着没有光彩的须。眼睛很大,大到只看见它们一刻不停的转动。我仰躺着,但只消稍稍侧过脑袋,便可看到我的邻人,也仰躺在那里,一动不动,除了那对转个不停的眼睛。

我不禁脱口而出的问他:

"你对高头瞧些什么?"

他先"唔"了一声,然后出神地回答道:

"阳光罗。"

果然,我看见一道阳光在天花板上从左到右的移动;我累得慌,却不由自主的要望它,眼睛跟着它转。隔了一会,我问道:

"你不能旋过头来吗?"

"不,不能,我的腿要作痛的。"

"你叫什么名字?"

"我,爱弥尔·邦梭。"

他一句也不多说。一个医官进来,喊道:"担架夫! 担架夫! 把新来的抬走。"

新来的,便是邦梭。他给四个人抓起去,放在一张我们叫做"慢车"的病床上,那是大家厌恶的东西,理由不消说,你们都猜得到。

我听见邦梭叫喊,含糊不清的声音,似乎是鼓起了脸颊的呜囔:

"哎哟! 不要呀! 轻轻的,喂! 你们这些毛手。"

随后,声息全无,我重新对着东一抹西一抹的阳光发怔。

不知过了多少时候,"慢车"又推回来,载着邦梭,其实只好说是邦梭的一部分,脸色发了紫,气吁吁的,流着口水,捏紧了拳头打鼾,发出哥罗芳的味儿,我最头痛的气味。

他整条左腿装上了一具大型的锌制器械,放倒在床上,浑身软绵绵的像一件破衣衫。我想到两天以前自己也是这副模样,又想到同样的情形还可能再来,便面颊发冷,脚趾弯了。

邦梭终究醒过来了,唾沫四溅的咕哝道:

"啊! 可怜的家伙! 可怜的家伙!"

晚上他能说话了,于是我知道了详细情形。他在夏多·蒂哀里受的伤。一片弹壳打烂了他的大腿,疼得厉害,觉得这条腿"只剩一半"了。

不幸,我觉得邦梭的这个印象相当准确。我们俩开始经历一个悲惨的时期,连续不断的苦痛,又单调,又有规律,像士兵生活一样。

我的伤势使我无心关切多大事情;对面的红头发整夜的叫嚷,阿尔及利人多伊多替我们送糖果来,说:"喂! 好么? 喂!"我记得最清楚的就是这一些了。但我很熟识邦梭,因为我的手臂在床沿上安放妥当之后,只要抬起眼睛,就可望见邦梭,他是我天然的视线。

邦梭也在受难,但跟我不一样。我犹如一个产妇:挨一次苦,我就觉得向复原走近了一步。至于邦梭,刚刚相反,一切新的痛苦都加重他的虚弱。每天早上,担架夫来迎接我们。我多半躺担架,邦梭总搭"慢车"。我们在绷扎室中重新碰面。当然我的手臂决不好看,但比起邦梭的大腿,已经是一件可爱的东西了。他的伤口是一个其丑无比的窟窿，放得下一顶军帽，一大块惨绿色的伤，底里是碎骨头。

这间顶顶大名的绷扎室里的情形，毋需对你说得；我自己也在那边大叫大嚷过来，但老实不客气，我并不因此脸红，多少人叫过喊过，从我和邦梭算起，连最勇敢的也难免。

换好绷带以后的一忽儿，是一天之中最美妙的时间。白里昂太太跑来弄给我们吃；噢！东西是不多的：一枚鸡子，一些汤，几颗葡萄。白里昂太太，那是我最美的战时回忆之一。娇小纤弱如少女，生着一对怯生生的大眼睛。她才不装出那种丈夫气概呢。只消你一叫，她眼睛就红了，含着泪水，你终于不得不忍住，免得使她难过。

下午过了一半，寒热来了。我们停止讲话，眼睛瞪着天花板。我头痛得要命，尤其是眼睛那一带；我怕亮光。有些我控制不了的什么东西，好像愤怒或恐惧之类，流遍了我全身，把它胀满；直到十一点或半夜，我才浑身哆嗦的被释放。

可是邦梭尽管瘦下去，速度惊人。阔大的脸瘪缩了，出现无数的皱襇。眼睛变得更大，脸上旁的部分更加看不见了。

他又有了抽搐的病象，几乎每分钟来一次，使大腿剧烈作痛。他拼命抿着被寒热烧得龟裂的嘴唇。抽搐一止，他照例的说：

"啊！可怜的家伙！可怜的家伙！"

你们一定注意到，一个人苦恼之极的时候，往往把别人称做"可怜的朋友"或"可怜的先生"，仿佛应该哀怜的倒是别人。

邦梭打着吗啡针，先是一天一次，继而是两次，甚至三次。他眼睛发呆了，看出来的东西似乎老是颠颠倒倒的。他讲梦话，喃喃的说：

"只要她在这儿……只要她能够来看我……"

在当时的情形之下，邦梭决不能说出什么心事来，我也不敢动问。

一天早上，一个五道金线的军医官，好老头戈贝，瞧了瞧邦梭，说道：

"替他上闷药！"

又是一次，邦梭从手术室抬回来，嘴边流着唾沫，面孔走了样。他又给拿去了一大段骨头。抽搐停止了,但邦梭并没好转的倾向。

下午他请白里昂太太来,打起精神,念出词句动人的短信教她代笔,受信人老是那一个。由此我得知邦梭出发上前线的时候,把年轻的妻子丢在爱纳州的番德-米隆,从此消息断绝,他东一封西一封的给她写信,写到许多她可能栖身的地方去。

于是我懂得他为什么苦苦的再三说:

"要是她在我旁边……要是我知道她在什么地方……"

然而多少日子过去了,我悲哀的想邦梭要死了。他有时候已经认不得我,奄奄一息的入了弥留状态,像孩子般哼着"睡睡","怕怕",什么东西也不肯吃,死心塌地的,完全听命运摆布了。

于是出现了一桩奇迹。某一个星期四,我懒洋洋的打着盹,消化着我第一餐可称为正式的中饭,忽然旁边一阵轻微的谈话把我惊醒了。声音很低,可就是这低声惊醒了我。一转念我就想到:"一定是邦梭死了!"我便睁开眼来。

邦梭却没有死。在他和我的两张床中间,坐着一个女人,头发栗色,面孔雪白,一个怪可爱的小女人。她一只手握着邦梭的手,另一只手放在自己的膝盖上,一刻不停的微微颤抖。

令我出惊的是同伴的脸。说它一下子发胖了当然未免夸张,但我当时的印象的确如此。至于脸上的红色,那准没有错,而且并非发烧的颜色,乃是我从未见过的康健的血色。说到皱纹吧,我看至少去掉了一半。

他发觉我醒了,便唤道:

"巨斯太夫!你瞧,我的女人!终究给我找到了!"

他把我介绍了。邦梭太太温和的眼中布满了水汽,我猜她是真想哭而不敢哭。在邦梭前面是哭不得的:他眉飞色舞的多得意呀!少妇从小袋里掏出一串美丽的葡萄,一些蛋糕,半死的家伙开始吃起来。

"你喜欢吗?我不知拿的什么东西。随便乱抓了一把。我简直疯了。"

他含着满嘴的食物，答道：

"好吃极了！"

邦梭太太便吻着他的手，说：

"你多好！多好！"

邦梭强迫我吃蛋糕，一面解释道：

"你明白，她没有等德国鬼子来到，一口气逃到了勃勒太尼。总之，大家是相会了。"

单是相会还不够，还得活下去，而邦梭的确有些危险的日子。爱情固然产生了奇迹，但是寒热仍旧天天来袭击。于是爱情再来造出奇迹，事情便这样的拖在那里。

因为他的伤势十分严重，所以邦梭太太得到特许，可以天天来探望。什么时候可以来，她就什么时候到，坐在两张床中间，抓了丈夫的手，一直留到晚上。有时邦梭非常痛苦，他们俩便一声不响。她只用一副热诚而固执的神气望着他，我相信，这眼神对于病人的功效，决不下于一点一滴灌入他腹部皮下的几公升血清。

五点左右，一个假仁假义而坏脾气的矮小军官，穿过病房。

"喂，太太，该走了，时间已到。"

邦梭气恼之下，唾沫往四下里乱飞：

"哼！还有五分钟呢。她又不打搅谁，这可怜的好妮子。"

他又低声说：

"瞧那混蛋！他才该死呢。他自己整夜的搂了女人睡觉，倒想来赶走别人的。"

有时，那军官提到医院里的规矩：

"太太，别把口袋放在伤兵床上。"

邦梭呕着气咕噜道：

"把它放在巨斯太夫床上！"

军官又说：

"把你的袋从这个伤兵的床上拿开。"

于是邦梭很客气的说：

"那末交给军官先生罢。咱们拥抱的时候，他会替你拿的。"

邦梭伤口里很多脓水。有时他暗示一句：

"我相信气味很难闻。可不是我的错，是脓水作怪。"

说着他目光不安的望着她。但她老是回答说什么都没有闻到。

她给他送鲜花来，尤其送来一对水汪汪的慈祥的眼睛，法力无边。有一天他嚷道：

"喂，巨斯太夫！似乎他们不再替我打那些鬼针了……"

不错，吗啡针取消了，他不曾发觉。他抑捺着热情，下结论道：

"嘿！咱们现在是两个人来担当患难了。"

等他妻子走了，他问我：

"她真温柔，是不是？"

并且他无论对我说什么，总要添一句：

"你这没有老婆的人，可怜的家伙……"

有一天，人家发觉邦梭的确转机了许多，便说要把他妻子的探望减为每星期两次。

邦梭哭了整整一早晨，真正是小孩子的眼泪，把大眼睛哭肿了，鼻子里全是清水，脸都变了样。

疼爱邦梭的戈贝老头不禁大发雷霆。因为他常常跟管理处闹别扭，便乘机要求把邦梭搬到小马棚街的补充医院去，那是他常去开刀的地方，而且他是那里的王。

"也得把巨斯太夫带去，"邦梭带着试探性质说了一句。

"好，一起搬走，"戈贝老头说。

这样，我们便离开了圣·芒台医院。

小马棚街，简直是我们的伊甸园。

第三三五号补充医院，设在开战以后扣留下来的、一个匈牙利人的旅馆里。经费的来源是一般有钱的太太们的献金，她们还在里面当看护，把整幢屋子弄得非常生动,温柔,布满了强烈的香味。

接待我们的是女院长卜多加太太。

她是一个过时的美女,典雅的侧影,并没怎样的发胖,胸部很结实,举动之间显得威严,慈祥,带些慵懒的气息。

卜多加太太在楼下等我们。在电梯里,她坐在我们旁边,随后,我们觉得身子往上腾了。

"电梯!吓!"邦梭对我说,"这才妙咧,为我这条烂腿。"

到三楼停下。一个迷人的场面在那儿等着我们。大概有三十位娇嫩的太太,妆扮得一个美似一个。她们围住了我们的担架,飘飘荡荡的一片白色,使我们有些眼花,有些头晕。

戈贝老头费了好大的力,才把这队可爱的人镇压下来:

"喂,太太们,让这两个伤兵送到绷带室里去。回头大家都看得到。"

一个头发灰灰的好太太,殷勤的俯在我的担架上面,像哀求似的探问戈贝先生,带着外国口音:

"告诉我,医生!这一个是派给我的小伤兵吗?"

"普罗德诺太太,请您去问院长。"

院长却自有主意。她查了查簿册,说道:

"医生,要是您愿意,我们把这两个送到十六号去。"

这样,我们便被交给嘉宝拉小姐照顾了。

十六号病室是一个华丽的旅馆房间,摆着两张舒服的铜床和几张沙发。

从下一天起,邦梭太太便来占据了一张沙发,而且天天来坐着。

至于我,不久也跟另一张沙发相熟了:手臂还没结疤,可是身体相当的好。我开始起床,顺便参观医院。那是一九一五年正月。我们受伤以来,已经有好几个月了。在我,胳膊是瘫痪定了;至于邦梭,创口也慢慢长满了;但他的腿已完全不成模样。其实他已经没有大腿;膝盖就从腰的地方开始,余下的部分是弯曲的,落尽了肉,瘦得几乎透明。

老实说,换了我,与其留着这样的东西,宁可装一条好好的假腿。可是你看了我的胳膊,也许要说,与其这样的一段废物,还不如弄一条木手臂。由此可见,要替旁人着想委实不容易。

邦梭的腿不再装在夹板里了,只裹着简单的绷带。有好几天,邦梭沉着脸不乐,一天早上对我说:

"我的女人还没见到我残余的腿呢。但愿别使她恶心!"

我劝他慢慢的让邦梭太太习惯,使她不至于看见了那副模样,想起了那个念头而害怕。

当晚,这可怜的家伙便结结巴巴的、畏畏缩缩的试探了。我永远忘不了那神气。

"喂,法朗梭阿士,这实在不大,不大好看;但我要给你瞧瞧我的腿。"

他先小心地揭开被单,露出绷带,然后露出全部的腿。

我站在床边,看见邦梭太太堆着颤巍巍的笑容,声音非常柔和的回答道:

"可是,亲爱的,差不多完全看不出了。"

她又马上拥抱了他,说:

"最要紧是你得救。"

邦梭是得救了。从此他再没有什么害怕,再不用担什么心。他的幸福完满了。整个的生命展开在他前面。他的脂肪慢慢恢复,把皱纹一道一道的抹去。每天早上,他直着嗓子唱《里维哀拉》,当嘉宝拉小姐表示异议时,他回答说:

"那是有精神呀!"

头发褐色的嘉宝拉小姐,是一个有过伤心史的美貌姑娘。每逢邦梭太太进来,这位护士对她总很关切,宽容,谅解,好像一个懂得爱情而受过痛苦的长姊。她提着脚尖出去,深深的叹口无可奈何的气。

照例,下午我独自到屋子各处去漫步,让他们夫妇享享清福。

有时我遇到管理军队账目的老军官。他难得走出办公室,老躲在里面消磨他无聊的时间,跟成堆的文件拼命,被它们磨折得胆子都没有了。

在外科医生面前,他老是说:

"啊！啦啦！我么，我也宁愿开刀哇！你们，毕竟满不在乎：你们只有道德上的责任。"

说完他又去审查他的簿册，在纸角上签着神秘的字。

卜多加太太是全院的主管。她定下严格的规矩，一心想要全体的女护士遵守。她看见她们往往一方面极富于牺牲精神，一方面又摆脱不了根深蒂固的，上流社会的习气。她对弗莱奚亨小姐，一位嘴唇猩红的、美丽的犹太女子，说：

"你衣服还可以穿得朴素些。"

这可不能阻止卜多加太太自己在古铜式的头发上一天换一条新头巾，越来越白，越绣越美，越玲珑可爱。

我有时踏进手术室，咱们亲爱的戈贝老头在那里简直威风得很。

"手术室里至多进去两位！"卜多加太太尽管这样的叫，也是白费。总是当了大群香喷喷的太太，子弹从伤兵活剥鲜跳的肉里捡出来，叮当一声落在盘里。四下里发出一阵惊叹的喁语。

"噢！医生！医生！太妙了！"

戈贝老头天真的笑了，神气仿佛说：

"我么，我就是这样的啊！"

邦梭美满的夫妇生活，成为医院里大众的话题。我常在楼梯上给卜多基先生拦住。他是一个老年的文职人员，矮矮的八字脚，头脑糊涂的大富翁，他问我：

"你的同伴怎样啦？你知道，叫做什么鲍梭？班梭？蒲尔梭？你知道……那个……可怜的家伙，他的太太多可爱哇！"

邦梭太太处处受卜多加太太庇护，凡是战时生活所能容许的优待，她都享到了。

在大家兴高采烈的情绪中，邦梭第一次下床走路了。有人送了他一对华丽的拐杖，他撑着，有些迷糊，有些担心，可怜的腿摇摇晃晃，东倒西歪，好像一条榫头没装好的纸腿。所有的太太们都挤在甬道里，急于要知道轮到谁去搀扶他。法朗梭阿士跟在后面，双手握在一起，又害怕，又兴奋,急得脸都白了。

从此以后,邦梭每天起来两三小时。事情到了这里,便发生了那桩妙事。

旅馆每一层的楼梯头都很宽敞,夫人小姐们工作之余,都在这儿聚首,谈论战略,装束,外科手术,慈善事业,大百货公司。

美丽的眼睛,惯于瞄准网球,惯于欣赏披肩的微妙的色彩的,从此变得严肃了,反映出炸断的大腿,开了大窟窿的脑盖,和绷扎室里所有的丑恶。美丽的嘴巴,咬惯珍奇的果子,说惯风流的情话的,如今却有根有据的说什么"肩膀脱臼"或"腿上的坏疽"了。战争并没有改变生活:只是闯进了生活,加多了生活的内容,带来了丧事,无名的恐怖,令人兴奋的义务,使人生有了悲壮的、传奇式的机会,来增加命运的变化。

固然,这些战争的后台也一样的血肉模糊,哭成一片,但是有一股女人的香味在缭绕,从没变过的,始终是珍贵的、天真的、醉人的香味。

二层楼上坐镇着赛原莱太太。丈夫在前线一个调节兵站上,"受着敌机严密的监视"。可是赛原莱太太并不慌张;她懂得隐藏自己的悲痛,预备一切都逆来顺受。

有一天我正和这个可爱的女子闲谈,对她说明赛原莱先生所冒的危险究竟到什么程度,忽而卜多加太太从楼上飞奔下来,匆忙得不得了,却仍不失庄重典雅的风度。

"你来,亲爱的奥但德,我告诉你一件事,"她气吁吁的对赛原莱太太说。

那时楼梯头上还有一个金发少女,脸孔像小娃娃似的。四个月来,她在旅馆的甬道里只想着怎样的为国牺牲,怎样的看护伤兵,神秘的热情把她人都磨瘦了。

"纳佛小姐,"院长吩咐道,"去问问你的那个断臂膀要在哪儿吃饭,食堂里还是病房里。"

纳佛小姐走开了,像天使一般隐灭了。卜多加太太便接着说:

"你想,我究竟不能当了这个孩子讲。邦梭……"

我走开去假装看电梯的上落,却听着她们的谈话。

"你想得到吗,亲爱的,邦梭竟要求我答应他出去一个下午,去看他的太太……恩!你明白。"

"怎么?那样的一条腿!"赛原莱太太轻轻叫着。

"我的天,是啊!他那条腿。出去的时候他总不能把它留在这里哇,他的腿。"

这时来了那位好心的普罗德诺太太,和一个身材高大而还动人的女子,大概叫做雷多尔诺太太吧,倘使我没有记错。

三言两语,这两位也知道了这消息。

"可怜的小伙子,"卜多加太太接下去说,"他跟我说有六个月……你们明白……六个月……"

"六个月,很长久了,"雷多尔诺太太很坦白地说,吹了一口气。

普罗德诺太太好像出神了,带着罗马尼亚口音喃喃的说:

"六个月!在他那个年纪!而且受过多少苦!"

"噢!当然罗,他应该……"院长说。

"可是他那条腿!你们想,他那条腿。"赛原莱太太咬住了这一句。

"得啦,"卜多加太太插嘴说,"总不成因为他的腿改了样,就终身不拥抱他的妻子。嘿!推开天窗说亮话,譬如,我的好奥但德,既然你的丈夫也在前线,譬如他回来时带了一条像邦梭一样的腿。那末?"

赛原莱太太,把带满戒指的颤巍巍的手遮了遮脸,终于让步了:"没有问题!但是情形不同。"

几分钟内,"邦梭事件"已经在医院里转了一个圈子。

每层楼上,每条甬道里,大家都在谈论,用隐隐约约的字眼。消息跟了电梯上去下来,溜入有太太们看守的病房,连手术室里都在窃窃私语。

我随时听见一个女子咬着另一个的耳朵:

"你知道了没有?"

"什么呀?"

"关于邦梭,你知道;十六号里的那条大腿。"

"噢！是的！可怜的家伙……我知道了。到底这也是应该的。"

"你想:六个月！而且受了多少苦！"

"不过现在好多了。"

"噢！好多了,但究竟,他那条腿哇……"

"对啦！那样的一条腿……你想！"

太太们没有一个不想着这件事。据我的意思,她们想得太多了:把可怜的邦梭的私事,这样大张晓喻的传开去,我不免有些气恼。

事情只在太太们圈子里流传。当弗莱奚亨小姐,或纳佛小姐,或旁的少女出现时,大家便不约而同的闭上了嘴巴,使姑娘们更加要问:

"出了什么事啊？十六号里的伤兵有了什么新闻不是？"

越是没有人回答,她们越是想知道。

傍晚,戈贝老头出现了。我听见他和院长辩论。

"噢！不,医生,"她说,"别把盲肠炎送这儿来,这没有意思。我们只要伤兵,只要伤兵。"

"可是太太,"好医生轻轻的说,"救一个盲肠炎,就是为国家添一杆枪。"

"不错,但这远没有我们的伤兵有意思。说起,您知道没有,关于邦梭的事？"

"没有出什么乱子吧,太太？"

"绝对不是,他身体好得很,好得很甚至,要求我……怎么对您说呢？他要求……呕,他要请一次假,去跟他的妻子亲热一下。"

"好啊,亲爱的太太！别说一次,十次也行！这些好汉对国家的义务还没有完呢。天哪！他们还得替国家制造孩子！"

"孩子！您认为他那样的腿还……"

"得了罢,亲爱的太太,腿对这个并不相干,即使相干,也很少很少……"

戈贝老头的名言走了运。各处甬道里,大家异口同声的说着,变成了一句简括而有力的话：

"残废的人对国家还有一些义务：他们已经为国流了血，现在应该为国生儿子了！"

巨耶医生站在一群留神细听的太太中间，像演讲一般的说：

"每次我截去一条腿救出一个人，我总先想到种族问题：这家伙不失为一个健全的生产员。"

"您认为，医生，"赛原莱太太固执的问道，"生下来的孩子不会有那种腿或手臂吗？"

我回到房里，又好笑又好气。邦梭的神色，却使我马上安了心。他才别过他的妻子，抽着埃及烟卷，仰躺在床上，玩味着他的完满的幸福。

并且我一字不提。轰动全院的问题，似乎只有他一个人不曾得知。

晚上，卜多加太太来看他。

"事情算数了，邦梭。我已经把给假单送去签字。日子定在星期五。"

"您太好了，太太。谢谢您。"

"这是挺自然的，朋友。你得有始有终，尽你对国家的责任。"

卜多加太太出去时，堆着一副仁慈而含有鼓励意味的笑容。

或许邦梭在等我开口；但看见我一言不发，他便喃喃的说：

"请一次假，可怜的朋友。第一次的假期……多有意思！"

下一天是星期四，情形更热闹了。邦梭一醒过来，就收到一大瓶科隆香水。十六号的房门不时推开，太太们借着一些无聊的理由进来：

"要看画报吗？"

"嘉宝拉小姐，你的伤兵要理发吗？"

嘉宝拉小姐接受了。她似乎什么都已知道；这也不足为奇，她早已不是孩子，对人生也有过相当的经验。

理发匠来了。邦梭剪过发，搽过香水，短髭也烫了一下。他非常自然的接受这些照料，以他为中心的那股热烈的情绪，他全没注意到。

普罗德诺太太跑来坐在床沿上，照例很亲热的样子。她送来糖果店

的最新出品,一只炮弹形的纸匣,装满了夹心巧克力。邦梭惶恐地道谢,老太太用慈母般的口吻答道:

"明儿把它随身带着,送一些给你可爱的小娘子。"

我到走廊里开始我日常的散步。巨耶医生靠在楼梯扶手上,对卜多加太太嚷道:

"不行,不行! 洗澡是不可以的,他腿上的伤口还没合拢;用温水和肥皂替他好好擦一擦罢。"

于是邦梭就给用温水和肥皂擦过,再搽上科隆香水。

邦梭太太下午来的时候,大家对她体贴得无微不至。但她跟丈夫一样,若无其事的好像并没觉得周围的兴奋。

星期四一天便这样的过去了。邦梭心平气和的睡了一觉,可是这一夜的睡眠不见得对个个人都这样的慷慨。

星期五早上,院长又出现了一次。

"邦梭,"她说,"我雇了一辆车,从中午起就在门口等你。"

巨耶医生亲自来帮嘉宝拉小姐料理绷带。平时用薄棉布的地方,好心的小姐在邦梭大腿上换了一条柔软的法兰绒带,扣上一支嵌有紫色小玻璃的镀金别针。

邦梭早已没有军装了,在室内只穿一套条子花的华丽睡衣。快到吃中饭时,嘉宝拉小姐拿来一条上好质地的红裤子,一件干净的制服,一顶炮兵的制帽,都是从军装库最讲究的存货里挑出来的。并且全院都有一番过节的气象。大家一走拢来,总说:

"他的气色真好哇!"

"那末是今天吗?"

"是的! 他中午出去,晚饭的时候回来。"

"那他们足足有五个钟点了!"

巨耶医生把太太们召集在绷扎室内,给一些补充的说明。

"诸位,生殖的本能,在发烧期间往往是静伏的,因为伤兵不像肺痨病人,即使到了第三期,还有强烈的传种欲望。在眼前这一个症例内,精力与食欲的恢复,自然而然会引起生殖的意向。"

赛原莱太太似乎还不能对每一点都放心:

"您不以为,医生,受伤的腿作痛的时候,在某程度内可能影响……"

"太太,别忘记:传种的本能是所有的本能中最强的;当然,除了生存本能与营养本能之外。"

"这是的的确确的,"雷多尔诺太太附和着说。

这一天,由于例外的优待,邦梭给派出军官的饭菜:一角鸡和一块糯米糕,外加一杯浓咖啡,半杯香槟酒。他天真的、心满意足的吃得精光,说:

"这儿可不像圣·芒台。样样东西做得好。"

十二点前几分,他在甬道里出现了。医院里的人员全体到场。

普罗德诺太太偷偷的把一小束花扣在他的军服上,说道:

"这样,你像一个新郎了。"

邦梭踏上车子,年轻妻子的美丽而恬静的笑容,已经在车厢里等他了。

整个下午,我抽着烟卷在医院里闲逛。外面是冬季白茫茫的寒冷的天气;但屋子里给暖气机烘得太热了,好似要充血的样子。到处有一股郁勃之气,饱和着神经的骚动。

所有的太太会齐在楼梯头和客厅里,可没有平时那样的高声说笑。大家只悯然交换着微笑。谈话是分组的,声音低低的。少女碰到太太们便故意的躲开,说一声"噢!对不起!"表示她们对今天的事情也很明白了。她们也集合在一处,谈些神秘的话题。

时间显得重甸甸的,懒得不堪。它逗留在凳上,停在楼梯踏级上,在一扇门半开半阖的当口简直完全不动了。

大家的神气都烦躁得厉害,仿佛等着什么转捩的关键,来结束一个微妙的局面。

普罗德诺太太忽然掏出表来,说:

"三点钟了!"

这句简单的话没有人接应,芬芳的空气里突然充满了各种活跃的梦。梦中弥漫着人类的幻想,把梦境加以渲染,给它一种气息。

"我耳朵在轰轰的响,"雷多尔诺太太天真的说。

"真的,屋子太热了,"赛原莱太太接着说,"我腿里像有蚂蚁在爬。"

嘉宝拉小姐推说头痛,走开了。普罗德诺太太埋在一张长椅里,跟一个漂亮妇人一本正经的谈着,我经过时听见那位太太不胜哀怨的说:

"迦斯蒂南始终是最好的丈夫,但已经不像我们初婚的时期……"

卜多加太太靠在楼梯栏杆上,跟年轻的古多里欧太太谈天。

"我怀孕的时期并不每次都顺利。这个男孩在身上的时候,我非常不舒服,尤其是最初几个月……"

古多里欧太太回答道:

"做母亲真像做祭司一样!"

说完她突然走开了,受不住某种情绪的激动。

"你上哪儿去?"院长问。

"去按摩,"少妇急促的回答。

表面上,邦梭的问题是丢开了。但从屋顶到地窖,全屋都有它的影子,个个人以为想着自己,其实都在想他。

过了一会,普罗德诺太太又掏出表来,叫道:

"咦!已经四点多了。"

这是一个宽弛的讯号。太太们都找出一些事情来,借此换换地方。

我觉得每个人都有些困倦,惆怅。一个美妙的境界幻灭了。世界上有些事情完成了,大家黯然翻过一页。

赛原莱太太站起来,伸着美丽的胳膊。

"噢!多可恶的战争!"她叫着。

雷多尔诺太太十二分坦白的说:

"邦梭快回来了。"

立刻,大家装做忽然之间想起了邦梭。

"啊！不错！这可怜的邦梭……"

卜多加太太竟有本领说：

"这好家伙，我们简直把他忘记了。"

但机智不是每个人都有的，所以过了几分钟，我们又听到弗莱奚亨小姐年轻的声音喊道：

"瞧啊！他来了！他来了！"

一辆车在旅馆门口停下，果真是他。

楼梯上稍稍挤了一下。邦梭出现了，在雪白的胸衣阵中，不大利落的搬动着拐杖。

他衔了一支大雪茄。皮色被新鲜的空气刺激得活泼了。他的目光显得极度的慈祥，极度的幸福，老是出神的样子。

"你觉得你的假期快乐吗?"卜多加太太婉转的问。

"当然罗，太太。"

电梯把邦梭带走，大家的好奇心失掉了目标。我直到十六号房里才遇到他。

晚饭时，邦梭和我说：

"我到蒲洛涅森林去过了！多美妙的散步，可怜的朋友！真是，多美妙的散步，可怜的朋友，活着究竟还够味，搂着心爱的小宝贝！"

他没有说到旁的，我永远不知道他第一次的假期是怎样过的。

夜晚，在床上，他展开报纸来的时候忽然叫道：

"真是！你想不到我在军装袋里找到什么。一瓶香木酒①，可怜的朋友！不懂干么人家送我这样一件礼物。但总不是扔掉的东西哇，咱们开出来好好的喝它一杯罢。"

---

① 香木酒能强精提神。——译者注

老实人
——一部寓言小说的精彩诠释

这几日开始看服尔德的作品,他的故事性不强,全靠文章的若有若无的讽喻。我看了真是栗栗危惧,觉得没能力表达出来。

——摘自傅雷 1954 年 2 月 10 日致傅聪函

一九五四年译《老实人》,足足考虑了一年不敢动笔,直到试译了万把字,才通知出版社。[……]面对着服尔德那种句句辛辣,字字尖刻,而又笔致清淡,干净素雅的寓言体小说,叫我怎能不逡巡畏缩,试过方知呢?《老实人》的译文前后改过八道,原作的精神究竟传出多少还是没有把握。

——摘自傅雷《翻译经验点滴》

拙译服尔德,不知曾否对校?原文修辞造句最讲究,译者当时亦煞费苦心,或可对足下略有帮助。

——摘自傅雷 1963 年 1 月 6 日致罗新璋函

第一章
老实人在一座美丽的宫堡中怎样受教育,怎样被驱逐

从前威斯发里地方,森特-登-脱龙克男爵大人府上,有个年轻汉子,天生的性情最是和顺。看他相貌,就可知道他的心地。他颇识是非,头脑又简单不过;大概就因为此,人家才叫他做老实人。府里的老用人暗中疑心,他是男爵的姊妹和邻近一位安分善良的乡绅养的儿子;那小姐始终不肯嫁给那绅士,因为他旧家的世系只能追溯到七十一代,其余的家谱因为年深月久,失传了。

男爵是威斯发里第一等有财有势的爵爷,因为他的宫堡有一扇门,几扇窗。大厅上还挂着一幅毡幕。养牲口的院子里所有的狗,随时可以编成狩猎大队;那些马夫是现成的领队:村里的教士是男爵的大司祭。他们都称男爵为大人;他一开口胡说八道,大家就跟着笑。

男爵夫人体重在三百五十斤上下,因此极有声望,接见宾客时那副威严,越发显得她可敬可佩。她有个十七岁的女儿居内贡,面色鲜红,又嫩又胖,教人看了馋涎欲滴。男爵的儿子样样都跟父亲并驾齐驱。教师邦葛罗斯是府里的圣人,老实人年少天真,一本诚心的听着邦葛罗斯的教训。

邦葛罗斯教的是一种包罗玄学、神学、宇宙学的学问。他很巧妙的证明天下事有果必有因,又证明在此最完美的世界上,男爵的宫堡是最美的宫堡,男爵夫人是天底下好到不能再好的男爵夫人。

他说:"显而易见,事无大小,皆系定数;万物既皆有归宿,此归宿自必为最美满的归宿。岂不见鼻子是长来戴眼镜的吗? 所以我们有眼镜。身上安放两条腿是为穿长裤的,所以我们有长裤。石头是要人开凿,盖造宫堡的,所以男爵大人有一座美轮美奂的宫堡;本省最有地位的男爵不是应

当住得最好吗？猪是生来给人吃的,所以我们终年吃猪肉;谁要说一切皆善简直是胡扯,应当说尽善尽美才对。"

老实人一心一意的听着,好不天真的相信着;因为他觉得居内贡小姐美丽无比,虽则从来没胆子敢对她这么说。他认定第一等福气是生为男爵;第二等福气是生为居内贡小姐;第三等福气是天天看到小姐;第四等福气是听到邦葛罗斯大师的高论,他是本省最伟大的,所以是全球最伟大的哲学家。

有一天,居内贡小姐在宫堡附近散步,走在那个叫做猎场的小树林中,忽然瞥见丛树之间,邦葛罗斯正替她母亲的女仆,一个很俊俏很和顺的棕发姑娘,上一课实验物理学。居内贡小姐素来好学,便屏气凝神,把她亲眼目睹的,三番四复搬演的实验,观察了一番。她清清楚楚看到了博学大师的根据,看到了结果和原因;然后浑身紧张,胡思乱想的回家,巴不得做个博学的才女;私忖自己大可做青年老实人的根据,老实人也大可做她的根据。

回宫堡的路上,她遇到老实人,不由得脸红了;老实人也脸红了;她跟他招呼,语不成声;老实人和她答话,不知所云。第二天,吃过中饭,离开饭桌,居内贡和老实人在一座屏风后面;居内贡把手帕掉在地下,老实人捡了起来;她无心的拿着他的手,年轻人无心的吻着少女的手,那种热情,那种温柔,那种风度,都有点异乎寻常。两人嘴巴碰上了,眼睛射出火焰,膝盖直打哆嗦,手往四下里乱动。森特-登-脱龙克男爵打屏风边过,一看这个原因这个结果,立刻飞起大腿,踢着老实人的屁股,把他赶出大门。居内贡当场晕倒,醒来挨了男爵夫人一顿巴掌。于是最美丽最愉快的宫堡里,大家为之惊惶失措。

第二十二章
老实人与玛丁在法国的遭遇

老实人在波尔多办了几件事就走了。他在当地卖掉几块黄金国的石子,包定一辆舒服的双人座的驿车,因为他和哲学家玛丁成了形影不离的好友。他不得不把绵羊忍痛割爱,送给波尔多的科学院;科学院拿这头羊作为当年度悬赏征文的题目,要人研究为什么这头羊的毛是红的。得奖的是一个北方学者,他用 A 加 B,减 C,用 Z 除的算式,证明这头羊应当长红毛,也应当害疱疮死的①。

可是,老实人一路在酒店里遇到的旅客都告诉他:"我们上巴黎去。"那股争先恐后的劲,终于打动了老实人的兴致,也想上京城去观光一番了;好在绕道巴黎到佛尼市,并没有多少冤枉路。

他从圣·玛梭城关进城,当下竟以为到了威斯发里省内一个最肮脏的村子。

老实人路上辛苦了些,一落客店便害了一场小病。因为他手上戴着一只其大无比的钻戒,行李中又有一口重得非凡的小银箱,所以立刻来了两名自告奋勇的医生,几位寸步不离的好友,两个替他烧汤煮水的虔婆。玛丁说:"记得我第一次到巴黎也害过病;我穷得很,所以既没有朋友,也没有虔婆,也没有医生;结果我病好了。"

又是吃药,又是放血,老实人的病反而重了。一个街坊上的熟客,挺和气的来问他要一份上他世界去的通行证②。老实人置之不理;两位虔婆

---

① 此处所谓疱疮,原是羊特有的病症。——译者注
② 此系指忏悔证书。今日旧教徒结婚之前,教会尚限令双方缴纳忏悔证书。街坊上的熟客即暗指教士。——译者注

说这是新时行的规矩。老实人回答,他不是一个时髦人物。玛丁差点儿把来客摔出窗外。教士赌咒说,老实人死了,决不给他埋葬。玛丁赌咒说,他倒预备埋葬教士,要是教士再纠缠不清。你言我语,越吵越凶。玛丁抓着教士的肩膀,使劲摔了出去。这事闹得沸沸扬扬,连警察局都动了公事。

老实人复元了,养病期间,颇有些上流人士来陪他吃晚饭,另外还赌钱,输赢很大。老实人从来抓不到爱司①,觉得莫名其妙;玛丁却不以为怪。

老实人的向导中间,有个矮小的班里戈登神甫。巴黎不少像他那样殷勤的人,老是机灵乖巧,和蔼可亲,面皮既厚,说话又甜,极会趋奉人,专门巴结过路的外国人,替他们讲些本地的丑闻秘史,帮他们花大价钱去寻欢作乐。这位班里戈登神甫先带老实人和玛丁去看戏。那日演的是一出新编的悲剧。老实人座位四周都是些才子;但他看到表演精彩的几幕,仍禁不住哭了。休息期间,旁边有位辩士和他说:"你落眼泪真是大错特错了:这女戏子演得很糟,搭配的男戏子比她更糟,剧本比戏子还要糟。剧情明明发生在阿拉伯,剧作者却不懂一句阿拉伯文;并且他不信先天观念论②。明天我带二十本攻击他的小册子给你看。"老实人问神甫:"先生,法国每年有多少本新戏?"——"五六千本。"——老实人说:"那很多了,其中有几本好的呢?"神甫道:"十五六本。"玛丁接着道:"那很多了。"

有一位女戏子,在一出偶尔还上演的,平凡的悲剧中,串伊丽莎白王后,老实人看了很中意,对玛丁道:"我很喜欢这演员,她颇像居内贡小姐;倘使能去拜访她一次,倒也是件乐事。"班里戈登神甫自告奋勇,答应陪他去。老实人是从小受的德国教育,便请问当地的拜见之礼,不知在法国应当怎样对待英国王后。神甫说:"那要看地方而定;在内地呢,带她们上酒

---

① 外国纸牌中普通最大的王牌为 A,读如爱司(As)。——译者注
② 笛卡儿的哲学系统以生来自具之观念为意识之内容,此生来自具之观念即名为"先天观念"。——译者注

店;在巴黎,要是她们相貌漂亮,大家便恭而敬之,死了把她们摔在垃圾堆上。"①老实人嚷起来:"怎么,把王后摔在垃圾堆上!"玛丁接口道:"是的,神甫说得一点不错。从前莫尼末小姐,像大家说的从此世界转到他世界去的时候,我正在巴黎;那时一般人不许她享受所谓丧葬之礼,所谓丧葬之礼,是让死人跟街坊上所有的小子,躺在一个丑恶不堪的公墓上一同腐烂;莫尼末小姐只能孤零零的埋在蒲高涅街的转角上;她的英魂一定因此伤心透顶的,因为她生前思想很高尚。"老实人道:"那太没礼貌了。"玛丁道:"有什么办法!这儿的人便是这样。在这个荒唐的国内,不论是政府,法院,教堂,舞台,凡是你想象得到的矛盾都应有尽有。"老实人问:"巴黎人是不是老是嘻嘻哈哈的?"神甫回答:"是的。他们一边笑,一边生气;他们对什么都不满意,而抱怨诉苦也用打哈哈的方式;他们甚至一边笑一边干着最下流的事。"

老实人又道:"那混账的胖子是谁?我为之感动下泪的剧本,我极喜欢的演员,他都骂得一文不值。"——"那是个无耻小人,所有的剧本,所有的书籍,他都要毁谤;他是靠此为生的。谁要有点儿成功,他就咬牙切齿,好比太监怨恨作乐的人;那是文坛上的毒蛇,把凶狠仇恨做粮食的;他是个报屁股作家。"——"什么叫做报屁股作家?"——"专门糟蹋纸张的,所谓弗莱隆②之流,"神甫回答。

成群的看客拥出戏院;老实人,玛丁,班里戈登,却在楼梯高头大发议论。老实人道:"虽则我急于跟居内贡小姐相会,倒也很想和格兰龙小姐吃顿饭;我觉得她真了不起。"

格兰龙小姐只招待上等人,神甫没资格接近。他说:"今天晚上她有约会;但是我可以带你去见一位有身份的太太,你在她府上见识了巴黎,

①　此段故事系隐指法国有名的女演员勒戈佛滦(一六九二——一七三○)事,生前声名藉盛,死后教堂拒绝为之举行葬礼,卒埋于巴黎蒲高涅街路角,塞纳河畔。——译者注

②　弗莱隆(一七一九——一七七六)为法国政论家,终身与百科全书派为敌,攻击服尔德尤为激烈。——译者注

就赛过在巴黎住了四年。"

老实人天性好奇,便跟他到一位太太府上,坐落在圣·奥诺雷城关的尽里头,有人在那儿赌法老①:十二个愁眉不展的赌客各自拿着一叠牌,好比一本登记他们恶运的账册。屋内鸦雀无声,赌客脸上暗淡无光,庄家脸上焦急不安,女主人坐在铁面无情的庄家身边,把尖利的眼睛瞅着赌客的加码;谁要把纸牌折个小角儿,她就教他们把纸角展开,神色严厉,态度却很好,决不因之生气,唯恐得罪了主顾。那太太自称为特·巴洛里涅侯爵夫人。她的女儿十五岁,也是赌客之一;众人为了补救牌运而做的手脚,她都眨着眼睛做报告。班里戈登神甫,老实人和玛丁走进屋子,一个人也没站起来,一个人也没打招呼,甚至瞧都不瞧一眼;大家一心都在牌上。老实人说:"哼,森特-登-脱龙克男爵夫人还比他们客气一些。"

神甫凑着侯爵夫人耳朵说了几句,她便略微抬了抬身子,对老实人嫣然一笑,对玛丁很庄严的点点头,教人端一张椅子,递一副牌给老实人。玩了两局,老实人输了五万法郎。然后大家一团高兴的坐下吃晚饭。在场的人都奇怪老实人输了钱毫不介意,当差们用当差的俗谈,彼此说着:"他准是一位英国的爵爷。"

和巴黎多数的饭局一样,桌上先是静悄悄的,继而你一句我一句,谁也听不清谁;最后是说笑打诨,无非是没有风趣的笑话,无稽的谣言,荒谬的议论,略为谈几句政治,缺德话说上一大堆。也有人提到新出的书。班里戈登神甫问道:"神学博士谷夏先生的小说,你们看到没有?"一位客人回答:"看到了,只是没法念完。荒唐的作品,咱们有的是;可是把全体坏作品加起来,还及不上神学博士谷夏的荒唐。这一类恶劣的书泛滥市场,像洪水一般,我受不了,宁可到这儿来赌法老的。"神甫说:"教长 T 某某写的随笔,你觉得怎么样?"巴洛里涅太太插嘴道:"噢! 那个可厌的俗物吗? 他把老生常谈说得非常新奇;把不值一提的东西讨论得酸气冲天;剽窃别人的才智,手段又笨拙透顶,简直是点金成铁! 他教我讨厌死了! 可是好

---

① 法老是一种纸牌的赌博。——译者注

啦,现在用不着我讨厌了,教长的大作只要翻过几页就够了。"

桌上有位风雅的学者,赞成侯爵夫人的意见。接着大家谈到悲剧;女主人问,为什么有些悲剧还能不时上演,可是剧本念不下去。那位风雅的人物,把一本戏可能还有趣味而毫无价值的道理,头头是道的解释了一番。他很简括的说明,单单拿每部小说都有的,能吸引观众的一二情节搬进戏文,是不够的,还得新奇而不荒唐,常常有些崇高的境界而始终很自然,识透人的心而教这颗心讲话,剧作者必须是个大诗人而剧中并不显得有一个诗人;深得语言三昧,文字精炼,从头至尾音韵铿锵,但决不让韵脚妨碍意义。他又补充说:"谁要不严格遵守这些规则,他可能写出一二部悲剧博得观众掌声,却永远算不得一个好作家。完美的悲剧太少了;有些是文字写得不差,韵押得很恰当的牧歌;有些是教人昏昏欲睡的政论,或者是令人作恶的夸张;又有些是文理不通,中了邪魔的梦呓;再不然是东拉西扯,因为不会跟人讲话,便长篇大论的向神道大声疾呼;还有似是而非的格言,张大其辞的陈言俗套。"

老实人聚精会神的听着,以为那演说家着实了不起。既然侯爵夫人特意让他坐在身旁,他便凑到女主人耳畔,大着胆子问,这位能言善辩的先生是何等人物。她回答说:"他是一位学者,从来不入局赌钱,不时由神甫带来吃顿饭的。他对于悲剧和书本非常内行;自己也写过一出悲剧,被人大喝倒彩;也写过一部书,除掉题赠给我的一本之外,外边从来没有人看到过。"老实人道:"原来是个大人物! 不愧为邦葛罗斯第二。"

于是他转过身去,朝着学者说道:"先生,你大概认为物质世界和精神领域都十全十美,一切都是不能更改的罢?"学者答道:"我才不这么想呢;我觉得我们这里一切都倒行逆施;没有一个人知道他自己的身份,自己的责任,知道他做些什么,应当做什么;除了在饭桌上还算痛快,还算团结以外,其余的时候大家都喧呶争辩,无理取闹:扬山尼派攻击莫利尼派[①],司

[①] 莫利尼派为耶稣会中的一支,十六世纪时由耶稣会神学家莫利尼创立,以调和人的自由与神的恩宠为主要学说。——译者注

法界攻击教会,文人攻击文人,幸臣攻击幸臣,金融家攻击老百姓,妻子攻击丈夫,亲戚攻击亲戚;简直是一场无休无歇的战争。"

老实人回答说:"我见过的事比这个恶劣多呢;可是有位倒了楣被吊死的哲人,告诉我这些都十全十美,都是一幅美丽的图画的影子。"玛丁道:"你那吊死鬼简直是嘲笑我们;你所谓影子其实是丑恶的污点。"老实人说:"污点是人涂上去的,他们也是迫不得已。"玛丁道:"那就不能怪他们了。"大半的赌客完全不懂他们的话,只顾喝酒;玛丁只管和学者辩论,老实人对主妇讲了一部分自己的经历。

吃过晚饭,侯爵夫人把老实人带到小房间里,让他坐在一张长沙发上,问道:"喂,这么说来,你是一往情深,永远爱着居内贡小姐了?"——"是的,"老实人回答。侯爵夫人对他很温柔的一笑:"你这么回答,表示你真是一个威斯发里的青年;换了一个法国人,一定说:我果然爱居内贡小姐;可是见了你,太太,我恐怕要不爱她了。"老实人说:"好罢,太太,你要我怎样回答都行。"侯爵夫人又道:"你替居内贡小姐捡了手帕才动情的;现在我要你替我捡吊袜带。"——"敢不遵命,"老实人说着,便捡了吊袜带。那太太说:"我还要你替我扣上去。"老实人就替她扣上了。太太说:"你瞧,你是个外国人;我常常教那些巴黎的情人害上半个月的相思病,可是我第一夜就向你投降了,因为对一个威斯发里的年轻人,我们应当竭诚招待。"美人看见外国青年两手戴着两只大钻戒,不由得赞不绝口;临了两只钻戒从老实人手上过渡到了侯爵夫人手上。

老实人做了对不起居内贡小姐的事,和班里戈登神甫一路回去,一路觉得良心不安:神甫对他的痛苦极表同情。老实人在赌台上输的五万法郎和两只半送半骗的钻戒,神甫只分润到一个小数目;他存心要利用结交老实人的机会,尽量捞一笔,便和他大谈其居内贡。老实人对他说,将来在佛尼市见了爱人,一定要求她饶恕他的不忠实。

班里戈登变得格外恭敬,格外体贴了,老实人说什么,做什么,打算做什么,神甫都表示热心和关切。

他问老实人:"那末先生,你是在佛尼市有约会了?"老实人答道:"是啊,神甫,我非到佛尼市去跟居内贡小姐相会不可。"他能提到爱人真是太高兴了,所以凭着心直口快的老脾气,把自己和大名鼎鼎的威斯发里美人的情史,讲了一部分。

神甫说:"大概居内贡小姐极有才气,写的信也十分动人罢?"老实人道:"我从来没收到过;你想,我为了钟情于她而被赶出爵府的时候,我不能写信给她;不久听说她死了,接着又和她相会,又和她分手;最后我在离此一万多里的地方,派了一个当差去接她。"

神甫留神听着,若有所思。不一会他和两个外国人亲热的拥抱了一下,告辞了。第二天,老实人睁开眼来就收到一封信,措辞是这样的:

"我最亲爱的情人,我病在此地已有八天了;听说你也在城中。要是我能动弹,早已飞到你怀抱里来了。我知道你路过波尔多;我把忠心的加刚菩和老婆子留在那边,让他们随后赶来。布韦诺斯·爱累斯总督把所有的宝物都拿去了,可是我还有你的一颗心。快来罢,见了你,我就有命了,要不然我也会含笑而死。"

这封可爱的信,这封意想不到的信,老实人看了说不出的欢喜;心爱的居内贡病倒的消息又使他痛苦万分。老实人被两种情绪搅乱了,急忙拿着黄金钻石,教人把他和玛丁两个带往居内贡的旅馆。他走进去,紧张得全身打战,心儿乱跳,说话带着哭声;他想揭开床上的帐幔,教人拿支蜡烛过来。"不行,见了光她就没有命了,"女用人说着,猛的把帐幔放下了。老实人哭道:"亲爱的居内贡,你觉得好些吗?你不能见我的面,至少跟我说句话呀。"女用人道:"她不能说话。"接着她从床上拉出一只滚圆的手,让老实人把眼泪浇在上面,浇了半天,他拿几颗钻石塞在那只手里,又在椅子上留下一袋黄金。

他正在大动感情,忽然来了一个差官,后面跟着班里戈登神甫和几名差役。差官道:"嘿!这两个外国人形迹可疑!"随即喝令手下的人把他们逮捕,押往监狱。老实人道:"黄金国的人可不是这样对待外客的。"玛丁道:"啊!我更相信马尼教了。"老实人问:"可是,先生,你把我们带往哪儿去呢?"——"进地牢去,"差官回答。

玛丁定下心神想了想,断定冒充居内贡的是个女骗子,班里戈登神甫是个男骗子,他看出老实人天真不过,急于下手;差官又是一个骗子,可是容易打发的。

为了避免上公堂等等的麻烦,老实人听了玛丁劝告,又急于和货真价实的居内贡相会,便向差官提议送他三颗小钻,每颗值三千比斯多。差官说道:"啊,先生,哪怕你十恶不赦,犯尽了所有的罪,你也是世界上第一个规矩人;三颗钻石!三千比斯多一颗!我替你卖命都来不及,怎么还会把你送地牢?公家要把外国人全部抓起来,可是我有办法;我有个兄弟住在诺曼地的第埃普海港,让我带你去;只要你有几颗钻石给他,他会像我一样的侍候你。"

老实人问:"为什么要把外国人都抓起来呢?"班里戈登神甫插嘴道:"因为有个阿德雷巴西的光棍①,听了混账话,做了大逆不道的事,不是像一六一〇年五月的案子,而是像一五九四年十二月的那件②,还有像别的一些案子,是别的光棍听了混账话,在别的年份别的月份犯的。"

差官把案情③解释给老实人听,老实人叫道:"啊!这些野兽!一个整天唱歌跳舞的国家,竟有这样惨无人道的事!这简直是猴子耍弄老虎的地方,让我快快逃出去罢。我在本乡见到的是大熊;只有在黄金国才见过人!差官先生,看上帝份上,带我上佛尼市罢,我要在那儿等居内贡小姐。"差官道:"我只能送你上诺曼地。"当下教人开了老实人和玛丁的脚镣,说是误会了,打发了手下的人,亲自把两人送往诺曼地,交给他兄弟。那时港中泊着一条荷兰船。靠了另外三颗钻石帮忙,诺曼地人马上成为

① 此系作者影射达眠安事件:一七五七年一月五日,一个精神不健全的乡下人,名叫达眠安,以小刀刺伤路易十五,卒被凌迟处死。——译者注
② 一五九四年十二月,亨利四世被约翰·夏丹行刺;又于一六一〇年五月,被拉伐伊阿克行刺,重伤身死。以上各案均与十六七世纪时宗教斗争有关。——译者注
③ 一七五七年达眠安处死以前,备受酷刑;拿过凶器的手被用火焚烧,又浇以沸油及熔化的铅。——译者注

天下第一个热心汉,把老实人和玛丁送上船,开往英国的朴次茅斯海港。那不是到佛尼市去的路;但老实人以为这样已经逃出了地狱,打算一有机会就取道上佛尼市。

第三十章　结　局

　　老实人其实绝无意思和居内贡结婚。但男爵的蛮横恼了他，觉得非结婚不可了。何况居内贡逼得那么紧，他也不便翻悔。他跟邦葛罗斯，玛丁和忠心的加刚菩商量。邦葛罗斯写了一篇出色的论文，证明男爵绝无权力干涉妹子的事；她依照德国所有的法律，尽可嫁给老实人。玛丁主张把男爵扔在海里；加刚菩主张送还给小亚细亚船主，仍旧教他做苦工；有了便船，再送回罗马，交给他的总会会长。大家觉得这主意挺好，老婆子也赞成，便瞒着妹子。花了些钱把这件事办妥了：教一个耶稣会士吃些苦，把一个骄傲的德国男爵惩罚一下，谁都觉得高兴。

　　经过了这许多患难，老实人和情人结了婚，跟哲学家邦葛罗斯，哲学家玛丁，机灵的加刚菩和老婆子住在一起，又从古印加人那儿带了那么多钻石回来，据我们想象，老实人应当过着世界上最愉快的生活了。但他被犹太人一再拐骗，除掉那块分种田以外已经一无所有：他的女人一天丑似一天，变得性情暴戾，谁都见了头痛；老婆子本来是残废的人，那时比居内贡脾气更坏。加刚菩种着园地，挑菜上君士坦丁堡去卖，操劳过度，整天怨命。邦葛罗斯因为不能在德国什么大学里一露锋芒，苦闷不堪。玛丁认定一个人到处都是受罪，也就耐着性子。老实人，玛丁，邦葛罗斯，偶尔谈玄说理，讨论讨论道德问题。窗下常常看见一些船只，载着当地的贵族，官员，祭司，充军到来姆诺斯，米底兰纳，埃斯卢姆。又看见一些别的祭司，贵族，官员未接任，然后再受流配。也看到一些包扎得挺好的人头送往大苏丹的宫门。这些景象增加了他们辩论的题材；不辩论的时候，大家就厌烦得要死，甚至有一天老婆子问他们："我要知道，被黑人海盗强奸一百次，割掉半个屁股，被保加利亚人鞭打，在功德大会中挨板子，上吊，被解剖，在苦役船上划桨，受尽我们大家所受的苦难，跟住在这儿一无所事比起来,究竟哪一样更难受?"老实人道:"嗯,这倒是个大问题。"

这一席话又引起众人新的感想:玛丁下了断语,说人天生只有两条路:不是在忧急骚动中讨生活,便是在烦闷无聊中挨日子。老实人不同意这话,但提不出别的主张。邦葛罗斯承认自己一生苦不堪言;可是一朝说过了世界上样样十全十美,只能一口咬定,坚持到底,虽则骨子里完全不信。

那时又出了一件事,使玛丁那种泄气的论调多了一个佐证,使老实人更加彷徨,邦葛罗斯更不容易自圆其说。有一天他们看见巴该德和奚罗弗莱修士狼狈不堪,走到他们的分种田上来。两人把三千银洋很快就吃完了,一忽儿分手,一忽儿讲和,一忽儿吵架,坐牢,越狱,奚罗弗莱终于改信了回回教。巴该德到处流浪,继续做她的买卖,一个钱也挣不到了。玛丁对老实人道:"我早跟你说的,你送的礼不久就会花光,他们的生活倒反更苦。你和加刚菩发过大财,有过几百万银洋,却并没比巴该德和奚罗弗莱更快活。"邦葛罗斯和巴该德说:"啊,啊,可怜的孩子,你又到我们这儿来了,大概是天意吧!你知道没有,你害我损失了一个鼻尖,一只眼睛和一只耳朵?如今你也完啦!这世界真是怎么回事啊!"这件新鲜事儿,使众人对穷通祸福越发讨论不完。

附近住着一位大名鼎鼎的回教修士,公认为土耳其最有智慧的哲学家;他们去向他请教,由邦葛罗斯代表发言,说道:"师傅,请你告诉我们,世界上为什么要生出人这样一种古怪的动物?"

修道士回答:"你问这个干什么?你管它做什么?"老实人道:"可是,大法师,地球上满目疮痍,到处都是灾祸啊。"修道士说:"福也罢,祸也罢,有什么关系?咱们的苏丹打发一条船到埃及去,可曾关心船上的耗子舒服不舒服?"邦葛罗斯道:"那末应当怎办呢?"修道士说:"闭上你的嘴。"邦葛罗斯道:"我希望和你谈谈因果,谈谈十全十美的世界,罪恶的根源,灵魂的性质,先天的谐和。"修道士听了这话,把门劈面关上了。

谈话之间,听到一个消息,说君士坦丁堡绞死了两个枢密大臣,一个大司祭;他们不少朋友都受了木柱洞腹的极刑。几小时以内,这桩可怕的事沸沸扬扬,传遍各地。邦葛罗斯,老实人,玛丁,回去的路上遇到一个和善的老人,在门外橘树荫下乘凉。邦葛罗斯好奇不亚于好辩,向老人打听那绞死的大司祭叫甚名字,老人回答"我素来不知道大司祭等等姓甚名谁。你说的那件事,我根本不晓得。我认为顾问公家事情的人,有时会死于非命,这也是他们活该。我从来不打听君士坦丁堡的事;我不过把园子里种出来的果子送去卖。"他说着把这几个外乡人让进屋子:两个儿子和两个女儿端出好几种自制的果子露敬客,还有糖渍的佛手,橘子,柠檬,菠萝,花生,纯粹的莫加咖啡,不羼一点儿巴太维亚和中美洲群岛的坏咖啡的。回教徒的两个女儿又替老实人,邦葛罗斯,玛丁,胡子上喷了香水。

老实人问土耳其人:"想必你有一大块良田美产了?"土耳其人回答:"我只有二十阿尔邦地①;我亲自和孩子们耕种;工作可以使我们免除三大害处:烦闷,纵欲,饥寒。"

老实人回到自己田庄上,把土耳其人的话深思了一番,对邦葛罗斯和玛丁说道:"那个慈祥的老头儿安排的生活,我觉得比和我们同席的六位国王好多了。"邦葛罗斯道:"根据所有哲学家的说法,荣华富贵,权势地位,都是非常危险的;摩阿布的王埃格隆被阿奥特所杀;阿布萨隆被吊着头发缢死,身上还戳了三枪;泽罗菩阿姆的儿子内达布王,死于巴萨之手;伊拉王死于萨勃利之手;奥谷齐阿斯死于奚于;阿太里亚死于约伊阿达;约金,奚谷尼阿斯,赛台西阿斯诸王,都沦为奴隶②。至于克雷絮斯,阿斯蒂阿琪,大流士,西拉叩斯的特尼,彼拉斯,班尔赛,汉尼拔,朱革塔,阿利俄维斯塔,凯撒,庞培,尼罗,奥东,维德卢维阿斯,多密喜安③,英王理查二世,爱德华二世,亨利四世,理查三世,玛丽·斯丢阿德,查理一世,法国的三个亨利,罗马日耳曼皇帝亨利四世,他们怎样结局,你是都知道的。你知道……"老实人说:"是的,我还知道应当种我们的园地。"邦葛罗斯道:

---

① 一阿尔邦等于五十亩,每亩等于一百方尺。——译者注
② 以上均系古希伯来族的王,见《圣经》。——译者注
③ 以上均为自利提亚起至罗马帝国为止的国王、将军及皇帝。——译者注

"你说得很对：上帝把人放进伊甸园是叫他当工人，要他工作的；足见人天生不是能清闲度日的。"玛丁道："少废话，咱们工作罢；唯有工作，日子才好过。"

那小团体里的人一致赞成这个好主意，便各人拿出本领来。小小的土地出产很多。居内贡固然奇丑无比，但变了一个做糕饼的能手；巴该德管绣作；老婆子管内衣被褥。连奚罗弗莱也没有闲着，他变了一个很能干的木匠，做人也规矩了。有时邦葛罗斯对老实人说："在这个十全十美的世界上，所有的事情都是互相关连的；你要不是为了爱居内贡小姐，被人踢着屁股从美丽的宫堡中赶出来，要不是受到异教裁判所的刑罚，要不是徒步跋涉美洲，要不是狠狠的刺了男爵一剑，要不是把美好的黄金国的绵羊一齐丢掉，你就不能在这儿吃花生和糖渍佛手。"老实人道："说得很妙；可是种咱们的园地要紧。"

三

嘉尔曼
——一部经典传奇的经典再现

译《嘉尔曼》，事先畏缩了很久。

——摘自傅雷《翻译经验点滴》

一个阴惨壮烈的悲剧，作者却出之以朴素，简洁，客观，冷静的笔调，不加一句按语，不流露一点儿个人的感情。风格的精炼，批评家认为不能增减一字。内容的含蓄，浓缩，使四万余字的中篇给读者的印象不亚于长篇巨著。

——摘自傅雷《嘉尔曼》内容简介

一

　　一般地理学家说孟达一仗的战场是在古代巴斯多里-包尼人①的区域之内，靠近现在的芒达镇，在玛尔倍拉商埠北七八里的地方：我一向疑心这是他们信口开河。根据佚名氏所作的《西班牙之战》，和奥须那公爵庋藏丰富的图书馆中的材料，我推敲之下，认为那赫赫有名的战场，凯撒与罗马共和国的领袖们背城借一的地点，应当到蒙底拉②附近去寻访。一八三〇年初秋，因为道经安达鲁齐③，我就做了一次旅行，范围相当广大，以便解答某些悬而未决的疑问。我不久要发表的一篇报告，希望能使所有信实的考古学家不再彷徨。但在我那篇论文尚未将全欧洲的学术界莫衷一是的地理问题彻底解决以前，我想先讲一个小故事；那故事，对于孟达战场这个重大的问题，决不先下任何断语。

　　当时我在高杜城内雇了一名向导，两匹马，带着全部行装，只有一部凯撒的《出征记》和几件衬衣，便出发去探访了。有一天，我在加希那平原的高地上踯躅，又困乏，又口渴，赤日当空，灼人肌肤，我正恨不得把凯撒和庞培的儿子们一齐咒入地狱的时候，忽然瞥见离开我所走的小路相当远的地方，有一小块青翠的草坪，疏疏落落的长着些灯芯草和芦苇。这是近旁必有水源的预兆。果然，等到走近去，我就发见所谓草坪原是有一道

---

①　巴斯多里-包尼人为古代迦太基族之一种。公元前八世纪时迦太基族散布于地中海沿岸，包括西班牙滨海地区在内。——译者注

②　罗马共和时代末期（公元前四九年），凯撒自高卢戍地进军罗马，将执政庞培大将及议员逐出意大利半岛，又回军入西班牙，击溃庞培派驻该地的军队；史家称为西班牙之战。孟达为该战中之主要战役——玛尔倍拉为西班牙南端位于地中海上之商埠，蒙底拉在玛尔倍拉北约七十余英里。——译者注

③　安达鲁齐为西班牙南部一大行省，包括八州；上文所举城镇均在辖境内。——译者注

泉水灌注的沼泽,泉水仿佛出自一个很窄的山峡,形成那个峡的两堵危崖是靠在加勃拉山脉上的。我断定缘溪而上,山水必更清冽,既可略减水蛭与虾蟆之患,或许还有些少荫蔽之处。刚进峡口,我的马就嘶叫了一声,另外一匹我看不见的马立即接应了。走了不过百余步,山峡豁然开朗,给我看到一个天然的圆形广场,四周巉岩拱立,恰好把整个场地罩在阴影中。出门人中途歇脚,休想遇到一个比此更舒服的地方了。峭壁之下,泉水奔腾飞涌,直泻入一小潭中,潭底细沙洁白如雪。旁边更有橡树五六株,因为终年避风,兼有甘泉滋润,故苍翠雄伟,浓荫匝地,掩覆于小潭之上。潭的四周铺着一片绿油油的细草;在方圆几十里的小客店内决没有这样美好的床席。

可是我不能自鸣得意,说这样一个清幽的地方是我发见的。一个男人已经先在那儿歇着,在我进入山谷的时候一定还是睡着的。被马嘶声惊醒之下,他站起来走向他的马;它却趁着主人打盹跑在四边草地上大嚼。那人是个年轻汉子,中等身材,外表长得很结实,目光阴沉,骄傲。原来可能很好看的皮色,被太阳晒得比头发还黑。他一手拉着坐骑的缰绳,一手拿着一支铜的短铳。说老实话,我看了那副凶相和短铳,先倒有点出乎意外;但我已经不信有什么匪了,因为老是听人讲起而从来没遇到过。并且,全副武装去赶集的老实的庄稼人,我也见得多了,不能看到一件武器就疑心那生客不是安分良民。心里还想:我这几件衬衣和几本埃尔才维版子①的《出征记》,他拿去有什么用呢? 我便对拿枪的家伙亲热的点点头,笑着问他是否被我打扰了清梦,他不回答,只把我从头到脚的打量着;打量完毕,似乎满意了,又把我那个正在走近的向导同样细瞧了一番。不料向导突然脸色发青,站住了,显而易见吃了一惊。"糟了糟了,碰到坏人了!"我私下想;但为谨慎起见,立即决定不动声色。我下了马,吩咐向导卸下马辔;然后我跪在水边把头和手浸了一会,喝了一大口水,合扑着身

---

① 埃尔才维为十六、十七世纪时荷兰有名的出版家,所印图书今均成为珍本。
　——译者注

子躺下了,像基甸手下的没出息的兵一样①。

同时我仍暗中留神我的向导和生客。向导明明是很不乐意的走过来的……生客似乎对我们并无恶意,因为他把马放走了,短铳原来是平着拿的,此刻也枪口朝下了。

我觉得不应当为了对方冷淡而生气,便躺在草地上,神气挺随便的问那带枪的人可有火石,同时掏出我的雪茄烟匣。陌生人始终不出一声,在衣袋里掏了一阵,拿出火石,抢着替我打火。他显然变得和气了些,竟在我对面坐下了,但短铳还是不离手。我点着了雪茄,又挑了一支最好的,问他抽不抽烟。

他回答说:"抽的,先生。"

这是他的第一句话,我发觉他念的 S 音不像安达鲁齐口音②,可见他和我同样是个旅客,只不是干考古的罢了。

"这支还不错,你不妨试试,"我一边说一边递给他一支真正哈凡那的王家牌。

他略微点点头,拿我的雪茄把他的一支点上了,又点点头表示道谢,然后非常高兴的抽起来。

"啊,我好久没抽烟了!"他这么说着,把第一口烟从嘴里鼻子里慢慢的喷出来。

在西班牙,一支雪茄的授受就能结交朋友,正如近东一带拿盐和面包敬客一样。出我意料之外,那人倒是爱说话的。虽然自称为蒙底拉附近的人,他对地主并不太熟悉。他不知道我们当时歇脚的那可爱的山谷叫甚名字,周围的村子的名字,他也一个都说不上来;我问他有没有在近边见到什么残垣断壁,卷边的大瓦,雕刻的石头等等,他回答说从来没留意

---

① 《旧约·士师记》第七章载,以色列人基甸反抗米甸人,耶和华令基甸挑选士卒,以河边饮水为试:凡用手捧水如狗舐饮者入选,凡跪下喝水者均受淘汰。——译者注

② 安达鲁齐人读 S 音,一如西班牙人之读柔音 C 与 Z,等于英文中之 th。故仅听senor(先生)一字,即能辨出安达鲁齐口音。——原注

过这一类东西。另一方面,他对于马的一道非常内行,把我的一匹批评了一阵,那当然不难;接着又背出他那一匹的血统,有名的高杜养马场出身,据说是贵种,极其耐劳,有一回一天之中赶了一百二十多里,而且不是飞奔便是疾走的。那生客正说在兴头上,忽然停住了,仿佛说了这么多话连他自己也觉得奇怪而且懊恼了。"那是因为我急于赶到高杜,为了一件官司要去央求法官……"他局促不安的这样补充,又瞧着我的向导安东尼奥,安东尼奥马上把眼睛望着地。

既有树荫,又有山泉,我不由得心中大喜,想起蒙底拉的朋友们送我的几片上等火腿放在向导的褡裢内①。我就教向导给拿来,邀客人也来享受一下这顿临时点心。他固然好久没有抽烟,但我看他至少也有四十八小时没吃过东西:狂吞大嚼,像只饿极的狼。可怜虫那天遇到我,恐怕真是天赐良缘了。但我的向导吃得不多,喝得更少,一句话都没有,虽然我一上路就发觉他是个头等话匣子。有了这生客在场,他似乎很窘;还有一种提防的心理使他们互相回避,原因我可猜不透。

最后一些面包屑和火腿屑都给打发完了,各人又抽了一支雪茄,我吩咐向导套马,预备向新朋友告别了,他却问我在哪儿过夜。

我还没注意到向导对我做的暗号,就回答说上居尔伏小客店。

"像你先生这样的人,那地方简直住不得……我也上那边去,要是许我奉陪,咱们可以同走。"

"欢迎欢迎,"我一边上马一边回答。

向导替我拿着脚蹬,又对我眨眨眼睛。我耸了耸肩膀表示满不在乎;然后出发了。

安东尼奥那些神秘的暗号,不安的表情,陌生人的某些话,特别是一天赶一百二十里的事和不近情理的说明,已经使我对旅伴的身份猜着几分。没有问题,我是碰上了一个走私的,或竟是个土匪;可是有什么关系

---

① 一种长形的布袋,中间开口,两头装物,可以背在肩上或挂在牲口上,吾国称为褡裢。——译者注

呢? 西班牙人的性格,我已经摸熟了,对一个和你一块儿抽过烟,吃过东西的人,尽可放心。有他同路,倒反是个保障,不会再遇到坏人。并且我很乐意知道所谓土匪究竟是何等人物。那不是每天能碰上的;和一个危险分子在一起也不无奇趣,尤其遇到他和善而很斯文的时候。

我暗中希望能逐渐套出陌生人的真话,所以不管向导如何挤眉弄眼,竟自把话扯到窮径的土匪身上,当然用的是颇有敬意的口吻,那时安达鲁齐有个出名的大盗叫做育才-玛丽亚,犯的案子都是脍炙人口的。"谁知道在我身边的不就是育才-玛丽亚呢?"这样思忖着,我便把听到的关于这位好汉的故事,拣那些说他好话的讲了几桩;同时又对他的勇武豪侠称赞了一番。

"育才-玛丽亚不过是个无赖小人,"那生客冷冷的说。

"这算是他对自己的评语呢,还是过分的谦虚?"我这样问着自己,因为越看这同伴越觉得他像育才-玛丽亚了;我记得安达鲁齐许多地方的城门口都贴着告示,把他的相貌写得明明白白。——对啦,一定是他……淡黄头发,蓝眼睛,大嘴巴,牙齿整齐,手很小;穿着上等料子的衬衣,外罩银钮丝绒上装,脚登白皮靴套,骑一匹浑身棕色而鬣毛带黑的马……一点不错! 但他既然要隐姓埋名,我也不便点破。

我们到了小客店;旅伴的话果然不虚,我所歇过的小客店,这一个算是最肮脏最要不得的了。一间大屋子兼作厨房,餐厅与卧室。中间放着一块平的石板,就在上面生火煮饭;烟从房顶上一个窟窿里出去,其实只停留在离地几尺的空中,像一堆云。靠壁地下铺着五六张骡皮,便是客铺了。算是整个屋子只有这间房;屋外一二十步有个棚子似的东西,马房。这个高雅的宾馆当时只住着两个人:一个老婆子和一个十一二岁的小姑娘,都是煤烟般的皮色,衣服破烂不堪。——我心上想:古孟达居民的后裔原来如此;噢,凯撒! 噢,撒克多斯·庞培①! 要是你们再回到世界上

---

① 撒克多斯·庞培为庞培大将次子。庞培大将死后,诸子仍与凯撒为敌。——译者注

来,一定要诧异不置呢!

老婆子一看见我的旅伴,就大惊小怪的叫了一声。

"啊!唐·育才大爷!"她嚷着。

唐·育才眉头一皱,很威严的举了举手,立刻把老婆子拦住了。我转身对向导偷偷递了个暗号,告诉他关于这同宿的伙伴,不必再和我多讲什么。晚饭倒比我意料中的丰盛。饭桌是一张一尺高的小桌子,第一道菜是老公鸡煨饭,辣椒放得很多,接着是油拌辣椒,最后是迦斯巴曲,一种辣椒做的生菜。三道这样刺激的菜,使我们不得不常常打酒囊的主意,那是山羊皮做的一种口袋,里头装的蒙底拉葡萄酒确是美好无比。吃完饭,看到壁上挂着一只曼陀铃——西班牙到处都有曼陀铃——我就问侍候我们的小孩子会不会弹。

她回答说:"我不会;可是唐·育才弹得真好呢!"

我便央求他:"能不能来个曲子听听?我对贵国的音乐简直是入迷的。"

"你先生人这么好,给了我这样名贵的雪茄,还有什么事我好意思拒绝呢?"唐·育才言语之间表示很高兴。

他教人摘下曼陀铃,便自弹自唱起来。声音粗野,可是好听;调子凄凉而古怪;至于歌辞,我连一个字都不懂。

"不知道我猜得对不对,"我跟他说,"你唱的不是西班牙调子,倒像我在外省①听见过的左旋歌②,歌辞大概是巴斯克语。"

"对啦,"唐·育才脸色很阴沉。

他把曼陀铃放在地下,抱着手臂,呆呆的望着快熄灭的火,有种异样的忧郁的表情。小桌上的灯光映着他的脸,又庄严,又凶猛,令人想起弥

---

① 所谓外省,系指在法律上享有特权的几个省份,即阿拉伐,皮斯加伊,奇波谷阿,以及拿伐的一部分。当地的语言为巴斯克语。——原注。在庇莱南山脉两侧的法国与西班牙居民,为一种特殊民族,称巴斯克人,所用语言即巴斯克语。——译者注

② 左旋歌是巴斯克各省通行的一种带歌唱的舞蹈,拍子为八分之五。——译者注

尔登诗中的撒旦。或许和撒旦一样,我这旅伴也在想着离别的家,想着他一失足成千古恨的逃亡生活①。我逗他继续谈话,他却置之不答,完全沉溺在忧郁的幻想中去了。老婆子已经在屋子的一角睡下;原来两边壁上系着根绳子,挂着一条七穿八洞的毯子作掩蔽,专为妇女们过宿的。小姑娘也跟着钻进那幔子。我的向导站起身子,要我陪他上马房;唐·育才听了突然惊醒过来,厉声问他上哪儿去。

"上马房去,"向导回答。

"干什么? 马已经喂饱了,睡在这儿罢,先生不会见怪的。"

"我怕先生的马病了;希望他自个儿去瞧瞧,也许他知道该怎么办。"

显而易见,安东尼奥要和我私下讲几句话;但我不愿意让唐·育才多心,当时的局面,最好对他表示深信不疑。因此我回答安东尼奥,我对于马的事一窍不通,想睡觉了。唐·育才跟着安东尼奥上马房,一忽儿就单独回来,告诉我马明明很好,但向导把它看得名贵得不得了,用自己的上衣替它摩擦,要它出汗,预备终宵不寐,自得其乐的搅这个玩艺儿。——我已经横倒在骡皮毯上,拿大衣把身体仔细裹好,生怕碰到毯子。唐·育才向我告了罪,要我原谅他放肆,睡在我旁边,然后他躺在大门口,可没有忘了把短铳换上门药②,放在当枕头用的褡裢底下。彼此道了晚安以后五分钟,我们俩都呼呼入睡了。

大概我已经相当的累,才能在这种客店里睡着;可是过了一小时奇痒难熬的感觉打扰了我的好梦。等到弄明白了是怎么回事,我就起来,私忖与其宿在这个欺侮客人的屋子里,还不如露天过夜,便提着脚尖走到门口,跨过唐·育才的铺位;他睡梦正酣,我的动作又极其小心,居然走出屋子没把他惊醒。门外有一条阔凳,我横在上面,尽量的安排妥贴,准备把后半夜对付过去。正当要第二次阖上眼睛的时候,仿佛有一个人和一匹

---

① 弥尔登的史诗《失乐园》中描写撒旦的阴沉壮烈的面貌,故作者借此譬喻唐·育才。撒旦原为天使之一,以反抗上帝而入魔道,卒为群魔首领;但其脱离天堂等于逃亡,故作者以一失足成千古恨为譬。——译者注

② 门药为旧式枪械上用的发火药。——译者注

马的影子,声息全无的在我面前过。我坐起一瞧,认出是安东尼奥。他这个时间跑出马房,不由得令人纳闷;我便站起来向他走过去,他先瞧见了我,站住了。

"他在哪儿呀?"安东尼奥轻轻的问。

"在屋子里睡着呢;他倒不怕臭虫。你干么把这马牵出来呢?"

那时我才发觉,为了要无声无息的走出棚子,安东尼奥撕了一条破毯子,把马蹄仔细裹上了。

"天哪! 轻声点儿,"安东尼奥和我说。"你还不知道这家伙是谁吗? 他便是育才·拿伐罗①,安达鲁齐顶出名的土匪! 今天一天我对你递了多少眼色,你都不愿意理会。"

我回答:"土匪不土匪,跟我有什么相干! 他又没抢劫我们,我敢打赌,他也决无此意。"

"好吧;可是通风报信,把他拿住的人,有二百杜加②的赏洋可得。离此五里,有个枪骑兵的驻扎所;天没亮以前,我还来得及带几个精壮结实的汉子来。我想把他的马骑着去,无奈它凶悍得厉害,除了拿伐罗,谁也不得近身。"

"该死的家伙! 他什么事得罪了你,你要告发他? 并且你敢断定他真是你所说的那个土匪吗?"

"当然罗。刚才他跟我上马房,对我说:你好像认得我的;倘若你胆敢向那位好心的先生说出来,仔细你的脑袋——先生,你留在这儿,待在他身边,不用害怕。只要知道你在这儿,他就不会疑心。"

说话之间,我们已经走了一程,和屋子离得相当远,人家不会再听到马蹄铁的声音。安东尼奥一霎眼就把裹着马脚的破布扯掉,准备上马了。我软骗硬吓,想留住他。

---

① 唐·育才为拿伐人,故称之为育才·拿伐罗——(拉丁系统的语言,形容词常放在后面)——犹如我们称关东××,江南××。——译者注
② 杜加为西班牙的一种金币,等于十二法郎。——译者注

他回答说:"先生,我是一个穷光蛋,不能轻易放过二百杜加,同时又为地方除一大害。可是你得小心点儿;倘若拿伐罗醒过来,一定会抓起他的短铳,那可不是玩的!我事情已经做到这地步,不能后退了;你自个儿想办法对付罢。"

那坏东西跨上马,踢了两下,一忽儿便在黑影里不见了。

我对我的向导大不高兴,心中也有点儿不安。想了一会,我打定了主意,回进屋子。唐·育才还睡着,大概他餐风宿露,辛苦了几日,此时正在补偿他的疲乏和瞌睡。我只得用力把他推醒。我永远忘不了他那凶狠的目光和扑上短铳的动作;幸而我防他一着,先拿他的武器放在离床较远的地方。

我说:"先生,很抱歉把你叫醒;可是我有句傻话要问你:倘若这儿来了五六个枪骑兵,你心里是不是乐意?"

他纵起身子站在地下,厉声喝问:"这话是谁告诉你的?"

"只要消息准确,别管它哪儿来的。"

"一定是你的向导把我出卖了;喝,我不会饶了他的。他在哪儿?"

"不知道……大概在马房里吧……可是另外有人告诉我……"

"谁?……总不会是老婆子吧?……"

"是一个我不认得的人……闲话少说,只问你愿不愿意看到大兵来;如果不愿意,那末别耽误时间;不然的话,我向你告罪,打搅了你的好梦。"

"啊,你那向导!你那向导!我早就防着了……可是……我不会便宜他的!……再见了,先生。你帮我的忙,但愿上帝报答你。我不完全像你所想的那么坏……是的,还有些地方值得侠义君子的哀怜呢……再会了,先生……我只抱憾一件事,就是不能报你的大恩。"

"唐·育才,希望你别猜疑人,别想到报复,就等于报答我了。这儿还有几支雪茄给你路上抽的;祝你一路平安!"

说罢,我向他伸出手去。

他一声不出握了握我的手,拿起他的短铳和褡裢,和老婆子说了几句我不懂的土话,就赶向棚子。不多一忽儿,我已经听见他的马在田野里飞奔了。

我吗,我又躺在凳上,可是再也睡不着。我心上盘算:把一个土匪,也许还是个杀人犯,从吊台上救下来,单单因为我跟他一起吃过火腿吃过煨饭,是不是应当的。向导倒是站在法律方面,我不是把他出卖了吗?不是使他有受到恶徒报复的危险吗?但另一方面,朋友之间的义气又怎么办呢?……我承认那是野蛮人的偏见;这个土匪以后犯的罪,我都有责任……可是凭你多大理由都打消不了的这种良知良能,果真是偏见吗?在我当时所处的尴尬局面中,也许怎么办良心都不会平安的。我对于自己的行为是否合乎道德的问题,还在左思右想,委决不下的时候,忽然出现了五六名骑兵和安东尼奥,他可是小心翼翼的躲在大兵后面。我迎上前去,告诉他们土匪已经逃走了不止两小时。老婆子被班长讯问之下,回答说她是认识拿伐罗的,但单身住在乡下,不敢冒了性命的危险把他告发。她又说,他每次到这儿来,照例半夜就动身。至于我这方面,得走上好几里地,拿护照交给区里的法官查验,具了一个结,然后他们允许我继续去做考古的采访。安东尼奥对我心怀怨恨,疑心是我拦掉了他二百杜加的财源。但回到高杜,我们还是客客气气的分手了;我尽我的财力重重的给了他一笔犒赏。

三

　　他说①:我生在巴兹丹盆地上埃里仲杜地方。我的姓名是唐·育才·李查拉朋谷阿。先生,你对西班牙的情形很熟,一听我的姓名就能知道我是巴斯克人,世代都是基督徒②。姓上的唐字不是我僭称的③;要是在埃里仲杜的话,我还能拿出羊皮纸的家谱给你瞧呢。家里人希望我进教会,送我上学,我可不用功。我太喜欢玩回力球了,一生倒楣就为这个。我们拿伐人一朝玩了回力球,便什么都忘了。有一天我赌赢了,一个阿拉伐省的人跟我寻事:双方动了玛基拉④。我又赢了;但这一下我不得不离开家乡。路上遇到龙骑兵,我就投入阿尔芒查联队的骑兵营。我们山里人对当兵这一行学得很快。不久我就当上班长;正当要升做排长的时候,我走了背运,被派在塞维尔烟厂当警卫。倘若你到塞维尔,准会瞧见那所大屋子,在城墙外面,靠着高达奎弗河⑤。烟厂的大门和大门旁边的警卫室,至今还在我眼前。西班牙兵上班的时候,不是玩纸牌就是睡觉;我却凭着规规矩矩的拿伐人脾气,老是不肯闲着。一天我正拿一根黄铜丝打着链子,预备拴我的枪铳针,冷不防弟兄们嚷起来,说:"打钟啦,姑娘们快回来上工了。"你知道,先生,烟厂里的女工有四五百;她们在一间大厅上卷雪茄,那儿没有二十四道⑥的准许,任何男子不得擅入,因为天热的时候她们装

---

①　本章全部为唐·育才口述,但原文不用引号,兹亦因之。——译者注
②　欧洲大陆上的人所称的基督徒均指旧教徒(即加特力教徒)。——译者注
③　西班牙人姓字上冠有唐字,乃贵族之标记,犹法国姓上之特字,德国姓上之洪字,荷兰姓上之梵字。——译者注
④　玛基拉为巴斯克人所用的一种铁棍。——原注
⑤　高达奎弗河为西班牙南部大河,自东北至西南,中游经高杜城,下游经塞维尔而入地中海。——译者注
⑥　二十四道为西班牙城市的警察局长兼行政长官。——原注

束挺随便,特别是年纪轻的。女工们吃过中饭回厂的时节,不少青年男子特意来看她们走过,油嘴滑舌的跟她们打诨。宁绸面纱一类的礼物,很少姑娘会拒绝的;一般风流人物拿这个做饵,上钩的鱼只要弯下身子去捡就是了。大家伙儿都在那里张望,我始终坐在大门口的凳上。那时我还年轻,老是想家乡,满以为不穿蓝裙子,辫子不挂在肩上的①,绝不会有好看的姑娘。况且安达鲁齐的女孩子教我害怕;我还没习惯她们那一套:嘴里老是刻薄人,没有一句正经话。当时我低着头只管打链子,忽然听见一些闲人叫起来:呦! 奚太那来了。我抬起眼睛,一瞧就瞧见了她。我永远记得很清楚,那天是星期五。我瞧见了那个你认识的嘉尔曼,几个月以前我就在她那儿遇到你的。

她穿着一条很短的红裙,教人看到一双白丝袜,上面的破洞不止一个,还有一双挺可爱的红皮鞋,系着火红的缎带。她把面纱撩开着,为的要露出她的肩膀和拴在衬衣上的一球皂角花。嘴角上另外又衔着一朵皂角花。她向前走着,把腰扭来扭去,活像高杜养马场里的小牝马。在我家乡,见到一个这等装束的女人,大家都要画十字的。在塞维尔,她的模样却博得每个人对她说几句风情话;她有一句答一句,做着媚眼,把拳头插在腰里,那种淫荡无耻,不愧为真正的波希米姑娘。我先是不喜欢她,便重新做我的活儿;可是她呀,像所有的女人和猫一样,叫她们来不来,不叫她们来偏来,竟在我面前站住了,跟我说话了:

"大哥,"她用安达鲁齐人的口语称呼我,"你的链子能不能送我,让我拿去系柜子上的钥匙呢?"

"这是为挂我的枪铳针的,"我回答。

"你的枪铳针!"她笑起来了。"啊,你老人家原来是做挑绣的,要不然怎么会用到别针呢②?"

---

① 此乃拿伐及巴斯克各省乡下女子的普通装束。——原注
② 枪铳针与别针,在原文中只差结尾三个字母,故能用作双关的戏谑语。——译者注

在场的人都跟着笑了,我红着脸,一个字都答不上来。

她接着又道:"好吧,我的心肝,替我挑七尺镂空黑纱,让我做条面纱罢,亲爱的卖别针的!"

然后她拿嘴角上的花用大拇指那么一弹,恰好弹中我的鼻梁。告诉你,先生,那对我好比飞来了一颗子弹……我简直无地自容,一动不动的愣住了,像木头一样。她已经走进工厂,我才瞧见那朵皂角花掉在地下,正好在我两脚之间;不知怎么心血来潮,我竟趁着弟兄们不注意的当口把花捡了起来,当做宝贝一般放在上衣袋里。这是我做的第一桩傻事!

过了二三小时,我还想着那件事,不料一个看门的气喘吁吁,面无人色的奔到警卫室来。他报告说卷雪茄的大厅里,一个女人被杀死了,得赶快派警卫进去。排长吩咐我带着两个弟兄去瞧瞧。我带了两个人上楼了。谁知一进大厅,先看到三百个光穿衬衣的,或是和光穿衬衣相差无几的女人,又是叫,又是喊,指手划脚,一片声响,闹得连上帝打雷都听不见。一边地下躺着个女的,手脚朝天,浑身是血,脸上给人用刀扎了两下,画了个斜十字,几个心肠最好的女工在那里忙着救护。在受伤的对面,我看见嘉尔曼被五六个同事抓着。受伤的女人嚷着:"找忏悔师来呀!找忏悔师来呀!我要死啦!"嘉尔曼一声不出,咬着牙齿,眼睛像四脚蛇一般骨碌碌的打转。我问了声:"什么事啊?"但一时也摸不着头脑,因为所有的女工都跟我同时讲话。据说那受伤的女人夸口,自称袋里的钱足够在维里阿那集上买匹驴子。多嘴的嘉尔曼取笑她:"喝!你有了一把扫帚还不够吗?"对方听着恼了,或许觉得这样东西犯了她的心病,便回答说她对扫帚是外行,因为没资格做波希米女人或是撒旦的干女儿①;可是嘉尔曼西太小姐只要陪着法官大人出去散步,后面跟着两名当差赶苍蝇的时候,不久就会跟她的驴子相熟了。嘉尔曼说:"好吧,让我先把你的脸掘个水槽给

---

① 相传扫帚为女巫作法用具之一,可当作马匹用。——译者注

苍蝇喝水①，我还想在上面画个棋盘呢。"说时迟，那时快，嘉尔曼拿起切雪茄烟的刀就在对方脸上画了个 X 形的十字。

案情是很明白了；我抓着嘉尔曼的胳膊，客客气气的说："姊妹，得跟我走了。"她瞅了我一眼，仿佛把我认出来似的，接着她装着听天由命的神气，说："好，走吧，我的面纱在哪儿？"

她把面纱没头没脑的包起来，一双大眼睛只露出一只在外面，跟着我两个弟兄走了，和顺得像绵羊。到了警卫室，排长认为案情重大，得送往监狱。押送的差事又派到我身上。我教她走在中间，一边一个龙骑兵，我自己照班长押送监犯的规矩，跟在后面。我们开始进城了，波希米姑娘先是不做声；等到走进蛇街，——你大概认得那条街吧，那么多的拐弯真是名副其实，——到了蛇街，她把面纱卸在肩膀上，特意让我看那个迷人的脸蛋，尽量的扭过头来，和我说：

"长官，您带我上哪儿去呢？"

"上监狱去，可怜的孩子，"我尽量用柔和的口气回答；一个好军人对待囚犯，尤其是女犯，理当如此。

"哎哟！那我不是完了吗？长官大人，您发发慈悲罢。您这样年轻，这样和气！……"然后她又放低着声音说道："让我逃走罢，我给您一块巴尔·拉岂，可以教所有的女人都爱您。"

巴尔·拉岂的意思是磁石，据波希米人的说法，有秘诀的人可以拿它做出许多妖术：比如磨成细粉，和入一杯白葡萄酒给女人喝了，她就不会不爱你。我却是尽量拿出一本正经的态度回答：

"这儿不是说废话的地方；我们要送你进监狱，这是上头的命令，无法可想的。"

我们巴斯克人的乡音非常特别，一听就知道跟西班牙人的不同；另一

---

① 苍蝇喝水的槽是一句成语，指又宽又长的伤口。因上文提到苍蝇，故嘉尔曼用此双关语。——译者注

方面,像巴伊·姚那这句话①也没有一个西班牙人说得清。所以嘉尔曼很容易猜到我是外省人②。先生,你知道波希米人是没有家乡,到处流浪的,各地的方言都能讲;不论在葡萄牙,在法兰西,在外省,在加塔罗尼亚,他们都到处为家;便是跟摩尔人和英国人,他们也能交谈。嘉尔曼的巴斯克语讲得不坏。她忽然之间跟我说:

"拉居那·埃纳·皮霍察雷那(我的意中人),你跟我是同乡吗?"

先生,我们的语言真是太好听了,在外乡一听到本土的话,我们就会浑身打颤……

(说到这里,唐·育才轻轻的插了一句:"我希望有个外省的忏悔师。"停了一会,他又往下说了。)

我听她讲着我本乡的话,不由得大为感动,便用巴斯克语回答说:"我是埃里仲杜人。"

她说:"我是埃查拉人——(那地方离开我本乡只有四个钟点的路程)——被波希米人骗到塞维尔来的。我现在烟厂里做工,想挣点儿钱回拿伐,回到我可怜的母亲身边,她除了我别无依靠,只有一个小小的巴拉察③,种着二十棵酿酒用的苹果树。啊!要是能够在家乡,站在积雪的山峰底下,那可多好!今天人家糟蹋我,因为我不是本地人,跟这些流氓,骗子,卖烂橘子的小贩不是同乡,那般流氓婆齐了心跟我作对,因为我告诉她们,哪怕她们塞维尔所有的牛大王一齐拿着刀站出来,也吓不倒我们乡下一个头戴蓝帽,手拿玛基拉的汉子。好伙计,好朋友,你不能对个同乡女子帮点儿忙吗?"

先生,这完全是她扯谎,她老是扯谎的。我不知这小娘儿一辈子有没有说过一句真话,可是只要她一开口,我就相信她,那简直不由我做主。她说的巴斯克语声音是走腔的,我却相信她是拿伐人。光是她的眼睛,再

---

① 巴伊·姚那为巴斯克语,意思是,"是的,先生。"——原注
② 外省二字的意义,参阅前三〇一页注。——译者注
③ 巴拉察为巴斯克语,意思是园子。——原注

加她的嘴巴,她的皮色,就说明她是波希米人。我却是昏了头,什么都没注意。我心里想,倘若西班牙人敢说我本乡的坏话,我也会割破他们的脸,像她对付她的同伴一样。总而言之,我好像喝醉了酒,开始说傻话了,也预备做傻事了。

她又用巴斯克语和我说:"老乡,要是我推你,要是你倒下了,那两个加斯蒂人休想抓得住我……"

真的,我把命令忘了,把一切都忘了,对她说:

"那末,朋友,你就试一试罢,但愿山上的圣母保佑你!"

我们正走过一条很窄的巷子,那在塞维尔是很多的。嘉尔曼猛的掉过身来,把我当胸一拳。我故意仰天翻倒。她一纵就纵过了我的身子,开始飞奔,教我们只看到她两条腿!……俗话说巴斯克的腿是形容一个人跑得快;她那两条腿的确比谁都不输……不但跑得快,还长得好看。我呀,我立刻站起身子,但是把长枪①横着,挡了路,把弟兄们先给耽搁一会;然后我也往前跑了,他们跟在我后面;可是穿着马靴,挂着腰刀,拿着长枪,不用想追上她! 还不到我跟你说这几句话的时间,那女犯早已没有了影踪。街坊上的妇女还帮助她逃,有心指东说西,跟我们开玩笑。一忽儿往前一忽儿往后的白跑了好几趟,我们只得回到警卫室,没拿到典狱长的回单。

两个弟兄为了免受处分,说嘉尔曼和我讲过巴斯克语;而且那么一个娇小的女孩子一拳就轻易把我这样一个大汉打倒,老实说也不近情理。这种种都很可疑,或者是太明显了。下了班,我被革掉班长,判了一个月监禁。这是我入伍以后第一次受到惩戒。早先以为唾手可得的排长的金线就这样的吹了。

进监的头几天,我心里非常难过;当初投军的时候,想至少能当个军官。同乡龙迦,米那,都是将军;夏巴朗迦拉,像米那一样是个黑人,也像他一样亡命到你们贵国去的,居然当了上校;他的兄弟跟我同样是个穷

①　西班牙的骑兵均持长枪。——原注

小子,我和他玩过不知多少次回力球呢。那时我对自己说:过去在队伍里没受处分的时间都是白费的了。现在你的记录有了污点;要重新得到长官的青眼,必须比你以壮士丁资格入伍的时候多用十倍的苦功!而我的受罚又是为的什么? 为了一个取笑你的波希米小贼娘! 此刻也许就在城里偷东西呢。可是我不由得要想她。她逃的时候让我看得清清楚楚的那双七穿八洞的丝袜——先生,你想得到吗? ——竟老在我眼前。我从牢房的铁栅中向街上张望,的确没有一个过路女人比得上这鬼婆娘。同时我还不知不觉闻到她扔给我的皂角花,虽然干瘪了,香味始终不散……倘若世界上真有什么妖婆的话,她准是其中的一个!

有一天,狱卒进来递给我一块阿加拉面包①,说道:

"这是你的表妹给捎来的。"

我接了面包,非常纳闷,因为我没什么表妹在塞维尔。我瞧着面包想道:也许弄错了吧;可是面包那么香,那么开胃,我也顾不得是哪儿来的,送给谁的,决意拿来吃了。不料一切下去,刀子碰到一点儿硬东西。原来是一片小小的英国锉刀,在面包没烘烤的时候放在面粉里。另外还有一枚值两块钱的金洋。那毫无疑问是嘉尔曼送的了。对于她那个种族人,自由比什么都宝贵,为了少坐一天牢,他们会把整个城市都放火烧了的。那婆娘也真聪明,一块面包就把狱卒骗过去了。要不了一小时,最粗的铁栅也能用这把锉刀锯断;拿了这块金洋,随便找个卖旧衣服的,我就能把身上的军装换一套便服。你不难想象在山崖上掏惯老鹰窠的人,决不怕从至少有三丈高的楼窗口跳到街上;可是我不愿意逃。我还顾到军人的荣誉,觉得开小差是弥天大罪。但我心里对那番念旧的情意很感动。在监牢里,想到外边有人关切你总是很高兴的。那块金洋使我有点气恼,恨不得把它还掉;但哪儿去找我的债主呢? 这倒不大容易。

经过了革职的仪式以后,我自忖不会再受什么羞辱的了;谁知还有一

---

① 阿加拉为塞维尔城外七八里的小镇,所制小面包特别可口,每日均有大批运至城中发卖。——原注

件委屈的事要我吞下去。出了监狱重新上班,我被派去和小兵一样的站岗。你真想不到,对于一个有血性的男子,这一关是多么难受哇。我觉得还是被枪毙的好。至少你一个人走到前面,一排兵跟在你后面,大家争着瞧你,你觉得自己是个人物。

我被派在上校门外站岗。他是个有钱的年轻人,脾气挺好,喜欢玩儿。所有年轻的军官都上他家里去,还有许多老百姓,也有女的,据说是女戏子。对于我,那好比全城的人都约齐了到他门口来瞧我。呕!上校的车子来了,赶车的旁边坐着他的贴身当差。你道下来的是谁?……就是那奚太那。这一回她妆扮得像供奉圣徒骨殖的神龛一般,花花绿绿,妖冶无比,从上到下都是披绸戴金的。一件缀着亮片的长袍,蓝皮鞋上也缀着亮片,全身都是金银铺绣的滚边和鲜花。她手里拿着个波浪鼓儿。同来的有两个波希米女人,一老一少。照例还有个带头的老婆子,和一个老头儿,也是波希米人,专弄乐器,替她们的跳舞当伴奏的。你知道,有钱人家往往招波希米人去,要她们跳罗马里,这是她们的一种舞蹈;还教她们搅别的玩艺儿。

嘉尔曼把我认出来了。我们的眼睛碰在了一起,我恨不得钻下地去。

她说:"阿居·拉居那①;长官,你居然跟小兵一样的站岗吗?"

我来不及找一句话回答,她已经进了屋子。

所有的人都在院子里;虽然人多,我隔着铁栅门②差不多把一切都看在眼里。我听见鼓声,响板声,笑声,喝彩声;她擎着波浪鼓儿往上纵的时候,我偶尔还能瞧见她的头。我又听见军官们和她说了不少使我脸红的话。她回答什么,我不知道。我想我真正的爱上她,大概是从那天起的;因为有三四回,我一念之间很想闯进院子,拔出腰刀,把那些调戏她的小白脸全部开肠破肚。我受罪受了大半个时辰;然后一群波希米人出来了,

---

① 巴斯克语:"伙计,你好。"——原注

② 塞维尔多数屋子皆有院子,四面围着游廊。夏天大家都待在院中。院子顶上张着布幔,日间浇水,晚上撤去。屋子大门终日洞开,大门与院子之间有一道刻花甚精的铁栅门,则是严扃的。——原注

仍旧由车子送回。嘉尔曼走过我身边,用那双你熟悉的眼睛瞅着我,声音很轻的说:

"老乡,你要吃上好炸鱼,可以到德里阿那①去找里拉·巴斯蒂阿。"

说完,她身子轻得像小山羊似的钻进车子,赶车的把骡子加上一鞭,就把全班卖艺的人马送到不知哪儿去了。

不消说,我一下班就赶到德里阿那;事先我剃了胡子,刷了衣服,像阅兵的日子一样。她果然在里拉·巴斯蒂阿的铺子里。他专卖炸鱼,也是波希米人,皮肤像摩尔人一般的黑;上他那儿吃炸鱼的人很多,大概特别从嘉尔曼在店里歇脚之后。

她一见我就说:"里拉,今儿我不干啦。明儿的事明儿管②! ——老乡,咱们出去蹓蹓罢。"

她把面纱遮着脸;我们到了街上,我却是糊里糊涂的不知上哪儿。

"小姐,"我对她说,"我该谢谢你送到监狱来的礼物。面包,我吃了;锉刀,我可以磨枪头,也可以留做纪念;可是钱哪,请你收回罢。"

"呦! 他居然留着钱不花,"她大声的笑了。"可是也好,我手头老是很紧;管它! 狗只要会跑就不会饿死③。来,咱们把钱吃光算了。你好好请我一顿罢。"

我们回头进城。到了蛇街的街口上,她买了一打橘子,教我用手帕包着。再走几步。她又买了一块面包,一些香肠,一瓶玛查尼拉酒;最后走进一家糖果店,把我还她的金洋,和从她口袋里掏出来的另外一块金洋和几个银角子,一齐摔在柜台上,又要我把身上的钱统统拿出来。我只有一个角子和几个小钱,如数给了她,觉得只有这么一点儿非常难为情。她好像要把整个铺子都买下来,尽挑最好最贵的东西,什么甜蛋黄,杏仁糖,蜜饯果子,直到钱花完为止。这些都给装在纸袋里,归我拿着。你大概认得

---

① 德里阿那为塞维尔附郭的小镇,为当地的波希米人麇集之处。——译者注
② 西班牙成语。——原注
③ 波希米成语。——原注

刚第雷育街吧,街上有个唐·班特罗王的胸像①,那倒值得我仔细想一想呢。在这条街上,我们在一所屋子前面停下。她走进过道,敲了底层的门。开门的是个波希米女人,十足地道的撒旦的侍女。嘉尔曼用波希米语和她说了几句。老婆子先咕噜了一阵。嘉尔曼为了安慰她,给她两个橘子,一把糖果,又教她尝了尝酒;然后替她披上斗篷,送到门口,拿根木闩把门闩上了。等到只剩我们两人的时候,她就像疯子一般的又是跳舞,又是笑,嘴里唱着:

"你是我的罗姆,我是你的罗米②!"

我站在屋子中间,捧着一大堆食物,不知放在哪里好。她却把一切摔在地下,跳上我的脖子,和我说:

"我还我的债,我还我的债! 这才是加莱③的规矩!"

啊! 先生,那一天啊! 那一天啊! ……我一想到那一天,就忘了还有什么明天。

(唐·育才静默了一会,重新点上雪茄,又往下说了。)

我们一块儿待了一天,又是吃,又是喝,还有别的。等到她像五六岁的孩子一般吃饱了糖,便抓了几把放在老婆子的水壶里,说是"替她做冰糖酒";她又把甜蛋黄扔在墙上,摔得稀烂,说是"免得苍蝇跟我们麻烦……"总之,所有刁钻古怪的玩艺儿都做到家了。我说很想看她跳舞,可是哪里去找响板呢? 她听了马上把老婆子独一无二的盘子砸破了,打

---

① 相传唐·班特罗王(系十四世纪时葡萄牙王,称比哀尔一世——译者注)素喜在塞维尔城内微服夜游。某夜在街上与人争风,拔剑相斗,将对方刺死。其时仅有一老妇,闻击剑声持小灯开窗出视,此小灯即名刚第雷育。班特罗王身体畸形,故为老妇所认。翌日,大臣奏晚间有人决斗,酿成命案。王问凶手已否发见。臣答曰:"然。"王又问何不法治。臣称:"谨待王命。"王曰:"执法毋徇。"大臣乃将城内王之雕像锯下首级,置于肇事街上。今塞维尔尚有刚第雷育街,街上仍有一石像,人皆谓为唐·班特罗王之胸像,但此系近时所雕。因旧像于十七世纪时已极剥落,故市政当局易以新塑。——原注
② 罗姆为丈夫,罗米为妻子,均波希米语。——原注
③ 波希米人自称为加莱(男女性多数),男的为加罗,女的为加里,意义是"黑"。——原注

着珐琅碎片跳起罗马里来,跟打着紫檀或象牙的响板一般无二。和她在一起决不会厌烦,那我可以保险的。天晚了,我听见召集归营的鼓声,便说:

"我得回营去应卯了。"

"回营去吗?"她一脸瞧不起人的样子,"难道你是个黑奴,给人牵着鼻子跑的吗?简直是只金丝雀,衣服也是的,脾气也是的①。去吧去吧,你胆子跟小鸡一样。"

我便留下了,心里发了狠预备回去受罚。第二天早上,倒是她先提分手的话。

"你说,育才多,我可是报答你了?照我们的规矩,我再也不欠你什么,因为你是个外江佬;但你长得好看,我也喜欢你。咱们这是两讫了。再会吧。"

我问她什么时候能跟她再见。

她笑着回答:"等到你不这么傻的时候。"然后她又用比较正经一些的口吻,说:"你知道吗,小子?我有点儿爱你了。可是不会长久的。狗跟狼做伴,决没多少太平日子,倘若你肯做埃及人,也许我会做你的罗米。但这些全是废话,办不到的。哎,相信我一句话,你运气不坏。你碰到了魔鬼——要知道魔鬼不一定是难看的——他可没把你勒死。我身上披着羊毛,可不是绵羊。快快到你的圣母面前去点支蜡烛吧;她应该受这点儿孝敬。再见了。别再想嘉尔曼西太,要不然她会教你婆个木腿寡妇的②。"

这么说着,她卸下门闩,到了街上,拿面纱一裹,掉转身子就走。

她说得不错。我要从此不想她就聪明啦;可是从刚第雷育街相会了一场以后,我心里就没第二个念头:成天在街上溜达,希望能遇上她。我向那老婆子和卖炸鱼的打听。两人都回答说她上红土国去了,那是他们称呼葡萄牙的别名。大概是嘉尔曼吩咐他们这么说的,因为不久我就发

---

① 西班牙的龙骑兵制服是黄色的,故以金丝雀作譬。——原注
② 木腿寡妇是指执行死犯的吊台。——原注。此语即送人性命之意。——译者注

觉他们是扯谎。在刚第雷育街那天以后几星期，我正在某一个城门口站岗。离城门不远，城墙开了一个缺口；日中有工人在那里做活，晚上放个步哨防走私的。白天我先看见里拉·巴斯蒂阿在岗亭四周来回了几次，和好几个弟兄说话；大家都跟他相熟，跟他的炸鱼和炸面块更其熟。他走近来问我有没有嘉尔曼的消息。

我回答说："没有。"

"那末，老弟，你不久就会有了。"

他说的倒是实话。夜里，我被派在缺口处站岗。班长刚睡觉，立刻有个女人向我走来。我心里知道是嘉尔曼，可是嘴里仍喊着：

"站开去！ 不准通行！"

"别吓唬人好不好？"她走上来让我认出了。

"怎么！ 是你吗，嘉尔曼？"

"是的，老乡。少废话，谈正经。你要不要挣一块银洋？ 等会有人带了私货打这里过，你可别拦他们。"

"不行，我不能让他们过。这是命令。"

"命令！ 命令！ 那天在刚第雷育街，你可没想到啊。"

"啊！"我一听提到那件事，心里就糊涂了。"为了那个，忘记命令也是划得来的。可是我不愿意收私贩子的钱。"

"好吧，你不愿意收钱，可愿意再上陶洛丹老婆子那里吃饭？"

"不！ 我不能够。"我拼命压制自己，差点儿透不过气来。

"好极了。你这样刁难，我不找你啦。我会约你的长官上陶洛丹家。他神气倒是个好说话的，我要他换上一个睁一只眼闭一只眼的哨兵。再会了，金丝雀。等到有朝一日那命令变了把你吊死的命令，我才乐呢。"

我心一软，把她叫回来，说只要能得到我所要的报酬，哪怕要我放过整个的波希姆①也行。她赌咒说第二天就履行条件，接着便跑去通知她那

① 此处所谓波希姆非中欧的地理名称（即今之捷克），而系波希米民族之总称。
　　——译者注

些等在近旁的朋友。一共是五个人,巴斯蒂阿也在内,全背着英国私货。嘉尔曼替他们望风:看到巡夜的队伍,就用响板为号,通知他们;但那夜不必她费心。走私的一眨眼就把事情办完了。

第二天我上刚第雷育街。嘉尔曼让我等了好久,来的时候也很不高兴。

"我不喜欢推三阻四的人,"她说。"第一回你帮了我更大的忙,根本不知道有没有报酬。昨天你跟我讨价还价。我不懂自己今天怎么还会来的,我已经不喜欢你了。给你一块银洋做酬劳,你替我走罢。"

我几乎把钱扔在她头上,我拼命压着自己,才没有动手打她。我们吵架吵了一个钟点,我气极了,走了:在城里溜了一会,东冲西撞,像疯子一般;最后我进了教堂,跪在最黑的一角大哭起来。忽然听见一个声音说着:

"喝!龙的眼泪①倒好给我拿去做媚药呢。"

我举目一望,原来是嘉尔曼站在我面前。

她说:"喂!老乡,还恨我吗?不管心里怎么样,我真是爱上你了。你一走,我就觉得神魂无主。得了吧,现在是我来问你愿不愿意上刚第雷育街去了。"

于是我们讲和了;可是嘉尔曼的脾气像我们乡下的天气。在我们山里,好好儿的大太阳,会忽然来一场阵雨。她约我再上一次陶洛丹家,临时却没有来。陶洛丹老是说她为了埃及的事上红土国去了。

过去的经验使我明白这话是什么意思,我便到处找嘉尔曼,凡是她可能去的地方都去了,尤其是刚第雷育街,一天要去好几回。我不时请陶洛丹喝杯茴香酒,差不多把她收服了。一天晚上我正在她那儿,不料嘉尔曼进来了,带着一个年轻的男人,就是我们部队里的排长。

"快走罢,"她和我用巴斯克语说。

我愣住了,憋着一肚子怒火。

———————————

① 唐·育才为龙骑兵,而龙骑兵在原文中只用一个"龙"字称呼的。——译者注

排长吆喝道:"你在这儿干么?滚,滚出去!"

我却是一步都动不得,仿佛犯了麻痹症。军官大怒,看我不走,连便帽也没脱,便揪着我的衣领狠狠的把我摇了几摇。我不知道说了些什么。他拔出剑来,我的刀也出了鞘,老婆子抓住我的胳膊,我脑门上便中了一剑,至今还留着疤。我退后一步,摆了摆手臂,把陶洛丹仰面朝天摔在地下;军官追上来,我就把刀尖戳进他的身子,他合扑在我刀上倒下了。嘉尔曼立刻吹熄了灯,用波希米话教陶洛丹快溜。我自己也窜到街上,拔步飞奔,不知往哪儿去,只觉得背后老是有人跟着。后来我定了定神,才发觉嘉尔曼始终没离开我。她说:

"呆鸟! 你只会闯祸。我早告诉过你要教你倒楣的。可是放心,跟一个罗马的法兰德女人①交了朋友,一切都有办法。先拿这手帕把你的头包起来,把皮带扔掉,在这个巷子里等着,我马上就来。"

说完她不见了,一忽儿回来,不知从哪儿弄了件条子花的斗篷,教我脱下制服,就套在衬衣上。经过这番化装,再加包扎额上伤口的手帕,我活像一个华朗省的乡下人,到塞维尔来卖九法甜露的②。她带我到一条小街的尽里头,走进一所屋子,模样跟早先陶洛丹住的差不多。她和另外一个波希米女人替我洗了伤口,裹扎得比军医官还高明,又给我喝了不知什么东西;最后我被放在一条褥子上,睡着了。

我喝的大概是她们秘制的一种麻醉药,因为第二天我很晚才醒,但头痛欲裂,还有点发烧,半晌方始记起上一天那件可怕的事。嘉尔曼和她的女朋友替我换了绷带,一齐屈着腿坐在我褥子旁边,用她们的土话谈了几句,好像是讨论病情。然后两人告诉我,伤口不久就会痊愈,但得离开塞维尔,越早越好;倘若我被抓去了,就得当场枪毙。

---

① 此处的罗马并非那个不朽的城市;波希米人称夫妇为罗马(此与他们称丈夫妻子的字同出一源,参阅前三一五页注。——译者注),同时即以罗马一字自称其民族。西班牙的波希米人,最早大概来自荷兰一带,故又自称为法兰德人。——原注
② 九法是一种球根类植物的根须,可制饮料。——原注

"小家伙,你得找点儿事干啦,"嘉尔曼和我说。"如今米饭和鳕鱼①,王上都不供给了,得自个儿谋生啦。你太笨了,做贼是不行的。但你身手矫捷,力气很大;倘若有胆量,可以上海边去走私。我不是说过让你吊死吗?那总比枪毙强。搅得好,日子可以过得跟王爷一样,只要不落在民兵和海防队手里。"

这鬼婆娘用这种怂恿的话指出了我的前途;犯了死罪,我的确只有这条路可走了。不用说,她没费多大事儿就把我说服了。我觉得这种冒险与反抗的生活,可以使我跟她的关系更加密切,她对我的爱情也可以从此专一。我常听人说,有些私贩子跨着骏马,手握短铳,背后坐着情妇,在安达鲁齐省内往来驰骋。我已经在脑子里看到,自己挟着美丽的波希米姑娘登山越岭的情景。她听着我的话笑弯了腰,说最有意思的就是搭营露宿的夜晚,每个罗姆拥着他的罗米,进入用三个箍一个幔支起来的小篷帐。

我说:"一朝到了山里,我就对你放心了!不会再有什么排长来跟我争了。"

"啊,你还吃醋呢!真是活该。你怎么这样傻呀?你没看出我爱你吗,我从来没向你要过钱。"

听她这么一说,我真想把她勒死。

闲话少说,言归正传。嘉尔曼找了一套便服来,我穿了溜出塞维尔,没有被发觉。带着巴斯蒂阿的介绍信,我上吉莱市去找一个卖茴香的商人,那是私贩子聚会的地方。我和他们相见了,其中的首领绰号叫做唐加儿,让我进了帮子。我们动身去谷尚,跟早先与我约好的嘉尔曼会合。逢到大家出去干事的时节,嘉尔曼就替我们当探子;而她在这方面的本领的确谁也比不上。她从直布罗陀回来,和一个船长讲妥了装一批英国货到某处海滩上交卸。我们都上埃斯德波那附近去等,货到之后,一部分藏在山中,一部分运往龙达。嘉尔曼比我们先去,进城的时间又是她通知的。

---

① 米饭与鳕鱼均为西班牙士兵的日常粮食。——原注

这第一次和以后几次的买卖都很顺利。我觉得走私的生活比当兵的生活有意思得多;我常常送点东西给嘉尔曼。钱也有了,情妇也有了。我心里没有什么悔恨,正像波希米俗语说的,一个人花天酒地的时候,生了疥疮也不会痒的。我们到处受到好款待,弟兄们对我很好,甚至还表示敬意。因为我杀过人,而伙伴之中不是每个人都有这等亏心事的。但我更得意的是常常能看到嘉尔曼。她对我的感情也从来没有这么热烈;可是在同伴面前,她不承认是我的情妇,还要我赌神发咒不跟他们提到她的事。我见了这女人就毫无主意,不论她怎么使性,我都依她。并且,这是她第一遭在我面前表示懂得廉耻,像个正经女人;我太老实了,竟以为她把往日的脾气真的改过来了。

我们一帮总共是八个到十个人,只有在紧要关头才聚在一起,平日总是两个一组,三个一队,散开在城里或村里。表面上我们每人都有行业:有的是做锅子的,有的是贩马的;我是卖针线杂货的,但为了那件塞维尔的案子,难得在大地方露面。有一天,其实是夜里了,大家约好在凡日山下相会。唐加儿和我二人先到。他似乎很高兴,对我说:

"咱们要有个新伙计加入了。嘉尔曼这一回大显身手,把关在泰里法陆军监狱的她的罗姆给释放了。"

所有的弟兄们都会讲波希米土话,那时我也懂得一些了;罗姆这个字使我听了浑身一震。

"怎么,她的丈夫! 难道她嫁过人吗?"我问我们的首领。

"是的,嫁的是独眼龙迦奇阿,跟她一样狡猾的波希米人。可怜的家伙判了苦役。嘉尔曼把陆军监狱的医生弄得神魂颠倒,居然把她的罗姆恢复自由。啊! 这小娘儿真了不起。她花了两年工夫想救他出来,没有成功。最近医官换了人,她马上得手了。"

你不难想象我听了这消息以后的心情。不久我就见到独眼龙迦奇阿,那真是波希姆出的最坏的坏种:皮肤黑,良心更黑,我一辈子也没遇到这样狠毒的流氓。嘉尔曼陪着他一块儿来,一边当着我叫他罗姆,一边趁他掉过头去的时候对我眨眼睛,扯鬼脸。我气坏了,一晚没和她说话。第二天早上,大家运着私货出发,不料半路上有十来个骑兵跟踪而来。那些只会吹牛,嘴里老是说不怕杀人放火的安达鲁齐人,马上哭丧着脸纷纷逃命,只有唐加儿,迦奇阿,嘉尔曼,和一个叫做雷蒙达杜的漂亮小伙子,没有着慌。其余的都丢下骡子,跳入追兵的马过不去的土沟里。我们没法保全牲口,只能抢着把货扛在肩上,翻着最险陡的山坡逃命。我们把货包先往底下丢,再蹲着身子滑下去。那时,敌人却躲在一边向我们开枪了;这是我第一遭听见枪弹飕飕的飞过,倒也不觉得什么。可是有个女人在眼前,不怕死也不算希奇。终于我们脱险了,除掉可怜的雷蒙达杜;他腰里中了一枪,我扔下包裹,想把他抱起来。

"傻瓜!"迦奇阿对我嚷着,"背个死尸干什么?把他结果了罢,别丢了咱们的线袜。"

"丢下他算了!"嘉尔曼也跟着嚷。

我累得要死,不得不躲在岩石底下把雷蒙达杜放下来歇一歇。迦奇阿却过来拿短铳朝着他的头连放十二枪,把他的脸打得稀烂,然后瞧着说:"哼,现在谁还有本领把他认出来吗?"

你瞧,先生,这便是我过的美妙的生活。晚上我们在一个小树林中歇下,筋疲力尽,没有东西吃,骡子都已丢完,当然是一无所有了。可是你猜猜那恶魔似的迦奇阿干些什么?他从袋里掏出一副纸牌,凑着他们生的一堆火,和唐加儿俩玩起牌来。我躺在地下,望着星,想着雷蒙达杜,觉得自己还是像他一样的好。嘉尔曼蹲在我旁边,不时打起一阵响板,哼哼唱唱。后来她挪过身子,像要凑着我耳朵说话似的,不由分说亲了我两三回。

"你是个魔鬼,"我和她说。

"是的,"她回答。

休息了几小时,她到谷尚去了;第二天早上,有个牧童给我们送了些面包来。我们在那儿待了一天,夜里偷偷的走近谷尚,等嘉尔曼的消息。可是一点消息都没有。天亮的时候,路上有个骡夫赶着两匹骡,上面坐着一个衣著体面的女人,撑着阳伞,带着个小姑娘,好像是她的侍女。迦奇阿和我们说：

"圣·尼古拉①给我们送两个女人两匹骡子来了。最好是不要女人，全是骡子；可是也罢，让我去拦下来！"

他拿了短铳，掩在杂树林中往小路走下去。我和唐加儿跟着他，只隔着几步。等到行人走近了，我们便一齐跳出去，嚷着要赶骡的停下来。我们当时的装束大可以把人吓一跳的，不料那女的倒反哈哈大笑。

"啊！这些傻瓜竟把我当做大家闺秀了！"

原来是嘉尔曼；她化装得太好了，倘若讲了另一种方言，我简直认不出来。她跳下骡子，和唐加儿与迦奇阿咕啾了一会，然后跟我说：

"金丝雀，在你没上吊台以前，咱们还会见面的。我为埃及的事要上直布罗陀去了，不久就会带信给你们。"

她临走指点我们一个可以躲藏几天的地方。这姑娘真是我们的救星。不久她教人送来一笔钱，还带来一个比钱更有价值的消息，就是某一天有两个英国爵爷从格勒拿特到直布罗陀去，要经过某一条路。俗语说得好：只要有耳朵，包你有生路。两个英国人有的是金基尼②。迦奇阿要把他们杀死。我跟唐加儿两人反对。结果只拿了他们的钱和表，和我们最缺少的衬衣。

先生，一个人的堕落是不知不觉的。你为一个美丽的姑娘着了迷，打了架，闯了祸，不得不逃到山里去，而连想都来不及想，已经从走私的变成土匪了。自从犯了那两个英国人的案子以后，我们觉得待在直布罗陀附近不大妥当，便躲入龙达山脉。——先生，你和我提的育才-玛丽亚，我便是在那儿认识的。他出门老带着他的情妇。那女孩子非常漂亮，人也安分，朴素，举动文雅，从来没一句下流话，而且忠心到极点！……他呀，他可把她折磨得厉害，平时对女人见一个追一个；还要虐待她，喜欢吃醋。有一回他把她扎了一刀。谁知她反倒更爱他。唉，女人就是这样脾气，尤

---

① 盗贼均奉圣·尼古拉为祖师。——译者注
② 基尼为英国货币，值一镑一先令，今已废止。——译者注

其是安达鲁齐的女人。她对自己胳膊上的伤疤很得意,当做宝物一般的给大家看。除此以外,育才-玛丽亚还是一个最没义气的人,你决不能跟他打交道! ……我们一同做过一桩买卖,结果他偷天换日,把好处一个人独占,我们只落得许多麻烦和倒楣事儿。好了,我不再扯开去了。那时我们得不到嘉尔曼的消息,唐加儿便说:

"咱们之中应当有一个上直布罗陀走一遭;她一定筹划好什么买卖了。我很愿意去,可是直布罗陀认识我的人太多了。"

独眼龙说:"我也是的,大家都认得我;我跟龙虾①开了那么多玩笑,再加我是独眼,不容易化装。"

我就说:"那末应当是我去了。该怎么办呢?"一想到能再见嘉尔曼,我心里就高兴。

他们和我说:"或是搭船去,或是走陆路经过圣·洛克去,都随你。到了直布罗陀,你在码头上打听一个卖巧克力的女人,叫做拉·洛洛那;找到她,就能知道那边的情形了。"

大家决定先同到谷尚山中,我把他们留在那边,自己再扮做卖水果的上直布罗陀。到了龙达,我们的一个同党给我一张护照;在谷尚,人家又给我一匹驴:我载上橘子和甜瓜,就上路了。到了直布罗陀,我发觉跟拉·洛洛那相熟的人很多,但她要不是死了,就是进了监牢;据我看,她的失踪便是我们跟嘉尔曼失去联络的原因。我把驴子寄在一个马房里,自己背着橘子上街,表面上是叫卖,其实是为碰运气,看能不能遇到什么熟人。直布罗陀是世界各国的流氓汇集之处,而且简直是座巴倍尔塔②。走十步路就能听到十种语言。我看到不少埃及人,但不敢相信他们;我试探他们,他们也试探我:明知道彼此都是一路货,可弄不清是否同一个帮子。白跑了两天,关于拉·洛洛那和嘉尔曼的消息一点没打听出来,我办了些

---

① 西班牙人把英国兵叫做龙虾,因他们制服的颜色与龙虾相似。——原注;直布罗陀为英属,故驻有英国军队。——译者注

② 巴倍尔塔是诺亚预备登天而造的塔。上帝怒其狂妄,使造塔的工人讲种种不同的语言,彼此无法了解,造塔工程因即无法继续。事见《圣经》。——译者注

货,预备回到两个伙伴那里去了;不料傍晚走在某一条街上,忽然听见窗口有个女人的声音喊着:"喂,卖橘子的!……"我抬起头来,看见嘉尔曼把肘子靠在一个阳台上,旁边有个穿红制服,戴金肩章,烫头发的军官,一副爵爷气派。她也穿得非常华丽:又是披肩,又是金梳子,浑身都是绸衣服;而且那婆娘始终是老脾气,吱吱格格的在那里大笑。英国人好不费事的说着西班牙文叫我上去,说太太要买橘子;嘉尔曼又用巴斯克语和我说:

"上来罢,别大惊小怪!"

的确,她花样太多了,什么都不足为奇。我这次遇到他,说不上心中是悲是喜。大门口站着一个高大的英国当差,头上扑着粉①,把我带进一间富丽堂皇的客厅。嘉尔曼立刻用巴斯克语吩咐我:

"你得装做一句西班牙文都不懂,跟我也是不认识的。"

然后她转身对英国人:

"我不是早告诉你吗,我一眼就认出他是巴斯克人,你可以听听他们说的话多古怪。他模样长得多蠢,是不是? 好像一只猫在食柜里偷东西,被人撞见了似的。"

"哼,你呢,"我用我的土话回答,"你神气完全是个小淫妇儿;我恨不得当着你这个姘夫教你脸上挂个彩才好呢。"

"我的姘夫! 你真聪明,居然猜到了! 你还跟这傻瓜吃醋吗?自从刚第雷育街那一晚以后,你变得更蠢了。你这笨东西,难道没看出我正在做埃及买卖,而且做得挺好吗? 这屋子是我的,龙虾的基尼不久也是我的;我要他东,他不敢说西;我要把他带到一个永远回不来的地方去。"

"倘若你还用这种手段搅埃及买卖,我有办法教你不敢再来。"

"哎唷! 你是我的罗姆吗,敢来命令我? 独眼龙觉得我这样办很好,跟你有什么相干? 你做了我独一无二的小心肝,还不满足吗?"

---

① 十九世纪的人尚多戴假发,假发上再扑粉;欲有某种颜色的头发,即扑某种颜色的粉。——译者注

英国人问:"他说些什么呀?"

嘉尔曼回答:"他说口渴得慌,很想喝一杯。"

她说罢,倒在双人沙发上对着这种翻译哈哈大笑。

告诉你,先生,这婆娘一笑之下,谁都会昏了头的。大家都跟着她笑了。那个高大颠顶的英国人也笑了,教人拿酒给我。

我正喝着酒,嘉尔曼说:

"他手上那个戒指,看见没有? 你要的话,我将来给你。"

我回答:"戒指! 去你的罢! 嘿,要我牺牲一只手指也愿意,倘若能把你的爵爷抓到山里去,一人一根玛基拉①比一比。"

"玛基拉,什么叫做玛基拉?"英国人问。

"玛基拉就是橘子,"嘉尔曼老是笑个不停。"把橘子叫做玛基拉,不是好笑吗? 他说想请你吃玛基拉。"

"是吗?"英国人说。"那末明天再拿些玛基拉来。"

说话之间,仆人来请吃晚饭了。英国人站起来,给我一块钱,拿胳膊让嘉尔曼搀着,好像她自个儿不会走路似的。嘉尔曼还在那里笑着,和我说:

"朋友,我不能请你吃饭;可是明儿一听见阅兵的鼓声,你就带着橘子上这儿来。你可以找到一间卧房,比刚第雷育街的体面一些。那时你才知道我还是不是你的嘉尔曼西太。并且咱们也得谈谈埃及的买卖。"

我一言不答,已经走到街上了,英国人还对我嚷着:"明天再拿玛基拉来!"我又听见嘉尔曼哈哈大笑。

我出了门,决不定怎么办,晚上没睡着,第二天早上我对这奸细婆娘恨死了,决意不再找她,径自离开直布罗陀;可是鼓声一响,我就泄了气,背了橘子篓直奔嘉尔曼的屋子。她的百叶窗半开着,我看见她那只大黑眼睛在后面张望。头上扑粉的当差立刻带我进去;嘉尔曼打发他上街办事去了。等到只剩下我们两人,她就像鳄鱼般张着嘴大笑一阵,跳上我的

---

① 关于玛基拉的意义,参阅前三〇六页注。——原注

脖子。我从来没看见她这样的美,妆扮得像圣母似的,异香扑鼻……家具上都披着绫罗绸缎,挂着绣花幔子……啊!而我却是个土匪打扮。

嘉尔曼说:"我的心肝,我真想把这屋子打个稀烂,放火烧了,逃到山里去。"

然后是百般温存!……又是狂笑!……又是跳舞!她撕破衣衫的褶裥,栽筋斗,扯鬼脸,那种淘气的玩艺连猴子也及不上。过了一会,她又正经起来,说道:

"你听着,我告诉你埃及的买卖。我要他陪我上龙达,那儿我有个修道的姊姊……(说到这儿又是一阵狂笑。)我们要经过一个地方,以后再通知你是哪儿。到时你们上来把他抢个精光!最好是送他归天,可是——(她狞笑着补上一句,某些时候她就有这种笑容,教谁见了都不想跟着她一起笑的)——你知道该怎么办吗?让独眼龙先出马,你们后退一些;龙虾很勇敢,本领高强,手枪又是挺好的……你明白没有?……"

她停下来纵声大笑,使我听了毛骨悚然。

"不行,"我回答说,"我虽然讨厌迦奇阿,但我们是伙计。也许有一天我会替你把他打发掉,可是要用我家乡的办法。我当埃及人是偶然的;对有些事,我像俗语说的始终是个拿伐的好汉。"

她说:"你是个蠢货,是个傻瓜,真正的外江佬。你像那矮子一样,把口水唾远了些,就自以为长人①。你不爱我,你去罢。"

她跟我说:你去罢;我可是不能去。我答应动身,回到伙伴那儿等英国人。她那方面也答应装病,直病到离开直布罗陀到龙达去的时候。我在直布罗陀又待了两天。她竟大着胆子,化了妆到小客店来看我。我走了,心里也拿定了主意。我回到大家约会的地方,已经知道英国人和嘉尔曼什么时候打哪儿过。唐加儿和迦奇阿等着我。我们在一个林子里过夜,拿松实生了一堆火,烧得很旺。我向迦奇阿提议赌钱。他答应了。玩到第二局,我说他作弊;他只是嘻嘻哈哈的笑。我把牌扔在他脸上。他想

---

① 此系波希米的俗谚。——原注

拿他的短铳,被我一脚踏住了,说道:"人家说你的刀法跟玛拉迦最狠的牛大王一样厉害,要不要跟我比一比?"唐加儿上来劝解。我把迦奇阿捶了几拳。他一气之下,居然胆子壮了,拔出刀来;我也拔出刀来。我们俩都叫唐加儿站开,让我们公平交易,见个高低。唐加儿眼见没法阻拦,便闪开了。迦奇阿弓着身子,像猫儿预备扑上耗子一般。他左手拿着帽子挡锋①,把刀子扬在前面。这是他们安达鲁齐的架式。我可使出拿伐的步法,笔直的站在他对面,左臂高举,左腿向前,刀子靠着右面的大腿。我觉得自己比巨人还勇猛。他像箭一般的直扑过来;我把左腿一转,他扑了个空,我的刀却已经戳进他的咽喉,而且戳得那么深,我的手竟到了他的下巴底下。我把刀一旋,不料用力太猛,刀子断了。他马上完了。一道像胳膊价粗的血往外直冒,把断掉的刀尖给冲了出来。迦奇阿像一根柱子似的,直僵僵的扑倒在地下。

"你这是干什么呀?"唐加儿问我。

"老实告诉你,我跟他势不两立。我爱嘉尔曼,不愿意她有第二个男人。再说,迦奇阿不是个东西,他对付可怜的雷蒙达杜的手段,我至今记着。现在只剩咱们两个了,但咱们都是男子汉大丈夫。你说,愿不愿意跟我结个生死之交?"

唐加儿向我伸出手来。他已经是个五十岁的人了。

"男女私情太没意思了,"他说。"你要向他明讨,他只要一块钱就肯把嘉尔曼卖了。如今我们只有两个人了,明儿怎办呢?"

"让我一个人对付吧。现在我天不怕地不怕了。"

埋了迦奇阿,我们移到二百步以外的地方去过宿。第二天,嘉尔曼和英国人带着两个骡夫一个当差来了。我跟唐加儿说:

"把英国人交给我。你管着别的几个,他们都不带武器。"

英国人倒是个有种的。要不是嘉尔曼把他的胳膊推了一下,他会把我打死的。总而言之,那天我把嘉尔曼夺回了,第一句话就是告诉她已经

---

① 此系击剑与其他武术中的术语。——译者注

做了寡妇。她知道了详细情形，说道：

"你是个呆鸟，一辈子都改不了。照理你是要被迦奇阿杀死的。你的拿伐架式只是胡闹，比你本领高强的人，送在他手下的多着呢。这一回是他死日到了。早晚得轮到你的。"

我回答说："倘若你不规规矩矩做我的罗米，也要轮到你的。"

"好罢；我几次三番在咖啡渣里看到预兆，我跟你是要一块儿死的。管它！听天由命罢。"

她打起一阵响板；这是她的习惯，表示想忘掉什么不愉快的念头。

一个人提到自己，不知不觉话就多了。这些琐碎事儿一定使你起腻了吧，可是我马上就完了。我们那种生活过得相当长久。唐加儿和我又找了几个走私的弟兄合伙；有时候，不瞒你说，也在大路上抢劫，但总得到了无可如何的关头才干一下。并且我们不伤害旅客，只拿他们的钱。有几个月工夫，我对嘉尔曼很满意，她继续替我们出力，把好买卖给我们通风报信。她有时在玛拉迦，有时在高杜，有时在格勒拿特；但只要我捎个信去，她就丢下一切，到乡村客店，甚至也到露宿的帐篷里来跟我相会。只有一次，在玛拉迦，我有点儿不放心。我知道她勾上了一个大富商，预备再来一次直布罗陀的把戏。不管唐加儿怎么苦劝，我竟大清白日的闯进玛拉迦，把嘉尔曼找着了，立刻带回来。我们为此大吵了一架。

"你知道吗？"她说，"自从你正式做了我的罗姆以后，我就不像你做我情人的时候那么喜欢你了。我不愿意人家跟我麻烦，尤其是命令我。我要自由，爱怎么就怎么。别逼人太甚。你要是惹我厌了，我会找一个体面男人，拿你对付独眼龙的办法对付你。"

唐加儿把我们劝和了；可是彼此已经说了些话，记在心上，不能再跟从前一样了。没有多久，我们倒了楣，受到军队包围。唐加儿和两位弟兄被打死，另外两个被抓去。我受了重伤，要不是我的马好，也早落在军队手里了。当时我累得要命，身上带着一颗子弹，去躲在树林里，身边只剩下一个独一无二的弟兄。一下马，我就晕了，自以为就要死在草堆里，像一头中了枪的野兔一样。那弟兄把我抱到一个我们常去的山洞里，然后去找嘉尔曼。她正在格勒拿特,马上赶了来。半个月之内,她目不交睫,片刻不离的陪着我。没有一个女人能及得上她看护的尽心与周到,哪怕是对一个最心爱的男人。等到我能站起来了,她极秘密的把我带进格勒拿特。波希米人到哪儿都有藏身之处;我六个星期躲在一所屋子里,跟通缉我的法官的家只隔两间门面。好几次,我掩在护窗后面看见他走过。后来我把身子养好了;但躺在床上受罪的时期,我千思百想,转了好多念头,打算改变生活。我告诉嘉尔曼,说我们可以离开西班牙,上新大陆去安安分分的过日子。她听了只是笑我:

"我们这等人不是种菜的料,天生是靠外江佬过活的。告诉你,我已经和直布罗陀的拿打·彭·约瑟夫接洽好一桩买卖。他有批棉织品,只等你去运进来。他知道你还活着,一心一意的倚仗着你。你要是失信了,对咱们直布罗陀的联络员怎么交代呢?"

我被她说动了,便继续干我那个不清不白的营生。

我躲在格勒拿特的时节,城里有斗牛会,嘉尔曼去看了。回来她说了许多话,提到一个挺有本领的斗牛士,叫做吕加的。他的马叫什么名字,绣花的上衣值多少钱,她全知道。我先没留意。过了几天,我那唯一老伙计耶尼多,对我说看见嘉尔曼和吕加一同在查加打一家铺子里。我这才急起来,问嘉尔曼怎么认识那斗牛士的,为什么认识的。

她说:"这小伙子,咱们可以打他的主意。只要河里有声音,不是有水,便是有石子①。他在斗牛场中挣了一千二百块钱。两个办法随你挑:或是拿他的钱,或是招他入伙。他骑马的功夫很好,胆子又很大。咱们的弟兄这个死了,那个死了,反正得添人,你就邀他入伙罢。"

我回答说:"我既不要他的钱,也不要他的人,还不准你和他来往。"

"小心点儿,"她说;"人家要干涉我做什么事,我马上就做!"

幸亏斗牛士上玛拉迦去了,我这方面也着手准备把犹太人的棉织品运进来。这件事使我忙得不可开交,嘉尔曼也是的;我把吕加忘了,或许

---

① 此系波希米人的俗谚。——原注

她也忘了,至少是暂时。先生,我第一次在蒙底拉附近,第二次在高杜城里和你相遇,便是在那一段时间。最后一次的会面不必再提,也许你知道的比我更多。嘉尔曼偷了你的表,还想要你的钱,尤其你手上戴的那个戒指,据说是件神妙的宝物,为她的巫术极有用处。我们为此大闹一场,我打了她,她脸色发青,哭了。这是我第一次看见她哭,不由得大为震动。我向她道歉,但她整天怄气,我动身回蒙底拉,她也不愿意和我拥抱。我心中非常难受;不料三天以后,她来找我了,有说有笑,像梅花雀一样的快活。过去的事都忘了,我们好比一对才结合了两天的情人。分别的时候,她说:

"我要到高杜去赶节;哪些人是带了钱走的,我会通知你。"

我让她动身了。剩下我一个人的时候,我把那个节会,和嘉尔曼突然之间那么高兴的事,细细想了想。我对自己说,她先来迁就我,一定是对我出过气了。一个乡下人告诉我,高杜城里有斗牛。我听了浑身的血都涌起来,像疯子一般的出发了,赶到场子里。有人把吕加指给我看了;同时在第一排的凳上,我也看到了嘉尔曼。一瞥之下,我就知道事情不虚。吕加不出我所料,遇到第一条牛就大献殷勤,把绸结子①摘下来递给嘉尔曼,嘉尔曼立刻戴在头上。可是那条牛替我报了仇。吕加连人带马被它当胸一撞,翻倒在地下,还被它在身上踏过。我瞧着嘉尔曼,她已经不在座位上了。我被人挤着,脱身不得,只能等到比赛完场。然后我到你认得的那所屋子里,整个黄昏和大半夜工夫,我都静静的等着。清早两点左右,嘉尔曼回来了,看到我觉得有些奇怪。

我对她说:"跟我走。"

"好,走吧!"

我牵了马,教她坐在马后;大家走了半夜,没有一句话。天亮的时候,我们到一个孤零零的小客店中歇下,附近有个神甫静修的小教堂。到了

---

① 绸结子的颜色是每头牛出身的畜牧场的标记,结子用钩子勾在牛皮上。斗牛士从活牛身上摘下此结献给妇女,是表示极大的爱慕之意。——原注

那里,我和她说:

"你听着,过去的一切都算了,我什么话都不跟你提;可是你得赌个咒:跟我上美洲去,在那边安分守己的过日子。"

"不,"她声音很不高兴,"我不愿意去美洲。我在这儿觉得很好呢。"

"那是因为你可以接近吕加的缘故;可是仔细想一想吧,即使他医好了,也活不了多久。并且干么你要我跟他生是非呢?把你的情人一个一个的杀下去,我也厌了;要杀也只杀你了。"

她用那种野性十足的目光直瞪着我,说道:

"我老是想到你会杀我的。第一次见到你之前,我在自己门口遇到一个教士。昨天夜里从高杜出来,你没看到吗?一只野兔在路上窜出来,正好在你马脚中间穿过。这是命中注定的了。"

"嘉尔曼西太,你不爱我了吗?"

她不回答,交叉着腿坐在一张席上,拿手指在地下乱画。

"嘉尔曼,咱们换一种生活罢,"我用着哀求的口吻,"住到一个咱们永远不会分离的地方去。你知道,离此不远,在一株橡树底下,咱们埋着一百二十盎斯的黄金……犹太人彭·约瑟夫那儿,咱们还有存款。"

她笑了笑回答:"先是我,再是你。我知道一定是这么回事。"

"你想想罢,"我接着说,"我的耐性,我的勇气,都快完了;你打个主意罢,要不然我就决定我的了。"

我离开了她,走到小教堂那边,看见隐修的教士做着祈祷。我等他祈祷完毕,心里也很想祈祷,可是不能。看他站了起来,我便走过去和他说:

"神甫,能不能请您替一个命在顷刻的人做个祈祷?"

"我是替一切受难的人祈祷的,"他回答。

"有个灵魂也许快要回到造物主那里去了,您能为它做一台弥撒吗?"

"好罢,"他把眼睛直瞪着我。

因为我的神气有点异样,他想逗我说话。

"我好像见过你的,"他说。

我放了一块银洋在他凳上。

"弥撒什么时候开始呢?"

"再等半个钟点。那边小客店老板的儿子要来帮我上祭。年轻人,你是不是良心上有什么不安? 愿不愿意听一个基督徒的劝告?"

我觉得自己快哭出来了,告诉他等会儿再来,说完便赶紧溜了。我去躺在草地上,直等到听见钟声响了才走近去,可是没进小教堂。弥撒完了,我回到客店去,希望嘉尔曼已经逃了;她满可以骑着我的马溜掉的……但她没有走。她不愿意给人说她怕我。我不在的时候,她拆开衣衫的贴边,拿出里头的铅块;那时正坐在一张桌子前面,瞅着一个水钵里的铅块,那是她才熔化了丢下的。她聚精会神的做着她的妖法,一时竟没发觉我回来。一忽儿她愁容满面的拿一块铅翻来翻去,一忽儿唱一支神秘的歌,呼召唐·班特罗王的情妇,玛丽·巴第拉,据说那是波希米族的女王①。

"嘉尔曼,"我和她说,"能不能跟我来?"

她站起来把她的木钟扔了,披上面纱,预备走了。店里的人把我的马牵来,她仍坐在马后,我们出发了。

走了一程,我说:"嘉尔曼,那末你愿意跟我一块儿走了,是不是?"

"跟你一块儿死,是的;可是不能再跟你一块儿活下去。"

我们正走到一个荒僻的山峡,我勒住了马。

"是这儿吗?"她一边问一边把身子一纵,下了地。她拿掉面纱,摔在脚下,一只手插在腰里,一动不动,定着眼直瞪着我。

她说:"我明明看出你要杀我;这是我命该如此,可是你不能教我让步。"

我说:"我这是求你;你心里放明白些罢。你听我的话呀! 过去种种都甭提啦。可是你知道,是你把我断送了的;为了你,我当了土匪,杀了人。嘉尔曼! 我的嘉尔曼! 让我把你救出来罢,把我自己和你一起救出

---

① 相传玛丽·巴第拉以妖术蛊惑唐·班特罗王,以一金带献于王后,王见后身上缠有毒蛇,自是即深恶后而专宠玛丽·巴第拉。——原注

来罢。"

她回答:"育才,你的要求,我办不到。我已经不爱你了;你,你还爱着我,所以要杀我。我还能对你扯谎,哄你一下;可是我不愿意费事了。咱们之间一切都完了。你是我的罗姆,有权杀死你的罗米;可是嘉尔曼永远是自由的。她生来是加里,死了也是加里①。"

"那末你是爱吕加了?"我问她。

"是的,我爱过他,像对你一样爱过一阵,也许还不及爱你的情分。现在我谁都不爱了,我因为爱过了你,还恨我自己呢。"

我扑在她脚下,拿着她的手,把眼泪都掉在她手上。我跟她提到我们一起消磨的美妙的时间。我答应为了讨她喜欢,仍旧当土匪当下去。先生,我把一切,一切都牺牲了,但求她仍旧爱我!

她回答说:"仍旧爱你吗?办不到。我不愿意跟你一起生活了。"

我气疯了,拔出刀来,巴不得她害了怕,向我讨饶,但这女人简直是个魔鬼。

我嚷道:"最后再问你一次,愿不愿意跟我走?"

"不!不!不!"她一边说一边跺脚。

她从手上脱下我送给她的戒指,往草里扔了。

我戳了她两刀。那是独眼龙的刀子,我自己的一把早已断了。在第二刀上,她一声不出的倒了下去。那双直瞪着我的大眼睛,至今在我眼前;一忽儿她眼神模糊了,闭上了眼。我在尸首前面失魂落魄的呆了大半天。然后我想起来,嘉尔曼常常说喜欢死后葬在一个树林里。我便用刀挖了一个坑,把她放下。我把她的戒指找了好久,终于找到了,放在坑里,靠近着她,又插上一个小小的十字架。也许这是不应该的。然后我上了马,直奔高杜,遇到第一个警卫站就自首了。我承认杀了嘉尔曼,可不愿意说出尸身在哪儿。隐修的教士真是一个圣者。他居然替她祷告了,为她的灵魂做了一台弥撒……可怜的孩子!把她教养成这样,都是加莱的罪过。

---

① 加里的意义参阅前三一五页注。——原注

四

　　散布在全欧洲的这个流浪民族，或是称为波希米，或是称为奚太那，或是称为奇泼赛，或是称为齐格耐①，或是叫做别的名字，至今还是在西班牙为数最多。他们大半都住在，更准确的说是流浪于南部东部各省，例如安达鲁齐，哀斯德拉玛杜，缪西；加塔罗尼亚省内也有很多②，——这方面的波希米人往往流入法国境内。我们南方各地的市集上都有他们的踪迹。男人的职业不是贩马，便是替骡子剪毛，或是当兽医；别的行业是修补锅炉铜器，当然也有做走私和其他不正当的事的。女人的营生是算命，要饭，卖各种有害无害的药品。

　　波希米人体格的特点，辨认比描写容易；你看到了一个，就能从一千个人中认出一个与他同种的人。与住在一地的异族相比，他们的不同之处是在相貌与表情方面。皮色黑沉沉的，老是比当地的土著深一点。因为这个缘故，他们往往自称为加莱(黑人)③。眼睛的斜视很显著，但长得很大很美，眼珠很黑，上面盖着一簇又浓又长的睫毛。他们的目光大可比之于野兽的目光，大胆与畏缩兼而有之；在这一点上，他们的眼睛把他们的民族性表现得相当准确：狡猾，放肆，同时又天生的怕挨打，像巴奴越一样④。男人多半身段很好，矫捷，轻灵；我记得从来没遇到一个身体臃肿的。德国的波希米女人好看的居多；但西班牙的奚太那极少有俊俏的。

---

① 齐格耐是德国人称呼波希米人的名字，奇泼赛为英国人称波希米人的名字。——译者注

② 哀斯德拉玛杜省位于西班牙西部偏南，与葡萄牙接壤；缪西省在西南部的地中海滨；加塔罗尼亚省在北部，与法国接壤。——译者注

③ 德国的波希米人虽很了解加莱一字的意义，但不喜欢人家这样称呼他们。——原注

④ 巴奴越为法国十六世纪大作家拉勃莱笔下的典型人物，人类恶劣的本能几无不具备，但玩世不恭，言辞隽永，亦有其可爱之处。——译者注

年轻的时候,她们虽然丑,还讨人喜欢;但一朝生了孩子就不可向迩了。不论男女,都是出人意外的肮脏,谁要没亲眼见过一个中年妇女的头发决计想象不出是怎么回事,纵使你用最粗硬,最油腻,灰土最多的马鬃来比拟,也还差得很远。在安达鲁齐省内某几个大城市里,略有姿色的姑娘们对自身的清洁比较注意一些。这般女孩子拿跳舞来卖钱,跳的舞很像我们在狂欢节的公共舞会中禁止的那一种。英国传教士鲍罗先生,受了圣经会的资助向西班牙境内的波希米人传教,写过两部饶有兴味的著作;他说奚太那决不委身于一个异族的男人,绝无例外。我觉得他赞美她们贞操的话是过分的。第一,大半的波希米女人都像奥维特书中的丑婆娘:俏姑娘,你们及时行乐罢。贞洁的女人决没有人请教①。至于长得好看的,那也和所有的西班牙女子一样,挑选情人的条件很苛:既要讨她们喜欢,又要配得上她们。鲍罗先生举一个实例证明她们的贞操,其实倒是证明他自己的贞操,或者更准确的说,是证明他的天真。他说,他认识一个浪子,送了好几盎斯黄金给一个奚太那,结果一无所得。我把这故事讲给一个安达鲁齐人听,他说这个浪子倘若拿出两三块银洋,倒还有得手的希望;把几个盎斯的黄金送给一个波希米女人,其无用正如对一个乡村客店的姑娘许上一二百万的愿。——虽然如此,奚太那对丈夫的赤胆忠心却是千真万确的。为了救丈夫的患难,她们能受尽辛苦,历尽艰难。他们对自己民族的称呼之一,罗梅,原义是夫妇,足以说明他们对婚姻关系的重视。以一般而论,他们最主要的优点是乡情特别重,我的意思是指他们对同族的人的忠实,患难相助的热心,和作奸犯科的时候严守秘密的义气。但在一切不法的秘密社团中都有类似的情形。

　　几个月以前,我在伏越山中②参观一个定居在那里的波希米部落。在一个女族长的小屋子里,住着一个非亲非故,得了不治之症的波希米人。

---

① 见奥维特(公元前一世纪的拉丁诗人)所著《论爱情》第一卷《哀歌》第七首;上引二语系作者假托鸨母所说。——译者注
② 伏越山脉在法国东部偏北,介于德、法两国之间。——译者注

他原来住在医院里受到很好的看护，但特意出来死在同乡人中间。他在那儿躺了十三个星期。主人把他招待得比同住一屋的儿子女婿还要好。他睡的是一张用干草与藓苔铺得很舒服的床，被褥相当干净，家里别的人，一共有十三个，却是睡的木板，每块板只有三尺长。这是他们待客的情谊。但那个如此仁厚的女子竟当着病人和我说："快了，快了，他要死了。"归根结蒂，这些人的生活太苦了，死亡的预告对他们并不可怕。

波希米人的另一特点是对宗教问题毫不关心；并非因为他们是强者或是怀疑派。他们从来不标榜什么无神论。反之，他们所在地的宗教便是他们的宗教，但换一个国家就换一种宗教。在文化落后的民族，迷信往往是代替宗教情绪的，但对波希米人也毫不相干。利用别人的轻信过日子的人，怎么自己还会迷信呢？可是我注意到西班牙的波希米人最怕接触尸首。他们很少肯为了钱而帮丧家把死人抬往坟墓的。

我说过波希米女人会算命。她们在这方面的确很有本领；但最主要的收入还是卖媚药。她们不但抓着虾蟆的脚，替你羁縻朝三暮四的男人的心，或是用磁石的粉末使不爱你的人爱你；必要时还会用法术请魔鬼来帮忙。去年一个西班牙女人告诉我下面一个故事：有一天她在阿加拉街上走，心事重重，非常悲伤；一个蹲在阶沿上的波希米女人招呼她说："喂，美丽的太太，您的情人把您欺骗了。那是一定的。要不要我替您把他拉回来？"不消说，听的人是欣然接受了；而且一眼之间猜到你心事的人，你怎么会对她不信任呢？在马德里最热闹的一条街上，当然不能兴妖作法；她们便约定了下一天。到时，奚太那说："要把您那不老实的情人拉回来真是太容易了。他可送过您什么手帕，围巾，或是面纱吗？"人家给了她一块包头布，她就说："现在您用暗红丝线在布的一角缝上一块银洋——另外一角缝半块钱；这儿缝一个角子；那儿缝两个五分的。最后，在布的中央缝上一块金洋，最好是一枚两块钱的。"女太太一一照办了。"现在您把这包头布给我，我要在半夜十二点整送往公墓。倘若您想瞧瞧奇妙的妖法，不妨跟我一块儿去。我包您明天就能看到情人。"临了，波希米女人独自上公墓去了，那太太怕魔鬼，不敢奉陪。至于可怜的弃妇结果是否能收回她的头巾,再见她的情人,我让读者自己去猜了。

波希米人虽则穷苦,虽则令人感到一种敌意,但在不大有知识的人中间受到相当敬重,使他们引以为豪。他们觉得自己在智力方面是个优秀的种族,对招留他们的土著老实不客气表示轻视。伏越山区的一个波希米女人和我说:"外江佬蠢得要死,你哄骗他们也不能算本领。有一天,一个乡下女人在街上叫我,我便走进她家里:原来她的炉子冒烟,要我念咒作法。我先要了一大块咸肉,然后念念有词的说了几句罗马尼,意思是:你是笨贼,生来是笨贼,死了也是笨贼……我走到门口,用十足地道的德文告诉她:要你的炉子不冒烟,最可靠的办法是不生火……说完我拔起脚来就跑。"

波希米族的历史至今尚是问题。大家知道他们最早的部落人数不多,十五世纪初叶出现于欧洲东部,但说不出从哪儿来的,为什么到欧洲来的。最可怪的是他们在短时期内,在各个相隔甚远的地区之中,居然繁殖得如此神速。便是波希米人自己,对于他们的来源也没保留下什么父老相传的说法。固然,他们多半把埃及当作自己的发源地,但这是一种很古的传说,他们只是随俗附会而已。

多数研究过波希米语的东方语言学者,认为这民族是印度出身。的确,罗马尼的不少字根与文法形式都是从梵文中化出来的。我们不难想象,波希米族在长途流浪的期间采用了很多外国字。罗马尼的各种方言中有大量的希腊文,例如骨头,马蹄铁,钉子这些字。现在的情形几乎是有多少个隔离的波希米部落,就有多少种不同的方言。他们到处对所在地的语言比自己的土语讲得更流利,土语只为了当着外人之面便于自己人交谈而讲的。德国的波希米人与西班牙的波希米人已经几百年没有往来,以双方的土语比较,仍可发见许多相同的字;但原来的土语,到处都被比较高级的外国语变质了,只是变质的程度不同而已;因为这些民族不得不用所在地的方言。一方面是德文,一方面是西班牙文,把罗马尼的本质大大的改变了,所以黑森林区①的波希米人与安达鲁齐的同胞已经无法交谈,虽然他们只要听几句话,就能知道彼此的土语同出一源。有些极常用的字,我认为在各种土语中都相同,例如在任何地方的波希米字汇中都能找到的:巴尼(水),芒罗(面包),玛斯(肉),隆(盐)。

数目字几乎是到处一样的。我觉得德国的波希米语比西班牙的纯粹得多,因为前者保留不少原始文法的形式,不像奚太诺采用加斯蒂②语的文法形式。但有几个例外的字仍足证明两种方言的同源。③

…………

对于《嘉尔曼》的读者,我这点儿罗马尼学问也夸耀得很够了。让我用一句非常恰当的波希米俗语作结束罢,那叫做:嘴巴闭得紧,苍蝇飞不进。

---

① 黑森林为德国南部山脉,以多森林著称。——译者注
② 加斯蒂为西班牙中部地区的旧行省名。——译者注
③ 以下尚有原文十余行,均讨论波希米语动词的语尾变化,叙述每字末尾几个字母的不同,纯属语言学与文法学的范围,对不谙拉丁语系文字之读者尤为沉闷费解,且须直书西文原文,故略去不译。——译者注

高龙巴
——实地旅行出来的风俗名篇

《高龙巴》叙述高斯岛民以眼还眼,以牙还牙的"讨血债"的风俗,以恋爱故事作为穿插。轻松活泼,谈笑风生的文章,这与故事的原始情调与血腥味成为对比。

——摘自傅雷《高龙巴》简介

一

　　一八一×年十月初，上校汤麦斯·奈维尔爵士，爱尔兰人，优秀的英国军官，带着女儿游历意大利回来，抵达马赛，下榻于鲍伏大旅馆。意兴浓厚的旅客见一样夸一样的风气，不免促成一种反响，使现在许多游历家为了标新立异，竟以荷拉斯的切勿少见多怪一语作为箴言。上校的独养女儿丽第亚小姐，便是这一类爱发牢骚的游客。她觉得《耶稣显容》①平淡无奇，活跃的维苏威火山也不见得比伯明罕城中的工厂烟突如何优胜。总之，她对意大利极不满意的是缺少地方色彩，缺少个性。至于何谓地方色彩，何谓个性，还得请读者自己揣摩；几年以前我还懂得这些名词，现在可完全不了解了。最初丽第亚小姐很得意，自以为在阿尔卑斯的那一边能看到些前人未尝寓目的景物，大可回国和一般像姚尔邓先生②说的高人雅士谈谈。不久，发觉到处被同胞们占了先著，要找一件不是人尽皆知的东西简直不可能，她便一变而为反对派了。的确，顶扫兴的是，一提到意大利的胜迹，必有人问："你一定见到某某城某某宫中的那幅拉斐尔罢？那真是意大利最美的东西了。"——不料那正是你疏忽了的。既然没时间包罗万象的看到家，还不如一笔抹煞来得干脆。

　　住在鲍伏大旅馆的时期，丽第亚小姐有件非常懊恼的事。她行囊中带着一幅速写，是勾的塞尼城中班拉斯琪③拱门，以为那总没有素描家动过笔的了。不料法兰西斯·范维区夫人在马赛遇到她，拿出纪念册来，在

---

① 　《耶稣显容》为拉斐尔所作的名画，藏梵谛冈宫中。——译者注
② 　姚尔邓先生为莫利哀名剧《冒充贵族》中的主角，是一个愚昧无知，可笑可鄙的市侩。——译者注
③ 　班拉斯琪为史前居住希腊半岛及地中海一带的民族。塞尼城在罗马省内。——译者注

一首十四行诗与一朵枯萎的花瓣之间,居然也有那座拱门,着的是强烈的土黄色。丽第亚小姐一气之下,把自己的速写给了贴身女仆,对班拉斯琪的建筑从此失去了敬意。

奈维尔上校也感染了这种不愉快的心情。他自从太太故世以后,对一切都用女儿的眼光看的。在他心中,意大利千不该万不该使他女儿厌烦,所以它是世界上最可厌的国家。他对于绘画与雕塑固然无话可说;但以打猎而论,他断定是最没出息的地方了:他晒着大太阳在罗马郊外走了好几十里,才不过打到几只不像样的红鹬鸪。

到马赛的第二天,奈维尔请他以前手下的副官埃里斯上尉吃饭。上尉最近在高斯①住了六星期,对丽第亚小姐讲了一桩土匪的故事,不但讲得挺好,而且妙在和她在罗马与拿波里之间常听到的盗匪故事截然不同。吃到饭后点心,只剩下两位男人斟着包尔多酒对酌,谈到打猎的时候,上校才知道高斯禽兽之丰富,种类之繁多,没有一个地方比得上。埃里斯上尉说:"那边野猪极多,但你切不可与家猪相混,它们真是太相像了;万一打死了家猪,牧人就跟你找麻烦:他们全副武装的从小树林——他们叫做绿林——中钻出来,要你赔偿他们的牲口,还把你取笑一阵。高斯还有古怪的摩弗仑野羊,别处看不见的,可以说是异兽,但不容易打到。至于麇,鹿,山鸡,小鹬鸪……充塞于高斯岛上的各种禽兽,简直数也数不清。上校,倘若你喜欢打猎,不妨去高斯走一遭;那儿正如我的居停主人说的,你爱打什么野味都可以,从画眉到人为止。"

喝茶的时候,上尉又讲了一桩株连远亲的愤达他②。比第一桩更古

① 高斯为地中海一小岛,意大利人称为科西嘉。十八世纪中叶由热那亚城邦让与法国,现为法国行省。——译者注

② 愤达他(vendetta)为意大利语,意为复仇;但在高斯人另有特殊意义,即一人受辱,及与近亲;故近亲均有报复之责,报复对象亦不限于仇家本人,并及其近亲。大多先由家族会议决定,然后通知仇家,表示警告。此风在高斯渊源甚古,因高斯素受海盗侵扰,又受热那亚邦的专制统治,故家族及部落的团结特别密切。此处所谓株连远亲的愤达他,乃指仇人本身故世而无近亲时,则以仇家之远亲为报复对象。——译者注

怪,使丽第亚小姐听得津津有味;他还描写当地风景的奇特,丛莽初辟的气象,岛民性格的特殊,好客的风气与原始的民情,终于使丽第亚小姐对高斯完全入迷了。最后他送她一把美丽的小匕首,其名贵并不在于形状和镶铜的手工,而是在于它的来历;因为是一个有名的土匪情愿让给埃里斯上尉的,保证它杀过四个人。丽第亚拿去插在腰带里,后来放在床头小几上,睡觉以前从鞘里抽出来看了两次。上校却梦见打死了一头摩弗仑野羊,主人要他付代价,他很乐意地照给了,因为那是一只非常奇怪的野兽,身体像野猪,头上长着鹿角,后面拖着一条山鸡的尾巴。

第二天,上校和女儿一同吃早饭,说道:"据埃里斯讲,高斯岛上颇有些珍禽异兽,要不是地方这么远,我倒很想去玩它半个月。"

丽第亚小姐回答:"好啊,为什么不去呢?你管你打猎,我管我画画,埃里斯上尉提到波拿帕脱①小时读书的山洞,要是能画在我的纪念册上,我才高兴呢。"

上校表示一个愿望而得到女儿赞成,也许这还是破天荒第一遭。这个巧合使他大为得意,但他老于世故,有心用激将法说出几点不妥之处,把丽第亚小姐心血来潮的兴致提得更高了。地区荒野,女客旅行诸多不便等等的话,一概不生作用;她什么都不怕:路上要骑马吗?那是她顶喜欢的;要搭营露宿吗?她想到就乐死了;她还说要上小亚细亚去玩呢!总而言之,你说一句,她答一句;因为没有一个英国女子去过高斯,所以她非去不可。将来回到圣·詹姆斯广场,拿出纪念册来给人看的时候,那才妙呢!——"亲爱的,为什么你把这张可爱的素描翻过了呢?"——"噢!没有什么。那不过是张速写,画的一个高斯有名的土匪,替我们当过向导的。"——"怎么!你到过高斯的?……"

法国与高斯之间当时还没有汽船来往,他们只能打听开往海岛的帆

---

① 欧洲人于十九世纪时大多痛恨拿破仑,不愿称其帝王之名号(拿破仑),而称其出身的姓氏(波拿帕脱)。即法国人反对拿破仑者亦称其为波拿帕脱。高斯即拿破仑之故乡。——译者注

船;丽第亚小姐下了决心,认为一定能找到一条立即启碇的船。上校当天就写信到巴黎去,把预定的旅馆房间退掉,同时和一个船主接洽,他的双桅快船便是直放阿雅佐的①。船上有两个小房间。他们带足了食物。船主竭力担保,说他有个水手是很高明的厨子,做的鱼虾杂烩汤是独一无二的,他还告诉小姐船上不会不舒服,保证一路风平浪静。

此外,上校依照女儿的意思,限令船主不得搭载任何旅客,并且要把船沿着高斯岛的海岸行驶,以便欣赏山景。

---

① 　阿雅佐为高斯全岛的首府,位于西海岸。——译者注

二

动身那天,一切都摒挡就绪,早晨就运上了船;船要等傍晚微风初起的时候才开。在等待期间,上校和女儿在加陶皮哀大街①上散步,不料船主过来请求允许他搭载一个亲戚,说是他大儿子的教父②的亲戚,为了要事必须回故乡高斯去一趟,苦于没有便船。

玛德船长又补充了几句:"他是一个挺可爱的青年,也是军人,在警卫军的步兵营中当军官,要是那一位还做着皇帝的话,他早已升作上校的了。"

上校回答:"既然他是个军人……"他还没说出"我很乐意他跟我们同船……"丽第亚小姐已经用英文嚷起来了:

"噢,一个步兵军官!(她的父亲是骑兵营的,所以她对别的兵种都瞧不起)……也许是个没教育的,可能晕船,把我们航海的乐趣都给破坏了!"

船主一句英文都不懂,但看到丽第亚噘着美丽的小嘴的神气,似乎也猜到了她的意思,便把他的亲戚大大的夸了一番,保证他极有规矩,出身是班长的家庭,决不打扰上校,因为他,船主,负责把他安置在一个地方,你可以根本不觉得有他这个人。

上校和丽第亚小姐听到高斯有些家庭会父子相传的当班长,未免奇怪;但他们很天真的以为那乘客真是步兵营中的班长,便断定他是个穷小子,船主有心要帮他的忙。倘若是个军官,倒少不得和他攀谈应酬,对付

---

① 加陶皮哀大街为马赛最热闹的一条街。——译者注
② 西俗儿童受洗时必有一教父,一教母,负责儿童将来的宗教教育。教父教母往往不论年龄辈分,但必系儿童家长的至亲好友。——译者注

一个班长可不用费心;他是个无足轻重的家伙,只要不和他的弟兄们在一起,上了刺刀,把你带到你不愿意去的地方去。

"你的亲戚晕不晕船?"丽第亚小姐问话的口气不大婉转。

"从来不晕的,小姐;不论在陆地上在海上,他都扎实得像岩石一样。"

"行! 那就让他搭船罢,"她说。

"让他搭船罢,"上校也跟着应了一句。说完,他们又继续散步去了。

傍晚五点光景,玛德船长来带他们上船了。在码头上,靠近船长的舢板,他们看到一个高大的青年,蓝外套从上到下都扣着钮子,深色皮肤,黑眼睛炯炯有神,很大,很秀气,模样是个爽直而聪明的汉子。凭他侧着身子站立的习惯①和两撇卷曲的胡子,一望而知是个军人;因为那时留胡子的风气尚未时行,警卫军的姿势习惯也还没有人普遍的模仿。

见了上校,年轻人脱下便帽,不慌不忙,措辞很得体的向他道谢。

"我很高兴能帮你的忙,老弟,"上校向他亲热的点点头。

然后他下了舢板。

"你那英国人倒是大模大样的,"那青年放低着声音用意大利文和船主说。

船主把大姆指放在左眼下面,嘴角往两边扯了一下。凡是懂得手势的人,就能知道那意思是说英国人懂得意大利文,并且是个怪物。青年略微笑了笑,向玛德指了指脑门,仿佛说所有的英国人脑筋都不大健全;然后他坐在船主旁边,细细打量那个美丽的旅伴,可并没放肆的神气。

上校和女儿说着英文:"这些法国兵气派都不错,所以很容易当上军官。"

接着他又用法文跟年轻人搭讪:"老乡,你是哪个部队的?"

年轻人用肘子轻轻撞了撞他的亲戚,忍着笑,回答说他是警卫军猎步兵营的,现在属于第七轻装营。

---

① 军人与击剑家均有侧身站立的习惯,以减少身体受敌的面积,同时亦便于归入行列。——译者注

"你有没有参加滑铁卢之战?你年纪还很轻呢。"

"噢,上校,我唯一的一仗就是在滑铁卢打的。"

"那一仗可等于两仗呢。"

年轻的高斯人咬了咬嘴唇。

"爸爸,"丽第亚小姐用英文说,"问问他高斯人是不是很喜欢他们的波拿帕脱?"

上校还没把这句话翻成法文,那青年已经用英文回答了,虽然口音不大纯粹,但还说得不坏。

"你知道,小姐,俗语说得好:哪怕是圣贤,本地也没人把他当作了不起。我们是拿破仑的同乡,或许倒不像法国人那么喜欢他。至于我,虽则我的家庭从前跟他有仇,我可是喜欢他的,佩服他的。"

"原来你会讲英文的!"上校说。

"讲得很坏,你不是一听就知道了吗?"

丽第亚小姐对于这种随便的口吻有些不快,但想到一个班长居然敢对皇帝有仇,不由得笑了。高斯地方的古怪于此可见;她决意拿这一点写上日记。

上校又问:"也许你在英国作过俘虏罢?"

"不,上校。我的英文是我年轻的时候跟一个贵国的俘虏学的。"

接着他向丽第亚小姐说:

"玛德说你们才从意大利回来。小姐,你想必讲的一口好多斯加语①;我担心你听我们的土话不大方便。"

上校回答:"意大利所有的方言,小女都懂。她对语言很有天分,不像我这么笨。"

"我们高斯有支民歌,有几句是牧童和牧女说的话,不知小姐能懂吗?

倘若我进了圣洁的天堂,天堂,

———————————

① 多斯加为意大利一大行省,以翡冷翠为首府;多斯加语为最标准的意大利语。——译者注

倘若在天堂上找不到你,我决不留恋那地方。"

丽第亚小姐觉得他引用这两句歌辞有些放肆,尤其是念这两句的时候的目光,便红着脸回答:"加比斯谷(我懂的)。"

上校问:"此番你回去,是不是有六个月的例假?"

"不,上校。他们要我退伍了①,大概因为我到过滑铁卢,又是拿破仑的同乡。我此刻回家就像歌谣中说的:希望渺茫,囊橐空空。"

说着,他望着天叹了口气。

上校拿手伸进口袋,拈着一块金洋,想找一句得体的话把钱塞在可怜的敌人手里。

"我也是的,"他故意装着轻松的口吻,"他们也要我退伍了;……可是你退伍的薪俸还不够买烟草。喂,班长……"

青年的手正放在舢板的船舷上,上校想把金洋塞在他手里。

他红着脸,挺了挺身子,咬着嘴唇,正待发作,却突然换了一副表情,大声的笑了。上校手里拿着钱,不由得愣住了。

"上校,"年轻人又拿出一本正经的神气,"我要劝你两点:第一,千万别送钱给一个高斯人,有些无礼的同乡会把它摔在你脸上的;第二,别把对方并不要求的头衔称呼对方。你叫我班长,我可是中尉。当然那也差不了多少,可是……"

"中尉!中尉!"上校叫起来了。"可是船主和我说你是班长,而且你的父亲,你上代里所有的人,都是班长。"

一听这几句,年轻人不禁仰着身子哈哈大笑,把船主和两个水手也引得笑起来。

末了他说:"对不起,上校;但这个误会真是太妙了,我现在才弄明白。的确,我的家庭很荣幸,上代里颇有些班长;但我们高斯的班长从来没有臂章的。一一○○年左右,有些村镇为了反抗山中专制的贵族,选出一批

---

① 一八一五年滑铁卢战役之后,法国王政复辟,歧视帝国时代的军人,勒令大批退伍。向例退伍军人均支半俸,故下文引用歌谣中语。——译者注

首领,称之为班长。在我们岛上,凡是祖先当过这种保护平民的官职的人家,都自认为光荣的。"

"对不起,先生!"上校大声嚷着。"真是抱歉之至。既然你懂得我误会的原因,希望你多多原谅。"

于是他向他伸出手去。

"这也是我小小的傲气应当受的惩罚,"年轻人还在那里笑着,很亲热的握着英国人的手;"我一点也不怪怨你。既然玛德把我介绍得这么不清不楚,还是让我自己来介绍一下:我叫做奥索·台拉·雷皮阿,职业是退伍的中尉。看到这两条精壮的狗,我料想你是上高斯去打猎的;要是真的,那我很高兴陪你去看看我们的山和绿林⋯⋯倘若我还没把它们忘了的话,"说着又叹了口气。

那时舢板已经傍着帆船。中尉搀扶丽第亚小姐上去了,又帮着上校攀登甲板。汤麦斯爵士对于那个误会始终有点发窘,不知道得罪了一个有七百年家世的人应当怎么补救, 便等不及征求女儿同意,竟约他一同吃晚饭,同时又一再道歉,一再握手。丽第亚小姐果然皱了皱眉头,但认为能够打听一下所谓班长究竟是怎么回事也很有意思;她觉得这客人并不讨厌,甚至还有点儿贵族气息;可惜他太爽直,心情太快乐,不像一个小说中人物。

上校手里端着一杯玛台尔酒,向客人弯了弯腰,说道:"台拉·雷皮阿中尉,我在西班牙见过不少你们的贵同乡,便是那大名鼎鼎的步兵射击营。"

"是的,他们之中不少人都留在西班牙了,"年轻的中尉神情肃穆的回答。

"我永远忘不了维多利亚战役①中一个高斯大队的行军。"上校说着,又揉了揉胸口:"我怎么能忘了呢? 他们躲在各处园子里,借着篱垣作掩护,射击了整整一天,伤了我们不知多少弟兄和马匹。决定退却的时候,

---

① 一八一三年英国大将惠灵吞在西班牙维多利亚大败法军。——译者注

他们集中在一起,很快的跑了。我们希望到平原上对他们回敬一下,可是那些坏蛋……对不起,中尉——那些好汉排了一个方阵,教人攻不进去。方阵中间——我这印象至今如在目前——一个军官骑着一匹小黑马,守在鹰旗旁边抽着雪茄,好像坐在咖啡馆里一样。有时仿佛故意气气我们,他们还奏着军乐……我派了两排兵冲过去,谁知非但没冲进方阵,我的龙骑兵反而往斜刺里奔着,乱糟糟的退了回来,好几匹马只剩了空鞍……该死的军乐却老是奏个不停!等到罩着对方的烟雾散开了,我仍看见那军官在鹰旗旁边抽雪茄。一怒之下,我亲自带着队伍来一次最后的冲锋。他们的枪管发了热,不出声了;但他们的兵排成六行,上了刺刀,对着我们的马头,竟好比一堵城墙。我拼命叫着,吆喝我的龙骑兵,夹着我的马逼它向前;我说的那军官终于拿下雪茄,向他手下的人对我指了一指。我好像听见白头发三个字。当时我戴的是一顶插着白羽毛的军帽。我还没听清下文,就被一颗子弹打中了胸部——啊!台拉·雷皮阿先生,那一营兵真了不起,可以说是二十八轻装联队中最精锐的;事后有人告诉我,他们全是高斯人。”

“是的,”奥索回答;他听着这段故事,眼睛都发亮了。“他们掩护大队人马退却,也没丢失他们的军旗;但三分之二的弟兄此刻都躺在维多利亚的平原上。”

“说不定你知道那指挥官的姓名吧?”

“那便是家父。当时他是二十八联队的少校,因为在那壮烈的一仗中指挥有功,升了上校。”

“原来是令尊!噢,他的确是个英雄!我很高兴再见见他,我一定认得他的。他还在不在呢?”

“不在了,上校,”青年的脸色有点儿变了。

“他有没有参加滑铁卢战役?”

“参加的;但他没有战死疆场的福气……而是两年以前死在高斯的……噢!这海景多美!我十年没看见地中海了。——小姐,你不觉得地中海比大西洋更美吗?”

"我觉得它颜色太蓝了些,波浪的气魄也不够伟大。"

"小姐喜欢粗野的美吗?那末我相信你一定会欣赏高斯。"

上校说:"小女只喜欢与众不同的东西;所以她觉得意大利不过尔尔。"

"意大利我只认识比士,我在那儿念过中学;可是一想到比士的墓园,斜塔,圆顶的大教堂,我就不由得悠然神往……尤其是墓园。你该记得奥加涅的《死亡》罢①……我印象太深了,大概还能凭空把它画出来呢。"

丽第亚小姐怕中尉来一套长篇大论的赞美,便打着呵欠说:"是的,那很美。——对不起,爸爸,我有点头疼,想回舱里去了。"

她亲了亲他的额角,很庄严的对奥索点点头,走开了。两位男人继续谈着打猎跟打仗的事。

他们俩发觉在滑铁卢彼此对面交过锋,说不定还交换过不少子弹。于是两人更投机了。他们把拿破仑、惠灵吞、布律赫②,一个一个的批评过来;然后又转到打猎的题目,什么麋鹿,野猪,摩弗仑野羊等等,谈了许多。夜色已深,最后一瓶包尔多也倒空了,上校才握了握中尉的手,道了晚安,说这番友谊虽然开场那么可笑,希望能好好的发展下去。然后两人分头睡觉去了。

---

① 比士墓园为美术史上有名的建筑,所藏名画名雕,不计其数。此处所指系十四世纪画家安特莱·奥加涅所作的壁画(在墓园的大祭堂廊下),画题全文为《死之胜利与最后之审判》。——译者注

② 布律赫为普鲁士将军,在滑铁卢一役中引军增援惠灵吞,为击败拿破仑之关键。——译者注

三

夜色甚美,月影弄波,船在微风中缓缓向前。丽第亚小姐根本不想睡
觉;只要心中略有几分诗意的人,对此海上夜月的景色当然不会无动于
衷;丽第亚小姐是因为俗客当前,才没法细细体会那种情绪。等到她认为
年轻的中尉,以他那种伧俗的性格一定呼呼睡熟了的时候,她便起床,披
着大氅,叫醒了女仆,走上甲板。甲板上空无一人,只有一个把舵的水手
用高斯土语唱着一种哀歌,调子很少变化,有股肃杀之气,但在静寂的夜
里,这种古怪的音乐自有它的动人之处。可惜水手唱的,丽第亚不能完全
懂。在许多极普通的篇章中间,有一首情绪壮烈的诗歌,使她听了大为注
意;不幸唱到最美的段落,忽然夹进几句她莫名其妙的土语。但她懂得歌
曲的内容是讲一桩凶杀案。对凶手的诅咒,对死者的赞美,复仇的呼声,
都杂凑在一起。有几句歌辞她记熟了,我想法把它们翻译在下面:

> 枪炮,刺刀——都不曾使他脸容变色,——在战场上他神色清
> 明——好比夏日的天空。——他是鸷鸟,老鹰的伴侣,——对于朋
> 友,他甘美如蜜,——对于敌人,他却是狂怒的海洋。——比太阳更
> 高,——比月亮更温柔。——法兰西的敌人从来没伤害到他,——家
> 乡的杀人犯——却从背后下了毒手,——像维多洛杀害桑比哀罗·
> 高索一样①。——他们从来不敢正面瞧他。——……我九死一生换
> 来的勋章……钉在墙上,钉在我的床前,——丝带多么红。——我的

---

① 桑比哀罗·高索为十六世纪高斯爱国志士,为反抗热那亚诸侯的统治而作战。其
妻华尼娜·陶尔那诺为营救丈夫,私往热那亚谈判。但高索认为通敌叛国,乃大
义灭亲,手刃其妻。高索卒被乡人维多洛伏兵刺死,今维多洛的名字在高斯等于
卖国贼之同义字。——译者注

衬衣更红。——留着我的勋章，留着我的血衣，——为我的儿子，远客他乡的儿子。——他可以看到上面有两个弹孔。——这儿有个弹孔，——别人的衣衫上也得有个弹孔。——但这还不能算报仇雪恨，——我还要那只放枪的手，——我要那只瞄准的眼睛，——我要那颗起这个恶念的心……

唱到这里，水手忽然停住了。

"朋友，你为什么不唱了呢？"丽第亚小姐问。

水手侧了侧头，要她注意从大舱口中走出的一个人。原来是奥索出来赏月。

"把你的哀歌唱完它好不好？"丽第亚小姐说。"我正听得津津有味呢。"

水手向她伛下身子，声音极轻的说：

"我决不愿意给人家一个仑倍谷。"

"什么？你说什么？……"

水手不回答，开始打唿哨了。

"奈维尔小姐①，啊，被我撞着了，原来你也在欣赏我们的地中海！"奥索一边说一边向她走过来。"别处决看不到这样的月色，你总不能否认吧？"

"我没有看月，我在专心研究高斯话。这水手唱着一首悲壮的哀歌，不料在紧要关头停住了。"

水手低着头，仿佛仔细瞧着指南针，同时偷偷把丽第亚小姐的大氅使劲扯了一下。显而易见那首哀歌是不能在奥索中尉面前唱的。

"你唱的什么呀，包罗·法朗采？"奥索问。"是一首巴拉太呢还是伏

---

① 西俗对人只称姓，相熟以后方称名，与吾国习惯相同。此处丽第亚为名，奈维尔为姓。——译者注

采罗①？小姐懂得歌辞,很想听完它。"

"下半节我忘了,奥斯·安东,"水手回答。

然后他马上直着嗓子,唱起一首称颂圣母的赞美诗。

丽第亚小姐心不在焉的听着,不再紧盯那唱歌的人了,暗中却打定主意非把这谜底弄清楚不可。但她的女仆是翡冷翠人,对高斯土话不比女主人懂得更多,也急于要探听明白;女主人还来不及对她示意,她已经问奥索了:

"先生,什么叫做给人一个仑倍谷②？"

"仑倍谷！"奥索嚷道,"这是对一个高斯人最大的侮辱,责备他没有雪耻报仇。谁和你讲起仑倍谷的?"

丽第亚小姐抢着回答:"那是船主咋天在马赛提到的。"

"他是说谁呀?"奥索的神色颇有点儿紧张。

"噢！ 他给我们讲一个从前的老故事……对啦,大概是讲华尼娜·陶尔那诺吧。"

"我想,小姐,为了华尼娜的死,你对我们的民族英雄,那个了不起的桑比哀罗,恐怕不怎么喜欢吧?"

"你觉得那种行为真是英勇吗?"

"当时风俗野蛮,他的杀妻是可以原谅的;并且桑比哀罗正在跟热那亚人拼个你死我活,他的女人与敌人交通而不加以惩罚,怎么还能教同胞

---

① 高斯风俗,人死之后,特别是被暗杀的,遗体供在桌上,由家属或亲友中的妇女(甚至并无亲戚关系的女子,只要有诗歌天才),对着吊客用当地土语唱几首哀歌。此种女子称为伏采拉脱里岜(voceratrici),或用另一种不同的读音,叫做蒲采拉脱里岜(buceratrici)。此种哀歌在东海岸叫做伏采罗,或蒲采罗,或蒲采拉多(vocero,bucero,buceratu);在西海岸叫做巴拉太(ballata)。有时,好几个妇女当场轮流作一哀歌,往往亦由死者的妻子或女儿歌唱。——原注

② 在意大利文中,仑倍加莱(rimbeccare)的意义是摈斥,呼叱,拒绝。在高斯土语中,此字做当众侮辱解。对一个被暗杀的儿子说他不报杀父之仇,就是"给他一个仑倍谷(rimbecco)"。在意大利统治时期,"给人仑倍谷"为法律所禁,以防遏仇杀的风气。——原注

信任他呢？"

水手插言道："华尼娜动身去意大利没有得到丈夫的准许；桑比哀罗扭断她的脖子是应该的。"

"但那是为救她的丈夫呀。"丽第亚小姐说。"为了爱他，她才去向热那亚人讨情的。"

"替他向敌人讨情便是侮辱他！"奥索嚷着。

丽第亚小姐又道："而他竟亲自动手把她杀了，那不是魔王是什么？"

"你知道，那是她像求恩典一般自己要求死在他手里的。小姐，你是不是把奥赛罗看作魔王呢？"

"那情形完全不同！ 奥赛罗是嫉妒；桑比哀罗不过是虚荣。"

"嫉妒不也是虚荣吗？ 那是爱情的虚荣，你也许为了动机而原谅这种虚荣吧？"

丽第亚小姐非常尊严的瞅了他一眼，回头问水手什么时候能够到岸。

"倘若风向不变，后天就可以到。"

"我恨不得现在就看到阿雅佐。坐在这条船上真是厌烦死了。"

她站起来，挽着女仆的手臂在甲板的走道上踱了几步。奥索呆呆的站在舵旁，不知道应当去陪她散步呢，还是把那一节似乎使她不大耐烦的谈话停止。

"我的圣母哪！"水手叹道。"多好看的姑娘！ 要是我床上的臭虫都像她一样，尽管咬，我也不哼一声的了！"

这样天真的赞美话，丽第亚小姐大概听到了，着了慌；因为她差不多立刻回舱。隔不多时，奥索也去睡了。他一离开甲板，女仆立即回上来把水手盘问了一番，拿下面的消息报告她的女主人：那支因奥索出现而没唱完的巴拉太，是两年以前，人家在奥索的父亲台拉·雷皮阿上校被暗杀后作的。水手认为奥索这番回高斯一定是去报仇，比哀德拉纳拉村上不久就会有新鲜肉上市。把这句通行全岛的俗话翻译出来，就是说奥索大爷预备杀死两三个犯嫌疑的凶手；固然这几个人也一度被司法当局怀疑；但法官，律师，州长，警察，都是他们夹袋中人物，所以结果被认为清白无罪，一点儿事都没有。水手又道：

"高斯是没有法律的；与其相信一个王家法院的推事，还不如相信一支好枪。你要有仇人的话，就得在三个 S 中挑①。"

这些有意思的情报，使丽第亚小姐对台拉·雷皮阿中尉的态度与心理立刻大不相同。在那位想入非非的英国女子心目中，他一变而为英雄了。那种落拓不羁的神情，心直口快，嘻嘻哈哈的谈吐，先是使她印象不甚好的，如今都成为他的优点，表示一个刚毅果敢的人喜怒不形于色。她觉得奥索颇有斐哀斯葛族②人的气魄，胸怀大志而故意装得放浪形骸。这一下丽第亚才发觉年轻的中尉眼睛很大，牙齿很白，身腰很美，教育不差，也有上流社会的习惯。下一天她和他谈了好几次，觉得他的话很有意思。她打听许多关于他本乡的事，他都谈得头头是道。高斯，他是年纪很轻的时候就离开的，先是为了念中学，后来为了念军校，但在他心里始终是个极有诗意的地方。提到那里的山，森林，特殊的风俗，他不由得兴奋起来。说话之间，愤达他这个名词出现了好几次；而你谈到高斯人就不能不对这个遐迩皆知的民情或褒或贬。奥索对于他的同胞那种永无穷尽的仇恨，大体上是谴责的，使丽第亚小姐听了有些奇怪。但乡下人中间有此风俗，他认为可以原谅，甚至断定愤达他是穷人之间的决斗。他说："我这个意见并非没有根据，因为彼此的仇杀都照规矩提过警告，设计陷害之前有一句话非说不可，就是：你小心点儿！敝乡的凶杀案的确比别处多，但从来没有一桩出于卑鄙的动机。我们不少杀人犯，可没有一个贼。"

每逢他提到愤达他和凶杀的字眼，丽第亚小姐总把他留神瞧着，却找不出一点儿动感情的痕迹。既然认为他有那种令人莫测高深的魄力，——当然对她是瞒不过的，——她便继续相信台拉·雷皮阿上校的在

---

① 这是高斯人特有的说法，三个 S 为三个高斯字的第一个字母（schioppetto，stiletto，strada——枪，刀，逃）。——原注

② 斐哀斯葛为十三至十六世纪时意大利有名的贵族，称霸热那亚。家属中前后共有二个教皇，三十个红衣主教，海陆将领不计其数。——译者注

天之灵不久就会得到安慰的。

双桅快船已经望见了高斯的海岸。船主把岸上重要的地名一个一个的说出来，虽然那些地方对丽第亚全是陌生的，但她很高兴知道它们的名字。无名的风景是最乏味的，这是一般游客的心理。有时上校的望远镜中映出一个岛民，穿着棕色衣服，背着长枪，骑着一匹小马在险陡的山坡上飞奔。丽第亚小姐把每一个都当作土匪或是替父亲报仇的儿子；但据奥索说来，那只是附近村镇上的老百姓干他的私事；带枪不是为了需要，而是为了壮行色，为了风气如此，正如都市里的公子哥儿出门不能没有一根漂亮的手杖。虽则以武器而论，长枪不及匕首有诗意，但丽第亚小姐认为男人带枪究竟比拿手杖更风流威武，同时她记得拜仑勋爵笔下的人物也都是死于子弹，而非死于古色古香的匕首的。

航行三天以后，已经到了桑琪南群岛前面，阿雅佐湾庄严的全景都展开在旅客的眼底了。大家把它比之于拿波里湾的确很有道理；船进港口的时候，一个着火的绿林正好把浓烟罩着琪拉多山峰，令人想起维苏威火山，使阿雅佐湾更像拿波里湾。倘使要两者完全相似，只要一支阿提拉的军队把拿波里近郊扫荡一下就行了①；因为阿雅佐城四周一片荒凉，渺无人烟。不像拿波里从加斯德拉玛莱港到弥赛纳海峡，鳞次栉比，尽是漂亮的工厂，阿雅佐湾附近只有些阴森森的树林，后面是荒瘠不毛的山。没有一个别墅，没有一所屋舍。城市周围的高岗上，绿荫中零零星星的耸立着几所白的建筑物，那是亡人的祭堂和家庭的墓园。总之，全部的风景都带着一种严肃而凄凉的美。

城市的外观，尤其在那一个季节，把四郊的荒凉所给人的印象格外加强了。街上毫无动静，只有几个闲人，而且老是那几个。没有一个女的，除非是进城粜卖粮食的乡下女人。你听不到高声的说话，更听不到像意大利城市中那样的歌声与笑声。走道的树荫底下，偶尔有十来个全副武装的乡下人玩着纸牌，或者看着人家玩。他们不叫不嚷，从来不争吵，赌

---

① 阿提拉为五世纪时率领匈奴大军侵略东西罗马帝国的领袖。——译者注

得紧张了，只有手枪的声音，那永远是威吓的前奏。高斯人天生是严肃而沉默的。晚上，有几个人出来纳凉，但路上散步的几乎全是外乡人。岛上的居民都站在自己的屋门口，好像老鹰蹲在窠上防着敌人。

六

　　我是依照荷拉斯的方法，把故事从半中间讲起的①。现在趁美丽的高龙巴跟上校父女一齐睡着了的机会，我要补叙几个不可缺漏的要点，使读者对这件真实的故事了解得更亲切。上文交代过，奥索的父亲台拉·雷皮阿上校是被人谋害的；但高斯的凶杀案，不像法国那样出之于一个苦役监的逃犯，因为偷窃府上的银器而伤了人命，高斯人被暗杀必有仇家；可是结仇的原因往往是说不清的。许多家庭的仇恨只是一种悠久的习惯，最初的原因早已不存在了。

　　台拉·雷皮阿上校的家庭恨着好几个家庭，特别是巴里岂尼一家。有的说，十六世纪时一个台拉·雷皮阿家的男人勾引了一个巴里岂尼家的女子，因此被女方的家属一刀刺死了。另外有些人说正是相反，被玷污的是台拉·雷皮阿家的姑娘，被杀的是巴里岂尼家的男人。不管怎么样，反正两家之间有过血案。可是与习惯相反，这桩血案竟没有引起别的血案；因为台拉·雷皮阿与巴里岂尼两家同样受到热那亚政府的迫害，壮丁都被放逐在外，家里已经好几代没有刚强的男人了。十八世纪末，一个在拿波里当军官的台拉·雷皮阿，在赌场里和一些军人闹起来，人家骂了他，其中有一句说他是高斯的牧羊人；他便掣出剑来，但一个人怎敢得三个人；幸而赌客中间还有一个外乡人，一边嚷着"我也是高斯人"，一边出来拔刀相助，台拉·雷皮阿才没吃亏。那人便是巴里岂尼家的，事先并不与他相识。等到道了姓名籍贯，双方都非常谦恭有礼，指天誓日的结了朋友；在大陆上，高斯人极容易团结，岛上可完全不是这样。这桩故事便是

---

①　公元前一世纪时拉丁诗人荷拉斯于所著《诗论》中有一段，称荷马读者在故事的半中间听起。——译者注

一个例子。台拉·雷皮阿和巴里岂尼寄居在意大利的时期的确是一对知心朋友,但回到高斯,虽然住着同一个村子,却难得见面了;他们死的时候,有人说已有五六年没说过话。他们的儿子,像岛上的说法,还互相取着敬而远之的态度。奥索的父亲琪尔福岂沃当了军人;另外一家的瞿第斯·巴里岂尼是个律师。做了家长以后,为了职业关系各处一方,他们几乎没机会碰面,也没机会听到彼此的消息。

不料有一天,大约在一八〇九年,瞿第斯在巴斯蒂阿城里看到报上载着琪尔福岂沃上尉受勋的新闻,便当着众人说,这不足为奇,因为某某将军做着他家的后台。这句话传到维也纳,到了琪尔福岂沃耳朵里,他便对一个同乡人说,将来他回高斯的时节,瞿第斯一定是个大富翁了,因为他在打输的官司中比在打赢的官司中挣的钱更多。谁也说不上来,这话的意思是指瞿第斯欺骗当事人呢,还是仅仅指出一个极平常的道理,说下风官司对一个吃公事饭的总比上风官司更多油水?不管真意如何,律师把这句讽刺的话听到了,记在心里。一八一二年,他要求当本村村长,事情大有希望,谁知那某某将军写信给州长,推荐琪尔福岂沃太太面上的一个亲戚。州长马上遵从了将军的懿旨;巴里岂尼认定这是琪尔福岂沃捣的鬼。一八一四年,皇帝下台了,将军撑腰的那位村长被指为波拿帕脱党,撤了职,由巴里岂尼接任。百日时期,拿破仑再起,巴里岂尼又被撤职;但那场暴风雨过去以后,他大吹大擂的把村长的印信与户籍簿册重新接收去了。

从那时起,巴里岂尼一帆风顺的走红了。台拉·雷皮阿上校却被迫退伍,隐居在比哀德拉纳拉,不得不暗中和巴里岂尼勾心斗角,应付那些层出不穷的是非:一忽儿他的马窜入了村长的园地,要赔偿损失;一忽儿村长先生以修整教堂的石阶为名,把盖在台拉·雷皮阿家墓上,镌有本家徽号的一块断石板着人抬走了。谁家的羊吃了上校种的东西,羊主人保证可以得到村长的祖护;比哀德拉纳拉的邮政代办所主任原来是个开杂货辅的,园林警卫是个残废老军人,先后都被撤职,换上巴里岂尼的党羽,因为两个前任是台拉·雷皮阿一派。

上校的太太临死，说希望葬在她常去散步的一个小林子里；村长立刻宣布她应当埋在本村公墓上，因为上校并没得到准许另盖一个单独的坟。上校听了大怒，说这个准许状没发下以前，他的太太非葬在她自己选定的地方不可，便教人掘了一个穴道。村长方面也教人在公墓上掘了一个穴道，同时又召集警察，以便维持法律的尊严。下葬那天，两派的人照了面，有一时大家很怕为了争夺台拉·雷皮阿太太的遗体，可能大打出手。亡人方面的亲属带了三四十名全副武装的乡下人，逼着教士出了教堂就走向林子；另一方面，村长和两个儿子，带着手下的党羽和警察等等，到场预备对抗。他才露面，吩咐出殡的行列退回来的时候，马上受到一阵嘘斥和威吓；敌方的人数显然占着优势，意志也非常坚决。看到村长出现，好几支枪的子弹上了膛，据说还有一个牧羊人对他瞄准；但上校把枪撩开了，说道："没有我的命令，谁也不准开火！"村长像巴奴越一样"天然怕挨打"，便不愿交锋，带着人马退走了：于是出殡的行列开始发引，特意挑着最远的路由，打村公所前面经过。走在半路上，有个糊涂虫加进队伍，喊了声："皇帝万岁！"也有两三个人跟着喊了几声；碰巧有条村长家里的牛拦着去路，得意忘形的雷皮阿党人竟想把它杀死；幸而上校出来喝阻了。

不必说，村公所方面动了公事，村长递了一个报告给州长，用极精彩的笔法描写人间的法律与神明的法律如何如何被蹂躏——村长的威严，教士的威严，如何如何受到损害——又说台拉·雷皮阿上校为首率众，图谋不轨，纠集了波拿帕脱的余孽，意欲推翻王室，煽动乡民械斗，种种罪行，实系触犯刑法第八十及九十一各条。

过分夸张的控诉倒反损害了它的效果。上校也写信给州长，给检察长；他太太的一个亲属和岛上的某国会议员有姻亲，另外一个亲戚和王家法院的院长是表兄弟。靠了这些后援，图谋不轨的案子一笔勾消，台拉·雷皮阿太太终于长眠在林子里，只有那个喊口号的糊涂虫被判了半个月监禁。

巴里岂尼律师对这个结果大不满意，便另生枝节，换个方向进攻。他从旧纸堆里发掘出一个文件，和上校争一条小溪的主权，小溪的某一段有个水力磨坊。那场官司拖了很久。一年将尽，法院快判决了，看形势多半是对上校有利的；不料巴里岂尼忽然拿出一封恐吓信呈给检察长，具名的是有名的土匪阿谷斯蒂尼，信上以杀人放火为威吓，要村长撤回诉讼。原来高斯地方，大家都喜欢得到土匪的保护，而土匪为了酬答朋友，也常常干涉民间的私事。村长正想利用这封信，不料又出了件新的事故把案子搅得更复杂了。土匪阿谷斯蒂尼写信给检察长，说有人假造他的笔迹，损害他的名誉，教大家以为他是可以收买的。信末又说："倘若我发见了假冒的人，定当痛加惩罚，以儆效尤。"

由此可见，阿谷斯蒂尼并没写信恐吓村长；但台拉·雷皮阿和巴里岂尼都把写匿名信的事推在对方头上。双方说了许多威吓的话，司法当局也弄不清事情究竟是谁干的。

这期间，琪尔福岂沃上校被暗杀了。据法院调查，事实是这样的：一八××年八月二日，傍晚时分，有个女人叫做玛特兰纳·比哀德利，送麦子到比哀德拉纳拉，一连听见两声枪响，好像是从一条通往村子的低陷的路上发出的，离开她约有一百五十步。她紧跟着瞧见一个男人伛着身子，在葡萄园中的小径上向村子方面奔去。他停了一会，回过头来；可是距离太远，比哀德利女人看不清面貌，并且那人嘴里衔着一张葡萄叶，几乎把整个的脸都遮掉了。他远远的向一个同伴比了个手势，便钻入葡萄藤中不见了。至于那同伴，证人也没看见。

比哀德利女人放下麦子，跑到小路上，发见台拉·雷皮阿上校倒在血泊中，身上中了两枪，但还在那里呼吸。他身旁有支上了膛的长枪，仿佛他正预备抵抗对面的敌人，不料被背后的敌人打中了。他喉咙里呼里呼噜的塞着痰，竭力挣扎着，但一句话都说不上来；据医生事后解释，那是子弹洞穿肺部所致。他气喘得厉害，血慢慢的流着，积在地下像一片红的藓苔。比哀德利女人想把他扶起来，问了好几句话，都没用。她看到他要说话，但没法教人懂得。她又发觉他想伸手到口袋里去，便帮他掏出一个小纸夹，打开来放在他面前。受伤的人拿了纸夹里的铅笔，试着要写字。证人亲眼看他很费力的写了好几个字母，但她不识字，不知道是什么意思。

上校写完字,力气没有了,便把小纸夹纳在比哀德利女人手里,还使劲握着她的手,神气挺古怪的望着她,好像说(以下是证人的话):"这是要紧的,这是凶手的姓名!"

比哀德利女人奔进村子,正遇到村长巴里岂尼先生和他的儿子梵桑丹洛。那时天差不多已经黑了。她把看到的事讲了一遍。村长接过纸夹,赶到村公所去披挂他的绶带①,唤他的书记和警察等等。当下只有玛特兰纳·比哀德利和梵桑丹洛两人在一起,她要求他去救上校,万一他还活着的话;梵桑丹洛回答说,上校和他们是死冤家,他走近去必犯嫌疑。不多时,村长赶去了,发见上校已经断气,便教人抬回尸首,做了笔录。

巴里岂尼先生虽则在当时的情形之下不免心慌意乱,仍旧把上校的纸夹弥封了,又在他职权范围以内尽量缉访凶手,可是毫无结果。预审推事赶到以后,大家打开纸夹,发见一张血迹斑斑的纸上写着几个字,虽是颤巍巍的手笔,却清清楚楚看得出是阿谷斯蒂尼。推事断定上校的意思,说凶手是阿谷斯蒂尼。可是被法官传讯的高龙巴·台拉·雷皮阿,要求把小纸夹让她察看一下。她翻来覆去看了半天,突然伸出手来指着村长,嚷道:"他才是凶手!"接着又说出一番道理,在她当时悲痛欲绝的情形之下,亏她头脑还那么清楚。她说父亲几天以前收到奥索的一封信,看过就烧了,但烧毁以前在小册子上记下奥索的地址,因为他换了防地。现在这地址在小册子上找不到了,高龙巴认为那便是被村长撕掉的,因为她父亲在同一页上写着凶手的名字;村长却另外写上阿谷斯蒂尼的名字。推事检查之下,果然发觉小册子缺了一页,但不久又发见同一纸夹内的别的小册也有缺页;而别的证人都说,上校常常撕下纸夹内的纸,引火点雪茄,所以极可能是他生前不小心,把抄录地址的一页烧掉了。并且大家认为,村长从比哀德利女人手中接下纸夹的时候,天已经黑了,没法看出纸上的字;他拿了纸夹上村公所,中间并没停留;警察队的班长陪着他,看着他点

---

① 法国自村长至市长州长,执行公事时均于身上斜系一带,表示身份级位。——译者注

灯,把纸夹纳入一个封套,当场封固;这几点都有人证明。

警察队的班长作证完了,高龙巴悲愤交加,扑在他脚下,用着天上地下一切神圣的名字要他起誓,声明他当时连一忽儿都没离开村长。班长迟疑了一下,显然被少女那种激昂的情绪感动了,便供认他曾经到隔壁房间去找一张大纸,还不到一分钟,而他在抽屉内暗中摸索的当口,村长始终和他说着话;他回来也看到染着血污的纸夹仍旧在桌上,在村长进门时丢下的老地方。

巴里岢尼作证的态度极镇静。他说他完全原谅台拉·雷皮阿小姐的感情冲动,很愿意把自己洗刷明白。他提出证明,那天傍晚他都在村子里,出事时他和儿子梵桑丹洛两人一同站在村公所前面;另外一个儿子奥朗杜岢沃,那天发着寒热,躺在床上。他交出家里所有的枪,没有一支是最近开放过的。他又补充说,关于那个纸夹,他当时立刻感觉到它的重要性,便把它封固了交给副村长保存,因为早料到自己与上校不睦,可能被人猜疑。最后他提到阿谷斯蒂尼曾经在外扬言,非把捏造信件的人杀死不可;村长言语之间,似乎暗示那土匪疑心了上校,所以把他杀了。根据土匪的风俗,为了类似的动机向人报复并非没有先例。

台拉·雷皮阿上校死了五天以后,阿谷斯蒂尼碰上一队巡逻兵,力战不敌,被打死了。官方在他身上搜出一封高龙巴的信,说人家指他是杀上校的凶手,请他自己表明一下,是或不是。既然土匪没有复这封信,大家便很笼统的下了结论,认为他没勇气向一个姑娘承认杀了她的父亲。但有些自称为熟悉阿谷斯蒂尼性格的人背地里:说倘若他真杀了上校,一定要在外边自命不凡的说出来的。另外一个叫做勃朗陶拉岢沃的土匪,写信给高龙巴,说他以名誉作担保,他的同伴并没做这件案子;但他唯一的根据只是阿谷斯蒂尼从来没和他说过疑心上校写匿名信。

结果是:巴里岢尼一家太平无事;预审推事还把村长嘉奖了一番,而村长又进一步表示他行为高尚,声明把以前和台拉·雷皮阿上校争讼未决的小溪案子自动放弃了。

依照本地的习惯,高龙巴在父亲的尸首前面,当着许多亲友临时作了一支巴拉太,道出胸中的愤恨,正式指控巴里岂尼一家为杀人犯,等哥哥回来誓必报仇。这支巴拉太不久便唱开去了,那夜水手在丽第亚小姐前面唱的就是这一支。当时奥索在法国北部,知道了父亲的死讯马上请假,没有批准。他先是根据妹子来信,相信巴里岂尼父子是凶手;但过后接到全部卷宗的抄件和预审推事的一封信,他便差不多完全同意是土匪阿谷斯蒂尼犯的案子了。每隔三个月,高龙巴必有一封信来,把她的所谓证据,其实只是她的猜疑,重新说一遍。看了这些控诉,奥索的高斯人的血不由自主的沸腾起来,有时也几乎与妹子抱着同样的成见。然而他每次写家信,总说她的猜疑一点没有切实的根据,不值得置信。他甚至不许她再提此事,可是没用。这样的过了两年,奥索奉令退伍;于是他想回去看看家乡,不是要对他认为无辜的人报复,而是要把妹子出嫁,把家中的一份薄产变卖,倘若它还值点儿钱,可以让他搬到大陆上去住的话。

二○

自从那一下一箭双雕,使比哀德拉纳拉村像报上说的群情惶惑以后几个月,某天下午,有一个年轻人,左肩用带子吊在颈上,骑着马走出巴斯蒂阿城,向加尔陶村进发;那是以温泉出名的地方,夏天有很好的饮料供给一般身体娇弱的人。一个身材高大,姿色出众的少女,骑着一匹小黑马陪着他;内行人一看就会赏识那匹马的力气与身段,可惜它以前遇到一件非常古怪的事,一只耳朵被撕裂了。到了村上,女的很轻盈的跳下来,先扶着同伴下马,再把系在鞍头上的几只沉重的皮袋卸下。牲口交给一个乡下人看管了,少女却捧着皮袋藏在面纱底下,年轻人背着一支双膛枪,拣一条陡峭的小路上山,那路好像不是通到什么住家去的。到了葛尔岂沃峰下的某一层梯台,两人就坐在草上像等人的模样,眼睛不住的望着山里边;少女还常常瞧着一只美丽的金表,或许一方面是要知道约会的时间有没有到,一方面也要把这件似乎新到手的饰物欣赏一下。他们并没等得太久。绿林中先钻出一条狗,听见少女叫着勃罗斯谷的名字就赶到他们身边表示亲热。不多一会,又出现了两个满面胡子的男人,臂下挟着长枪,腰里围着弹药带,侧里插着手枪。到处都是补丁的破衣服,和大陆上名厂出品的冷光闪闪的武器正好成为一个对比。这一幕中的四个人,虽则身份不同,却是很亲热的走拢来,像老朋友一样。

两个土匪中年长的一个说道:"啊,奥斯·安东,你的案子结束了。不起诉处分。恭喜恭喜。可惜律师不在岛上了,看不见他那副气得发疯的样子。你的手臂怎么啦?"

"不出半个月,"年轻人回答,"据说可以不用吊带了。勃朗陶,我的好朋友,明儿我就要上意大利,我要跟你和神甫告别,所以约你们来的。"

"你真是急得很,"勃朗陶拉岂沃说。"今天宣告无罪,明天就走了吗?"

"我们有事啊,"少女说话的神气很高兴。"诸位,我替你们带着晚饭来了:请吧,可是别忘了我的朋友勃罗斯谷。"

"小姐,你把勃罗斯谷宠坏了,但它一定很感激的。你瞧罢。——来,勃罗斯谷,"他一边说一边把枪横着伸出去,"为巴里岂尼他们跳一下。"

狗呆着不动,只舐着嘴瞧着主人。

"为台拉·雷皮阿跳一下!"

它立刻跳了,还比枪高出一尺。

"朋友们,"奥索说,"你们干的这一行太苦了:将来不是断送在我们远远看到的那个广场上①,便是在绿林中吃了警察的枪弹完事,那还算是最好的下场呢。"

"哎!"加斯德里高尼说,"那不是一样的死吗? 比躺在床上害着热病死,听着你的承继人半真半假的哭哭啼啼,还痛快多呢。像我们这样过惯露天生活的人,最大的福气是临死不要像乡下人说的讨床席债。"

奥索又道:"我希望你们离开这个地方……过一种比较安静的生活。比如说,你们干么不像好几个同伴一样,住到萨尔台涅②去呢? 我可以替你们想办法。"

"萨尔台涅!"勃朗陶拉岂沃嚷道。"他们的土话就教我听了有气。我们跟他们合不来的。"

"而且萨尔台涅也没生路,"神学家补充道。"我吗,我瞧不起那里的人。为了抓土匪,他们在民团中组织了马队;那才教土匪和老乡看了一齐笑话呢③。萨尔台涅,滚它的蛋! 台拉·雷皮阿先生,像你这样风雅而博学的人,尝过了我们绿林生活的滋味,还不愿意参加,倒教人奇怪呢。"

奥索笑着说:"虽然我很荣幸参加过你们的生活,可并不太欣赏那趣

---

① 此系巴斯蒂阿城行刑的广场。——原注
② 萨尔台涅为意属岛屿,在高斯岛之南。——译者注
③ 作者有个朋友从前当过土匪,这些都是他的议论。他的意思是说,落在骑兵手中的土匪都是没出息的傻瓜;用马队剿捕土匪是没有结果的。——原注

味;那美妙的一夜,勃朗陶拉岂沃把我当作包裹般横在一匹没有鞍头的马上:我一想到腰里就疼了。"

"逃出追兵的罗网,难道你不得意吗?"加斯德里高尼接着问。"凭着我们岛上这种美好的天气,过着绝对自由的生活:怎么你会看了无动于衷的?拿了这个法宝(他指着他的枪),我们在枪弹射程以内到处称王。你可以发号施令,可以除暴安良……先生,这的确是极道德的、也是极有意思的消遣,我们决不放弃的。既然武装与头脑都胜过唐·吉诃德,还有什么生活比流浪骑士的生活更美?没几天以前,人家告诉我小姑娘丽拉·鲁琪的叔叔不愿意给她一份陪嫁,因为那老头儿是个吝啬鬼;我便写信给他,没有一句恐吓的话,那不是我的作风;哎!他马上醒悟了,把侄女出嫁了。你瞧,我一举手就造成了两个人的幸福。奥索先生,你可以相信我的话,世界上没有一种生活比得上土匪的生活。哎!你没有和我们做同道,大概是为了一个英国女子;我只约略看过一眼,但巴斯蒂阿的人都把她夸得天仙似的。"

高龙巴笑道:"我未来的嫂子不喜欢绿林;她在那里担了一场虚惊,害怕死了。"

奥索说:"那末你们是决意留下了?好吧。告诉我,还有什么事我能替你们效劳的?"

"没有,"勃朗陶拉岂沃说,"只要你常常念着我们就行了。你已经给了我们多少好处。契里娜的陪嫁也有了,将来要找个体面的女婿,只要我的神甫朋友写一封不带恐吓意味的信就行。我们知道你已经吩咐佃户,必要时供给我们面包跟火药。好了,再见罢。希望不久还能在高斯见到你。"

奥索道:"遇到紧急的关头,手头有几块金洋总是占便宜的。如今咱们是老朋友了,总能接受这个小小的荷包了罢,它可以替你生出别的荷包来。"

"排长,咱们之间不谈金钱,"勃朗陶拉岂沃语气很坚决。

加斯德里高尼也道:"在外边,金钱是代表一切;在绿林中我们只看重勇气和一支百发百中的枪。"

奥索又道:"分别之前,我可不能不留一件纪念品给你们。勃朗陶,你说,我能给你什么呢?"

土匪搔搔头皮,斜着眼把奥索的枪睃了一下:

"噢,排长……倘若我敢开口的话……噢,不,那你舍不得的。"

"你要什么呀?"

"不要什么……东西没什么道理,主要是看你的手段如何。我老想着那一箭双雕,而且单凭一只手……噢! 那是可一不可再的。"

"你要这支枪吗? ……我给你带来了;可是希望你少用为妙。"

"噢! 我不敢答应像你这样用法;你放心,等到它到了别人手里,你就可知道勃朗陶·萨伐利不在人世了。"

"那末你呢,加斯德里高尼,我能送你什么呢?"

"既然一定要给我一件纪念品,我就老老实实要一本荷拉斯集子,开本越小越好。我可以消遣一下,同时也不至于忘了我的拉丁文,巴斯蒂阿码头上有个卖雪茄烟的姑娘;你把书交给她,她会带给我的。"

"博学先生,我给你一部埃尔才维版子的;我要带走的书里正好有这么一本——好了,朋友们,咱们分手啦。来拉拉手罢。有朝一日你们想着萨尔台涅的话,不妨写信给我,N 律师会把我大陆上的通讯处告诉你们的。"

"排长,"勃朗陶说,"明天你们坐着船出口的时候,请你瞧瞧这边山上,就在这个地方,我们在这儿拿着手帕和你送别。"

于是他们分手了;奥索和他的妹妹往加尔陶方面去,两个土匪往山里去。

二十一

四月里一个天朗气清的早上,上校汤麦斯·奈维尔爵士,他的才出嫁了几天的女儿,奥索,高龙巴,一行四人,坐着敞篷马车出比士城,去参观一个伊达拉里亚人的古墓①;那是最近发掘出来而所有到比士来的外客都要去看一看的。进了墓穴,奥索和他的妻子一齐拿出铅笔来勾勒里头的壁画,但上校与高龙巴对考古不感多大兴趣,便丢下他们,径自到附近去散步了。

"亲爱的高龙巴,"上校说,"我们来不及回比士吃中饭的了。你难道肚子不饿吗?奥索夫妻俩又浸到古物里去了;他们一块儿开始画画,就没有完的时候了。"

"是的,可是他们从来也没画成一幅。"

上校又道:"我主张上那边的一个农庄去弄些面包,也许还有多斯加甜酒,说不定也有奶油和草莓,这样咱们可以耐着性子等两位画家了。"

"上校,你说得不错。家里只有我跟你是明理的,犯不上为这两个只知道风花雪月的爱人作牺牲。请你挽着我的手臂吧。你瞧我样样都学起来了。我挽着男人的手背,帽子也戴了,时髦衣衫也穿了,首饰也有了;我学了不知多少的漂亮玩艺,不是野蛮人了。你看我披着这条大围中,风度怎么样?……那个黄头发的青年,你联队里的军官,前天来吃喜酒的……天哪!我记不得他的名字,只知道是高个子,卷头发,禁不起我一拳的……"

"是卡脱窝斯吗?"

---

① 伊达拉里亚人为古民族,源出小亚细亚,公元前八世纪左右占有意大利大部,开化较拉丁民族为早。——译者注

"对啦！我可永远念不上这个字。是呀，他简直为我着魔了。"

"啊！高龙巴，你也会打情卖俏了。那不久我们又要办喜事了。"

"你是说我结婚吗？倘若奥索给了我一个侄子，谁带呢？谁教他讲高斯话呢？……是的，他非讲高斯话不可，我还要替他缝一个尖顶帽子气气你呢。"

"等你有了侄子再说罢；将来你还可以教他怎样玩匕首，要是你喜欢的话。"

"匕首从此不用了，"高龙巴挺快活的说。"现在我拿着扇子，预备你毁谤我家乡的时候敲你的手指。"

他们说话之间走进了农庄：酒，草莓，奶油，应有尽有。上校喝着甜酒，高龙巴帮着庄稼女人去采草莓。在一条小路的拐角儿上，高龙巴瞥见一个老人坐在太阳底下一张草杆坐垫的椅子上，好像害病的模样；他腮帮和眼睛都陷下去了，骨瘦如柴，一动不动，没有一点血色，目光也定了，看上去像尸首，不像活人。高龙巴把他打量了一会，乡下女人看她好奇，便说：

"这可怜的老头儿是你们的同乡；因为，小姐，我听你的口音，认出你是高斯人。他在本乡遭了难，两个儿子都死得非常惨。小姐，你别见怪，听说你们贵乡的人有了仇恨，手段是很辣的。所以这可怜的先生变了孤零零的一个人，到比士来投靠一个远亲，便是我这个农庄的主人。老先生因伤心，神志不大清了……我们太太家里客人很多，招留他很为过分麻烦，便把他安顿在这儿。他脾气挺好，也不打搅人，一天说不上三句话。真的，他头脑已经糊涂了。医生每星期来看一次，说他活不久了。"

"啊！他没有救了吗？"高龙巴问。"像他这样，早些完了倒是福气。"

"小姐，你应该和他讲几句高斯话；听到家乡话，他或许精神会好一些。"

"那可不一定，"高龙巴冷冷的笑了笑。

她说着向老人走过去，站在他面前，把照着的阳光遮掉了。可怜的白痴这才抬起头来，眼睛直勾勾的瞪着高龙巴，高龙巴也同样的瞪着他，始终堆着微笑。过了一会,老人把手按着脑门,闭上眼睛,似乎想躲开高龙巴的目光;接着又睁开眼来,睁得异乎寻常的大,嘴唇哆嗦着,想伸出手来,但他被高龙巴慑服了,呆在椅子上,既不能开口,也不能动弹。临了,他眼中滚出两颗很大的眼泪,抽抽搭搭的发出几声哀号。

乡下女人说:"这是我第一次看到他这个神气。"随后她对老人道:"这位小姐是你的同乡,特意来看看你的。"

他嘎着嗓子嚷道:"饶了我罢! 饶了我罢! 你还不满足吗? 那张纸……被我烧掉的那张纸……上面的字,你怎么知道的? ……为什么把我两个都去了呢? 纸上又没奥朗杜岂沃的名字……得留一个给我啊……留一个啊……奥朗杜岂沃是不相干的……"

高龙巴轻轻的用高斯土话和他说:"我非两个都要不可。枝条斫落了;老根要不是已经烂了,我也要把它拔起来的。得啦,别抱怨了,你受苦的日子不长了。我,我却是痛苦了两年呢!"

老人叫了一声,头支持不住了,倒在胸前。高龙巴转过身子,慢慢的向农庄走去,嘴里含含糊糊的哼着一支巴拉太中的几句:"我要那只放枪的手,我要那只瞄准的眼睛,我要那颗起这个恶念的心……"

种园地的女人正忙着救护老头儿,高龙巴却神色紧张,目光如火,在上校的桌子对面坐下了。

"你怎么啦?"他问。"你的神气又和那天在比哀德拉纳拉,我们吃着中饭,外边飞进子弹来的时候一样了。"

"因为我想起了从前高斯的事。现在不想了。——将来侄子的教母总该轮到我罢? 噢! 我得给他题几个美丽的名字:琪尔福岂沃-汤麦索-奥索-雷翁纳!"

这时种园地的女人回来了。

"哎!"高龙巴态度镇静得很,"他是死了,还只是晕了一阵?"

"没有什么,小姐;可是他一看见你就变成这样,真怪啊。"

"医生说他活不久了是不是?"

"也许还不到两个月。"

"少一个这样的人也不是什么大损失。"

"你说谁啊?"上校问。

高龙巴若无其事的回答:"说我们乡里的一个白痴。他寄宿在这里。我要随时打发人来问问他的消息——喂,上校,别尽吃啊,给我哥哥和丽第亚留点儿草莓好不好?"

高龙巴和上校出了农庄,向马车那边走回去,庄稼女人对他们望了半天,和她的女儿说道:

"你瞧那位小姐长得多漂亮,唉!可是我相信她的眼睛一定有什么凶神恶煞的魔力。"

第四部分

赤子之心　艺术情怀

　　我自信对艺术的热爱与执著，在整个中国也不是很多人有的。

——摘自傅雷1962年5月9日致傅聪函

艺术哲学
——精神科学内的艺术批评

这是一部有关艺术、历史及人类文化的巨著，读来使人兴趣盎然，获益良多，又有所启发。

——摘自傅雷 1961 年 4 月 9 日致弥拉函

我之介绍此书……因这种极端的科学精神，正是我们现代的中国最需要的治学方法。尤其是艺术常识极端贫乏的中国学术界，如果要对于艺术有一个明确的认识，那么，非从这种实证主义的根本着手不可。

——摘自傅雷《艺术论》译者弁言

第一编　艺术的本质及其产生
第一章　艺术品的本质

一

　　我的方法的出发点是在于认定一件艺术品不是孤立的,在于找出艺术品所从属的,并且能解释艺术品的总体。

　　第一步毫不困难。一件艺术品,无论是一幅画,一出悲剧,一座雕像,显而易见属于一个总体,就是说属于作者的全部作品。这一点很简单。人人知道一个艺术家的许多不同的作品都是亲属,好像一父所生的几个女儿,彼此有显著相像之处。你们也知道每个艺术家都有他的风格,见之于他所有的作品。倘是画家,他有他的色调,或鲜明或暗淡;他有他特别喜爱的典型,或高尚或通俗;他有他的姿态,他的构图,他的制作方法,他的用油的厚薄,他的写实方式,他的色彩,他的手法。倘是作家,他有他的人物,或激烈或和平;他有他的情节,或复杂或简单;他有他的结局,或悲壮或滑稽;他有他风格的效果,他的句法,他的字汇。这是千真万确的事,只要拿一个相当优秀的艺术家的一件没有签名的作品给内行去看,他差不多一定能说出作家来;如果他经验相当丰富,感觉相当灵敏,还能说出作品属于那位作家的哪一个时期,属于作家的哪一个发展阶段。

　　这是一件艺术品所从属的第一个总体。下面要说到第二个。

　　艺术家本身,连同他所产生的全部作品,也不是孤立的。有一个包括艺术家在内的总体,比艺术家更广大,就是他所隶属的同时同地的艺术宗派或艺术家家族。例如莎士比亚,初看似乎是从天上掉下来的奇迹,从别个星球上来的陨石,但在他的周围,我们发现十来个优秀的剧作家,如韦伯斯特、福特、马辛杰、马洛、本·琼森、弗莱彻、博蒙特[①]，都用同样的风格，同样的思想感情写作。他们的戏剧的特征和莎士比亚的特征一样：你们可以看到同样暴烈与可怕的人物，同样的凶杀和离奇的结局，同样突如其来和放纵的情欲，同样混乱，奇特，过火而又辉煌的文体，同样对田野与风景抱着诗意浓郁的感情，同样写一般敏感而爱情深厚的妇女。——在画家方面，鲁本斯好像也是独一无二的人物，前无师承，后无来者。但只要到比利时去参观根特、布鲁塞尔、布鲁日、安特卫普各地的教堂，就发觉有整批的画家才具都和鲁本斯相仿：先是当时与他齐名的克雷耶，还有亚当·凡·诺尔特、赫兰德·泽赫斯、龙布茨、亚伯拉罕·扬森斯、凡·罗斯、凡·蒂尔登、扬·凡·奥斯德，以及你们所熟悉的约尔丹斯、凡·代克，都用同样的思想感情理解绘画，在各人特有的差别中始终保持同一家族的面貌。和鲁本斯一样，他们喜欢表现壮健的人体，生命的丰满与颤动，血液充沛，感觉灵敏，在人身上充分透露出来的充血的软肉，现实的，往往还是粗野的人物，活泼放肆的动作，铺绣盘花，光艳照人的衣料，绸缎与红布的反光，或是飘荡或是团皱的帐帷帘幔。到了今日，他们同时代的大宗师的荣名似乎把他们湮没了；但要了解那位大师，仍然需要把这些有才能的作家集中在他周围，因为他只是其中最高的一根枝条，只是这个艺术家庭中最显赫的一个代表。

　　这是第二步，现在要走第三步了。这个艺术家庭本身还包括在一个更广大的总体之内，就是在它周围而趣味和它一致的社会。因为风俗习惯与时代精神[②]对于群众和对于艺术家是相同的；艺术家不是孤立的人。我们隔了几世纪只听到艺术家的声音；但在传到我们耳边来的响亮的声音之下，还能辨别出群众的复杂而无穷无尽的歌声，像一大片低沉的嗡嗡声一样，在艺术家四周齐声合唱。只因为有了这一片和声，艺术家才成其

---

① 本书提到的诗人，作家，建筑家，雕塑家，画家，音乐家，为数极多，故汇集在书末，另列生卒年代表及西文原名以备查阅，不再逐条加注。——译者注

② 作者一再提到时代精神或精神状态，都是指某个时代大多数人的思想感情。——译者注

为伟大,而且这是必然之事:菲狄阿斯,伊克蒂诺,一般建筑巴台农神庙和塑造奥林匹亚的朱庇特的人,跟别的雅典人一样是异教徒,是自由的公民,在练身场上教养长大,参加搏斗,光着身子参加运动,惯于在广场上辩论,表决。他们都有同样的习惯,同样的利益,同样的信仰,种族相同,教育相同,语言相同,所以在生活的一切重要方面,艺术家与观众完全相像。

这种两相一致的情形还更显明。倘若考察一个离我们更近的时代,例如西班牙的盛世,从十六世纪到十七世纪中叶为止。那是大画家的时代,出的人才有委拉斯开兹、牟利罗、苏巴朗、弗朗西斯科·特·埃雷拉、阿隆索·卡诺、莫拉莱斯;也是大诗人的时代,出的人才有洛佩·特·维加、卡尔德龙、塞万提斯、蒂尔索·特·莫利纳、路易斯·特·莱昂、纪廉·特·卡斯特-罗贝尔维斯,还有许多别的。你们知道,那时西班牙纯粹是君主专制和笃信旧教的国家,在勒班陀打败了土耳其人,插足到非洲去建立殖民地,镇压日耳曼的新教徒,还到法国去追击,到英国去攻打,制服崇拜偶像的美洲土著,要他们改宗;在西班牙本土赶走犹太人和莫尔人;用火刑与迫害的手段肃清国内宗教上的异派;滥用战舰与军队,挥霍从美洲掠取得来的金银,虚掷最优秀的子弟的热血,攸关国家命脉的热血,消耗在穷兵黩武,一次又一次的十字军上面;那种固执,那种疯魔,使西班牙在一个半世纪以后民穷财尽,倒在欧罗巴脚下。但是那股热诚,那种不可一世的声威,那种举国若狂的热情,使西班牙的臣民醉心于君主政体,为之而集中他们的精力,醉心于国家的事业,为之而鞠躬尽瘁:他们一心一意用服从来发扬宗教与王权,只想把信徒、战士、崇拜者,团结在教会与王座的周围。异教裁判所的法官和十字军的战士,都保存着中世纪的骑士思想,神秘气息,阴沉激烈的脾气,残暴与褊狭的性格。在这样一个君主国家之内,最大的艺术家是赋有群众的才能,意识,情感而达到最高度的人。最知名的诗人,洛佩·特·维加和卡尔德龙,当过闯江湖的大兵,"无畏舰队"的义勇军,喜欢决斗,谈恋爱;对爱情的疯魔与神秘的观念不亚于封建时代的诗人和堂吉诃德一流的人物。他们信奉旧教如醉若狂,其中一个甚至在晚年加入异教裁判所,另外几人也当了教士①;最知名的一位,大诗人洛佩,做弥撒的时候想到耶稣的受难与牺牲,竟然晕倒。诸如此类的事例到处都有,说明艺术家与群众息息相通,密切一致。所以我们可以肯定的说:要了解艺术家的趣味与才能,要了解他为什么在绘画或戏剧中选择某个部门,为什么特别喜爱某种典型某种色彩,表现某种感情,就应当到群众的思想感情和风俗习惯中去探求。

由此我们可以定下一条规则:要了解一件艺术品,一个艺术家,一群艺术家,必须正确的设想他们所属的时代的精神和风俗概况。这是艺术品最后的解释,也是决定一切的基本原因。这一点已经由经验证实;只要翻一下艺术史上各个重要的时代,就可看到某种艺术是和某些时代精神与风俗情况同时出现,同时消灭的。——例如希腊悲剧:埃斯库罗斯、索福克勒斯、欧里庇得斯的作品诞生的时代,正是希腊人战胜波斯人的时代,小小的共和城邦从事于壮烈斗争的时代,以极大的努力争得独立,在文明世界中取得领袖地位的时代。等到民气的消沉与马其顿的入侵使希腊受到异族统治,民族的独立与元气一齐丧失的时候,悲剧也就跟着消灭。——同样,哥特式建筑在封建制度正式建立的时期发展起来,正当十一世纪的黎明时期,社会摆脱了诺曼人与盗匪的骚扰,开始稳定的时候。到十五世纪末叶,近代君主政体诞生,促使独立的小诸侯割据的制度,以及与之有关的全部风俗趋于瓦解的时候,哥德式建筑也跟着消灭。——同样,荷兰绘画的勃兴,正是荷兰凭着顽强与勇敢推翻西班牙的统治,与英国势均力敌的作战,在欧洲成为最富庶、最自由、最繁荣、最发达的国家的时候。十八世纪初期荷兰绘画衰落的时候,正是荷兰的国势趋于颓唐,让英国占了第一位,国家缩成一个组织严密,管理完善的商号与银行,人民过着安分守己的小康生活,不再有什么壮志雄心,也不再有激动的情绪的时代。——同样,法国悲剧的出现,恰好是正规的君主政体在路易十四治下确定了规矩礼法,提倡宫廷生活,讲究优美的仪表和文雅的起居习惯

---

① 　上文提到的六个诗人,四人进了修道院。——译者注

的时候。而法国悲剧的消灭，又正好是贵族社会和宫廷风气被大革命一扫而空的时候。

我想做一个比较，使风俗和时代精神对美术的作用更明显。假定你们从南方向北方出发，可以发觉进到某一地带就有某种特殊的种植，特殊的植物。先是芦荟和橘树，往后是橄榄树或葡萄藤，往后是橡树和燕麦，再过去是松树，最后是藓苔。每个地域有它特殊的作物和草木，两者跟着地域一同开始，一同告终；植物与地域相连。地域是某些作物与草木存在的条件，地域的存在与否，决定某些植物的出现与否。而所谓地域不过是某种温度，湿度，某些主要形势，相当于我们在另一方面所说的时代精神与风俗概况。自然界有它的气候，气候的变化决定这种那种植物的出现；精神方面也有它的气候，它的变化决定这种那种艺术的出现。我们研究自然界的气候，以便了解某种植物的出现，了解玉蜀黍或燕麦，芦荟或松树；同样我们应当研究精神上的气候，以便了解某种艺术的出现，了解异教的雕塑或写实派的绘画，充满神秘气息的建筑或古典派的文学，柔媚的音乐或理想派的诗歌。精神文明的产物和动植物界的产物一样，只能用各自的环境来解释。

今年我就预备用这种方法跟你们研究意大利绘画史。我要把产生乔托和贝多·安吉利科的神秘的环境，重新组织起来给你们看；为此我要引用诗人与作家们的材料，让你们看到当时的人对于幸福、灾难、爱情、信仰、天堂、地狱，人生的一切重大利益，抱些什么观念。这些材料的来源，有但丁、圭多·卡瓦尔坎蒂和圣方济各会修士的诗歌，有《圣徒行述》《仿效基督》《圣方济各的小花》①，有迪诺·孔帕尼等史家的著作，有穆拉托里所收集的各家编年史，这部大书很天真的描写各个小共和邦之间嫉视残

---

① 《圣徒行述》是十三世纪一个多米尼克会修士所著。《仿效基督》的作者与年代，至今众说纷纭，未有定论；内容系教人如何修持，如何敦品，以期灵魂得救。《圣方济各的小花》是十四世纪时无名氏作，叙述圣方济各生平及早期圣方济各会修士的故事。以上三书原著均为拉丁文，译成各国文字，为虔诚的旧教徒的主要读物。——译者注

杀的事迹。——接着我要把一个半世纪以后充满异教气息的环境,产生莱奥那多·达·芬奇、米开朗琪罗、拉斐尔、提香的社会给你们重新组织起来。我或者引用当时人的回忆录,例如贝韦努托·切利尼的《自传》,或者引用某些史家在罗马和意大利其他重要城市所写的日记,或者引用外交使节的报告,或者有关庆祝会,面具游行,入城式等等的描写,摘出其中的重要段落,使你们看到社会风俗的粗暴,放纵的肉欲,充沛的元气,同时也看到当时人对诗歌与文学的强烈的感受,爱好绚烂夺目的形象,喜欢装饰的本能,讲究外表的华丽;这些倾向存在于贵族与文人之间,也存在于平民与无知识的群众之间。

诸位先生,假定我们这个研究能成功,能把促使意大利绘画诞生、发展、繁荣、变化、衰落的各种不同的时代精神,清清楚楚的指出来;假定对别的时代、别的国家、别的艺术,对建筑、绘画、雕塑、诗歌、音乐,我们这种研究也能成功;假定由于这些发现,我们能确定每种艺术的性质,指出每种艺术生存的条件:那么我们不但对于美术,而且对于一般的艺术,都能有一个完美的解释,就是说能够有一种关于美术的哲学,就是所谓美学。诸位先生,我们求的是这种美学,而不是另外一种。我们的美学是现代的,和旧美学不同的地方是从历史出发而不从主义出发,不提出一套法则叫人接受,只是证明一些规律。过去的美学先下一个美的定义,比如说美是道德理想的表现,或者说美是抽象的表现,或者说美是强烈的感情的表现;然后按照定义,像按照法典上的条文一样表示态度:或是宽容,或是批判,或是告诫,或是指导。我很欣幸不需要担任这样繁重的任务;我没有什么可指导你们,要我指导可就为难了。并且我私下想,所谓教训归根结蒂只有两条:第一条是劝人要有天分;这是你们父母的事,与我无关;第二条是劝人努力用功,掌握技术;这是你们自己的事,也与我无关。我唯一的责任是罗列事实,说明这些事实如何产生。我想应用而已经为一切精神科学开始采用的近代方法,不过是把人类的事业,特别是艺术品,看做事实和产品,指出它们的特征,探求它们的原因。科学抱着这样的观点,既不禁止什么,也不宽恕什么,它只是鉴定与说明。科学不对你说:"荷兰艺术太粗俗,不应当重视,只应当欣赏意大利艺术。"也不对你说:"哥德式艺术是病态的,不应当重视;你只应该欣赏希腊艺术。"科学让各人按照各人的嗜好去喜爱合乎他气质的东西,特别用心研究与他精神最投机的东西。科学同情各种艺术形式和各种艺术流派,对完全相反的形式与派别一视同仁,把它们看做人类精神的不同的表现,认为形式与派别越多越相反,人类的精神面貌就表现得越多越新颖。植物学用同样的兴趣时而研究橘树和棕树,时而研究松树和桦树;美学的态度也一样;美学本身便是一种实用植物学,不过对象不是植物,而是人的作品。因此,美学跟着目前精神科学与自然科学日益接近的潮流前进。精神科学采用了自然科学的原则,方向与谨严的态度,就能有同样稳固的基础,同样的进步。

二

美学的第一个和主要的问题是艺术的定义。什么叫做艺术? 本质是什么? 我想把我的方法立刻应用在这个问题上。——我不提出什么公式,只让你们接触事实。这里和旁的地方一样,有许多确切的事实可以观察,就是按照派别陈列在美术馆中的"艺术品",如同标本室里的植物和博物馆里的动物一般。艺术品和动植物,我们都可以分析;既可以探求动植物的大概情形,也可以探求艺术品的大概情形。研究后者和研究前者一样,毋须越出我们的经验;全部工作只是用许多比较和逐步淘汰的方法,揭露一切艺术品的共同点,同时揭露艺术品与人类其他产物的显著的不同点。

在诗歌,雕塑,绘画,建筑,音乐五大艺术中,后面两种解释比较困难,留待以后讨论;现在先考察前面三种。你们都看到这三种有一个共同的特征,就是多多少少是"模仿的"艺术。

初看之下,好像这个特征便是三种艺术的本质,它们的目的便是尽量正确的模仿,显而易见,一座雕像的目的是要逼真的模仿一个生动的人,一幅画的目的是要刻画真实的人物与真实的姿态,按照现实所提供的形象描写室内的景物或野外的风光。同样清楚的是,一出戏,一部小说,都企图很正确的表现一些真实的人物,行动,说话,尽可能的给人一个最明确最忠实的形象。假如形象表现不充分或不正确,我们会对雕塑家说:"一个胸脯或者一条腿不是这样塑造的。"我们会对画家说:"你的第二景的人物太大了,树木的色调不真实。"我们会对作家说:"一个人的感受和思想,从来不像你所假定的那样。"

可是还有更有力的证据,首先是日常经验。只消看看艺术家的生平,就发觉通常都分做两个部分。第一部分是青年期与成熟期:艺术家注意事物,很仔细很热心的研究,把事物放在眼前;他花尽心血要表现事物,忠实的程度不但到家,甚至于过分。到了一生的某一时期,艺术家以为对事物认识够了,没有新东西可发现了,就离开活生生的模型,依靠从经验中搜集来的诀窍写戏,写小说,作画,塑像。第一个时期是真情实感的时期;第二个时期是墨守成法与衰退的时期。便是最了不起的大作家,几乎生平都有这样两个部分。——米开朗琪罗的第一阶段很长,不下六十年之久;那个阶段中的全部作品充满着力的感觉和英雄气概。艺术家整个儿浸在这些感情中间,没有别的念头。他做的许多解剖,画的无数的素描,经常对自己做的内心分析,对悲壮的情感和反映在肉体上的表情的研究,在他不过是手段,目的是要表达他所热爱的那股勇于斗争的力。西斯廷礼拜堂的整个天顶和每个屋角〔三十三至三十七岁间的作品〕①,给你们的印象就是这样。然后你们不妨走进紧邻的波里纳教堂,考察一下他晚年的〔六十七至七十五岁间〕作品:《圣保罗之改宗》与《圣彼得上十字架》;也不妨看看他六十七岁时在西斯廷所作的壁画:《最后之审判》。不但内行,连外行也会注意到:那两张壁画②是按照一定的程式画的;艺术家掌握了相当数量的形式,凭着成见运用,惊人的姿势越来越多,缩短距离的透视

---

① 凡是六角号〔〕内的文字,都是译者附加的简短说明。——西斯廷天顶画的题材是《圣经》上《创世纪》与许多男女先知;米开朗琪罗在三十年后又为西斯廷礼拜堂作大壁画,即《最后之审判》。——译者注
② 指波里纳教堂中的《圣保罗之改宗》与《圣彼得上十字架》。——译者注

技术越来越巧妙;但在滥用成法,技巧高于一切的情形之下,早期作品所有的生动的创造,表现的自然,热情奔放,绝对真实等等的优点,这里都不见了,至少丧失了一部分;米开朗琪罗虽则还胜过别人,但和他过去的成就相比已经大为逊色了。

同样的评语对另外一个人,对我们法国的米开朗琪罗也适用。高乃依①早期也受着力的感觉和英雄精神的吸引。新建的君主国〔十七世纪时的法国〕继承了宗教战争的强烈的感情,动辄决斗的人做出许多大胆的行动,封建意识尚未消灭的心中充满着高傲的荣誉感,宫廷中尽是皇亲国戚的阴谋与黎塞留的镇压所造成的血腥的悲剧。高乃依耳濡目染,创造了希曼纳和熙德,包里欧克德和波里纳,高乃莉,赛多吕斯,爱弥丽和荷拉斯一类的人物。后来,他写了《班大里德》,《阿提拉》和许多失败的戏,情节甚至于骇人听闻,浮夸的辞藻湮没了豪侠精神。那时,他过去观察到的活生生的模型在上流社会的舞台上不再触目皆是。至少作者不再去找活的模型,不更新他创作的灵感。他只凭诀窍写作,只记得以前热情奋发的时期所找到的方法,只依赖文学理论,只讲究情节的变化和大胆的手法。他抄袭自己,夸大自己。他不再直接观察激昂的情绪与英勇的行动,而用技巧,计划,成规来代替。他不再创作而是制造了。

不但这个或那个大师的生平,便是每个大的艺术宗派的历史,也证明模仿活生生的模型和密切注视现实的必要。一切宗派,我认为没有例外,都是在忘掉正确的模仿,抛弃活的模型的时候衰落的。在绘画方面,这种情形见之于米开朗琪罗以后制造紧张的肌肉与过火的姿态的画家,见之于威尼斯诸大家以后醉心舞台装饰与滚圆的肉体的人,见之于十八世纪法国绘画消歇的时候的学院派画家和闺房画家。文学方面的例子是颓废时代的拉丁诗人和拙劣的辞章家;是结束英国戏剧的专讲刺激,华而不实的剧作家;是意大利衰落时期制造十四行诗,卖弄警句,一味浮夸的作家。

---

① 大家知道高乃依是悲剧作家,所谓"法国的米开朗琪罗"是指精神上的气质相近。——译者注

在这些例子中,我只举出两个,但是很显著的两个。——第一是古代的雕塑与绘画的没落。只要参观庞贝和拉韦纳两地,我们就有一个鲜明的印象。庞贝的雕塑与绘画是公元一世纪的作品;拉韦纳的宝石镶嵌是六世纪的作品,最早的可以追溯到查士丁尼皇帝的时代〔六世纪前半期〕。这五百年中间,艺术败坏到不可救药的地步,而这败坏完全是由于忘记了活生生的模型。第一世纪时,练身场的风俗和异教趣味都还留存,男子还穿着便于脱卸的宽大的衣服,经常进公共浴场,裸着身体锻炼,观看圆场中的搏斗,心领神会的欣赏肉体的活泼的姿势。他们的雕塑家,画家,艺术家,周围尽是裸体的或半裸体的模型,尽可以加以复制。所以在庞贝的壁上,狭小的家庭神堂里,天井里,我们能看到许多美丽的跳舞女子,英俊活泼的青年英雄,胸脯结实,脚腿轻健,所有的举动和肉体的形式都表现得那么正确,那么自在,我们今日便是下了最细致的功夫也望尘莫及。以后五百年间,情形逐渐变化。异教的风俗,锻炼身体的习惯,对裸体的爱好,一一消失。身体不再暴露而用复杂的衣著隐蔽,加上绣件,红布,东方式的华丽的装饰。社会重视的不是技击手和青少年了,而是太监,书记,妇女,僧侣;禁欲主义开始传布,跟着来的是颓废的幻想,空洞的争论,舞文弄墨,无事生非的风气。拜占廷帝国的无聊的饶舌家,代替了英勇的希腊运动员和顽强的罗马战士。关于人体的知识与研究逐渐禁止。人体看不见了;眼睛所接触的只有前代大师的作品,艺术家只能临摹这些作品;不久只能临摹临本的临本。辗转相传,越来越间接;每一代的人都和原来的模型远离一步。艺术家不再有个人的思想,个人的情感,不过是一架印版式的机器。教士们①自称绝不创新,只照抄传统所指示而为当局所认可的面貌。作者与现实分离的结果,艺术就变成你们在拉韦纳看到的情形。到五个世纪之末,艺术家表现的人只有坐与立两种姿势,别的姿势太难了,无法表现。画上手脚僵硬,仿佛是断裂的;衣褶像木头的裂痕,人物像

---

① 中世纪的艺术像其他学术一样为教会垄断,故当时艺术家大都是教士;且作者此言已越出五、六世纪的范围而泛指整个中世纪。——译者注

傀儡,一双眼睛占满整个的脸。艺术到了这个田地,真是病入膏肓,行将就木了。

上一世纪我国另一种艺术的衰落,情形相仿,原因也差不多。路易十四时代,法国文学产生了一种完美的风格,纯粹,精雅,朴素,无与伦比,尤其是戏剧语言和戏剧诗,全欧洲都认为是人类的杰作。因为作家四周全是活生生的模型,而且作家不断的加以观察。路易十四说话的艺术极高,庄重,严肃,动听,不愧帝皇风度。从朝臣的书信,文件,杂记上面,我们知道贵族的口吻,从头至尾的风雅,用字的恰当,态度的庄严,长于辞令的艺术,在出入宫廷的近臣之间像王侯之间一样普遍,所以和他们来往的作家只消在记忆与经验中搜索一下,就能为他的艺术找到极好的材料。

到一个世纪之末。在拉辛与德利尔之间①,情形大变。古典时代的谈吐与诗句所引起的钦佩,使人不再观察活的人物,而只研究描写那些人物的悲剧。用做模型的不是人而是作家了。社会上形成一套刻板的语言,学院派的文体,装点门面的神话,矫揉造作的诗句,字汇都经过审定,认可,采自优秀的作家。上一世纪〔十八世纪〕末期,本世纪〔十九世纪〕初期,就盛行那种可厌的文风和莫名其妙的语言,前后换韵有一定,对事物不敢直呼其名,说到大炮要用一句转弯抹角的话代替,提到海洋一定说是安菲特里特女神。重重束缚之下的思想谈不到什么个性,真实性和生命。那种文学可以说是老冬烘学会的出品,而那种学会只配办一个拉丁诗制造所。

由此所得的结论似乎艺术家应当全神贯注的看着现实世界,才能尽量逼真的模仿,而整个艺术就在于正确与完全的模仿。

---

① 拉辛与德利尔之间的年代大约等于整个十八世纪。——译者注

第四编　希腊的雕塑
第二章　时　代

现在需要再进一步考察希腊文明的一个新的特点。——一个古代的希腊人不但是希腊人,而且是个古人;他不仅和英国人或西班牙人不同,因为他属于别一种族,具有另外一些才能,另外一些倾向;他还和现代的英国人、西班牙人、希腊人不同,因为他生在历史上前面一个时期,具有另外一些观念,另外一些感情。他在我们之前,我们跟在他的后面。他没有把他的文明建筑在我们的文明之上,而是我们的文明建筑在他的和别的几种文明之上。他住在底层。我们住在三楼或四楼。由此产生无数重要的后果,一个人住在地面上,所有的门户直接开向田野,另外一个在一所现代高楼上关在一些狭小的笼子里;还有什么东西比这样两种生活差别更大的呢? 这个对比可以用两句话说明:他们的生活和精神境界是——简单的,我们的生活和精神境界是复杂的。因此他们的艺术比我们的朴素;他们对于人的心灵与肉体所抱的观念,给他们的作品提供材料,但我们的文明已经不容许这一类的作品了。

一

只要对他们生活的外表看上一眼,就能发现那生活多么简单。文明逐渐向北方移动的时候,不能不满足人各式各种的需要,在南方最初的基地上可没有这些问题。——在高卢、日耳曼、英吉利,北美洲或是潮湿或是寒冷的气候之下,人吃得更多,需要更坚固更严密的屋子,更暖更厚的衣服,更多的火和更多的光,更多的掩蔽、给养、工具、工业。他必然要会制造;欲望又随着满足而增长,所以四分之三的精力都用来求生活的安乐。但得到的方便同时成为他的束缚。给他麻烦，他做了安乐生活的俘虏。你们想一想，今日一个普通男子的衣着包括多少东西！女人的衣着，即使是中等阶级的，更不知有多少！两三口柜子还装不下。那不勒斯或雅典的女子，如今也仿效我们的时装了。希腊的爱国志士〔指十九世纪的〕①做穿的古怪服装和我们的一样繁琐。我们北方的文明，回流到落后的南方民族中去的时候，把一套奇怪的不必要的复杂的装束带过去了；直要有在偏僻的区域和十分穷苦的阶层中，才能遇见衣服减少到适合于当地气候的人：那不勒斯的所谓"穷光蛋"只穿一件长至膝盖的单褂，阿卡迪亚 Arcadie〔希腊伯罗奔尼撒半岛的中部〕的女人只穿一件衬衣。

　　古希腊的男人穿一件没有袖子的短背心，女人穿一件没有袖子的长到脚背的单衫，自肩到腰是双层的：这便是主要服装了；此外再用一大块方形的布裹在身上，女人出门戴一块面纱，通常穿一双便鞋；苏格拉底只有赴宴会才穿便鞋；平时大家都赤着脚光着头出去。所有这些衣服一举手就可脱掉，绝对不裹紧在身上，可以勾出一个人体大概的轮廓；在衣服飘动的时候或者接缝中间随时会暴露肉体。在练身场上，跑道上，好些庄严的节会中，他们还把衣服完全脱掉。普林尼说："全身赤露是希腊人特有的习惯。"衣着对于他们只是一件松松散散的附属品，不拘束身体，可以随心所欲在一刹那之间扔掉。——人的第二重包裹，房屋，也同样简单。你们把圣日耳曼（St. Germain）或枫丹白露（Fontainebleau）的屋子，跟庞贝或赫库兰尼姆的屋子做个比较吧：那是两个美丽的内地城镇，当时在罗马郊外的地位与用途，正如今日圣日耳曼和枫丹白露之于巴黎。你们计算一下，现在一所过得去的住屋包括些什么：先是用软砂石盖的二层或三层的大建筑，里头有玻璃窗，有糊壁纸，花绸，百叶窗，二重或三重的窗帘，暖气机壁炉架，地毯，床，椅子，各种家具，无数的小古董，无数的实用和奢

①　原文是希腊字，叫做帕尔利卡里斯（Pallikaris），是从十五世纪起，在土耳其统治之下的希腊民兵；后来，凡忠于传统，富有爱国心的希腊人都叫帕尔利卡里斯。十九世纪时，这些民兵大都参加希腊独立战争。——译者注

侈东西。再想象一下墙壁单薄的庞贝的屋子：中央一个小天井，有个滴滴答答的喷泉，天井四周十来个小房间，画着一些精致的画，摆着一些小小的铜像：这是一个轻巧的栖身之处，给人夜晚歇宿，白天睡午觉，一边歇凉一边欣赏优美的线条，和谐的色彩；按照当地的气候，再没有别的需要了。在希腊的盛世，室内配备还要简单得多①。小偷很容易挖掘的墙壁只刷白粉，在伯里克利（Périclès）的时代〔五世纪〕，壁上还没有图画；室内不过是一张床，几条毯子，一只箱子，几个漂亮的有图画的水瓶，一盏简陋的灯，挂着几件兵器；小小的屋子还不一定有楼，但对于一个雅典的贵族已经足够。他老在外边过活，在露天，在廊下，在广场上，在练身场上；而给他过公共生活的公共建筑也和他的私宅一样朴素。那绝非高楼大厦，像我们的立法议会或者伦敦的威斯敏斯特，内部有许多布置，有成排的席位，有灯火，有图书馆，有饮食部，有各个部门，有各种服务；希腊的议会只是一个空旷的广场，叫做尼克斯（Pnyx），几级石砌的台阶便是演说家的讲坛。此刻我们正在建造一所歌剧院②，我们需要一个宽大的门面，四五座大楼，各种的休息室，客厅和走道，一个宽敞的池子，一个极大的舞台，一个巨型的顶楼安放布景，无数大大小小的房间安置演员和管理人员；我们花到四千万〔法郎〕，场子有二千座位；在希腊，一个剧场可以容纳三万到五万观众，造价比我们的便宜二十倍，因为一切都由自然界包办了：山腰上凿一个圆的梯形看台，下面在圆周的中央筑一个台，立一座有雕塑的大墙，像奥朗热（Orange）③的那样，反射演员的声音；太阳就是剧场的灯光，远处的布景不是一片闪闪发亮的海，便是躺在阳光之下的山脉。他们用俭省的办法取得豪华的效果，供应娱乐的方式像办正事一样的完善，这都是我

---

① 关于私生活的细节，参看贝克尔著：《卡利格兰斯》〔一名《古希腊风俗小景》〕，尤其是附录部分。——原注

② 巴黎歌剧院是建于一八六二至一八七四年间，正是作者讲学的时期。——译者注

③ 法国南部阿维尼翁（Avignon）（属于普罗旺斯地区）城附近的奥朗热镇上，遗有古代的（公元二世纪）凯旋门和露天剧场。——译者注

们花了大量金钱而得不到的。

再看人事方面的组织。一个现代的国家包括三四千万人,散处在纵横千余里的领土之内。它比古代的城邦更巩固;但另一方面也复杂得多。要在国内当一个公职必须是一个专门的人,因此行政工作也像别的职业一样成为专门的了。大多数人只能每隔许多时候用选举的方式参与国家大事。平日他们住在内地过活,不可能有什么个人的和明确的见解,只有一些模糊的印象,盲目的情绪;遇到要决定战争或捐税的时候,只能让一般比他们知识丰富,而由他们派往京城去当代表的人处理。——关于宗教、司法、陆军、海军的问题,也同样由人代庖。这些公事每一项都有一批专门的人;必须经过长期的学习才能在其中当个角色;大多数的公民都不能胜任。我们完全不参与这些事情,我们有代表,或者出于自愿,或是由于国家选择①,代我们去打仗、航海、审判、祈祷。事实上我们也不得不如此;职务太复杂了,不能临时由一个生手去执行;教士要进过神学院,法官要进法学院,军官要进过军校,军营或军舰,公务员要经过考试和办公室的实习。——相反,一个像希腊城邦那样小的国家,普通人能担任一切公共职务;社会并不分做官吏和平民:没有退休的布尔乔亚,只有始终在活动的公民。雅典人对于有关公众的事都亲自决定;五六千公民在广场上听人演说,当场表决;广场便是菜市,大家在这儿售卖自己的酒和橄榄,也在这儿制定法律,决定法令;领土不过等于现代的一个城郊,乡下人出席大会,比城里人多走的路也很有限。讨论的事情并不超过他的知识程度,只关涉一个教区的利益,因为城邦只有一个城。应当如何对付梅加拉或科林斯,普通的公民不难理解;只消凭个人的经验和日常的印象就行;他用不着做一个职业政治家,精通地理、历史、统计等等。同样,他在自己家中就是教士,每隔多少时候还当本部族或本部落的祭司;因为他的宗教是保姆嘴里讲的美丽的故事,仪式是他从小就会的舞蹈或唱歌,还有是穿

---

① 前一句指各人自由选择职业,后一句指国家用会考及甄别制度选用公务人员。——译者注

了某种衣服当主席,吃一顿饭。——此外,他也在法院中当审判,审理民事刑事,宗教案子,在自己的诉讼中当律师,自己出庭辩护。一个南方人,一个希腊人,天生头脑灵活,能说会道;当时法律条文还没有那么多,没有积成一部法典和一大堆头绪纷繁的东西;他大体都知道;法官可以背给他听;而且习惯容许他凭自己的本能、常识、情绪、性子说话,至少同严格的法学和根据法理的论证同样有效。——倘若那公民有钱,他就做演出的主办人。你们已经看到希腊的剧场不像我们的复杂;而且雅典人素来爱排练舞蹈、歌唱、戏剧。——不论贫富,人人都是军人;战争的技术还简单,还没有战争的机器,民团就是陆军。在罗马人未来之前,没有比这个最优秀的军队了。要培养精锐的士兵有两个条件,而这两个条件都由普通教育完成了,不用特殊训练,不用办新兵操练班,不用军营中的纪律和练习。一方面他们要每个士兵都是出色的战士,身体要极强壮,极柔软,极灵活,最会攻击、招架、奔跑。这些都由练身场担任去了;练身场是青年人的学校,他们连续几年,整天在里面搏斗、跳跃、奔跑、掷铁饼,有系统的锻炼所有的肢体和肌肉。另一方面他们要士兵能有秩序的走路,奔驰,做各种活动。应付这些,他们的舞蹈学校就足够了:所有全民的和宗教的赛会都教儿童和青年如何集合,如何变换队形;斯巴达的公共舞蹈队和军队奉同一个神为祖师。在这样的风俗习惯培养之下,公民一开始就能毫无困难的成为军人。——他当水手也不需要更多的学习。当时的战舰不过是一条航行近海的船,至多载二百人,无论到哪里都不大会望不见陆地。在一个既有海岸,又以海上贸易为生的城邦之内,没有一个人不会操纵这样的船。我们的水手和海军军官要十年的学习和实习,才能精通气候的征兆,风向的变化,位置与方向,一切的技术,一切的零件;希腊近海的城邦却没有一个人不是事先就会或一学就会的。——古代生活的所有这些特点,都出于同一个原因,就是没有前例而简单的文明;都归结到同一个后果,就是非常平衡而简单的心灵,没有一组才能与倾向是损害了另一些才能与倾向而发展的,心灵没有居于主要地位,不曾因为发挥了任何特殊作用而变质。现在我们分做有文化的人和没有文化的人,城里人和乡下人,内地人和巴黎人,并且有多少种阶级、职业、手艺,就有多少种不同的人,人到处关在自己制造的小笼子里,被自己的一大堆需要所包围。希腊人没有经过这么多的加工,没有变得这样专门,离开原始状态没有这样远,给他活动的政治范围更适应人的机能,四周的风俗更有利于保持动物的机能:他和自然的生活更接近,少受过度文明的奴役,所以他更近于本色的人。

三

不论什么时代,理想的作品必然是现实生活的缩影,倘使我们观察现代人的心灵,就会发觉感情与机能的变质、混乱、病态,可以说患了肥胖症,而现代人的艺术便反映出这种精神状态。——中世纪的人,精神生活过分发展,一味追求奇妙与温柔的梦境,沉溺于痛苦,厌恶肉体,兴奋过度的幻想与感觉竟会看到天使的幻影,一心一意的膜拜神灵。你们都知道《仿效基督》与《圣方济各的小花》〔两部迦特力教的重要通俗著作〕中的境界,但丁和彼特拉克(Pétrarque)①的境界,你们也知道骑士生活和爱情法庭②包含多少微妙的心理和多么疯狂的情绪。因此绘画和雕塑中的人物都是丑的,或是不美的,往往比例不称,不能存活,几乎老是瘦弱、细小,为了向往来世而苦闷,一动不动的在那里期待,或者神思恍惚,带着温柔抑郁的修院气息或是出神入定的光彩,人不是太单薄就是太兴奋,不宜于活在世界上,并且已经把生命许给天国了。——文艺复兴时期,人的处境普遍有所改善,重新发现而且受到了解的古代,给他树立了榜样,精神得到解放,看到自己伟大的发明感到骄傲,开始活跃:在这种情形之下异教的思想感情和异教的艺术重新有了生机。可是中世纪的制度仪式继续存

---

① 英文写作 Petrarch。——译者注
② 相传十二至十五世纪时由贵族妇女组成的法庭,专理爱情纠纷,讨论一切男女之间的问题。——译者注

在,在意大利与佛兰德斯(Flandre)①〔荷兰与比利时的总称〕的最优秀的作品中,人物与题材的对立非常刺目:殉道的圣徒好像是从古代的练身场中出来的,基督不是变做威风凛凛的朱庇特,便是变做神态安定的阿波罗,圣母足以挑引俗世的爱情,天使同小爱神一般妩媚,有些马德莱娜〔改邪归正的罪女〕竟是过于娇艳的神话中的女妖,有些圣塞巴斯蒂安竟是过于放肆的赫尔克里斯;总之,那些男女圣者在苦修与受难的刑具中间保持强壮的身体、鲜艳的皮色、英俊的姿势,大可在古代的欢乐的赛会中充当捧祭品的少女,体格完美的运动员②。——到了今日,塞得满满的头脑,种类繁多而互相矛盾的主义,过度的脑力活动,闭门不出的习惯,不自然的生活方式,各大京城中的狂热的刺激,使神经过于紧张,过分追求剧烈与新鲜的感觉,把潜伏的忧郁,渺茫的欲望,无穷的贪心,尽量发展。过去的人只是一种高等动物,能在养活他的土地之上和照临他的阳光之下活动、思索,就很高兴:他要能永远保持这个状态也许更好。但现在的人有了其大无比的头脑,无边无际的灵魂,四肢变了赘疣,感官成了仆役;野心与好奇心贪得无厌,永远在搜索、征服,内心的震动或爆发随时扰乱身体的组织,破坏肉体的支持;他往四面八方去漫游,直到现实世界的边缘和幻想世界的深处;人类的家业与成绩的巨大,有时使他沉醉,有时使他丧气,他拼命追求不可能的事,或者在本行中灰心失意;不是扑向一个激动,痛苦,阔大无边的梦,像贝多芬、海涅、歌德笔下的浮士德那样,便是受着社会牢笼的拘囚,为了某种专业与偏执狂而钻牛角尖,像巴尔扎克的人物那样。人有了这种精神境界,当然觉得造型艺术不能满足他了;他在人像上感到兴趣的不是四肢,不是躯干,不是整个生动的骨骼;而是富于表情的脸,变化多端的相貌,用手势表达出来的看得见的心灵,在外表和形体上还在波动和泛滥的,无形的思想或情欲。倘若他还喜欢结构美妙的形体,只是由

---

① 英文写作 Flanders。——译者注
② 这一段给我们解释了文艺复兴时期许多宗教画的问题,的确题材与表现方式极不调和。——译者注

于教育①,由于受了长期的训练,靠鉴赏家的那种经过深思熟虑的趣味。他凭着方面众多,包罗世界的学识,能关心所有的艺术形式,所有过去的时代,上下三等的人生,能欣赏外国风格和古代风格的复兴,田园生活平民生活野蛮生活的场面,异国的和远方的风景;只要是引起好奇的东西,不论是历史文献,是激动感情的题目,是增加知识的材料,他都感到兴趣。像这种饱食过度,精力分散的人,就要求艺术有意想不到的强烈的刺激,要色彩、面貌、风景,都有新鲜的效果,声调口吻必须使他骚动,给他刺激或娱乐,总之是变成习气的,有意做作的与过火的风格②。

相反,希腊人的思想感情是单纯的,所以趣味也单纯。以他们的戏剧为例:绝对没有像莎士比亚所创造的的那种心情复杂,深不可测的人物;没有组织严密,结局巧妙的情节;没有出其不意的局面。戏的内容不过是一个英雄的传说,大家从小就听熟的;事情的经过与结局也预先知道。情节用两句话就能包括。埃阿斯一阵迷糊,把田里的牲口当作敌人杀死;他对自己的疯狂又羞又恨,怨叹了一阵,自杀了。菲罗克特特斯受着伤,被人遗弃在一个岛上;有人来找他索取他的箭;他先是生气、拒绝,结果听从赫尔克里斯的吩咐,让步了③。梅南德的喜剧,我们只有从泰伦提乌斯④的仿作中见识过,内容竟可以说一无所有;罗马人直要把他的两个剧本混合起来才能编成一出戏;即使内容最丰富的剧本也不超过我们现代喜剧的一景。你们不妨念一念柏拉图的《共和国》的开头,特奥克里托斯的《西拉库萨女人》,最后一个阿提卡作家卢奇安的《对话录》,或者克塞诺丰的

———————————————

① 所谓 From mind。——译者注
② 这一段说明了十九世纪的艺术口味,也说明了现代人变本加厉追求新奇与刺激的倾向。——译者注
③ 以上两个剧本都是索福克勒斯作的悲剧,前者叫做《狂怒的埃阿斯》,后者即以主角为名,叫做《菲罗克特特斯》。——译者注
④ 梅南德为四世纪时希腊的喜剧作家,专写人生琐事,文学史上称为希腊新喜剧,与以前阿里斯托芬一派讽刺时事与政治的作品完全不同。他的作品只有残简断片存留于世——泰伦提乌斯是二世纪时拉丁喜剧家。多模仿希腊作品,尤其是梅南德的喜剧,尤利乌斯·凯撒曾称其为半个梅南德。——译者注

《经济学》和《居鲁士》;没有一点儿紧张,一切很单纯,不过写一些日常小景,全部妙处只在于潇洒自然;既不高声大气,也没有锋芒毕露的警句;你读了仅仅为之微笑,可是心中的愉快仿佛面对一朵田间的野花或一条明净的小溪。人物或起或坐,时而相视,时而谈些普通的事,和庞贝壁画上的小型人像一样悠闲。我们的味觉已经迟钝麻木,喝惯烈酒,开头几乎要认为这样的饮料淡而无味,但是尝过数月之后,就只愿意喝这种新鲜纯净的水,觉得别的文学作品都是辣椒、红焖肉,或者竟是有毒的了。

我们现在到他们的艺术中去观察这个倾向,尤其在我们所要研究的雕塑中观察。靠着这种希腊人的气质,希腊的雕塑臻于尽善尽美,真正成为他们的民族艺术;因为没有一种艺术比雕塑更需要单纯的气质,情感和趣味的了。一座雕像是一大块云石或青铜,一座大型的雕像往往单独放在一个座子上,既不能有太猛烈的手势,也不能有太激动的表情,像绘画所允许,浮雕所容忍的那样;因为那要显得做作,追求效果,有流于贝尔尼尼(Bernini)作风①的危险。此外,一座雕像是结实的东西,胸部与四肢各有重量;观众可以在四周打转,感觉到是一大块物质;并且雕像多半是裸体或半裸体;雕塑家必须使雕像的躯干与四肢显得和头部同样重要,必须对肉体生活像对精神生活一样爱好。——希腊文明是唯一能做到这两个条件的文明。文化发展到那个阶段那个形式的时候,人对肉体是感到兴趣的;精神尚未以肉体为附属品,置肉体于不重要的地位;肉体有其本身的价值。观众对肉体的各个部分,不问高雅与否,同等重视;他们看重呼吸宽畅的胸部,灵活而强壮的脖子,在脊骨四周凹陷或隆起的肌肉,投掷铁饼的手臂,使全身向前冲刺或跳跃的脚和腿。在柏拉图的著作中,一个青年批评他的对手身体强直,头颈细长。阿里斯托芬告诉年轻人,只要听他的指导,一定会康强健美:"你将来能胸部饱满,皮肤白皙,肩膀宽阔,大

---

① 贝尔尼尼(一五九八——一六八〇)为意大利雕塑家,画家,建筑家。他的风格就像作者所说专求效果,夸张过火,代表文艺复兴末期过于重视技巧的风气。——译者注

腿粗壮……在练身场上你可以成为体格健美,生气勃勃的青年;你可以到阿卡台米去,同一个和你年纪相仿的安分的朋友在神圣的橄榄树①下散步,头上戴着芦花织成的冠,身上染着土茯苓和正在抽芽的白杨的香味,悠闲自在的欣赏美丽的春光,听枫杨树在榆树旁边喁喁细语。"这种完美的体格是一匹骏马的体格,这种乐趣也是骏马的乐趣;而柏拉图在作品中也曾把青年人比做献给神明的战马,特意放在草场上听凭他们随意游荡,看他们是否单凭本性就能找到智慧与道德。那种人看到像巴台农神庙上的特修斯和罗浮美术馆中的阿喀琉斯一类的身体,毋须经过学习,就能领会和欣赏。躯干在骨盘中伸缩自如的位置,四肢的灵活的配合,脚踝上刻画分明的曲线,发亮而结实的皮肤底下鲜剥活跳的肌肉,他们都能体验到美,好比一个爱打猎的英国绅士赏识所养的狗、马的种,骨骼和优点。他们看到裸体毫不奇怪。贞洁的观念还没有变做大惊小怪的羞耻心理;在他们身上,心灵并不居于至高无上的地位,高踞在孤零零的宝座之上,贬斥用途不甚高雅的器官,把它们打入冷宫;心灵不以那些器官为羞,并不加以隐蔽;想到的时候既不脸红,也不微笑。那些器官的名字既不猥亵,亦无挑拨意味,亦非科学上的术语;荷马提到那时的口吻,同提到身体别个部分的口吻毫无分别。那些器官在阿里斯托芬的喜剧中只引起快乐的观念,不像在拉伯雷(Rabelais)笔下有淫秽意味。这个观念并不成为猥亵文学的一部分,使古板的人不敢正视,文雅的人掩鼻而过。它经常出现,不是在戏剧中,舞台上,便是在敬神的赛会中间,当着长官们的面,一群年轻姑娘捧着生殖器的象征游行,甚至还被人奉为神明呢②。一切巨大的自然力量在希腊都是神圣的,那时心灵与肉体尚未分离。

---

① 阿卡台米是雅典城外东北郊的一个树林,以神话中的英雄阿卡台摩斯命名。树林中有练身场;附近还有柏拉图聚徒讲学的私宅,故后世称学院,或文人学士与艺术家的团体为"阿卡台米"(Academy)。亚里士多德讲学处称为李赛姆,即近时所用Lyceum 一字的来历。——但阿里斯托芬在此纯指树林而言。与柏拉图讲学之私宅无关。——译者注
② 例如阿里斯托芬的喜剧:《阿卡奈人》。——原注

　　所以整个身体毫无遮蔽的放在座子上,陈列在大众眼前,受到欣赏、赞美,绝没有人为之骇怪。这个肉体对观众有什么作用呢? 雕像灌输给观众的是什么思想呢? 对于我们,这个思想差不多毫无内容,因为它属于另一时代,属于人类精神发展的另一阶段。头部没有特殊的意义,不像我们的那样包含无数细微的思想,骚动的情欲,杂乱的感情;脸不凹陷,不秀气,也不激动;没有多少线条,几乎没有表情,几乎永远是静止的;就因为此,那个脸才适合于雕像;像我们今日所看到的,所制作的,脸部的重要超出了应有的比例,掩盖了别的部分;我们会不注意躯干与四肢,或者想把躯干四肢穿上衣服。相反,在希腊的雕像上,头部不比躯干或四肢引起更多的注意;头部的线条与布局只是继续别的线条与布局,脸上没有沉思默想的样子,而是安静平和,差不多没有光彩;绝对没有超出肉体生活和现世生活的习惯、欲望、野心;全身的姿势和动作都是这样。倘若人物做着一个有力的动作,像罗马的《掷铁饼的人》,罗浮的《搏斗者》,或者庞贝的《福纳的舞蹈》,那么纯粹肉体的作用也把他所有的欲望与思想消耗完了;只要铁饼掷得好,攻击得好或招架得好,只要跳舞跳得活泼,节奏分明,他就感到满足,他的心思不放到动作以外去。但人物多半姿态安静,一事不做,一言不发;他没有深沉或贪婪的目光表现他全神贯注在某一点上;他在休息,全身松弛,绝无疲劳之状;有时站着,一只脚比另一只脚着力一些,有时身体微侧,有时半坐半睡;他才奔跑完毕,像那个《拉西第蒙少女》①一样,或者手持花冠,像那《花神》一样;他的动作往往无关重要,他转的念头非常渺茫,在我们看来竟是一无所思,因此直到今天,大家提出了十来种假定,还是无法肯定《米洛的维纳斯》(Vénus de Milo)究竟在做什么②。他活着,光是这一点对他就够了,对于观众也够了。伯里克利和柏拉图时代的人,用不到强烈和突兀的效果去刺激他们迟钝的注意力,或者

_____

① 　这个雕像是在拉韦松为巴黎美术学校收集的石膏参考资料内。——原注
② 　这座维纳斯像是一八二〇年在希腊的米洛岛上出土的,故称为《米洛的维纳斯》。此像只剩一女人的身体,两臂皆折,故不知原像表示什么动作。原作存巴黎罗浮美术馆。——译者注

煽动他们骚扰不安的感觉。一个壮健的身体,能做一切练身场上威武的动作,一个血统优秀、发育完美的男人或女人,一张暴露在阳光中的清明恬静的脸,由配合巧妙的线条构成的一片朴素自然的和谐:这就够了,他们用不着更生动的场面。他们所要欣赏的是同人的器官与条件完全配合的人,在肉体的可能范围以内完美无缺;他们不要求别的,也不要求更多;否则他们就觉得过火、畸形或病态。——这是他们简单的文化使他们遵守的限度,我们的复杂的文化却使我们越出这个限度。他们在这个限度以内找到一种合适的艺术,雕像的艺术;而我们是超越了这种艺术,今日不能不向他们去求范本。

第五编　艺术中的理想
第四章　效果集中的程度

一

特征本身已经考察过了,现在要考察特征移植到艺术品中以后的情形。特征不但需要具备最大的价值,还得在艺术品中尽可能的支配一切。唯有这样,特征才能完全放出光彩,轮廓完全凸出;也唯有这样,特征在艺术品中才比在实物中更显著。要做到这一点,必须作品的各个部分通力合作,表现特征。不能有一个原素不起作用,也不能用错力量,使一个原素转移人的注意力到旁的方面去。换句话说,一幅画,一个雕像,一首诗,一所建筑物,一曲交响乐,其中所有的效果都应当集中。集中的程度决定作品的地位;所以衡量艺术品的价值,在以上两个尺度之外还有第三个尺度。

二

先以表现人的精神生活的艺术为例,尤其是文学。我们首先要辨别构成一个剧本,一篇史诗,一部小说的各种原素,表现挑选活动的心灵的作品的原素。——第一是心灵,就是说具有显著的性格的人物;而性格之中又有好几个部分。一个儿童像荷马说的"从女人的两膝之间下地"的时候,就具备某一种和某一程度的才能与本能,至少是有了萌芽。他像父亲,像母亲,像上代的家属,总的说来是像他的种族;不但如此,从血统中遗传下来的特性在他身上有特殊的分量和比例,使他不同于同国的人,也不同于他的父母。这个天生的精神本质同身体的气质相连,两者合成一个最初的背景;教育,榜样,学习,童年与少年时代的一切事故一切行动,不是与这个背景对抗,便是加以补充。倘若这许多不同的力量不是互相抵消,而是结合,集中,结果就在人身上印着深刻的痕迹,成为一些凸出的或强烈的性格。——在现实世界中往往缺少这一步集中的工作,在大艺术家的作品中却永远不会缺少;因此他们描写的性格虽则组成的原素与真实的性格相同,但比真实的性格更有力量。他们很早而且很细致的培养他们的人物;等到那个人物在我们面前出现,我们只觉得他非如此不可。他有一个广大的骨架支持;有一种深刻的逻辑做他的结构。这种构造人物的天赋以莎士比亚为最高。仔细研究他的每个角色,你随时会发觉在一个字眼,一个手势,思想的一个触机,一个破绽,说话的一种方式之间,自有一种呼应,一种征兆,泄露人物的全部内心,全部的过去与未来①。这是人物的"底情"。一个人的体质,原有的才能与倾向或后天获得的才能与倾向,年代久远的或最近的思想与习惯的复杂的发展,人性中所有的树液,从最老的根须起到最后的嫩芽为止经过无穷变化的树液,都促成一个人的语言与行动,等于树液流到终点不能不向外喷射。必须有这许多力量,加上各种效果的集中,才能鼓动科利奥兰,麦克白,哈姆莱特,奥赛罗一类的人物,才能组织,培养,刺激主要的情欲,使人物紧张,活跃。——在莎士比亚旁边,我可以提出一个近代作家,差不多是当代的作家,巴尔扎克;在我们这个时代所有操纵精神宝藏的人中间,他资本最雄厚。一个人的成长,精神地层的累积,父母的血统,最初的印象,谈话,读物,友谊,职业,住所等等的作用如何交错,如何混杂,无数的痕迹如何一天一天印在我们的精神上面,构成精神的实质与外形:没有人比巴尔扎克揭露得更清楚。但他是小说家与博学家,不像莎士比亚是戏剧家与诗人;所以他并不隐藏人物的"底情"而是尽量罗列。他的长篇累牍的描写与议

---

① 例如奥赛罗在最后一刹那回想到他的旅行与他的童年;那是自杀时常有的现象。又例如麦克白听见人家一句暗示,心中就浮起杀人和野心的幻觉;那是偏执狂的人常有的现象。——原注

论,叙述一所屋子,一张脸或一套衣服的细节,在作品开头讲到一个人的童年与教育,说明一种新发明和一种手续的技术问题,目的都在于揭露人物的内幕。但归根结蒂,他的技巧和莎士比亚的一样,在塑造人物,塑造于洛,葛朗台老头,菲利普·勃里杜,老处女,间谍,妓女,大企业家的时候,他的才能始终在于把构成人物的大量原素与大量的精神影响集中在一个河床之内,一个斜坡之上,仿佛汇合大量的水扩大一条河流,使它往外奔泻。

　　文学作品的第二组原素是遭遇与事故。人物的性格决定以后,性格所受的摩擦必须能表现这个性格。——在这一点上,艺术又高出于现实,因为在现实生活中,事情不是永远这样进行的。某个伟大而坚强的性格,由于没有机会或者没有刺激的因素,往往默默无闻,无所表现。——倘若克伦威尔不遇到英国革命,很可能在家庭里的地方上继续他四十岁以前的生活,做一个经营农庄的地主,市内的法官,严厉的清教徒,照管他的牲口,饲料,孩子,关切自己的信仰。法国革命倘若迟三年爆发,米拉博只是一个贪欢纵欲,有失身份的贵族①。另一方面,某个庸俗懦弱,经不起大风浪的性格,尽可应付普通的生活。假定路易十六是布尔乔亚出身,有一份小小的产业,或者当个职员,或者靠利息过活:他多半能受人尊重,安分守己的过一辈子;他会老老实实的尽他的日常责任,认真办公,对妻子和顺,对儿女慈爱,晚上教他们地理,星斯日望过弥撒,拿铜匠的工具消遣一番这就是路易十六喜欢的消遣。一个已经定型的人入世的时候,有如一条船从船坞中滑进大海;它需要一阵微风或大风,看它是小艇或大帆船而定:鼓动大帆船的巨风势必叫小艇覆没,推进小艇的微风只能使大帆船在港口里停着不动。因此艺术家必须使人物的遭遇与性格配合。——这是第二组原素与第一组原素的一致;不消说,一切大艺术家从来不忽视这一点。他们所谓线索或情节,正是指一连串的事故和某一类的遭遇,特意安

①　米拉博死于一七九一年,倘法国革命迟三年爆发,米拉博已不在人世,不能在大革命中有所表现。——译者注

排来暴露性格,搅动心灵,使原来为单调的习惯所掩盖的深藏的本能,素来为不知道的机能,一齐浮到面上,以便像高乃依那样考验他们意志的力量和英雄精神的伟大,或者像莎士比亚那样揭露他们的贪欲,疯狂,暴怒,以及在我们心灵深处盲目蠢动,狂嗥怒吼,吞噬一切的妖魔。同一个人物可以受到各种不同的考验,许多考验可以安排得越来越严重,这是一切作家用来造成高潮的手法;他们在整个作品中运用,也在情节的每个片段中运用,最后把人物推到大功告成或者下堕深渊的路上。——可见集中的规律对于细节和对于总体同样适用作家为了求某种效果而汇合一个场面的各个部分,为了要故事收场而汇合所有的效果,为了表现心灵而构成整个的故事。总的性格与前前后后的遭遇汇合之下,表现出性格的真相和结局,达到最后的胜利或最后的毁灭①。

剩下最后一个原素,就是风格。实在说来,这是唯一看得见的原素;其他两个原素只是内容;风格把内容包裹起来,只有风格浮在面上,——一部书不过是一连串的句子,或是作者说的,或是作者叫他的人物说的;我们的眼睛和耳朵所能捕捉的只限于这些句子,凡是心领神会,在字里行间所能感受的更多的东西,也要靠这些句子做媒介。所以风格是第三个极重要的原素,风格的效果必须和其他要素的效果一致,才能给人一个强烈的总印象。——但句子可以有各种形式,因此可以有各种效果。它可能是韵文;长短可能一律,可能不一律,节奏与押韵有各种不同的方式;只要看韵律学内容的丰富就明白。另一方面,句子可能是散文,有时可能前后连成一整句,有时包括一些整句和一些短句;只要看语法学内容的丰富就明白。——组成句子的单字也有特性;按照字源和通常的用法,单字或是一般性的,高雅的,或是专门的枯燥的,或是通俗的,耸动听闻的,或是抽象的暗淡的,或是光彩焕发,色调鲜艳的。总之,一句句子是许多力量汇合起来的一个总体,诉之于读者的逻辑的本能,音乐的感受,原有的记忆,幻想的活动;句子从神经,感官,习惯各方面激动整个的人。——所以

---

① 关于集中的原则,可参看拙著《拉封丹及其寓言》第三编。——原注

风格必须与作品别的部分配合。这是最后一种集中;大作家在这方面的技术层出不穷,随机应变的手段非常巧妙,创新的能力用之不竭;他们对于每一种节奏,每一种句法,每一个字眼,每一个声音,每一种字的连接,声音的连接,句子的连接,都是清清楚楚感觉到它的效果,有意识的运用的。这里艺术又高于现实;因为风格经过这样选择,改变,配合以后,假想的人物比真实的人物说话说得更好,更符合他的性格。——不必深入写作技术的奥妙,涉及方法的细节,我们也不难看出诗是一种歌唱,散文是一种谈话,六韵脚十二音步的诗句气势雄伟,声调庄严,抒情诗的简短的分节,音乐气氛更浓,情绪更激昂;干脆的短句口吻严厉或者急促;包括许多小句的长句声势浩大,有雄辩的意味;总之,我们不难看出一切风格都表示一种心境,或是松弛或是紧张,或是激动或是冷淡,或是心神明朗或是骚乱惶惑,而境遇与性格的作用或者加强或者减弱,就要看风格的作用和它一致或者相反而定。——倘若拉辛用了莎士比亚的文体,莎士比亚用了拉辛的文体,他们的作品就变得更可笑,或者根本不会产生。十七世纪的文字清楚明白,中庸有度,精纯,连贯,完全适合宫廷中的谈话,却无法表现粗犷的情欲,幻想的激动,不可抑制的内心的风暴,像在英国戏剧中爆发的那样。十六世纪的文字忽而通俗,忽而抒情,大胆,过火,佶屈聱牙,前后脱节,放在法国悲剧的文质彬彬的人物嘴里就不成体统。要是那样,我们就没有拉辛和莎士比亚,而只能有德莱顿,奥特韦,迪西,卡西米·德拉维涅一流的作家。——这便是风格的力量,也便是风格的条件。人物的特性固然要靠情节去诉之于读者的内心,但必须用语言诉之于读者的感官;三种力量〔人物,情节,风格〕集中以后,性格才能完全暴露。艺术家在作品中越是集中能产生效果的许多原素,他所要表白的特征就越占支配地位。所以全部技术可以用一句话包括,就是用集中的方法表白。

三

按照这个原则,我们可以把文学作品再列一个等级。别的方面都相等的话,作品的精彩的程度取决于效果集中的程度。这个规则应用各个派别,在同一类艺术的发展阶段中所确定的等级,正是历史与经验早已确定的等级。

一切文学时期开始的阶段必有一个草创时期;那时技术薄弱,幼稚;效果的集中非常不够;原因是在于作家的无知。他不缺少灵感;相反,他有的是灵感,往往还是真诚的强烈的灵感。有才能的人多得很;伟大的形象在心灵深处隐隐约约的活动;但是不知道方法;大家不会写作,不会分配一个题材的各个部分,不会运用文学的手段。——这就是中世纪时初期法国文学的缺点。你们读《洛朗之歌》,《勒诺·特·蒙朵旁》,《丹麦人奥伊埃》,立刻会感到那个时代的人具有独特而伟大的情感:一个社会建立了;十字军的功业完成了;诸侯的高傲独立的性格,藩属对封建主的忠诚,尚武与英勇的风俗,肉体的健壮与心地的单纯,给当时的诗歌提供的特征不亚于荷马诗歌中的特征。但当时的诗歌只利用一半;它感觉到那些特征的美而没有能力表达。北方语系的诗人是世俗的法国人,就是说他出身的种族素来缺少风趣,他所隶属的社会是被独占的教会剥夺高等教育的社会。他只会干巴巴的,赤裸裸的叙述;没有荷马与古希腊的壮阔与灿烂的形象;一韵到底的诗句好比把同一口钟敲到二三十下。他控制不了题材,不懂得删节,发展,配合,不会准备场面,加强效果。作品没有资格列入不朽的文学,已经在世界上消灭了,只有考古学家才关心。即使有所成就也只靠一些孤零零的作品:例如《尼伯龙根之歌》,因为在德国,古老的民族性不曾被教会压倒;至于意大利的《神曲》是凭了但丁的苦功,天才和热情,才在神秘而渊博的长诗中把世俗的情感和神学理论出人意外的结合为一——艺术在十六世纪复活的时节,其他的例子又证明,同样的缺少集中在初期达到同样不完全的后果。英国最早的戏剧家马洛是个天才;他和莎士比亚一样感觉到情欲的疯狂,北方民族的忧郁与悲壮,当代历史的残酷;但他不会支配对白,变动事故,把情节分出细腻的层次,把各种性格加以对立;他用的方法只有连续不断的凶杀和直截了当的死亡;他的有力的但是粗糙的剧本如今只有一些好奇的人才知道。要他那种悲壮的人生观在大众面前清清楚楚的显露,必须在他之后出现一个更大的天才,具备充分的经验,把同样的精神重新酝酿一番;必须来一个莎士比亚,经过一再摸索,在前人的稿本中注入有变化的,丰满的,深刻的生命,而那是初期的艺术办不到的。

一切文学时期终了的阶段必有一个衰微的时期;艺术腐朽,枯萎,受着陈规惯例的束缚,毫无生气。这也是缺少效果的集中;但问题不在于作家的无知。相反,他的手段从来没有这样熟练,所有的方法都十全十美,精炼之极,甚至大众皆知,谁都能够运用。诗歌的语言已经发展完全:最平庸的作家也知道如何造句,如何换韵,如何处理一个结局。这时使艺术低落的乃是思想感情的薄弱。以前培养和支配大作品的伟大的观念淡薄了,消失了;作家只凭回忆和传统才保存那个观念,可是不再贯彻到底,而引进另外一种精神使观念变质;他加入性质不相称的东西,以为是改进。——欧里庇得斯时代的希腊戏剧,服尔德时代的法国戏剧,便是这个情形。形式和从前一样,但精神变了:这个对比叫人看了刺眼。埃斯库罗斯和索福克勒斯的道具,合唱,韵律,代表英雄和神明的角色,欧里庇得斯全部保留。但他降低人物的水平,使他们具有日常生活的感情和奸诈,讲着律师和辩士的语言;作者揭露他们的恶癖,弱点,叙述他们的怨叹。拉辛与高乃依的全部规矩礼法,全部技巧,全班人物,贵族身边的亲信,高级的教士,亲王,公主,典雅的骑士式的爱情,六韵脚十二音步的诗句,概括而高尚的文体,梦境,神示,神明:服尔德都一一接受,或者自己提出来作为写作的准则。但他向英国戏剧借用激动的情节;企图在作品上涂一层历史的油彩,加入哲学的与人道主义的思想,在字里行间攻击国王与教士;他在古典悲剧中是一个弄错方向弄错时间的革新家和思想家。在欧里庇得斯和服尔德笔下,作品的各种原素不再向同一个效果集中。古代的衣饰妨碍现代的情感,现代的情感戳破古代的衣饰。人物介乎两个角色之间,没有确定的性格;服尔德的人物是受百科全书派启发的贵族;欧里庇得斯的人物是经过修辞学家琢磨的英雄。在此双重面目之下,他们的形象飘浮不定,没法叫人看见,或者应当说根本没有生存,至多每隔许多时候露一次面。读者对这种不能生存的文学不感兴趣,他要求作品像生物一样,所有的部分都是趋向同一效果的器官。

这样的作品出现在文学时期的中段:那是艺术开花的时节;在此以前,艺术只有萌芽;在此以后,艺术凋谢了。但在中间一段,效果完全集中;人物,风格,情节,三者保持平衡,非常和谐。这个开花的季节,在希腊见之于索福克勒斯的时代,也许在埃斯库罗斯的时代更完美,如果我没有看错;那时的悲剧忠于传统,还是一种酒神颂歌,充满真正的宗教情绪,传说中的英雄与神明完全显出他们的庄严伟大,人的遭遇由主宰人生的宿命和保障社会生活的正义支配;用来表达的诗句像神示一般暗晦,像预言一般惊心动魄,像幻境一般奇妙。在拉辛的作品中,巧妙的雄辩,精纯高雅的台词,周密的布局,处理恰当的结尾,舞台上的体统,公侯贵族的礼貌,宫廷和客厅中的规矩和风雅,都互相配合,趋于一致。在莎士比亚的错综复杂的作品中也可发现同样的和谐;因为描写的是原封不动的完全的人,所以诗意浓郁的韵文,最通俗的散文,一切风格的对比,他不能不同时采用,以便轮流表达人性的崇高与下贱,女性的温柔体贴,性格刚强的人的强悍,民间风俗的粗野,上层阶级的繁文缛礼,琐琐碎碎的日常谈话,紧张偏激的情绪,俗事细故的不可逆料,情欲过度的必然的后果。方法无论如何不同,在大作家手下总是往同一个方向集中:拉封丹的寓言,波舒哀的悼词,服尔德的短篇小说,但丁的诗,拜伦的《唐·璜》,柏拉图的对话录,不论古代作家,近代作家,浪漫派,古典派,情形都一样。大师们的榜样并没提出固定的风格,形式,处理的方法,叫后人接受。倘若某人走某一条途径获得成功,另一个人可以从相反的途径获得成功;只有一点是必要的,就是整部作品必须走在一条路上;艺术家必须竭尽全力向一个目的前进。艺术和造化一样,用无论什么模子都能铸出东西来;可是要出品生存,在艺术中也像在自然界中一样,必须各个部分构成一个总体,其中最微末的原素的最微末的分子都要为整体服务。

四

现在只要考察表现人体的艺术,辨别其中的元素,尤其要辨别手法最多的艺术,绘画的元素。——我们在一幅画上首先注意到的是人体,在人体上我们已经分出两个主要部分:一个是由骨头与肌肉组成的总的骨骼,等于去皮的人体标本;一个是包裹骨骼的外层,就是有感觉有色泽的皮肤。你们马上会看出这两个元素必须保持和谐。柯勒乔那种女性的白皙的皮肤,绝不会在米开朗琪罗那种英雄式的肌肉上出现。——第三个元素,姿势与相貌,亦然如此;某些笑容只适合某些人体;鲁本斯笔下营养过度的角斗家,一味炫耀的苏珊,多肉的马德莱娜,永远不会有芬奇人物上的深思,微妙与深刻的表情。——这不过是最简单最浮表的协调,还有一些深刻得多而同样必要的协调。所有的肌肉、骨头、关节,人身上一切细节都有独特的效能,表现不同的特征。一个医生的足趾与锁骨,跟一个战士的足趾与锁骨不同。身体上任何细小的部分都以形状、色彩、大小、软硬,帮助我们把人体分门别类。其中有无数的元素,元素的作用都应当趋于一致;倘若艺术家不知道某一部分元素,就会减少他的力量;倘若把一个元素引上相反的方向,就多多少少损害别的元素的作用。就因为此,文艺复兴期的大师才下苦功研究人体,米开朗琪罗才作了十二年的尸体解剖。这绝不是学究气,绝不是拘泥于死板的观察;人体外部的细节是雕塑家与画家的宝库,正如心灵是戏剧家与小说家的宝库。一根凸出的筋对于前者的重要,不亚于某种主要习惯对于后者的重要。他不但为了要肉体有生命而注意那根筋,并且还用来创造一个刚强的或妩媚的人体。筋的形状、变化、用途与从属关系,在艺术家心中印象越深,他越能在作品中运用得富于表情。仔细研究一下鼎盛时期作品上的人物,就能发现从脚跟到脑壳,从弯曲的脚的曲线到脸上的皱纹,没有一种大小,没有一种形状,没有一种皮色,不是各尽所能,尽量衬托出艺术家所要表现的特征的。

这里又出现一些新的原素,其实是同样的元素从另一角度考察。勾勒轮廓的线条,或是在轮廓以内勾勒出凹陷部分或凸出部分的线条,也各有各的作用;直线、曲线、迂回的线、断裂的线、不规则的线,对我们发生不同的作用。组成人体的大的部分亦然如此;彼此的比例也有一种特殊意义;头部与躯干之间的大小关系,躯干与四肢之间的大小关系,四肢相互之间的大小关系,各各不同,从而给人种种不同的印象。身体也有它的一套建筑程式,除了器官的联系连接各个部分以外,还有数学的联系决定身体的几何形体和身体的抽象的协作。我们可以把人体比做一根柱子;直径与高度的某种比例使柱子成爱奥尼亚式或多里安式,姿态或者典雅或者笨重;同样,头的大小与全身的大小的某种比例,决定佛罗伦斯人的身体或罗马人的身体。柱头不能大于柱身直径的若干倍;同样,人体必须若干倍于头,也不能超过头的若干倍。以此类推,身上一切部分都有它们的数学尺度;当然不是严格的限制,但虽有变化,相差不会太远;而变化的程度就表现不同的特征。艺术家在此又掌握一种新的力量;他可以像米开朗琪罗那样挑选头小身长的人体,可以像弗拉·巴尔托洛梅奥那样采用简单而壮阔的线条,也可以像柯勒乔那样采用波浪式的轮廓和曲折起伏的线条。画面上的各组人物或者保持平衡,或者散漫凌乱,姿势或直或斜,远近有各种不同的层次,高低有各种不同的安排:这些变化使艺术家构成各式各样的对称。一幅画或者画在壁上或者画在布上,不是一个方形便是一个长方形,或是穹窿上的尖弓形,总之是一块空间,一组人物在这个空间等于一座建筑物。你们从版画上①研究一下班迪内利的《圣塞巴斯蒂安的殉难》或者拉斐尔的《雅典学派》,就能感觉到一种美,希腊人用一个富有音乐性的名词称之为节奏匀称。再看两个画家对同一题材的处理,提香的《安提俄珀》和柯勒乔的《安提俄珀》,你们会感觉到线条所组成的几何形体能产生如何不同的效果。这又是一种新的力量,应当与别的力量趋于一致,倘使忽略了或者转移到别的方向,特性就不能充分表现。

———————————

① 十九世纪的美术品全凭版画复制传布;作者此处就是说看不见原作,至少可从复制品上研究。——译者注

现在要谈最后一个也是最重要的一个原素,色彩。——除了用做模仿以外,色彩本身和线条一样有它的意义。一组不表现实物的色彩,像不模仿实物而只构成一种图案的线条一样,可能丰满或贫乏,典雅或笨重。色彩的不同的配合给我们不同的印象;所以色彩的配合自有一种表情。一幅画是一块着色的平面,各种色调和光线的各种强度是按照某种选择分配的;这便是色彩的内在的生命。色调与光线构成人物也好,衣饰也好,建筑物也好,那都是色彩后来的特性,并不妨碍色彩原始的特性发挥它的全部作用,显出它的全部重要性,因此色彩本身的作用极大,画家在这方面所做的选择,能决定作品其余的部分。——但色彩还有好几个元素,先是总的调子或明或暗;圭多用白,用银灰,用青灰,用浅蓝;他无论画什么都光线充足;卡拉瓦吉用黑,用焦褐,色调浓厚,没有光彩;他无论画什么都是不透明的,阴暗的。——其次,光暗的对比在同一幅画上有许多等级,折中的程度也有许多等级。你们都知道,芬奇用细腻的层次使物体从阴影中不知不觉的浮现;柯勒乔用韵味深长的层次,使普遍明亮的画面上凸出一片更强的光明;里贝拉用猛烈的手法,使一个浅色的调子在阴沉的黑暗中突然发光;伦勃朗在似黄非黄而潮湿的气氛中射出一团绚烂的日色,或者透出一道孤零零的光线。——最后,除了光线的强弱以外,色调可能协和,可能不协和,看色调是否互相补充而定[①];颜色或者互相吸引,或者互相排斥;橙,紫,红,绿,以及别的单纯的或混合的颜色,由于彼此毗连的关系,好比一组声音由于连续的关系,构成一片或是丰满雄厚,或是尖锐粗犷,或是和顺温柔的和谐。例如罗浮美术馆中韦罗内塞的《以斯帖》:一连串可爱的黄色在若有若无之间忽而浅,忽而深,忽而泛出银色,忽而带红,忽而带绿,忽而近于紫石英,始终调子温和,互相连贯,从长寿花的淡黄和发亮的干草的黄,直到落叶的黄和黄玉的深黄,无不水乳交融;又如乔尔乔内的《圣家庭》:一片强烈的红色,先是衣饰的暗红几乎近

---

① 参看谢弗勒尔著:《论色彩的对比》(Chevreul: *Traité du Contraste des Couleurs*)。——原注

于黑色,然后逐渐变化,逐渐开朗,在结实的皮肉上染上土黄,在手指的隙缝间闪烁颤动,在壮健的胸脯上变成大块的古铜色,有时受着光线照射,有时埋在阴影中间,最后照在一个少女脸上,像返照的夕阳。看了这些例子,你们就懂得色彩这个元素在表情方面的力量。

——色彩之于形象有如伴奏之于歌词;不但如此,有时色彩竟是歌词而形象只是伴奏;色彩从附属品一变而为主体。但不论色彩的作用是附属的,是主要的,还是和其他的元素相等,总是一股特殊的力量;而为了表现特征,色彩的效果应当和其余的效果一致。

五

我们要按照这个原则把画家的作品再列一个等级。别的方面都相等的话,作品的精彩的程度取决于效果集中的程度。这个规则应用在文学史上能分出一个文学时期的各个阶段,应用在绘画史上能分出一个艺术流派的各个阶段。

在最初的时期,作品还有缺点。技术幼稚,艺术家不会使所有的效果趋于一致。他掌握了一部分效果,往往掌握极好,极有天才,但不曾想到还有别的效果;他缺乏经验,看不见别的效果,或者当时的文化与时代精神使他眼睛望着别处。意大利绘画的最初两个时期便是这种情形。——以天才和心灵而论,乔托很像拉斐尔;创新的才能和拉斐尔一样充沛,一样自然,创造的境界一样独到,一样美;对于和谐与气息高贵的感受同样敏锐;但语言还没有形成,所以乔托只能期期艾艾,而拉斐尔是清清楚楚说话的。乔托不曾在佛罗伦斯学习,没有佩鲁吉诺那样的老师,不曾见识到古代的雕像。那时的艺术家对于活生生的肉体才看了第一眼,不认识肌肉,不知道肌肉富于表情;他们不敢了解,也不敢爱好美丽的肉体,免得沾染异教气息;因为神学与神秘主义的势力还非常强大。一个半世纪之内,绘画受着宗教传统与象征主义的束缚,没有用到绘画的主要元素。——然后开始第二个时期,研究过解剖学的金银工艺家兼做了画家,在画布上和壁上第一次写出结实的肉体和呵成一气的四肢。但别的技术还不在他们掌握之中。他们不知道线与块的建筑学，不知道用美妙的曲线与比例把现实的肉体化为美丽的肉体。韦罗基奥、波拉伊沃洛、卡斯塔尼奥，画的是多棱角的人体，毫无风度，到处凸出一块块的肌肉，照莱奥那多·达·芬奇的说法，"像一袋袋的核桃"。他们不知道动作与面容的变化，在佩鲁吉诺、弗拉·菲利波·利比、吉兰达约笔下，在西克斯庭的旧壁画上，冷冰冰的人物呆着不动，或者排成呆板的行列，好像要人吹上一口气才能生存，而始终没有人来吹那口气。他们不知道色彩的丰富与奥妙，西尼奥雷利、菲利波·利比、曼特尼亚、波提切利的人物都暗淡、干枯、硬绷绷的凸出在没有空气的背景之上。直要安东内洛·特·梅西纳输入了油画，融化的色调才合成一片，发出光彩，人物才有鲜明的血色。直要莱奥那多发现了日光的细腻的层次，才显出空间的深度，人体的浑圆，把轮廓包裹在柔和的光线之中。只有到十五世纪末叶，绘画艺术的一切元素才相继发现，才能在画家笔下集中力量，通同合作，表现画家心目中的特征。

另一方面，十六世纪后半期，正当绘画衰微的时候，产生过杰作的短时期的集中趋于涣散，无法恢复。以前的不能集中是由于艺术家不够熟练；此刻的不能集中是由于艺术家不够天真。卡拉齐三兄弟徒然用尽苦功，耐性研究，徒然采取各派的特长；事实上正是这些不伦不类的效果的拼凑，降低作品的地位。他们的思想感情太薄弱，不能构成一个整体；他们东抄西袭，借用别人的长处，结果却毁了自己。他们受渊博之累，把不可能合在一处的效果汇合在一件作品之上。阿尼巴·卡拉齐在法尔内塞别墅中画的赛法尔，肌肉像米开朗琪罗的斗士，肩背和大量的肉像威尼斯派，笑容和脸颊像柯勒乔；但是妩媚肥胖的运动家只能叫人看了不快。在罗浮美术馆中的圭多的圣塞巴斯蒂安，上半身像古罗马的美男子安蒂奥努斯，明亮的光线近于柯勒乔，似蓝非蓝的色调近于普吕东，一个练身场上的青年人显得多情与可爱，也令人不快。在此颓废时期，面部的表情到处与身体的表情抵触；你们可以看到，紧张的肌肉和强壮的身体配上安静和虔诚的表情,神气像交际场中的妇女、小白脸、荡妇、青年侍卫、仆役;神明与圣徒只是枯燥乏味的空谈家,水仙与圣母只是客厅中的女神;人物往往介乎两个角色之间,连一个角色都担当不了,结果是完全落空。同样的杂凑曾经使佛兰德斯绘画在发展的中途耽误很久,就是贝尔纳德·凡·奥尔莱、米赫尔·凡·科克塞延、梅尔滕·海姆斯凯克、弗兰兹·弗洛里斯、梅尔廷·特·弗斯、奥托·凡尼于斯,想使佛兰德斯绘画变成意大利绘画的时期。直到民族精神出现一个新的高潮,盖住外来的影响,让种族的本能发挥力量,佛兰德斯艺术才重新振作而达到它的目的。只有在那个时候,经过鲁本斯和他同时的画家之手,独特的整体观念才重新出现;艺术的各种元素本来只凑合在一处互相抵触,这时才汇合起来互相补充,才有传世的作品代替流产的作品。

在凋零时期与童年时期之间,大概必有一个繁荣时期。它往往出现在整个时期的中段,一个介乎幼稚无知与趣味恶俗之间的极短的时期;有时,以个人而论或者以一件孤独的作品而论,繁荣时期出现在越出常规的一个阶段上。但在无论何种情形之下,杰作总是一切效果集中的产物。意大利绘画史上有各式各种确实的例子可以证明这个事实。大作家的全部技巧在于追求效果的统一;所谓天才无非是感觉的能力特别细腻,但显出这种细腻的,既在于作家所用的方法各各不同,也在于他们的意境首尾一贯。在芬奇的作品中,一方面是风流典雅的人物近于女性,带着不可捉摸的笑容,面部表情很深刻,心情幽怨而高傲,或是极其灵秀,姿态经过特别推敲,或是别具一格;一方面是婀娜柔软的轮廓,韵味深长而带有神秘气氛的明暗,越来越浓的阴影所构成的深度,人体的细腻的层次,远景缥缈的奇异的美:这两组成分完全统一。——至于威尼斯派,一方面是大量的光线,或是调和或是对立的色调,构成一种快乐健康的和谐,色彩的光泽富于肉感;一方面是华丽的装饰,豪华放纵的生活,刚强有力或高贵威严的面部表情,丰满的诱人的肉,一组组的人物动作都潇洒活泼,到处是快乐的气氛;这两个方面也是统一的。——在拉斐尔的壁画上,色彩的素净正好配合结实有力的人物,平稳的构图,单纯严肃的相貌,文雅的动作,恬静高雅的表情。一幅柯勒乔的画好比一所阿尔西纳的花园：各种光线的奇妙的配合，透迤曲折的，或是断断续续的泼辣可喜的线条，丰腴柔软，晶莹洁白的女性的身体，形态出乎常规而富于刺激性的人物，表情与手势的活泼、温柔、放肆，都汇合起来构成一个极乐的梦境，好似一个会魔术的仙女和多情的女子为情人安排的。——总之，整个作品从一个主要的根上出发；这个根便是艺术家最初的和主要的感觉，它能产生无数的后果，长出复杂的分枝。在贝多·安吉利科，主要感觉是超现实世界的幻影，对于天国所抱的神秘观念；在伦勃朗是快要熄灭的光线在潮湿的阴影中挣扎，是看了残酷的现实生活而感到的沉痛。不论鲁本斯与勒伊斯达尔、普桑与勒叙厄尔、普吕东与德拉克鲁瓦，他们的线条的种类、典型的选择、各组人物的安排、表情、姿势、色彩，都由这个主要观念决定、调度。影响所至，后果不可胜数，而且深不可测，艺术批评家花尽心血也不能全部抒发。天才的作品正如自然界的出品，便是最细小的部分也有生命；没有一种分析能把这个无所不在的生命全部揭露。但自然界的产物也好，天才的创作也好，我们观察的结果虽不能认识所有的细节，毕竟证实了各个主要部分的一致，相互依赖的关系，终极的方向与总体的和谐。

六

现在，诸位先生，我们对整个艺术有一个总的看法了，懂得确定每件作品的等级的原则了。——根据以前的研究，我们肯定艺术品是一个由许多部分组成的总体，有时是整个儿创造出来的，例如建筑与音乐，有时是按照实物复制出来的，例如文学，雕塑，绘画；我们也记得艺术的目的是要用这个总体表现某些主要特征。由此得出一个结论：作品中的特征越

---

① 意大利诗人阿里欧斯托写的长诗《狂怒的洛朗》，提到女妖阿尔西纳有所迷人的花园，洛朗手下的英雄洛日曾经被女妖所诱。现代用这个典故形容美丽无比的园林。——译者注

显著越占支配地位,作品越精彩。我们用两个观点分析显著的特征:一个是看特征是否更重要,就是说是否更稳定更基本;一个是看特征是否有益,就是说对于具备这特征的个人或集团,是否有助于他们的生存和发展。这两个观点可以衡量特征的价值,也可以定出两个尺度衡量艺术品的价值。我们又注意到,这两个观点可以归结为一个,重要的或有益的特征不过是对同一力量的两种估计,一种着眼于它对别的东西的作用,一种着眼于它对自身的作用。由此推断,特征既有两种效能,就有两种价值。于是我们研究特征怎么能在艺术品中比在现实世界中表现得更分明,我们发现艺术家运用作品所有的原素,把原素所有的效果集中的时候,特征的形象才格外显著。这样便建立起第三个尺度;而我们看到,作品所感染所表现的特征越居于普遍的,支配一切的地位,作品越美。所谓杰作是最大的力量发挥最充分的作品。用画家的术语来说,凡是优秀作品所表现的特征,不但在现实世界中具有最高的价值,并且又从艺术中获得最大限度的更多的价值。我可以用比较通俗的说法说明这个意思。我们的老师希腊人教了我们许多东西,也教了我们艺术的理论。值得注意的是他们前前后后经过多少变化,才逐渐在庙堂中塑成恬静的朱庇特,米洛岛上的维纳斯,打猎的狄安娜,卢多维齐别墅中的于农,巴台农神庙中的地狱女神,以及所有那些完美的形象,便是零星残迹到今日也还足以指出我们的艺术的夸张与幼稚。他们精神上的三个阶段,正是使我们归纳出我们的学说的三个阶段①。开始他们的神明不过是宇宙中一些基本的深藏的力:哺育万物的大地,躲在泥土之下的泰坦,涓涓无尽的江河,降雨的朱庇特,代表太阳的赫尔克里斯。过了一个时期,这些神明从自然界的暴力中挣扎出来;显出人性;于是战神帕拉斯,贞洁的女神阿尔特米斯,解放之神阿波罗,降伏妖魔的赫尔克里斯,一切有益人类的威力都变成高尚完美的形象,在荷马的诗歌中高踞宝座。但他们还得经过几百年才降落到地面上。直要等到线条与比例被人类长久运用之下,显出它们的能力,能表现神明

---

① 指特征的重要与否,特征的有益与否,效果的集中与否。——译者注

的观念的时候,人类的手才能使青铜与云石赋有不朽的形体。原始的意境先在庙堂的神秘气氛中酝酿,然后在诗人的梦想中变形,终于在雕塑家的手下完成。

罗丹艺术论
——一部无意出版的不凡译作

　　（《罗丹艺术论》）可以与《歌德对话录》《托尔斯泰对话录》具有同等价值。[……]怒安说他迻译为自学一遍，方便后生，无意出版。这种治学态度，多么难得！后来他在翻译上的成功是冰冻三尺，非一日之寒！

——摘自刘海粟《傅雷译〈罗丹艺术论〉序》

　　读傅雷先生这份译稿，或许比之于他生前出版的其他译著，于领会精神、不仿形迹、脱略生硬方面，说不定能予人更多启悟。……尽管有……些不足，拭去尘翳，仍不失为刘老（刘海粟）所称颂的"明珠"，看出一代译界巨匠在很年轻时已显露的不凡译才。

——摘自罗新璋《〈罗丹艺术论〉读后记》

嘱 词

罗丹一生,热爱艺术,垂暮之年,犹以忠诚恳切之言作此嘱词,为一般青年艺术家作一详明之指导。

愿做"美"的使者的青年们啊,你们或许会欢喜在这里找到一些深长的经验之谈罢。

虔诚地爱你们的前辈大师罢。

在菲狄阿斯与米开朗琪罗的前面,你们应该俯首顶礼。瞻仰激赏前者的神圣清明之气,与后者狂乱悲痛之性罢。瞻仰激赏是一杯慷慨的祭酒,是出于高贵的心灵的奉献。

可是留神不要去模仿前人。尊敬传统,而要会辨别它的永垂不朽的宝藏:即对于自然的挚爱与人格的忠诚。这是天才们的两股热情,他们都崇拜自然,实在,他们从没有撒谎过。传统是这样的授给你钥匙,用了它你可以跳出因袭的樊笼。这便是传统自己教你永远要探求现实,禁止你盲从任何大师。

奉自然为你唯一的女神罢。

把绝对的信心付托与她,相信她始终不会丑的,收敛你的雄心来效忠于她。

在艺者的眼中,一切都是美的,因为他的锐利的慧眼,注视到一切众生万物之核心,如能发现其品性,就是透入外形,触到它内在的"真"。这"真",也即是"美"。虔敬的研究罢,你一定会找到"美",因为你遇见了"真"。

奋发努力啊!

你们,雕刻家,锻炼你们的感觉,往深处去。

一般人不容易体会到这个"深"的意义。他们只会用平面来明晰的表现自己。要从深厚方面去想象形式,于他们是太难了。可是你们的苦功就在这里。

首先,把你雕像的初稿大体建立起来。严密的标明对于各部的倾向:头上、肩下、胸部、腿部。艺术是需要果断的。能把线条推向远处的时光,你才沉浸入空间,抓到了"深"的感觉。当你的稿子完成,一切都寻到了。你的雕像已经有了生命,细微之处,它自己会安排就的。

你雕塑时,切不要从平面着想,而要从高凸面着想。

你对于平面的观念,要想象它如一个立体的周缘,它是折向后面去的。把形式想作向着你的尖瓣。生命之泉,是由中心飞涌的;生命之花,是自内而外开放的。同样,在美丽的雕塑中,常潜伏着强烈的内心的颤动。这是古艺术的秘密。

你们,画家,也一样从深处去观察现实罢。譬如,看一张拉斐尔画的肖像,他画正面的人时,他把胸部曲折的推远了,就显出第三元的空间了。

伟大的画家深入空间。他们的"力",就蕴蓄在深厚之中。

牢记罢:只有体积,没有线条。你描绘时,绝对不要注意轮廓,而要着眼于高凸面。是高凸面支配着轮廓的。

不断的磨练罢。把你整个的融化在工作里。

艺术只是情操,但没有体积、比例、颜色的知识;没有灵敏的手腕,最活跃的情感也要僵死。一个大诗人到一个不懂言语的外邦去,他将如何是好呢? 不幸,年轻的艺者群中多少诗人不愿学话,只知张口结舌。

要有耐性啊! 不要向往什么"灵感"(inspiration),它是不存在的。艺者的德性只是智慧、专注、真诚、意志。如诚实的工人一般,努力你的工作罢。

青年们,要真实啊!但这并非说要平凡的准确,那就成照相与塑铸了。艺术之源,是在于内在的真。你的形,你的色,都要能传达情感。

只以悦目为务,只知奴隶般再现没有价值的局部的艺者,是永不能成为大师的。如你曾访过意大利的公墓,你一定注意到那些艺匠,曾如何幼稚的去装饰坟墓,竭力要在雕像上面,模仿绣件、花边与发辫,这些东西或许是准确的,但绝非真实的,因为它们并不激动心灵。

我们的雕刻家,几乎全体令人想起这些意大利的坟墓雕匠。在我们广场上的纪念像上,我们只看见礼服、桌子、独脚圆桌、椅子、机器、气球、电报。绝无内在的真,故绝非艺术。深恶痛绝这些古墓罢。

要彻底的桀骜的真实。要毫不踌躇的表白你的感觉,哪怕你的感觉与固有思想是冲突的。也许你不会马上被人了解,但你的孤独的时间是很短促的,朋友们不久会来归向你,因为对于你是绝对真实的东西,对于大家也必绝对真实的。

可是不要装腔作势故意去勾引群众。要单纯,要天真!

最美的题材在你的面前,便是你最熟知稔悉的对象。

我至爱的伟大的欧仁·卡里埃(Eugène Carrière),不幸早死。他在画他的妻子儿女的时候,我们已看到他的天才了。只在歌颂母爱这一点上,便足成就他的崇高与伟大了。大家望着的东西,大师是用了自己的眼睛去看的。常人以为习见的事物,大师能窥见它的美来。

拙劣的艺者,常戴着别人的眼镜。

最主要的是要感动、爱憎、希望、呻吟、生活。要做艺术家,先要做起人来。帕斯卡(Pascal)有言:"真善言辞的人,蔑视巧鼓簧舌的佞人。"真的艺术一定痛恶技巧。我又说回到欧仁·卡里埃了。在一切画展中,大家的图画,只是图画罢了,他的却似一扇开向人生的天窗。

领受公正的批评罢。你将不难辨识它们。是它们把使你惶惑的疑团打破,使你更有定见。不要任凭那些为你良心所不许的人们支配。

也不用怕那褊枉之论。它会激怒你的朋友,他们会省察他们对于你的诚意,当他们仔细认清之后,将更坚持他们对你的信心。

如果你的才具有簇新的,最初只能有少数的同情者,而仇敌倒可赢得不少。不要灰心。同情者会占胜利的;因为他们知道为何爱你,你之仇敌,则不知因何憎你。前者是热心真理的,会不断的替你征集爱真理的新同志,后者则对于他们自己的谬误的见解,永远没有坚持的勇气。前者是坚定不拔的,后者则望风而靡。真理可操必胜之券。

不要荒废你的光阴于社交政治中。你将看到你的同伴中途得了荣誉富贵,但他们绝非真艺术家。他们之中也有聪慧之士,如果你去和他们角逐名利,你将和他们一起牺牲;你再无一分钟的余暇去做艺术家了。

热爱你的使命罢。再没有更美满的了。它的崇高是为庸俗的人们所意想不到的。

艺术家自身就是一个好例。

他醉心他的事业:他最宝贵的酬劳,便是成功的喜悦。可叹今日的人们,教工人们憎恶工作、怠工、滥造,这是工人们的不幸。要世界幸福,只有教人人有艺者心魂,就是人人爱好他自己的工作。

艺术还是一个忠诚的教训。

真正的艺者不惮干犯一切既成偏见,诚实的表现他的感觉。

他是这般的把坦白的榜样给他的同伴。

哦,当绝对的真实统治全人类的时候,将有何等神奇的进化会实现了啊! 人们向往不?

社会真要赶快改革它的错误与丑态才好。那末,我们恶浊的尘世,就可立刻变为幸福的天堂了。

奥古斯特·罗丹

第二章 在艺人的眼中,自然中的一切都是美的

有一天,在罗丹的默东工作室中,我看到一个泥塑,他的《丑之美》是取材于维庸的《美丽的老宫女》(*Belle Heaulmière*)一诗①。

这个绮年玉貌、倾倒一世的宫女,现在是到了色衰貌减、不堪回首的暮年。她愈是想到过去的美丽而骄傲,愈是感到现在的丑恶而羞惭。

> 啊,残酷的衰老,
>
> 你为何把我凋零得这般地早?
>
> 教我怎不悲哀!
>
> 现在啊,教我怎能苟延残喘!

雕刻家步步紧跟着诗人。

他的比木乃伊还要皱缩的老宫女,对着自己衰颓的体格叹息。她俯身望视着胸口,可怜的干枯的乳房,皱纹满布的腹部,比葡萄根还要干枯的四肢:

> 想当年,唉,往日荣华,
>
> 看我轻盈玉体,
>
> 一变至此!
>
> 衰弱了,瘠瘦了,干枯了,
>
> 我真欲发狂:

---

① 维庸(François Villon),法国十五世纪著名的盗贼诗人。生于一四三一年,殁年约在一四八九年前后。——译者注

何处去了,我的蛾眉蝤颈?

何处去了,我的红颜金发?

这柔脂般的双肩,

这丰满的乳头,

这肥润的小腹,

当年啊,曾经是百战情场。

现在是人世的美姿离我远去,

手臂短了,手指僵了,

双肩也驼起,

乳房,唉,早已瘪了,

腰肢,唉,棉般的腰肢,

只剩下一段腐折的枯根!

雕刻家的表现并不在诗人之下,他的作品,恐比维庸的诗更有力量。在皮肤紧附在瘦骨嶙露的躯壳上,似乎全体的枯骨在震撼、战栗、枯索下去。

在这幅粗犷而黯淡的幕后,映现着深切的悲痛。

梦想着永久的青春和美貌,醉心于无穷的幸福与爱情,眼见着这副枯骨衰败零落下去,骸骨无存,雄心犹在,真是刻骨铭心之痛啊!

这便是罗丹所要倾吐的隐情。

实在,从没有一个艺术家把衰老表现得如是残酷,如此惨痛的。

也许,在翡冷翠的寺院中①,有一座多那太罗的奇怪的雕像可以相

---

① 翡冷翠,即佛罗伦斯。意大利名城,以艺术著名。文艺复兴期之绘画雕刻有名翡冷翠派。——译者注

比①。一个全身裸露的女子，丑陋的身体，从头到脚包裹在披散的头发中，这是隐居河汉的圣马德莱娜②，在年老时光，把半生刻苦修行的苦功，献纳上帝，期望能补赎以前的罪愆。

艺者之虔敬之心，自不在罗丹之下，但两件作品的情调，根本是不同的。圣马德莱娜是有意毁坏她的肉体，拒绝物质的享用与奢侈，故她的肉体愈是摧残得厉害，她的心愈是安慰喜悦，与老宫女之见她如僵尸般的肉体而骇怕哀伤的情绪，决然不同。

罗丹的雕像，比这古艺人的作品是更为悲剧的。

我对着雕像默想了一会：

"吾师，"我向着罗丹说，"没有人比我更能鉴赏你这件可惊的作品了。但你希望我不要追问这雕像在卢森堡③所给予群众的印象，尤其是妇女们的……"

"你这么一说，我们非要知道不可了。"

"那么，惯常是人们一见便旋转身去，说着：哟，这样的丑。且我常见妇女们掩目而过，惟恐这可怖的印象，久留在她的脑海中一般。"

罗丹莞尔而笑了。

"要知我的作品所以能引起这般生动的印象。"他说，"是因为它极富表情的缘故；无疑的，在太严酷的真理面前，一般人是站不住的。

"但是我所注意的，只是识者们的意见，他们对于我这作品的赞许，使我很高兴。我真欲如罗马的歌女一般，对着嘘叱的群众喊道

---

① 多那太罗（Donatello，一三八六——一四六六），米开朗琪罗画派的大雕刻家，作品以单纯写实著称。——译者注
② 圣马德莱娜（St-Madeleine），受基督感化的堕落女子。其节日在七月二十二日。——译者注
③ Musée du Luxembourg，巴黎国立美术馆之一。在参政院旁。——译者注

'Equibus cano!'（我只唱给骑士们听的①！）

"庸众们以为他们在现实中认为丑的东西不是艺术的材料，他们想禁止我们表现自然中使他们不快的现象。

"这是他们的大错，

"自然中公认为丑的事物在艺术中可以成为至美。

"在现实中，人们认为丑的东西，是变形的，破相的，不健全的，引起病的、孱弱的、痛苦的感觉的，不正则的，有反乎康健与有力的原则的；故驼背是丑的，跛足是丑的，衣衫褴褛是丑的。

"还有不道德的人格是丑的，有害社会的罪人囚犯、乱臣贼子是丑的。

"故凡是罪恶的或丑陋的——人——物，都应加上一个贬抑的头衔。

"但一个伟大的艺人文士，神笔一挥，立刻可以化丑为美，这是一种最神奇的炼金术。

"委拉斯开兹②在塞巴斯蒂安·腓力四世的侏儒的肖像中③，画出痛苦的残废者的眼神，他因为要苟全生命，不得不摧损人体的尊严，成为一具怪物……这废人的精神的痛苦愈是活跃，艺术品愈是美丽。

"弗朗索瓦·米勒画一个可怜的乡人倚在铲上叹息的情景④，疲劳侵蚀，赤日熏蒸，宛如一头浑身受创的动物。米勒只表现这可怜的生物屈服于运命的峻刑下的苦痛，便成为全人类的象征。

---

① 骑士在当时为封建社会中的优秀阶级，故言。——译者注
② 委拉斯开兹（Vélasquez 一五九九—一六六〇），西班牙画派中最杰出的大师，作品以深刻、写实的肖像画著称。——译者注
③ 塞巴斯蒂安·腓力四世（Sébastian Philippe IV），在一六二一—一六六五时代为西班牙王，以短小畸形之奇丑著名，史称 le Nain de Philippe IV。Nain 即侏儒之意。——译者注
④ 弗朗索瓦·米勒（François Millet 一八一四—一八七五），法国十九世纪风景画家。——译者注

"波德莱尔描写一具臭秽的死尸①，满身都是虫蛆，而他在这副怕人的骸骨下，设想是他的一个心爱的情妇。人们总是愿望好花永寿、美貌长存。然而残酷的生离死别，早在前途等待着他了。天下还有比这种对照更悲壮哀艳的吗？

> 可是你将和不洁的秽物同朽，
> 将和恶浊的病菌为伍，
> 我眼中的星星，我天地中的太阳，
> 啊，我的夫人，我的爱者！

> 是的，你将变成那样，啊，恩宠的后，
> 在临终的圣礼之后，
> 你将在落英所化的泥尘之下，
> 和髑髅做伴，与骸骨同游。

> 啊，我美丽的夫人，
> 给虫蛆唼食了的红唇，
> 告诉这虫蛆：我永留着，
> 我零落的爱情！

"同样，莎士比亚之描写伊阿古或查理三世②，拉辛③之描写内龙与纳西斯④，用明澈深入的思想所表现的'精神的丑'，都成为无上的美的表白。

---

① 波德莱尔（Charles Baudelaire 一八二一——一八六七），法国十九世纪大诗人，名著有《恶之华》，世人称其为恶魔派领袖。——译者注
② 伊阿古（Iago）与查理三世（Richard III），均为莎士比亚之戏剧人物。——译者注
③ 拉辛（Jean Racine 一六三九——一六九九），法国著名悲剧诗人。——译者注
④ 内龙（Néron）与纳西斯（Narcisse），为拉辛名剧 *Britannicus* 中之人物，系采自罗马史实。——译者注

"因为艺术所认为美的,只是有特性的事物。

"特性是任何自然景色中之最强烈的'真实性':美的或丑的,也即所谓'两重真'。因为外表的真,传达内心的真。人类的面容脸色。举止动作,及天空的色调,与天际的线条,都是表现心灵、情绪及思想的。

"可是在艺人的眼中,一切都是露着特性,因为在他中正坦白的视察之下,一切隐秘,无从逃遁。

"且在自然中被认为丑的事物,较之被认为美的事物,呈露着更多的特性。一个病态的紧张的面容,一个罪人的局促情态,或是破相,或是蒙垢的脸上,比着正则而健全的形象更容易显露它内在的真。

"既然只有性格的力量能成就艺术之美,故我们常见愈是在自然中丑的东西,在艺术上愈是美。

"艺术所认为丑的,只是绝无品格的事物,就是既无外表真,更无内心真的东西。

"还有于艺术认为丑的:是假的,造作的,不求表情、只图悦目的,强作轻佻,充为贵倨,作欢容而无中心之喜悦,装腔作势、故意眩人,或胁肩谄笑,或高视阔步,却无真情,徒具外表。总之,一切欺诈,都是丑恶。

"一个艺术家有意装点自然,想使它更美的时候,春天则加些绿色,曙光则加些紫色,口唇则染些殷红,那么,其结果一定是丑恶的作品,因为他在作假。

"他想把痛苦的情调消减,想把老年的衰颓隐藏,为取悦庸众计,想安排自然,使它变相,使它柔和,那么,他一定创造出丑来,因为他惧怕真。

"在一个名副其实的艺人面前,自然中的一切都是美的,因为他的眼睛能接受所有的外表的真,并能如在一本开展的画卷中,读到它所有的内在的真。

"他只要一望人的脸孔，便可看到一个灵魂，没有一种神情可以蒙蔽他，矫伪或真诚，他都看得一样明白。蹙额、皱眉、凝神、怅惘，立刻使他觉察到整个心灵的秘密。

"他探到动物的隐秘的心灵，他触着各种情感的萌动，幽默的智慧，与柔情的滋长，他在兽类的瞩视与动作中，体验到它们微贱的生命。

"他对于自然界也是同样的亲切，花草树木可如知友一般和他谈心。

"蟠根虬结的橡树，诉述它对于浓荫庇翼下的人类的好恶与友情。

"群花媚人的舞动着枝干，瓣叶飘摇，如在欢唱，每根草心每个花蕊，于他都是传达自然的热情的言语。

"为他——艺术家——生命是无穷的享乐，是永恒的喜悦，是醉人的沉醪。

"并非他觉得一切都是善的，因为他自己与他所爱者所受的痛苦，常在残酷的震撼这乐天主义。

"然而他觉得一切都是美的，因为他永远踏在光明的路上，迎着真前进。

"是的，就是痛苦，就是所爱者的死亡，甚至朋友的欺诳，伟大的艺人——其中包括着一切诗人、画家或雕刻家——对着这酸辛的悲剧，也是感到无限的惊讶、叹赏。

"他也有柔肠百转、心肝寸裂的时光，然而他于苦恼之外，却更感到'彻悟'与'表白'的苦中之乐。他在见闻的经历中，明白的懂得运命之推移。他用着猜测运命的热烈的眼光，凝视着他自己的苦闷与哀伤。例如他为朋友所卖，他始而惶惑，继而确信，终于把这件罪恶看做卑鄙的一例，使他的人生经验更加丰富的教训。他的惆怅，他的苦闷，有时是惊心动魄的，然而他到底还感到幸福，因为他永远追逐着崇拜着真理。

"他看到生灵残杀,少年夭亡,天才凋谢,执行着这些黯淡的律令的意志,面对着他的时候,他发现自己抓住了真理,悟透了真理:他得到了意想不到的慰安。"

人生五大问题
——解说二十世纪之道德论

孔德尝言："理论上的明智当与神妙的实际的明智融会贯通"；本书即奉此旨为圭臬。

——摘自莫罗阿《人生五大问题》原序

本书特色：是盖现世之人本主义论，亦二十世纪之道德论也。于此风云变幻，举国惶惶之秋，若本书能使颓丧之士萌蘖若干希望，能为战斗英雄添加些少勇气，则译者所费之心力，岂止贩卖智识而已哉？

——摘自傅雷《人生五大问题》译者弁言

论婚姻（节选）

现代小说家和心理分析家最常犯的错误之一，是过分重视性生活及此种生活所产生的情操。在法国如在英国一样，近三十年来的文学，除少数的例外，是大都市文学，是轻易获得的繁荣的文学，是更适合于女人的文学。在这种文学中，男人忘记了他的两大任务之一，即和别的男子共同奋斗，创造世界，"不是为你们的世界，亲爱的女人"，而是一个本身便美妙非凡的世界，男人会感到可以为这世界而牺牲一切，牺牲他的爱情，甚至他的生命。

女子的天性，倾向着性爱与母爱；男子的天性，专注于外界。两者之间固存着无可避免的冲突，但解决之道亦殊不少。第一，是创造者的男子的自私的统治。洛朗斯曾言："唤醒男子的最高感应的，决不是女子。而是男子的孤寂如宗教家般的灵魂，使他超脱了女人，把他引向崇高的活动……耶稣说：'女人，你我之间有何共同之处？'凡男子觉得他的灵魂启示他何种使命何种事业的时候，便应和他的妻子或母亲说着同样的话。"

凡一切反抗家庭专制的男子，行动者或艺术家，便可以上述的情操加以解释或原恕。托尔斯泰甚至逃出家庭；他的逃避只是可怜的举动，因为在这番勇敢的行为之后，不久便老病以死；但在精神上，托尔斯泰早已逃出了他的家庭；在他的主义和生活方式所强制他的日常习惯之间，冲突是无法解救的。画家高更①抛弃了妻儿财产，独个子到泰伊蒂岛（Tahiti）上过活，终于回复了他的本来。但托尔斯泰或高更的逃避是一种弱点的表现。真正坚强的创造者会强制他的爱人或家庭尊重他的创造。在歌德家

---

① Gauguin（一八四八——一九〇三），法国后期印象派画家、雕塑家、版画复制家。——译者注

中,没有一个女人曾统治过。每逢一个女子似乎有转变他真正任务的倾向时,歌德便把她变成固定的造像。他把她或是写成小说或是咏为诗歌,此后,便离开她了。

当环境使一个男子必须在爱情与事业(或义务)之间选择其一的时候,女人即感到痛苦,有时她亦不免抗拒。我们都稔悉那些当水手或士兵的夫妇,他们往往为了情操而把前程牺牲了。贝内特(Arnold Benett)以前曾写过一出可异的剧本,描写一个飞行家经过了不少艰难,终于取得了他所爱的女子。这女子确是一个杰出的人才,赋有美貌、智慧、魅力、思想,她在初婚时起决心要享受美满的幸福。他们在山中的一家旅店中住下,度着蜜月,的确幸福了。但丈夫忽然得悉他的一个劲敌已快要打破他所造成的最得意的航空纪录。立刻,他被竞争心鼓动了,妻子和他谈着爱情,他一面听一面想着校准他的引擎。末了,当她猜到他希望动身时,她悲哀地喁喁地说:"你不看到在我女人的生涯中,这几天的光阴,至少和你在男子生活中的飞行家的冒险同样重要么?"但他不懂得,无疑的,他也应该不懂得。

因为如果情欲胜过了他的任务,男子也就不成其为男子了。这便是参孙(Samson)的神话①,便是埃居尔(Hercule)跪在翁华尔(Omphale)脚下的故事②。一切古代的诗人都曾歌咏为爱情奴隶的男子。美丽的帕里斯(Paris)是一个恶劣的兵士③;嘉尔曼(Carmen)诱使她的爱人堕落;玛农(Manon)使她的情人屡次犯罪。即是合法的妻子,当她们想在种种方面支配丈夫的生活时,亦会变成同样可怕的女人。"当男子丧失了对于创造活动的深切意识时,他感到一切都完了,的确,他一切都完了。当他把女

---

① 参孙(Samson)为希伯莱法官,以勇力过人著名。相传其勇力皆藏于长发中,后参孙惑一女名达丽拉(Dalila),伊乘参孙熟睡,将其长发剃去,自此遂失其勇。——译者注

② 埃居尔(Hercule)为希腊神话中最有勇力之神,惑莉迪娅女后翁华尔,伊命其在膝下纺织为女工,埃居尔从之。——译者注

③ 希腊神话,帕里斯以美貌著名,恋美女海伦,掳之以归。遂被希腊人围攻特洛伊城(Troie)。——译者注

人或女人与孩子作为自己的生命中心时,他便堕入绝望的深渊"。一个行动者的男子而只有在女人群中才感到幸福,决不是一种好现象。这往往证明他惧怕真正的斗争。威尔逊,那个十分骄傲的男子,不能容受人家的抵触与反抗,故他不得不遁入崇拜他的女性群中。和男子冲突时,他便容易发怒,这永远是弱的标识啊,真正强壮的男子爱受精神上的打击,有如古代英雄爱有刀剑的击触一样。

然而在一对幸福的配偶中,女子也自有她的地位和时间,"因为英雄并非二十四小时都是英雄的啊……拿破仑或其他任何英雄可以在茶点时间回家,穿起软底鞋,体味他夫人的爱娇,决不因此而丧失他的英雄本色。因为女人自有她自己的天地;这是爱情的天地,是情绪与同情的天地。每个男子也应得在一定的时间脱下皮靴,在女性宇宙中宽弛一下,纵情一下"。而且一个男子在白天离家处于男子群中,晚上再回到全然不同的另一思想境界中去,亦是有益的事。真正的女子决不妒忌行动,事务,政治生活或灵智生活;她有时会难受,但她会掩饰痛苦而鼓励男子。安德洛玛克(Andromaque)在埃克托(Hector)动身时忍着泪。她有她为妻的任务。

论父母与子女（节选）

以上所述，是应当避免的障碍。以下我们再来讨论世代的正常关系。

母子这一个社会，在人生中永为最美满的集团之一。我们曾描写女人如何钟爱幼龄的小上帝。在中年时，尤其当父亲亡故以后，他们的关系变得十分美满了，因为一方面是儿子对于母亲的尊敬；另一方面是母亲对于这新家长的尊重和对儿子天然的爱护。在古代社会或农业社会中，在母亲继续管理着农庄的情形中，上述那种美妙的混合情操更为明显。新家庭与旧家庭之冲突有时固亦不免。一个爱用高压手段的母亲，不懂得爱她的儿子，不能了解儿子以后的幸福在于和另一个女子保持着美满的协调：这是小说家们常爱采用的题材。洛朗斯，我们说过，传达此种情境最为真切。例如热内特里克斯（Génitrix）那种典型的母亲（在现实生活中，罗斯金夫人便是一个好例），能够相信她加于儿子的爱是毫无性欲成分的，实际上可不然。"当罗斯金夫人说她的丈夫早应娶她的母亲时，她的确说得很对。"而洛朗斯之所以能描写此种冲突如是有力，因为他亦是其中的一员之故。

母女之间，情形便略有不同了。有时能结成永久的友谊：女儿们，即是结了婚，亦离不开她们的母亲，天天继续着去看她，和她一起过生活。有时是相反，母女之间发生了一种女人与女人的竞争，或是因为一个年轻而美貌的母亲嫉妒她的娇艳的女儿长大成人，或是那个尚未形成的女儿嫉妒她的母亲。在这等情形中，自然应由两人中较长的一个，母亲，去防范这种情操的发生。

父爱则是一种全然不同的情操。在此，天然关系固然存在，但不十分坚强。不错，父亲之中也有如高老头①型的人物，但正因为我们容受母亲的最极端的表象，故我们把高老头型的父亲，认为几乎是病态的了。我们知道，在多数原始社会中，儿童都由舅父教养长大，以致父亲简直无关重要。即在文明的族长制社会中，幼儿教育亦由女人们负责。对于幼龄的儿童，父亲只是战士，猎人，或在今日是企业家，政治家，只在晚餐时分回家，且还满怀着不可思议的烦虑、计划、幻想、故事。

在杜哈曼②的一部题作《哈佛书吏》的小说中，你可看到一个安分守己如蜜蜂似的母亲，和一个理想家如黄蜂似的父亲之间的对照。因为父亲代表外界，故使儿童想着工作。他是苛求的，因为他自己抱着大计划而几乎从未实现，故他希望儿子们能比他有更完满的成就③。如果他自己有很好的成功，他将极力压榨他的孩子，期望他们十全十美；然而他们既是人类，终不能如他预期的那样，于是他因了热情过甚而变得太严了。他要把自己的梦想传授他们，而终觉得他们在反抗。以后，有时如母女之间的那种情形，我们看到父与子的竞争；父亲不肯退步，不肯放手他经营的事业的管理权；一个儿子在同一行业中比他更能干，使他非常不快。因此，好似母子形成一美满的小集团般，父亲和女儿的协调倒变得很自然了。在近世托尔斯泰最幼的女儿，或是若干政治家外交家们的女儿成为她们父亲的秘书和心腹，便是最好的模型。

凡是在父母与子女之间造成悲惨的误解的，常因为成年人要在青年人身上获得只有成年人才有的反响与情操。做父母的看到青年人第一次接触了实际生活而发生困难时，回想到他们自己当时所犯的错误，想要保护他们的所爱者，天真地试把他们的经验传授给儿女。这往往是危险的举动，因为经验差不多是不能传授的。任何人都得去经历人生的一切阶段；思想与年龄必得同时演化。有些德性和智慧是与肉体的衰老关连着

---

① 按系巴尔扎克小说中的主人翁。——译者注
② Georges Duhamel（一八八四—一九六六），法国现代名作家。——译者注
③ 见 Alain：*Les Sentiments Familiaux*。——原注

的,没有一种说辞能够把它教给青年。马德里(Madrid)①国家美术馆中有一幅美妙的早期弗拉芒画,题做《人生的年龄》,画面上是儿童,少妇,老妇三个人物。老妇伏在少妇肩上和她谈话,在劝告她。但这些人物都是裸体的,故我们懂得忠告是一个身体衰老的人向着一个身体如花似玉的人发的,因此是白费的。

经验的唯一的价值,因为它是痛苦的结果,为了痛苦,经验在肉体上留下了痕迹,由此,把思想也转变了。这是实际政治家的失眠的长夜,和现实的苦斗;那么试问他怎么能把此种经验传授给一个以为毫不费力便可改造世界的青年理想家呢? 一个成年人又怎么能使青年容受"爱情是虚幻的"这种说法呢? 波罗尼斯(Polonius)的忠告是老生常谈②,但我们劝告别人时,我们都是波罗尼斯啊。这些老生常谈,于我们是充满着意义、回想和形象的。对于我们的儿女,却是空洞的,可厌的。我们想把一个二十岁的女儿变成淑女,这在生理学上是不可能的。沃韦纳格③曾言:"老年人的忠告有如冬天的太阳,虽是光亮,可不足令人温暖。"

由此可见,在青年人是反抗,在老年人是失望。于是两代之间便发生了愤怒与埋怨的空气。最贤明的父母会把必不可少的稚气来转圜这种愤懑之情。你们知道克洛代尔④译的英国巴脱摩⑤的《玩具》一诗么? 一个父亲把孩子痛责了一顿,晚上,他走进孩子的卧室,看见他睡熟了,但睫毛上的泪水还没有干。在近床的桌子上,孩子放着一块有红筋的石子,七八只蚌壳,一个瓶里插着几朵蓝铃花,还有两枚法国铜币,这一切是他最爱的,排列得很有艺术,是他在痛苦之中以之自慰的玩具。在这种稚气前面看到这动人的弱小的表现,父亲懂得了儿童的灵魂,忏悔了。

---

① 系西班牙京城。——译者注
② 波罗尼斯(Polonius)为莎士比亚剧中的一个人物,他的对于儿女们的劝告是以高贵著名的。——译者注
③ Vauvenargues(一七一五——一七四七),法国伦理学家。——译者注
④ Paul Claudel(一八六八——一九五五),法国现代大诗人、剧作家,与瓦莱里齐名。——译者注
⑤ Coventry Patmore(一八二三——一八九六),英国诗人。——译者注

尤其在儿童的青年时代,我们应当回想起我们自己,不要去伤害那个年龄上的思想,情操,性情。做父母的要有此种清明的头脑是不容易的。在二十岁上,我们中每个人都想:"如果有一天我有了孩子,我将和他们亲近;我对于他们,将成为我的父亲对于我不曾做到的父亲。"五十岁时,我们差不多到了我们的父母的地位,做了父亲或母亲。于是轮到我们的孩子来希望我们当年所曾热切希望的了,变成了当年的我们以后,当他们到了我们今日的地位时,又轮到另一代来做同样虚幻的希望。

你们可以看到,在青年时期,伤害与冲突怎样的形成了所谓"无情义年龄"。在初期的童年,每人要经过一个可以称为"神话似的"年龄:那时节,饮食、温暖、快乐都是由善意的神仙们赐与的。外界的发现,必需劳作的条件,对于多数儿童是一种打击。一进学校,生活中又加添了朋友,因了朋友,儿童们开始批判家庭。他们懂得,他们心目中原看做和空气水分同样重要的人物,在别的儿童的目光中,只是些可怪的或平庸的人。"这是整个热情的交际的新天地。子女与父母的连系,既不中断,也将松懈下来。这是外界人战胜的时间,外人闯入了儿童的灵魂①。"这亦是儿童们反抗的时间,做父母的应当爱他们的反抗。

我们曾指出一切家庭生活所必有的实际色彩与平板,即是宗教与艺术亦无法使它升华。青年人往往是理想主义者,他觉得被父母的老生常谈的劝告所中伤了。他诅咒家庭和家庭的律令。他所希望的是更纯粹的东西。他幻想着至大至美的爱。他需要温情,需要友谊。这是满是誓言,秘密,心腹的告白的时间。

且这也往往是失望的时间,因为誓言没有实践,心腹的告白被人欺弄,爱人不忠实。青年人处处好胜,而他所试的事情件件都弄糟了。于是他嫉恨社会。但他的嫉恨,是由他的理想的失望,他的幻梦与现实之不平衡造成的。在一切人的生活中,尤其在最优秀的人的生活中,这是一个悲惨的时期。青年是最难度过的年龄,真正的幸福,倒是在成年时期机会较

---

① 洛朗斯语。——原注

多。幸而,恋爱啊,继而婚姻啊,接着孩子的诞生啊,不久使这危险的空洞的青年时期得到了一个家庭的实际的支撑。"靠着家庭,都市,职业等等的缓冲,傲慢的思想和实生活重新发生了关系"①。这样,循环不已的周圈在下一代身上重复开始。

为了这些理由,"无情义年龄"最好大半在家庭以外度过。在学校里所接触的是新发现的外界,而家庭,在对照之下,显得是一个借以托庇的隐遁所了。如果不能这样,那么得由父母回想他们青年时代的情况,而听任孩子们自己去学习人生。也有父母不能这样而由祖父母来代替的,因为年龄的衰老,心情较为镇静,也不怎么苛求,思想也更自由,他们想着自己当年的情况,更能了解新的一代。

在这篇研究中,我们得到何种实用的教训呢?第一是家庭教育对于儿童的重要,坏孩子的性格无疑地可加以改造,有时甚至在他们的偏枉过度之中,可以培养出他们的天才;但若我们能给予他一个幸福的童年,便是替他预备了较为容易的人生。怎样是幸福的童年呢?是父母之间毫无间隙,在温柔地爱他们的孩子时,同时维持着坚固的纪律,且在儿童之间保持着绝对一视同仁的平等态度。更须记得,在每个年龄上,性格都得转变,父母的劝告不宜多,且须谨慎从事;以身作则才是唯一有效的劝告。还当记得家庭必须经受大千世界的长风吹拂。

说完了这些,我们对于"家庭是否一持久的制度"的问题应得予以结论了。我相信家庭是无可代替的,理由与婚姻一样:因为它能使个人的本能发生社会的情操。我们说过青年时离开家庭是有益的,但在无论何种人生中,必有一个时间,一个男人在经过了学习时期和必不可少的流浪生活之后,怀着欣喜与温柔的情绪,回到这最自然的集团中去,在晚餐席的周围,无论是大学生、哲学家、部长、兵士或艺术家,在淡漠的或冷酷的人群中过了一天之后,都回复成子女、父母、祖父母,或更简单地说,都回复了人。

---

① 见 Alain：*Idées*。——原注

论友谊（节选）

以上是伦理学家对于"杂有爱的成分的友谊"的攻击。要为之辩护亦非不可能。以欲念去衡量男女关系实是非常狭隘的思想。男女间智识的交换不但是可能，甚至比男人与男人之间更易成功。歌德曾谓："当一个少女爱学习，一个青年男子爱教授时，两个青年的友谊是一件美事。"人家或者可以说，这处女的好奇心只是一种潜意识的欲念化妆成智识。但又有什么要紧，如果这欲念能刺激思想，能消灭虚荣心！在男女之间，合作与钦佩，比着竞争更为自然。在这种结合中，女人可毫无痛苦地扮演她的二重角色，她给予男人一种精神的力，一种勇气，为男人在没有女友时从来不能有的。

如果这样的智识上的友谊，把两个青年一直引向婚姻的路上，也许即是有热情的力而无热情的变幻的爱情了。共同的作业赋予夫妇生活以稳定的原素；它把危险的幻梦消灭了，使想象的活动变得有规律了，因为大家有了工作，空闲的时间便减少。我们曾描写过，不少幸福的婚姻，事实上，在数年之后已变成了真正的友谊，凡友谊中最美的形式如尊敬，如精神沟通，都具备了。

即在结婚以外，一个男人和一个女人互相成为可靠的可贵的心腹也绝非不可能。但在他们之中，友谊永不会就此代替了爱情。英国小说家洛朗斯有一封写给一个女子的奇怪的残酷的信。这女子向他要求缔结一种精神上的友谊，洛朗斯答道："男女间的友谊，若要把它当作基本情操，则是不可能的……不，我不要你的友谊，在你尚未感到一种完全的情操，尚未感到你的两种倾向（灵与肉的）融和一致的时候，我不要如你所有的友谊般那种局部的情操。"

洛朗斯说得有理，他的论题值得加以引申。我和他一样相信，一种单纯的友谊,灵智的或情感的,决不是女人生活中的基本情操。女人受到的肉体的影响,远过于她们自己所想象的程度。凡她们在生理上爱好的人,在她们一生永远占着首位,且在此爱人要求的时候,她一定能把精神友谊最完满的男友为之牺牲。

一个女子最大的危险,莫过于令情感的友谊扮演性感的角色,莫过于以卖弄风情的手段对待一个男友,把她的思想来隐蔽她的欲念。一个男子若听任女子如是摆布,那是更危险。凡幸福的爱情中所有对于自己的确信,在此绝找不到。瓦莱里有言:"爱情的真价值,在能增强一个人全部的生命力。"纯粹属于灵的友谊,若实际上只是爱的幻影时,反能减弱生命力。男子已迫近"爱的征服",但猜透其不可能,故不禁怀疑自己,觉得自己无用。洛朗斯还说:"我拒绝此种微妙的友谊,因为它能损害我人格的完整。"

男女友谊这错杂的问题至少可有两种解决。第一种是友谊与爱情的混合,即男女间的关系是灵肉双方的。第二种是各有均衡的性生活的男女友谊。这样,已经获得满足的女子,不会再暗暗地把友谊转向不完全的爱情方面去。洛朗斯又说:"要,就要完全的,整个的,不要这分裂的,虚伪的情操,所有的男子都憎厌这个,我亦如此。问题在于觅取你的完整的人格。唯如此,我和你的友谊才是可能,才有衷心的亲切之感。"既然身为男子与女子,若在生活中忘记了肉体的作用,始终是件疯狂的行为。

此刻我们只要研究友谊的一种上层形式了,即是宗师与信徒的关系。刚才我们曾附带提及,尽情的倾诉秘密不是常常可能的,因为友谊如爱情一般,主动的是人类,是容易犯过的。故人类中最幽密最深刻的分子往往倾向于没有那么脆弱的结合,倾向于一个无人格性的朋友,对于这样的人,他才能更完满更安全的信赖。

我们说过,为抚慰若干痛苦与回忆起见,把那些痛苦与回忆"在社会生活中重新回复一下"是必要的。大多数的男女心中都有灵与肉的冲突。他们知道在社会的立场上不应该感到某种欲念,但事实上他们确感到了。人类靠着文明与社会,把可怕的天然力驯服了,但已给锁住的恶魔尚在牢笼中怒吼,它们的动作使我们惶惑迷乱。我们口里尽管背诵着法律,心里终不大愿意遵守。

不少男女,唯有在一个良心指导者的高尚的、无人格性的友谊中,方能找到他们所需要的超人的知己。对于那些没有信仰的人,唯有医生中一般对于他们的职业具有崇高的观念之士能够尽几分力。医生以毫无成见的客观精神谛听着一个人的忏悔,即骇人听闻的忏悔亦不能摇动他的客观,使人能尽情倾诉也就靠着这一点。杨格(Jung)医生曾谓:"我绝非说我们永远不该批判那些向我们乞援的人的行为。但我要说的是,如果医生要援助一个人,他首先应当从这个人的本来面目上去观察。"我可补充一句说,医生,应当是一个艺术家而运用哲学家与小说家的方法去了解他的病人。一个伟大的医生不但把肉体来治疗精神,还把精神去治疗肉体。他亦是一个真正的精神上的朋友。

对于某些读者,小说家亦能成为不相识的朋友,使他们自己拯救自己。一个男子或女子自以为恶魔,他因想着自己感有那么罪恶那么非人的情操而自苦不已。突然,在读着一部美妙的小说时,他发现和他相似的人物。他安慰了,平静了;他不复孤独了。他的情操"在社会生活上回复了",因为另一个人也有他那种情操。托尔斯泰和斯当达书中的主人翁援助了不知多少青年,使他们渡过难关。

有时,一个人把他思想的趋向,完全交付给一个他认为比他高强的人的思想。他表示倾折;他不愿辩论了;那么,他不独得了一个朋友,且有了一个宗师。我可和你们谈论此种情操,因为我曾把哲学家阿兰当做宗师。这是什么意思呢?对于一切问题我都和他思想相同么?绝然不是。我们热情贯注的对象是不同的,而且在不少重要问题上我和他意见不一致。但我继续受他思想的滋养,以好意的先见接受它的滋养。因为在一切对于主义的领悟中,有着信仰的成分。选择你们思想上的宗师罢,但你一次选定之后,在驳斥他们之前,先当试着去了解他们。因为在精神友谊中如在别的友谊中一样,没有忠诚是不济事的。

靠着忠诚,你能与伟大的心灵为伴,有如一个精神上的家庭。前天,人家和我讲起一个格勒诺勃尔（Grenoble）①地方的一个木商，他是蒙田的友人；他出外旅行时，从来不忘随身带着他的宗师的一册书。我们也知道夏布勃里昂、斯当达等死后的友人。不要犹疑，去培植这种亲切的友谊罢，即是到狂热的程度亦是无妨。伟大的心灵会带你到一个崇高的境界，在那里你将发现你心灵中最美最善的部分。为要和柏拉图、帕斯卡辈亲接起见，最深沉的人亦卸下他们的面具。诵读一册好书是不断的对话，书讲着，我们的灵魂答着。

有时，我们所选的宗师并非作家哲学家，而是一个行动者。在他周围，环绕着一群在他命令之下工作着的朋友。这些工作上的友谊是美满的；丝毫不涉嫉妒，因为大家目标相同。他们是幸福的，因为行动使友谊充实了，不令卑劣的情操有发展的机会。晚上，大家相聚，互相报告日间的成绩。大家参与同一的希望；大家得分担同样的艰难。在军官和工程师集团中，在李奥泰（Lyautey）②和罗斯福周围，都可看到此种友谊。在此，"领袖"既不是以威力也不是以恐惧来统治；他在他的方式中亦是一个朋友，有时是很细腻的朋友，他是大家公认而且尊敬的倡导者，是这美满的友谊集团的中心。

以前我们说过要使一个广大的社会得以生存，必得由它的原始细胞组成，这原始细胞先是夫妇，终而是家庭。在一个肉体中，不但有结膜的、上皮的纤维，且也有神经系的、更错杂的、有相互连带关系的细胞，同样，我们的社会，应当看作首先是由家庭形成的，而这些家庭又相互连系起来，有些便发生了密切的关系，因了友谊或钦佩产生一种更错杂的结合。这样，在肉的爱情这紧张的关系之上，灵的爱更织上一层轻巧的纬，虽更纤弱，但人类社会非它不能生存。现在，你们也许能窥探到这爱慕与信任的美妙的组织了，它有忠诚的维护，它是整个文明的基础。

---

① 系法国东南名城。——译者注
② 系大战时法国名将之一。——译者注

傅雷译事年表

1927 年（19 岁）

受勤工俭学留法表兄顾仓布的影响,产生留法念头,母亲坚决反对,后经姑母傅仪和表兄顾仓布说服才同意。

12 月 31 日,乘安德烈·勒邦（André Lebon）轮赴法自费留学。

1928 年（20 岁）

秋,入巴黎大学。

是年至翌年初,为学法文,试译梅里美的《嘉尔曼》《高龙巴》和都德的短篇小说作为练习,均未投稿。

开始受罗曼·罗兰影响,热爱音乐。

1929 年（21 岁）

9 月 13 日,于瑞士莱芒湖畔译《圣扬乔而夫的传说》,刊于次年出版的《华胥社文艺论集》。是为最初发表的译作。

9 月 20 日,返回巴黎后,开始迻译丹纳《艺术哲学》的第一篇第一章,于 10 月 11 日译毕,并撰写《译者弁言》,载于《华胥社文艺论集》。

1930 年（22 岁）

11 月 17 日,译竣亨利·比杜（Henri Bidou）的《梅特林克的神秘剧》,刊于 1933 年 4 月《文艺月报》第 3 卷第 10 期。

1931 年(23 岁)

春,译屠格涅夫等人的散文诗 4 首,以"小青""萼子"等笔名发表于 1932 年 10 月至 1933 年 1 月的《艺术旬刊》。

春,始译《贝多芬传》,后应上海《国际译报》编者之嘱,节录精要,改称《贝多芬评传》,刊于《国际译报》1934 年第 1 期。

冬,受聘于上海美术专科学校,任校长办公室主任,兼教美术史及法文。译法国罗丹述、保罗·葛赛尔(Paul Gsell)著的《罗丹艺术论》一书,作为美术讲义,未正式发表,仅油印数十份。该书后收录于 1990 年 6 月出版的《傅雷译文集》(第二版)。

1932 年(24 岁)

"一·二八"事变后,上海美术专科学校停课半年,向刘海粟提出辞职。随即入哈瓦斯通讯社(法新社前身)驻上海分社,担任笔译半年。

10 月 26 日,翻译乔治·勒孔特(George Lecomte)的文章《世纪病》,刊于 10 月 28 日《晨报》。

10 月至次年 5 月,为《时事新报》"星期学灯"专栏撰写《现代法国文艺思潮》《研究文学史的新趋向》《乔治·萧伯纳评传》《从"工部局中国音乐会"说到中国音乐与戏剧的前途》和《现代青年的烦闷》等文章 5 篇;翻译《高尔基文学生涯四十周年》《精神被威胁了》《一个意想不到的美国》和《文学对于外界现实的追求》等文章 4 篇;为《艺术旬刊》撰写《现代中国艺术的恐慌》等文章 3 篇;撰写世界文艺动态 18 则;以"萼君""萼子""小青"等为笔名翻译短诗 5 首;以"狂且"为笔名翻译拉罗什富科格言 26 则;以"疾风"为笔名翻译斐列浦·苏卜《夏洛外传》12 章。

12 月 26 日,祝贺英国作家高尔斯华绥获诺贝尔文学奖,翻译《银灰色的天使》,"亦藉以表示敬意",载于翌年 2 月《文艺月报》第 3 卷第 8 期。

1933 年(25 岁)

7 月,所译《夏洛外传》全书付印,冠有《卷头语》及《译者序》,9 月以

"自己出版社"的名义自费出版,为生平出版的第一部译作。

1934 年(26 岁)

1 月 5 日,撰写所译罗曼·罗兰的《弥盖朗琪罗传》(即《米开朗琪罗传》)的《译者弁言》,全书于次年 9 月由商务印书馆出版。

3 月 3 日,致函罗曼·罗兰。

翻译巴比塞(Barbusse)的《小学教师》,刊于 1934 年 4 月《文艺月报》第 5 卷第 4 期。

翻译保罗·阿扎尔(Paul Hazard)的长文《今日之伦敦》,连载于《国际译报》1934 年第 6 卷第 5、6 期。

6 月,翻译《米勒》,作为序文刊于王济远选辑的《米勒素描集》(商务印书馆出版)。

夏,以 6 月 30 日《罗曼·罗兰致译者书》为所译《托尔斯泰传》的代序,全书于次年 11 月由商务印书馆出版。

8 月 20 日,复函罗曼·罗兰。

1935 年(27 岁)

2 月,应滕固之邀,去南京"中央古物保管委员会"任编审科科长 4 个月。以笔名"傅汝霖"编译《各国文物保管法规汇编》一部,6 月由该委员会出版。

7 月,撰写所译莫罗阿《人生五大问题》的《译者弁言》,全书于次年 3 月由商务印书馆出版。

12 月,为所译莫罗阿的《恋爱与牺牲》撰写《译者序》,全书于次年 8 月由商务印书馆出版。

1936 年(28 岁)

4 月,译毕莫罗阿的《服尔德传》(即《伏尔泰传》),写有《译者附识》,9 月由商务印书馆出版。

1937 年(29 岁)

1 月,所译罗曼·罗兰的《约翰·克利斯朵夫》第一卷由商务印书馆出版,冠有《译者献词》。

1939 年(31 岁)

2 月,应滕固之邀赴昆明,任国立艺术专科学校教务主任两月,仅与闻一多草拟一课程纲要,后因与校长意见不合,于 5 月中旬返沪。

自此至 1948 年,均住在上海吕班路巴黎新村 4 号。"抗战期间闭门不出,东不至黄浦江,北不至白渡桥,避免向日本宪兵行礼。"

1941 年(33 岁)

2 月,所译《约翰·克利斯朵夫》第二、三、四卷由商务印书馆出版。第二卷冠有《译者弁言》。

1942 年(34 岁)

1 月,翻译英国罗素的《幸福之路》,并撰写《译者弁言》,于 1947 年 1 月由上海南国出版社出版。

3 月,重译《贝多芬传》,并写《译者序》,以所撰《贝多芬的作品及其精神》一文作为附录,于 1946 年 4 月由上海骆驼书店出版。

4 月,翻译法国作家杜哈曼的《文明》。

1944 年(36 岁)

2 月,翻译巴尔扎克的《亚尔培·萨伐龙》,1946 年 5 月由骆驼书店出版。

12 月,翻译巴尔扎克的《高老头》,1946 年 8 月由骆驼书店出版。

1945 年(37 岁)

10 月至次年 5 月,分别以"疾风""迅雨""移山""风""雷"等笔名,为《新语》写文艺政论文章 16 篇,翻译政论 2 篇。

1947 年(39 岁)

3 月,"痛改"杜哈曼《文明》的译稿,并写《译者弁言》及《作者略传》,5 月由南国出版社出版。

4 月,翻译斯诺的《美苏关系检讨》,生活书店以知识出版社名义刊印 200 本。译者代序《我们对美苏关系的态度》连载于 4 月 24、25 日《文汇报》。

1948 年(40 岁)

6 月,受英国文化协会之托,翻译牛顿的《英国绘画》,由商务印书馆出版。

8 月,巴尔扎克的《欧也妮·葛朗台》译于庐山牯岭,翌年 6 月由生活·读书·新知三联书店出版。

1950 年(42 岁)

9 月至翌年 4 月,翻译巴尔扎克的《贝姨》,写有《译者弁言》,翌年 8 月由平明出版社出版。

1951 年(43 岁)

6 月至 9 月,重译《高老头》,并撰写《重译本序》,全书于 10 月由平明出版社出版。

11 月 13 日起,翻译巴尔扎克的《邦斯舅舅》。

1952 年(44 岁)

1 月 31 日,巴尔扎克的《邦斯舅舅》译毕,5 月由平明出版社出版。

6 月至翌年 3 月,重译《约翰·克利斯朵夫》。

9 月,《约翰·克利斯朵夫》重译本第一册由平明出版社出版。

1953 年(45 岁)

2 月,《约翰·克利斯朵夫》重译本第二册出版。

3月,《约翰·克利斯朵夫》重译本第三册出版。

6月,《约翰·克利斯朵夫》重译本第四册出版,全书出齐。

6月至7月,翻译梅里美的《嘉尔曼》(附《高龙巴》),9月由平明出版社出版。

8月至12月,翻译巴尔扎克的《夏倍上校》(附《奥诺丽纳》《禁治产》),翌年3月由平明出版社出版。

1954年(46岁)

5月至8月,翻译服尔德的《老实人》(附《天真汉》),翌年2月由人民文学出版社出版。

8月,北京召开文学翻译工作会议,因放不下手头工作,未参加。5月中旬所写长篇书面意见《关于整顿与改善文艺翻译工作的意见》,被列为会议参考文件。

9月至翌年4月,翻译巴尔扎克的《于絮尔·弥罗埃》,1956年11月由人民文学出版社出版。

1955年(47岁)

3月5日,翻译波兰杰维茨基的《关于表达萧邦作品的一些感想》。

3月24日,翻译法国嘉密·贝莱克(Camille Bellaique)的《莫扎特》中之一节《莫扎特的作品不像他的生活,而像他的灵魂》。

5月16日,翻译罗曼·罗兰的《论莫扎特》,刊于《外国名作曲家研究》第2集。

12月至翌年3月,翻译服尔德的《查第格》及其他7个短篇。翌年11月由人民文学出版社出版。

1956年(48岁)

7月至翌年2月,翻译巴尔扎克《赛查·皮罗多盛衰记》,1978年作为遗译,由人民文学出版社出版。

10 月,因《文明》作者杜哈曼访问中国,人民文学出版社重印该书 1947 年的南国出版社版。

1957 年 (49 岁)

3 月 18 日,应《世界文学》编辑部之请,做关于翻译问题的座谈报告。

5 月 12 日,写《翻译经验点滴》,载于《文艺报》第 10 期。

1958 年 (50 岁)

4 月 30 日,"反右运动"开始后,自 1957 年至 1958 年春,受到错误批判,有位好心的领导暗示他把检查的调子定得高一点,哪怕是说实质上是反党反社会主义也行;傅雷坚持:"没有廉价的检讨。人格比任何东西都可贵!我没有反党反社会主义,我无法作那样'深刻检查'!"最后因相关人员完成指标之故,被错划为"右派分子"。从此,在极度痛苦中,除少数知交外,极少与人过从,深居简出,专心从事翻译。但其译著,直到 1962 年 11 月都没出过一本,因为不同意另用笔名,"要嘛还是署名傅雷,要嘛不印我的译本"!

6 月 5 日,为所译的《赛查·皮罗多盛衰记》撰写《译者序》,全书于 1978 年 9 月作为遗译,由人民文学出版社出版。

6 月至翌年 5 月,翻译丹纳的《艺术哲学》,并撰写《译者序》,精选插图 104 幅,全书于 1963 年 1 月由人民文学出版社出版。

1959 年 (51 岁)

7 月至 12 月,翻译巴尔扎克的《搅水女人》。

1960 年 (52 岁)

1 月 11 日,为《搅水女人》写《译者序》,全书于 1962 年 11 月由人民文学出版社出版。

1 月底,抄录编译的《音乐笔记》,寄给傅聪作为学习参考。

5 月至 11 月,翻译巴尔扎克的《都尔的本堂神甫》《比哀兰德》,并撰《译者序》,全书于 1963 年 1 月由人民文学出版社出版。

1961 年 (53 岁)

1—2 月,所译《艺术哲学》文稿,出版社已搁置一年零八个月,一时无付印之望。为提高傅聪的艺术修养,特花一月余功夫,用毛笔副录该书第四编《希腊的雕塑》,共六万余字并加备注,邮寄伦敦。

秋,开始翻译巴尔扎克的《幻灭》三部曲。

1963 年 (55 岁)

1 月 6 日,就翻译问题复函罗新璋先生,谓"愚对译事看法实甚简单:重神似不重形似;译文必须为纯粹之中文,无生硬拗口之病;又须能朗朗上口,求音节和谐;至节奏与 tempo,当然以原作为依归"。这是傅雷论述翻译的重要函件。

9 月,因《高老头》拟收入"外国文学名著"丛书,特在重译本基础上再次重改修订,并撰写《译者序》11 页,译序于"文革"期间佚失。该修订本于1978 年由人民文学出版社出版。

1964 年 (56 岁)

春,阅读与研究巴尔扎克的一部分哲理小说以及几部研究这些作品的论著。

8 月,译完巴尔扎克的《幻灭》三部曲,于 8 月 17 日改完誊清寄出,附有《译者序》,序文佚失于"文革"期间。该书于 1978 年 3 月作为遗译,由人民文学出版社出版。

1965 年 (57 岁)

11 月,勉强开始工作,第四次修改并誊写巴尔扎克的《猫儿打球号》。此稿在"文革"期间佚失,迄未找到。

1966 年 (58 岁)

9 月 2 日，"文革"伊始即惨遭迫害，在人格和尊严备受凌辱的情况下，当天深夜，傅雷夫妇联名写下遗书交待后事，走得清白。

1978 年

傅雷译巴尔扎克《高老头》第三次修改本作为遗译，由人民文学出版社出版。

傅雷译巴尔扎克《幻灭》和《赛查·皮罗多盛衰记》作为遗译，由人民文学出版社出版。

1979 年

傅雷译罗曼·罗兰《贝多芬传》由人民音乐出版社再版。

1980 年

傅雷译罗曼·罗兰《约翰·克利斯朵夫》由人民文学出版社再版，《伏尔泰小说选》由人民文学出版社出版。

1981—1985 年

傅雷翻译的巴尔扎克小说和丹纳的《艺术哲学》相继由人民文学出版社重版。

《傅雷译文集》(十五卷)(第一版)平装本和精装本相继由安徽人民出版社出版。

1983 年

《傅译传记五种》由三联书店出版。

1986 年

傅雷译法国莫罗阿《人生五大问题》由生活·读书·新知三联书店再版。

1989 年

巴尔扎克选集(十卷),由人民文学出版社出版,其中五卷为傅雷翻译。

1989—1994 年

傅雷译文集单行本 16 种相继由安徽文艺出版社出版。

1990 年

《傅雷译文集》(第二版)精装本由安徽文艺出版社出版。

1991 年

巴尔扎克的《欧也妮·葛朗台　高老头》由浙江文艺出版社出版。

1994 年

《巴尔扎克全集》(二十四卷)出版,收入了傅雷翻译的 14 部小说,由人民文学出版社出版。

罗曼·罗兰的《弥盖朗琪罗传》和《托尔斯泰传》由商务印书馆再版。

《傅雷译文集》(第三版)精装本由安徽文艺出版社出版。

1996 年

罗曼·罗兰的《贝多芬传》(附傅雷著《贝多芬的作品及其精神》)由中国青年出版社再版。

1998 年

《傅雷译文集》(第四版)精装本由安徽文艺出版社出版。

《傅雷译罗曼·罗兰作品集》(五卷)、《傅雷译巴尔扎克名作集》(六卷)、《傅雷译丹纳名作集》《傅雷译莫罗阿名作集》《傅雷译梅里美/服尔德名作集》,由河南人民出版社出版。

1998—1999 年

傅雷名著系列 15 种相继由安徽文艺出版社出版。

1999 年

罗曼·罗兰的《贝多芬传》(附傅雷著《贝多芬的作品及其精神》)(插图珍藏本)(傅敏编)由安徽文艺出版社出版。

2000 年

罗曼·罗兰的《约翰·克利斯朵夫》(版画插图珍藏本)(傅敏编),由中国友谊出版公司出版。

丹纳的《艺术哲学》(插图珍藏本)(傅敏编),由广西师范大学出版社出版。

2001 年

罗曼·罗兰的《名人传》由译林出版社出版。

2003 年

莫罗亚的《幸福之路》(插图本),由陕西师范大学出版社出版。

莫罗亚的《生活的智慧》(即《人生五大问题》)(插图本),由陕西师范大学出版社出版。

2004 年

罗曼·罗兰《巨人三传》(插图本)(傅敏编),由天津社会科学院出版社出版。

丹纳《艺术哲学》(图文本)(傅敏编),由天津社会科学院出版社出版。

2005 年

《傅雷谈翻译》(傅敏编),由辽宁教育出版社出版。

罗丹述、葛赛尔著《罗丹艺术论》(插图本)(傅敏编),由中国社会科学院出版社出版。

《罗素论幸福》（即《幸福之路》）（英中文双语读本），由团结出版社出版。

2006 年

罗丹述、葛赛尔著《罗丹艺术论》（重编彩图本）（傅敏编），由天津社会科学院出版社出版。

罗丹述、葛赛尔著《罗丹艺术论》（英中文双语读本），由团结出版社出版。

《傅雷谈翻译》（增订本）（傅敏编），由当代世界出版社出版。

2006 年

罗曼·罗兰《约翰·克利斯朵夫》（二卷本）（普及版），由天津社会科学出版社出版。

2007 年

丹纳《艺术哲学》（普及版），由天津社会科学院出版社出版。

2009 年

罗曼·罗兰《巨人三传》（黑白插图本）（傅敏编），由天津社会科学院出版社出版。

罗丹述、葛赛尔著《罗丹艺术论》（黑白插图本）（傅敏编），由中国社会科学院出版社出版。

图书在版编目(CIP)数据

中华翻译家代表性译文库. 傅雷卷 / 宋学智,许钧
编. —杭州:浙江大学出版社,2020.1
ISBN 978-7-308-19843-1

Ⅰ. ①中… Ⅱ. ①宋… ②许… Ⅲ. ①傅雷(1908—
1966)—译文—文集 Ⅳ. ①I11

中国版本图书馆 CIP 数据核字(2019)第 273642 号

中华翻译家代表性译文库·傅雷卷

宋学智　许　钧　编

出 品 人	鲁东明
总 编 辑	袁亚春
丛书策划	张　琛　包灵灵
责任编辑	吴水燕
责任校对	郑成业
封面设计	闰江文化
出版发行	浙江大学出版社
	(杭州市天目山路 148 号　邮政编码 310007)
	(网址:http://www.zjupress.com)
排　　版	浙江时代出版服务有限公司
印　　刷	浙江印刷集团有限公司
开　　本	710mm×1000mm　1/16
印　　张	29
字　　数	385 千
版 印 次	2020 年 1 月第 1 版　2020 年 1 月第 1 次印刷
书　　号	ISBN 978-7-308-19843-1
定　　价	88.00 元

中華譯學館 · 中华翻译家代表性译文库

许　钧　郭国良　总主编

第一辑